한국특수교육론

: 우리나라 특수교육(학)의 정체성

김병하 저

대구대학교출판부

□ 저자 소개

김병하

대구대학교 사범대학 특수교육과 교수(1973-현재)

<주요경력>

Gallaudet University 객원연구교수(1981-82)

대구대학교 사범대학 학장, 대학원 원장 역임

대구장애인연맹 (공동)대표, 장애인질라라비야학 교장 역임

Marquis Who's Who in the World 등재(2009)

'21세기 지식인 2000명'에 선정(International Biographical Center, 2010)

<주요저서>

특수교육의 역사적 이해(1977, 1983, 형설출판사)

특수교육의 역사와 철학(2002, 2003, 대구대학교출판부)

특수교육 교사론(1999, 2006, 대구대학교출판부)

대구특수교육사(2007, 대구대학교출판부)

발행 | 2011년 2월 25일

지은이 | 김병하

펴낸이 | 홍덕률

펴낸곳 | 대구대학교출판부

경북 경산시 진량읍 대구대로 201

전화 053) 850-5661~3 | 팩스 053) 850-5669

http://press.daegu.ac.kr/

찍은곳 | 대호문화사

ISBN 978-89-7794-558-6-93370

정가 | 18,000원

나에게 특수교육학자의 길을 열어주신

창파(滄波) 이태영(李泰榮; 1929~1995) 은사님께

이 책을 바칩니다.

머리말

어째서 '한국특수교육론'인가? 필자 나름의 두 가지 이유가 깔려 있다. 그 하나는 평소에 우리나라 특수교육 담론이 지나치게 외국에서 수입해온 담론에 의존하고 있는 것에 대한 불만 때문이다. 세계화의 시대에 우리나라처럼 후발국가로서 압축발전을 위해서는 수입학문에 민감해지는 것은 당연할뿐더러 절실한 과제이기도 했다. 그런데 문제는 당초에 언필칭 '동도서기'(東道西器)를 표방했지만, 우리도 모르는 사이에 '서도서기'(西道西器)의 함정에 스스로 빠져들고 말았다. 결과적으로 사이드(Said)가 경계하여 마지않는 오리엔탈리즘을 본의 아니게 정당화하는 꼴이 되어버렸다. 근래에 우리나라 학계 일각에서 사회학문 전반에 걸쳐 지적 식민 상태를 우려하는 자성(自省)의 목소리가 높다. 이런 성찰의 토대에서 '한국특수교육론'은 기필(起筆)되었다.

다른 하나는 우리나라에서 특수교육학이 대학의 전공분야로서 제도권에 선보인지 반세기가 되지만, 정규강좌로 '한국특수교육론' 혹은 '한국특수교육사'라는 강좌가 개설되어 있지 않다. 이를테면 경제학 분야에서 '한국경제론' 혹은 '한국경제사'를 개설하지 않은 대학이 있던가? 이것은 단지 우리나라 대학에서 경제학에 비해서 특수교육학의 학문적 연륜이 일천하기 때문이라고 쉽게 떠넘길 일이 아니다. 문제는 문제의식이다. 필자는 70년대 중반에 일본에서 구미의 특수교육과 일본의 특수교육을 국제비교의 관점에서 정리한 책을 보고 일본특수교육을 부럽게 생각한 적이 있다. 그러다가 90년대에 「미국특수교육의 쟁점」이란 책을 접하고 언필칭 팍스 아메리카 시대에 굳이 이런 제목을 달아야 하는가라는 의구심을 가졌다. 지금 생각하면 일본을 통해 세계 특수교육의 동향을 접하고, 우리나라 특수교육의 쟁점을 고민하기에 앞서 미국특수교육의 쟁점에 눈길을 보내면서 그것을 당연한 것으로 보편화 한 자신이 초라하고 부끄러웠다. 그러나 그것은 분명 나 개인의 학문적 한계이자 부끄럼이지만, 동시에 한국 특수교육의 태생적 한계 탓이었는지도 모르겠다.

우리나라 특수교육 담론을 역사적 측면에서 총체적으로 정리한 것은 근대한국 특수교육 100주년을 기념하여 「한국특수교육100년사」(대한특수교육학회, 1995)를 펴낸 것이다. 그 후 필자는 근대한국 특수교육의 발원지가 평양이라면, 광복이후 우리나라 특수교육의 메카는 대구라는 역사인식에서 지역특수교육사로서 「대구특수교육사」(2007)를 저술했다. 원래 필자의 의도는 「대구특수교육사」와 이번에 간행되는 「한국특수교육론」을 문의 돌쩌귀로 삼아 세계화에 소통하고자 집필한 것이다. 이런 의도가 어떤 평가를 받을지는 일차적으로 집필자인 나 자신의 책임이지만, 그 평가는 독자의 몫이다.

만약에 이 책이 우리나라에서 자생적 혹은 자율적인 한국특수교육 담론을 구성하고 안내하는 데에 도움을 줄 수 있다면 필자로서는 더할 나위없는 보람이다. 왜냐하면 특수교육이 일반교육의 하위 종속변수로 자리매김 되거나 심지어 의료적 서비스의 보조변수 정도로 생각하는 경향이 없지 않은 게 우리 현실이기 때문이다. 필자는 평소에 특수교육은 '교육 중의 교육'이고 의사 중의 의사를 명의(名醫)라 하듯 특수교사는 '교사 중의 교사'임을 강조해 왔다. 한 사회의 교육이 참으로 교육다워지기 위해서는 특수교육이 주변에서 중심으로 이동하고, 특수교육 요구아동이 우선해서 대접받는 학교로 거듭나야 한다. 그러기 위해 이론적으로나 실천적으로나 특수교육(학)은 자기 정체성을 확실히 정립해 나가야 하며, 이 일을 위해 특수교육학인들이 앞장서 분발해야 한다. 그래서 이 책의 부제로 '우리나라 특수교육(학)의 정체성'을 달아 놓았다.

사실 이 책은 꽤 오랜 동안 축적된 필자의 연구역량을 집적(集積)해 놓은 것이기도 하다. 물론 이 책의 저술과정에서 새롭게 보완하고 또 원래의 저술 목적을 위해 따로 기획된 부분도 상당히 있다. 1장 한국 특수교육의 역사적 인식과 쟁점은 필자의 '인물중심 한국 특수교육의 역사적 고찰'(특수교육저널: 이론과 실천, 2008, 9(3), 167-198)을 상당부분 반영한 것이지만, 전체 내용 구성은 완전히 이 책의 성격에 맞게 재구성하고 보완했다. 2장 한국특수교육론의 정체성 논쟁은 제1회 창파(滄波)학술제에서 주제 발표한 내용을 중심으로 수정 보완한 것이다. 3장 한국특수교육의 학사적(學史的) 논의는 필자의 '한국 특수교육의 학사적 일 연구: 초기(1960-70년대) 연구활동 중심으로'(특수교육학연구, 2009, 43(4), 1-22)를 뼈대로 하면서 80년대 이후의 내용은 추가로 집필하였다. 4장 통합교육과 한국특수교육의 정체성은 홍콩대학(2008)과 일본특수교육학회(2009)에서 주제 발표한 내용을 골격으로 하면서 4절 통일과 통합교육의 문제는 새로이 추가하였다.

5장 한국특수교육 교사론은 필자가 한국특수교육학회 학술대회(2007, 2009)에서 두 차례 주제 발표한 내용을 기초로 수정 보완하였으며, 4절 한국특수교육 교사론의 정립과제는 새로이 추가한 것이다. 6장 장애학과 한국특수교육론은 필자의 '장애인 당사자주의의 특수교육(학)적 함의'(특수교육학연구, 2005, 40(1), 1-22)를 뼈대로 하면서 4절 장애학에서 본 농학과 농문화는 서울장애인세계문화예술축제 국제학술대회(2009)에서 발표한 내용의 일부를 추가한 것이다. 7장 불교와 성리학의 한국특수교육론적 함의는 이 책의 목적을 위해 집필한 것이지만, 1절 불교의 한국특수교육론적 함의는 필자의 '대승기신론의 특수교육 교사론적 함의'(특수교육학연구, 2010, 45(1), 1-21)를 주로 반영한 것이다. 8

장 세계 속의 한국특수교육론과 동아시아는 이 책에서 처음 다룬 내용이다. 이장의 내용과 연관해서 제4회 창파(滄波)국제학술제(2011.1.11)에서 '동아시아 특수교육 공동체 구축을 위한 한국특수교육의 역할과 과제'라는 글을 쓰는 기회가 있었으나 이 책에는 반영하지 않았다. 마지막으로 이 책의 결론이라 할까 후기에 대신하여 '마무리 글'을 맨 뒤에 추가하였다.

이 책이 나오기까지 많은 사람의 도움을 받았다. 서영란 박사는 교정을 알뜰히 봐주었고, 곽정란 박사는 참고문헌 정리에 도움을 주었다. 그리고 다현 어멈과 이제 학위를 끝내고 온 딸 태영이도 내게 도움과 격려를 보내 주었다. 무엇보다 나의 사랑하는 손녀 다현(多炫)이가 잘 자라는 것을 보면서 이 책을 내게 되어 기쁘다. 끝으로 이 책을 아름답게 꾸며준 대구대 출판문화원 선생님들께 고마움을 전한다.

2011년 1월
저자 김병하(金炳夏)

차례

제 1 장 한국특수교육의 역사적 인식과 쟁점

한국사는 한국인의 삶의 역사이다. 한국인의 삶과 더불어 장애인은 존재해 왔다. 시대의 흐름에 따라 장애인에 대한 사회적 처우와 인식은 달라졌고, 그 달라진 인식의 기반 위에 장애인에 대한 복지와 교육이 성립・전개되어 왔다. 이 장에서는 한국특수교육의 역사적 인식과 그 쟁점을 (1) 전근대사회에서 장애인의 처우와 인식에서 드러난 장애인 복지사상과 교육의 논평, (2) 근대 한국특수교육의 성립과 전개과정에서 프로테스탄티즘이 미친 영향과 한국특수교육의 논평, (3) 광복이후 민간독지가들이 주도한 한국특수교육의 공과(功過), (4) 특수교육진흥법 제정과 개정과정의 쟁점을 통해서 본 한국특수교육의 역사적 인식문제 등을 중심으로 살펴보고자 한다. 위와 같은 문제 설정은 통사(通史) 중심의 사실적 나열로 한국특수교육 역사를 서술하지 않고, 우리의 역사 속에 구성된 쟁점 중심으로 한국특수교육의 역사를 인식하기 위함이다.

1.1 전근대사회의 장애인 인식 및 처우와 그 논평

전근대사회에서 고구려는 가장 먼저 왕권체제를 확립하여 최초의 교육기관으로 소수림왕 2년(AD 372)에 태학(太學)을 설립하였으며, 후에 문무를 겸행하는 기초교육 기관으로 경당(扃堂)을 설립 하였으나, 장애인 교육에까지는 관심이 미치지 못했다. 장애인에 대한 인식과 처우는 당대의 사회문화적 관점에 깊은 영향을 받기 마련이다. 삼국시대에는 불교가 민중문화를 지배해 오는 가운데 유교적 통치이념이 도입된 시기로서, 당시 장애인에 대한 인식태도는 우리나라의 가장 큰 이야기꾼이랄 수 있는 일연(一然; 1206-1289) 선사의 '삼국유사'(三國遺事)에 나타난 기록을 통해 일부 엿볼 수 있다.

삼국유사 분황사 천수대비(芬皇寺 千手大悲) 맹아득안(盲兒得眼) 조에 다음과 같은 기록이 전해 오고 있다.

> 경덕왕(景德王) 때에 한기리(漢岐里)에 사는 여자 희명(希明)의 아이가 태어 난지 5년 만에 홀연히 눈이 멀었다. 어느 날 그 어머니가 눈 먼 아이를 안고 분황사 좌전 북벽화의 천수대비(千手大悲) 앞에 나아가 아이로 하여금 노래를 지어 기도하게 하였더니 마침내 광명을 얻게 되었다. 그 노래에 이르기를 "무릎을 꿇고 두 손을 모아서 천수관음 앞에 비옵나이다. 천개의 손 천개의 눈 하나를 내려 하나를 덜어 둘 다 없는 이 몸이오니 하나만이라도 주시옵시라. 아아! 나에게 주시면 자비가 클 것 이오."라 하였다(삼국유사 제8장 탑상, 분황사 천수대비와 맹아득안조).

이는 부처의 자비에 의해 눈을 뜨게 된 이야기로, 불교의 불심을 민중들에게 두텁게 하고 예불(禮佛)과 보시(布施)를 행하는 불자(佛者)를 늘리기 위함이었을 것이다. 희명의 신분이 일반 백성이었으므로 불교

신앙이 민간에 널리 퍼져 있었다고 볼 수 있다. 이외에도 사동불언(蛇童不言)조에 12세가 되도록 말도 못하고 거동도 못하는 중증장애아동이 불력(佛力)에 의해 치유되고 어머니와 함께 극락에 간다는 이야기도 전해진다. 불교 외에도 유학의 영향으로 효성에 대한 강조와 함께 빈녀 양모(貧女 養母)조에 다음과 같은 기록이 전해지고 있다.

효종랑(孝宗郞)이 남산 포석정(鮑石亭)에서 야유회를 하는데 그의 문도(門徒)들이 드문드문 그곳으로 달려왔으나 문도 중 두 사람이 유독 늦게 왔다. 이에 효종랑이 늦게 온 까닭을 물었더니 그들이 대답하기를 「분황사 동쪽 마을에서 20세쯤 되어 보이는 한 여인이 눈먼 어머니를 부둥켜안고 서로 울고 있었습니다. 그 여인은 집이 가난하여 밥을 빌어 여러 해 동안 어머니를 봉양하였는데 마침 흉년을 만나 문전걸식(門前乞食)이 어렵게 되었다고 합니다. 할 수 없이 남의 집에서 고용살이를 하기로 하고 품삯으로 곡식 30석을 얻어 큰 부잣집에 맡겨두고 그 집에서 일을 하고 날이 저물면 맡겨 두었던 쌀을 싸가지고 집으로 돌아와 밥을 지어드리고 그 어머니와 함께 잠을 자고 새벽이 되면 그 부잣집에 가서 일을 하였다고 합니다. 이와 같은 생활을 여러 날 하던 중 그 어머니가 말하기를, 전날에는 거친 음식을 먹어도 마음이 편안하였는데 요사이는 쌀밥을 먹어도 속을 자르는 것 같아 마음이 편치 못하니 어찌된 일이냐고 하여 그 딸이 사실대로 그 어머니에게 말했다고 합니다.

눈먼 어머니는 딸의 말을 듣고 목 놓아 울었답니다. 이에 그 딸은 단지 입을 즐겁게 하고 배를 부르게 하는 봉양만 하였을 뿐이고, 어머니의 얼굴빛을 보아 그 마음을 편케 하지 못하였음을 한탄하였다고 합니다. 그래서 그 모녀가 서로 부둥켜안고 울었다고 하였습니다. 이것을 보느라고 늦었습니다.」하였다.

효종랑이 그 사연을 듣고 은밀히 곡식 1백곡(斛)을 보냈다. 효종랑의 양친 역시 의복 1습을 보냈고 천명의 낭도들도 조(租) 1천석을 거두어 보냈다. 이 사실이 대궐에 알려졌다.

그때 진성왕(眞聖王)이 곡식 5백석과 집 한 채를 하사하고 군졸을 보내어 그 집을 호위토록 하여 도적들의 약탈을 막게 하였다. 그 마을에 정문(旌門)을 세워 효양(孝養)의 마을로 삼았다. 후에 그 집을 희사하여 절을 삼고 이름을 양존사(兩尊寺)라 하였다(삼국유사, 제13장 효선, 貧女養母).

이상에서 보는 것처럼 남의 집에 품팔이로 팔려 앞 못 보는 어머니를 봉양한 가난한 딸의 효성에 감동한 왕이 직접 곡식과 집을 하사하고 군사를 보내어 그 집을 호위하게 한 것을 보면, 유교적 효성이 지극히 강조되었음을 엿볼 수 있다. 그리고 그 맹여식의 이름을 부모 은혜를 아는 '지은'(知恩)이라 한 것은 심청전의 근원이 되는 설화로 해석된다.

전근대사회(왕권시대)에서 우리나라 사람들은 장애인을 대개 병에 걸린 사람이라는 뜻으로 기록상에 폐질자(廢疾者)라 하였고, 특히 고려시대에는 '폐질자'라는 용어가 오늘날 장애인을 지칭하는 일반적인 범칭(汎稱)이었다. 고려시대 가장 기본적 사료인 「고려사」에서 장애인에 대한 기록은 거의 '폐질'(廢疾)로 기록되어 있으며, 그 대부분은 국왕의 진휼책(賑恤策)과 관련하여 언급되고 있다. 고려조에 국왕의 폐질자에 대한 정책은 국왕의 왕업과 은덕을 과시하기 위한 위무책(慰撫策)으로 행해진 것이 대부분 이었다. 당시 국왕의 위무 조치는 국왕의 대민 진휼정책 차원에서 실시된 것이기에 장애인에게만 한정되지 않았고 노인, 환과고독(鰥寡孤獨: 홀아비, 과부, 고아, 자식 없는 늙은이), 독질자 등 자활능력이 없는 사람들을 두루 포괄하고 있었다. 정창권(2005)에 의하면, 전통시대 기록물들(고려사, 조선왕조실록 등)에서 환과고독과 함께 폐질(자), 잔질(殘疾), 독질(獨疾)이라는 용어가 빈번히 나와 있는데, 이런 것이 바로 당시 장애인을 일컫는 말이었다고 보고 있다.

전근대사회에서 장애인에 대한 인식태도는 우리나라 전래의 구비문학이나 민요에 나타난 가사를 통해 그 일단을 엿볼 수 있다. 이를테면 신체유희노래 가운데는 신체의 비정상적인 모습이나 특이한 모습을 희롱하는 노래가 있다. 이들 노래는 대체로 해학적(諧謔的)인 사설로 이루어져 있는데, 그 중 '귀먹이 노래'와 '봉사 노래'는 청각장애와 시각장애를 해학적으로 놀리며 부르는 노래이다. 이들 신체 유희요에는 결치(이가 빠진 아이) 노래, 곰보 노래, 중머리 노래, 코흉 노래, 눈흉 노래, 뚱뚱이 노래, 상투 노래 등이 포함되어 있다(박강수, 서대석, 1992). 그 가사 내용이 대체로 해학적인 사설로 표현되고 있는 것을 볼 때, 그 속에는 부정적인 학대보다 익살스런 유머를 엿볼 수 있다.

고려시대에 매복맹인(賣卜盲人)에 관한 기록을 통해 임안수(1995)는 공양왕 원년(1398)에 음양풍수학을 서운관(書雲觀)에서 가르친 것에 미루어 고려조에 서운관에서 맹인들이 교육을 받았을 것이라고 추정하고 있다. 조선조 세종대에 와서 "세종 27년(1445)에 젊고 영리한 소경 10명을 선발하여 훈도 4명에서 5명으로 하여금 3일에 한번 씩 서운관(관상감)에 모여 그 업을 익히게 했다"(세종실록 권107, 세종 27년 3월 무인조)는 기록에 의거하여, 임안수(1985)는 이 때(세종 27년)부터 맹인을 위한 학교가 설립되었다고 보고 있다. 그러나 당시 서운관에서 맹인들이 모여 음양학(명과학)을 익힌 것을 두고 이를 '학교교육'으로 볼 수 있을지, 더욱이나 이것을 우리나라 특수교육의 성립 기점으로 잡을 수 있는 것인지에 대해서는 한국 특수교육사의 정립을 위해 별도의 논의를 요하는 문제이다.

고려조에 이어 조선시대에 우리나라 맹인들의 사회적 지위와 활동은 일정한 예우를 받았다. 조선조 초에 맹인들은 명통사(明通寺)를 중심으로 단체를 형성 했으며, 효종 때는 맹청(盲廳)을 설립하여 그들의 단체 활동을 보장 받았다. 또, 궁중에는 관현맹인(管絃盲人)의 제도가 있어 맹인들 가운데 음악적 재능이 있는 자들은 궁중의 내연에서 관현합주나 가무반주를 맡기도 했다(임안수, 1985, 2010).

전통적 전근대 사회에서 장애인은 일차적으로 가족 공동체의 일원으로 부양을 받아 오면서, 국왕의 구휼(救恤)정책의 일환으로 지원을 받아 왔다. 정창권(2005)은 전통사회에서 장애인에 대한 가족부양 원칙을 다음과 같이 기술하고 있다.

> 전근대사회는 가족을 단위로 살아가는 가족사회였다. 당시 가족은 생산과 소비의 단위이자, 사회활동과 교류의 단위였다. 이에 따라 정부의 각종 복지정책에서도, 예컨대 홀아비, 과부, 고아, 노인 등에 대해 가족이 일차적으로 부양책임을 지도록 했다.
>
> 마찬가지로 장애인 복지정책도 '가족부양'을 원칙으로 삼아, 해당 가족으로 하여금 장애인을 책임지도록 하였다. 그리고 기근이나 홍수 같은 자연재해로 인해 그 가족에게 문제가 발생하면, 이웃과 친척 등 마을 공동체에서 지원해 주도록 하였다. 요즘엔 장애인을 수용시설에서 보호하지만, 20세기 이전엔 이처럼 가족과 지역사회의 연줄 망에 의해서 보호했던 것이다(정창권, 2005, p.18).

이처럼 전근대사회에서는 장애인에 대한 '가족부양'을 1차적 원칙으로 삼아 장애인들과 함께 살려는 공동체 의식을 비교적 강하게 유지해 왔다. 그러는 중에 국가차원에서 장애인 복지정책이 여러 가지 모습으로 행해져 왔다. 이를테면, 장애인에게는 조세와 부역 및 잡역을 면제해주었으며, 장애인이 죄를 범하면 형벌을 감해주는가 하면 장애인은 대명율(大明律)에 의거하여 연좌제도에서도 면제되었다(정창권, 2005). 이처럼 왕권사회에서 장애인 정책은 환과고독 등과 함께 국왕의 진휼책(賑恤策)이 그 기조를 이루고 있는 가운데, 나름대로 장애인에 대한 다양한 복지정책을 펼쳐 왔다. 여기서 '가족부양'의 원칙과 더불어 우리가 주목 할 점은 "그 가족에게 문제가 발생하면, 이웃과 친척 등 마을공동체에서 지원해주도록 했다"는 점이다. 이처럼 마을 단위의 공동체문화의 삶에는 마을이 장애아동을 함께 돌보고 키웠다. 이런 문제의식에서 필자는 '돌봄과 배움의 공동체'로 면면히 이어져 온 마을문화를 오늘의 학교문화에 접목하는 통합교육 실천모형을 다음과 같이 제기한 적이 있다.

> 우리에게 마을이 전형적으로 '돌봄과 배움의 공동체'였다면, 마을공동체의 문화적 유산을 학교에서 학습공동체 내지는 교실공동체 구현을 위한 통합교육 실천모델로 복원함이 마땅하지 않은가. 이 모델은 우리가 없던 것을 새로 만들고자 하는 것이 아니라, 원래 있던 것—우리의 역사 속에 면면히 이어져 온 삶의 형식을 다시 오늘의 학교교육 상황에서 되살려 내는 것이다. 그러나 목하 마을공동체와 더불어 학습공동체는 급속하게 붕괴되어 가고 있다. 토건국가로의 질주는 물리적으로 마을의 모습을 바꾸어 놓았지만, 역사 속에 침윤(浸潤)된 마을정신은 단박에 사라지는 것이 아니다. 그래서 필자는 우리에게 통합교육 실천 모델은 마을문화를 학교교육에서 복원하는 것에서 정립 가능하다고 제안한다(김병하, 2009, 미간행 발표자료).

그래서 조한혜정(2006, 2007)은 '토건국가'에서 '돌봄사회'를 향한 전환을 위해 다시 '마을'에 주목하고 있다. 아시아에서 마을공동체에 대한 관심은 인도의 간디(Gandhi)가 제안한 마을 스와라지(Swaraj)에 잘 반영되어 있다. 인도의 진정하면서 영원한 독립을 위해 간디가 평생을 두고 고민한 화두가 마을 스와라지였다. 나아가 그는 인도뿐만 아니라 전 세계를 구하는 평화를 마을정신에서 찾고자 했다. 그리고 간디가 꿈꾸는 스와라지는 장애인을 포함한 가난한 사람들의 스와라지였다(김태언 옮김, 2006).

그러나 조선중기 이후 완고한 유교사회의 수직적 위계질서를 강조하면서 장애인에 대한 인식과 처우에 있어서도 '거꾸로 흐르는 역사'의 일면을 보여주고 있었다. 이에 대해 정창권(2005)은 다음과 같이 지적하고 있다.

> 조선중기 이후 완고한 유학자들은 장애인들의 각종 역할을 비판하고 배척하면서 그들의 사회활동을 축소시켰다. 한마디로 그들은 한국 여성사와 함께 장애인사도 암흑기로 몰아넣었던 것이다. 이리하여 조선후기로 갈수록 장애인의 사회적 지위가 하락하고, 심지어 민중들 사이에서 조차 장애인을 비하하고 몰사하였다. 그 단적인 예를 우리는 민중문학의 백미라고 알려진 판소리와 민속극에서 찾아볼 수 있다(정창권, 2005, p.186).

이런 맥락에서 흔히 전통시대 장애인의 삶과 사회적 인식은 현대에 비해 훨씬 열악했다고 하지만, 그것은 한국 장애인 역사에 대한 왜곡된 지식일 뿐, 실제로 장애인의 삶과 사회적 인식은 조선후기와 근현대를 거치면서 오히려 후퇴한 감이 있다고 논평했다. 그것은 필자가 보기에 전래의 마을 내지는 동네 단위의 공동체적 삶이 해체된 것과 밀접히 연관되어 있다. 오늘날 시설 중심의 격리와 수용이 과연 장애인의 삶의 질을 개선했는지 혹은 퇴보시켰는지는 장애당사자에게 물어봐야 한다. 장애당사자는 체험적으로 그 답을 진작부터 알고 있다.

1.2 근대 특수교육의 전개과정에서 프로테스탄티즘의 영향과 그 논평

1882년 한미수호통상조약이 맺어진 이후 미국은 우리나라에 프로테스탄티즘을 이식(移植)하는데 주도적 역할을 했다. 당시에 미국은 급속한 신대륙 개척과 산업화로 모든 분야에 걸쳐 놀라운 발전과 변화를 가져왔지만, 한편으로는 새로운 문제들이 제기되기도 했다. 그 가운데 종교분야에서는 유럽에서 건너온 정통적 종교가 부흥회 중심의 정열적 복음주의에 도전을 받았다. 이런 종교적 분위기에 영향을 받아 미국 내에 소수 민족들(원주민, 흑인, 멕시칸 등)을 상대로 한 지방교회의 전도활동이 외국으로 선교사를 파견하려는 움직임으로 발전하였다(백낙준, 1973). 따라서 19세기에 와서는 장로교와 감리교는 교파별로 외지선교회를 조직하여 선교운동에 열을 올렸다. 가령 감리교파에서는 1869년에 '여성해외선교회'를 독자적으로 조직하여 아프리카, 남미를 비롯하여 인도, 일본 등 동양에까지 여성선교사업을 펼쳐갔다. 1885년에 한국에 파송된 감리교 여성선교사들도 이 여성해외선교회(Women's Foreign Mission Society)에서 독자적으로 파견하여 보낸 사람들이다.

당시 미국의 선교 본부는 후진국 선교정책의 일반적 원칙을 우리나라에서도 적용하여, 직접적인 기독교 전도에 앞서 질병과 무지의 고난에 처해있는 사람들을 위해 의료사업과 교육사업을 펼치는 것을 외현적 방침으로 세워 놓고 있었는데, 이것은 당시 우리나라의 실정에도 잘 맞아떨어지는 선교방침이었다. 개신교 선교사로서 우리나라에 의료사업과 교육사업을 할 수 있는 가능성을 탐색하여, 그 윤허를 받기위해 처음 입국한 사람은 일본 주재 감리교 선교사인 맥클레이(Robert S. MaClay) 목사였다. 맥클레이 목사는 미국의 선교본부에 "선교의 궁극목표인 복음화와는 전혀 별개로 의료와 교육사업에만 전념함이 좋겠다. 조선의 실정에서 학교는 항상 대환영이며, 병원은 절실히 필요한 형편이다"(G. H. Johns, 1907)고 보고하고 있다. 맥클레이 목사의 이 같은 보고에서 볼 수 있듯이 처음에 우리 정부는 선교사들이 선교의 목적이 아니라, 의료사업과 교육사업의 목적으로만 입국하는 것을 허락하였다. 따라서 선교사들 자신의 입장에서는 우선 의료사업과 교육사업을 펼친다는 명목으로 이 땅에 입국 허가를 받아낸 다음, 차차로 선교활동을 전개하고자 했을 것임에 틀림없다.

감리교파에서는 처음부터 교육사업에 역점을 두어 아펜젤러는 1885년 여름에 우리나라에서 최초의 선교계 학교로 배재학당(培材學堂)을 설립하였고, 이듬해에 스크랜턴 여사는 우리나라 최초의 여성교육기관으로 이화학당(梨花學堂)을 설립하였다. 이들 선교계 학교들은 우리나라의 신교육 보급에 선도적 역할을 하였으며, 특히 미션계 학교들은 여성교육에 깊은 관심을 보여 초기에 전체 선교계 학교 가운데 약 절반은 여자학교였다. 이처럼 개신교 선교사들의 도래와 그들에 의한 교육활동은 우리나라에서 여성들의 지위 향상에 지대한 영향을 미쳤다. 그 무렵 평양에서 의료선교사 홀(Rosetta S. Hall) 부인에 의해 맹소녀를 대상으로 여성을 위한 특수교육이 처음 시작되었다는 것은 결코 우연한 일이 아니었다.

감리교파에서는 극빈자와 여성을 대상으로 한 의료사업과 교육사업에 처음부터 깊은 관심을 가졌다. 따라서 감리교여성해외선교회(Women's Foreign Mission Society)에서는 한국에서 여성교육과 여성시료를 위해 적극적인 지원을 해주었다. 이런 선교정책에 따라 1890년 10월에 의학박사인 로제타 셔우드(Rosetta Sherwood)가 한국에 왔다. 셔우드는 이때부터 만 43년을 한국에서 의료선교사로 일하는 가운데, 우리나라 최초로 간호학교와 여자의학반을 설립했을 뿐만 아니라 맹여아와 농아를 위한 특수교육을 우리나라에서 처음 시작한 선구자가 되었다.

Sherwood는 서울에서 캐나다 출신 감리교 선교사인 William Hall과 결혼한 후 남편이 새로 개척한 평양으로 임지를 옮기게 되었다. 당시에 Hall 의사는 북쪽 내륙지방에 선교여행을 다녀와서 "한국에서는 평양이 선교지로서 최적지"라는 보고서를 제출하였는데, 외국선교사로서 그의 통찰은 퍽 정확한 것이었다. 왜냐하면 당시 서북지역 사람들은 역사적으로 양반관료체제에 강한 피해의식을 지니고 있던 터여서 서양의 새로운 종교와 문명에 퍽 적극적인 반응을 보일 수 있었다. 이광린은 "개화기 관서지방과 개신교"(1983)라는 논문에서 1885년에서 1910년까지 우리나라 전체 교회 설립수가 683개소였는데, 그 가운데 관서지방이 362개소로 전체의 과반수를 넘어서고 있는 것으로 밝히고 있다. 특히 당시 개신교가 서북지방에서 자립적 중산층에 의해 적극 수용됨으로써, 그 이후의 파급효과는 더욱 커졌다고 본다. 결국 당시에 관서지방은 정치 · 경제 · 사회 · 교육 등 모든 부분에서 우리나라의 개화(開化) 중심지로서 활기를 띠게 되었는데, 특히 개신교의 영향이 컸던 것으로 볼 수 있다.

Hall 내외는 1894년 5월 6일에서 6월 10일까지 평양에 머무는 동안 남편 W. Hall이 전도하여 입교한 첫 신자인 오석형(吳錫亨)씨에게는 맹인 딸 오봉래(吳鳳來)가 있었는데 Hall부인은 이 맹여아에게 깊은 관심을 가지게 됨으로써, 이것이 한국에서 근대 특수교육을 처음 시도하게 된 역사적 계기가 되었다. 당시 Hall 부인이 맹여아에게 관심을 가지고 개별지도를 하게 된 경위를 후에 아들 Sherwood Hall 의사는 다음과 같이 기술하고 있다.

> 평양에서 William J. Hall의 첫 신자가 된 오석형씨에게는 어린 맹인 딸이 있었다. 당시에 어머니를 찾아오는 환자들 가운데는 맹인과 농아자들도 있어, 진작부터 어떻게 하면 그들을 도울 수 있을까 하고 어머니는 궁리해오던 터였다. 어머니는 당시 한국에서 맹인과 농아자는 참으로 비참한 상태에 있다는 것을 알게 되었다. 농아자는 동물적 본성을 지닌 저능아로 취급되었고, 맹인들은 기껏해야 점쟁이나 무당이 되곤 하지만 부모들이 돈이 있어 뒷받침을 해줄 수 있어야 가능했다. 그렇지 않으면 그들은 소외되고 학대받아 제대로 먹이고 입히지도 않은 채 골방에 가두어 둠으로써 마침내는 보행능력까지도 잃게 된다.

어머니는 어떤 방법으로든지 맹아동을 돕고 싶었지만, 한국인들은 어머니의 의중을 이해할 턱이 없었다. 당시와 같은 혼란기에 자칫 잘못하면 1888년에 나돌았던 유언비어처럼 의사들이 눈을 뽑아 약을 제조하기 위해 아이들을 유괴할 것이라는 모함을 받을 수도 있었다. 어머니는 오(吳)씨의 맏딸이 맹인이라는 것을 알게 되자, “이제는 내가 일을 시작할 기회가 왔다. 그녀의 아버지는 기독교인이니까 나의 동기를 오해하지 않겠지”라고 생각했다. 어머니는 일기에 다음과 같이 적고 있다. “나는 어린 봉래를 가르치기 위해 기름을 먹인 조선종이(즉 韓紙)에 구멍을 뚫어 점을 찍는 한 방법을 고안해냈다.”

봉래는 아주 열심인데다가 총명해서 좋은 반응을 보였으므로 어머니는 맹인을 가르치기 위한 적절한 방법만 잘 적용하면 그녀에게 읽기를 배우게 할 수 있을 것이라고 생각했다. 어머니는 그 방법에 대해 더 많은 공부를 하기로 결심하고, 그것이 이 세상에서 맹인은 쓸모없다는 세간의 잘못된 편견에서 깨어나게 하는 한 방도가 되리라고 믿었다(Sherwood Hall, 1978, pp.144-145).

이상에서 볼 때, 당시 우리나라에서 맹인과 농인이 사회적으로 얼마나 천시를 받아왔는가를 알 수 있으며, 더욱이 그 같은 천대를 받고 있는 장애인에 대한 인간적 연민이 기독교적 휴머니태리언(humanitarian)의 실천자로 이 땅에 온 프로테스탄트 선교사에게 더욱 강한 인상을 줄 수 있었을 것이다. 그러는 가운데도 “서양 의사들이 눈을 뽑아 약을 제조하기 위해 아이들을 유괴할”이라는 유언비어가 나돌았다는 것은 당시 민중들의 외국인(혹은 외국세력)에 대한 태도를 상징적으로 잘 반영한 것이라고 보아진다.

위에 인용한 기록에서 가장 주목을 끌게 하는 것은 홀 부인이 맹인교육에 깊은 관심을 가지고, 맹소녀에게 개인적으로 그 교육 방안을 고안했다는 점이다. 그러나 당시에 홀 내외가 평양에 머문 것은 불과 한 달 남짓 밖에 되지 않았으므로 체계적으로 오봉래에게 점자지도를 실시할 시간적 여유가 없었을 것이다. 그 해 11월 24일 남편의 갑작스런 죽음에 큰 충격을 받은 홀 부인은 12월에 한국인 에스터 박(朴) 내외를 데리고 어린 아들과 함께 미국으로 돌아갔다.

미국에서 홀 부인은 평양에 남편 홀의 기념병원을 설립하는데 필요한 모금운동을 전개하는 한편, 윌리엄 홀의 전기를 출판하기 위해 자료를 수집하고 정리하는 일에 열중하였다. 그녀의 지극한 노력의 결과 평양에 홀 기념병원은 1897년 2월에 개원되기에 이르렀고, 남편의 전기(The Life of Lev. William J. Hall, Press of Eaton and Mains)는 1897년 8월에 정식 출판되기에 이르렀다.

미국에 머무는 동안 홀 부인의 머릿속을 떠나지 않는 또 하나의 중요한 과제는 어떻게 하면 한국의 장애아동, 특히 그가 1894년에 가르치기 시작했던 맹여아를 도울 수 있을까 하는 것이었다. 당시에 홀 부인이 한국의 맹인들을 위해 미국에서 취한 활동을 그녀의 외아들 셔우드 홀은 다음과 같이 알려주고 있다.

> 어머니의 머리를 떠나지 않은 또 다른 일의 하나는 한국에 있는 맹인들의 처지에 대한 깊은 관심이었다. 어머니는 맹인들의 교육을 위해 적용되는 여러 가지 시스템에 대해 조사하기 시작했다. 파리의 맹교사인 루이 브레이유(Louis Braille)는 1829년에 그가 개발한 점자 체제를 최초로 발표했다. 뉴욕 맹학교의 교장인 윌리엄 웨이트(William B. Wait)씨는 뉴욕 포인트로 알려진 또 다른 점자체제를 1860년에 고안해냈다. 어머니는 웨이트 교장을 방문할 기회를 가져 그로부터 직접 뉴욕 포인트 체제를 배우기도 했다. 어머니는 여러 유형의 다른 점자체제를 비교·검토해 본 결과, 결국 뉴욕 포인트가 조선어에 활용할 수 있는 가장 적합한 체제라는 결론에 도달하게 되었다(Sherwood Hall, 1978, p.165).

이상에서 확인할 수 있는 중대한 사실은 홀 부인이 조선의 맹여아를 위해 퍽 의도적으로 여러 형식의 점자체제를 비교·검토한 끝에, 6점으로 된 브래이유식 점자보다 4점으로 된 뉴욕식 점자가 한글에 더 적합하게 활용될 수 있다고 믿어, 소위 뉴욕식 한글점자 창안을 위한 구상이 이때부터(즉, 1897년 가을) 구체화되기 시작했다는 점이다.

한편, 임안수(2005)는 당시 정황에 따른 Hall의 점자고안과 그 적용과정을 보다 면밀히 검토하여, 한국 특수교육의 기원연대에 대해 다음과 같이 주장하고 있다.

> 홀 여사는 여러 차례에 걸쳐 1898년에 평양맹아학교가 시작 되었다고 했고, 그의 동료인 Noble(1916)과 Underwood(1926)도 각기 1898년에 평양에서 맹교육이 시작 되었다고 했다. 또한, 평양맹아학교의 교사였던 전광명과 김성실도 1898년에 본교가 설립 되었다고 했으며, 조선총독부에서 펴낸 특수교육 사업에 관한 자료에도 평양맹아학교가 명치 31년(1898)에 설립 되었다고 함으로써 우리나라 특수교육의 기원연대는 1894년이 아니라 1898년으로 보는 것이 타당하다(임안수, 2005, p. 305).

이상에서 임안수 교수가 주장하는 것처럼 Hall 여사가 맹여아 오봉래에게 체계적으로 점자지도를 실시하고 평양맹아학교를 시작한 것은 당시의 여러 정황과 Hall 여사 자신을 비롯한 선교사들의 보고와 조선총독부의 기록자료, 그리고 당시에 일한 교사들의 회고에 비추어 볼 때, 1898년에 시작한 것임에 틀림없다. 그러나 여기서 Hall 여사에 의한 평양맹아학교 설립 기점을 한국 특수교육의 시작연대로 볼 것인가, Hall 여사가 1894년에 평양에서 일하면서 오봉래를 처음 만나 문자지도를 시도한 것에서부터 시작연대를 설정할 것인가 하는 문제는 역사의 전후맥락을 통해 그 기준을 '무엇으로 어떻게' 잡느냐에 따라 달라질 수 있다.

한편, 당시에 맹교육은 평양에서만 실시된 것이 아니라 비슷한 무렵에 서울에서도 영국인 선교사에 의해 서울 정동에 훈맹학당(訓盲學堂)이 있었음을 '황성신문' 1899년 1월 11일자에 게재된 다음의 기사를 통해 확인할 수 있다.

> 대저 하늘이 사람을 내시매 사람마다 다 같지 않으며 여러 가지 병신이 있으니 앞을 보지 못하는 이와 듣지 못하고 말 못하는 이와 앉은뱅이와 저는 이며 또 여러 가지 병신이 있는지라 태서 문명한 나라들에서는 이런 병신이라도 다 학교에 넣어 여러 가지 공부도 시키며 물건 제조하는 법과 또 저의 힘으로 능히 할 만한 것을 가르쳐서 다 각각 제 직업이 있게 하는지라 특별히 눈먼 이를 위하여 일주간에 한 번씩 출판하는 신문과 월보가 많으니 ...(중략) 큰 읍에는 학교와 제조소가 있으되 우리나라에는 이런 학교가 도무지 없더니 영국 선비와 부인이 정동에 한 훈맹학당을 실시하니 이런 학당은 우리나라에 처음 실시되는 학당이요 사천년래에 없던 일이라(황성신문, 1899. 1. 11. 인천성동학교40년사, 1995, p. 60에서 재인용).

위의 기사에서 "영국 선비와 부인이 정동에 한 훈맹학당을 실시하니"라고 한 것은 당시에 정동에서 영국인 선교사 Perry 내외가 맹남아를 위한 수용보호와 교육을 병행한 시설을 두고 그렇게 표현한 것으로 볼 수 있다. 이 기사에 미루어 보면, 맹여아를 위한 특수교육은 평양에서 Hall 부인에 의해 처음 실시되었으나, 맹남아를 위한 특수교육은 Perry 내외에 의해 서울에서 처음 실시되었음을 알 수 있다. 이처럼 19세기말 근대 특수교육의 성립과정에서 프로테스탄트 선교사들은 이 땅에 장애아동을 위한 교육과 복지의 씨를 뿌리는데 주도적인 역할을 했던 것이다.

맹여아를 위한 학교교육이 점차 기반을 잡아감에 따라 Hall 여사는 농여아를 위한 교육에도 관심을 가지고 그 준비에 착수했다. Hall 여사는 1892년 남편과 함께 신혼여행차 중국 체후(Chefoo)를 들려 동료 선교사가 그곳에서 운영하고 있는 농아학교를 방문한 적이 있었는데, 이때부터 이미 Hall 여사는 농교육에 관심을 가지고 있었던 듯하다.

백낙준 박사는 「제 1회 극동 맹·농 교육자 회의 보고서」(Report of the Annual Convention on the Blind and Deaf in the Far East, 1914)에서 인용하여 한국 최초의 농교육 시작을 다음과 같이 소개하고 있다.

> 당시 교육사업은 그 범위가 매우 넓어서 그 상세한 기록을 남기기는 어렵다. 그러나 우리는 평양에서 맹인을 위해 수행된 훌륭한 사업에 대해서는 언급치 않을 수 없는데, 이미 소개한대로 이 사업은 Hall 여사에 의해 시작되었다. 1909년에 농교수법을 연수케 하기 위해 그녀는 중국 체후에 이익민을 파견했다. 이씨는 귀국 시에 그 학교에서 훈련받는 자기 조카를 데리고 왔다. 이 두 사람의 조력으로 홀 의사는 한국에서 최초로 농학교 교육을 시작하였다(L. George Paik, 1929, p.403).

이상의 기록에 의하면, 농교육은 처음부터 한국인으로 하여금 미리 교수방법을 익히게 한 다음 시작하였음을 알 수 있다. 즉, 맹교육은 홀 부인 자신이 뉴욕식 한글점자를 고안하여 직접 시작하였으나, 농교육은 한국인 이익민 내외와 그의 농인 조카가 중심이 되어 이익민 일가에 의해 실천되어 왔음이 확인된다(김승국, 변호걸, 2009).

이상에서 보는 것처럼 프로테스탄트 선교사들이 주도한 근대특수교육의 성립은 한국교육사에서 신교육의 보급이라는 측면에서 높이 평가될 수 있다. 그러나 우리는 당시 개신교 선교사들의 도래와 그 활동을 한국사의 전체적 맥락과 사회과학적 인식의 측면에서 볼 때, 근원적으로 되새겨 보아야 할 한계와 반성점이 있다는 것을 또한 간과할 수 없다. 홍이섭(洪以燮)은 “한국에 있어 프로테스탄티즘을 매개로 한 아메리카 문화의 영향(1984)”이라는 논문에서 우리나라에 프로테스탄티즘의 도래를 서구식 민주주의의 이식과 연관하여 논의하고 있다. 이런 관점에서 홍이섭은 프로테스탄티즘이 한국 사회에 미친 영향을 다음과 같이 평가하고 있다.

> 선교사들이 한국인을 전도하는데 있어 의료사업과 겸하여 교육을 통해 접근 이해의 길을 열려고 한 것은 기독교 선교정책의 일반적인 방도를 한국에서도 그대로 밟은 것이었으나, 일상생활에 있어 민주주의적 정신과 양식을 고려하게 된 것은 미국 선교사로서는 한국인에게 기독교를 수용하게 할 기반을 한국인의 전통적 기반에서 찾기에 앞서 자기들의 정신기반이었던 민주주의 정신을 전도와 함께 전달하게 되었던 것이다. 여기는 구미의 민주주의와 휴머니즘에 흐르는 기독교적인 정신의 작용을 상기시키고 있다(고려대 아세아 문제연구소편, 1984, pp.59-60).

이처럼 홍이섭은 미국 선교사들이 한국인에게 기독교를 수용하게 한 기반을 한국인의 전통에서 찾기에 앞서 자기들의 정신적 기반이었던 민주주의의 정신을 이식하는데 두고 있다고 평가하였다. 특히 그는 한국의 개신교사에 있어 프로테스탄트의 선교정책이 어디까지나 선교사(宣教史) 자체로 다루어진 나머지 한국사의 전체 인식선상에서 다루어지지 못한 점에 후일에 큰 문제점을 남기게 되었다고 지적하고 있다. 그는 초기에 한국에 있어 프로테스탄티즘은 일본의 한국 침략을 위한 역사적 추이에 결부시킬 미국의 극동정책과 연관이 있음을 환기시켜 주고 있다.

한편, 민강배(閔康培)는 「한국민족교회형성사론」(韓國民族敎會形成史論, 1974)에서 초기에 개신교 선교사들의 선교방침이 개인적 경건주의와 복음주의를 지향한 나머지, 외세(일제)의 질곡 속에 고통 받는 민족의 문제에 대해서는 "정치문제에 관한 한 중립주의"라는 명분하에 냉혹하리만치 무관심한 불간섭의 원칙을 고수해 왔다고 비판한다. 이것은 결과적으로 일제의 조선침략을 합리화 해 주는데 기여하게 되었다.

이것은 당시 워싱턴의 외교방침과 선교사의 신앙형태의 두 가지 요소가 어우러진 가운데 그렇게 될 수밖에 없었던 것이다.

이처럼 철저한 복음주의에 입각한 선교정책의 한 방편(수단)으로 전개되어 온 교육선교는 그것이 우리나라에 서양식 근대교육을 이식시키는 데 선구가 되었고, 따라서 한국 근대교육사에 미친 공적은 결코 과소평가 할 수 없다. 그러나 그것이 근대교육의 선구적 모델이었다 할지라도, 그 교육이 행해지는 사회와 민족의 고통을 외면한 채 단지 '신식 교육'이라는 그 자체만으로 진정한 역사적 의미를 인정받기 어렵다. 이런 문제의식에서 이만열(1981)은 「한국기독교와 역사의식」에서 기독교의 민족운동상에서 그 공과(功過)가 좀 더 엄밀히 따져져야 한다고 문제제기했다.

지금으로부터 약 100년 전에 외국 선교사들이 이 나라에 와서 처음으로 특수교육 사업을 시작한 것은 한국 특수교육사의 성립과정에서 분명히 새롭고 감동적인 역사적 사건이었음에 틀림없다. 개별 특수교육사의 관점에서 볼 때, 개신교 선교사들에 의한 특수교육 사업이 우리나라에서 근대적 특수교육 성립의 기원을 이루는 것은 명백한 사실이지만, 이들 선교사들의 집단적 선교활동이 당시의 전체적 역사의 맥락에서 볼 때, 어떤 배경과 동기에서 수행되었느냐에 대한 역사인식이 있어야 한다.

이처럼 근대특수교육의 형성과정에서 프로테스탄티즘은 우리나라에 깊숙이 영향을 미쳤으며, 그 영향은 광복이후 민간 독지가들이 주도하여 추진한 특수교육사업에도 그대로 반영되었다. 광복이후 최초로 맹교육과 농교육을 개척한 이영식(李永植) 목사를 비롯해서 경향각지의 대부분 사립특수학교 설립자들의 종교적 배경은 기독교였다. 오늘날 우리나라의 특수교육은 공교육의 일환으로 무상의무교육을 계속 강화해 가고 있음에도, 특수교육에는 여전히 자선박애정신이 비교적 강하게 유지되고 있다. 이것은 한국 특수교육에 미친 프로테스탄티즘의 빛과 그림자이다.

1.3 광복이후 민간인들이 주도한 특수교육사업의 공과(功過)

한국특수교육의 역사인식에서 전술한 프로테스탄티즘의 영향과 여기서 논의할 민간주도의 특수교육사업과는 동전의 양면처럼 서로 맞물려 있다. 1960년대에서 70년대까지 우리나라의 특수학교는 민간독지가들이 설립한 사립특수학교가 그 주류를 형성했다. 특히, 이 무렵 복지시설 형태로 운영되어 오던 장애인시설이 특수학교로 전환되거나 병설로 운영되는 사례가 많았다. 초기(1960년대) 사립특수학교의 설립상황을 설립년도와 설립자 중심으로 장애영역별(맹학교와 농학교)로 개관해 보면 아래와 같다.

<맹학교>

대구광명학교(1946, 이영식)
전남맹학교(1951, 김택용)
전북맹학교(1951, 권태용)
목포맹학교(1951, 이기현)
청주맹학교(1952, 허마리아)
대전맹학교(1953, 엄병희)
강원맹학교(1954, 이철수)
충주성심맹학교(1955, 옥보을)
임마누엘여맹학교(1960, 한신경)

<농학교>

대구영화학교(1946, 이영식)
인천농화학교(1955, 정규순)
충주성심농아학교(1955, 김주호)
전남농아학교(1960, 김택용)
전북농아학교(1960, 김현수)
군산농화학교(1960, 신항일)
한국구화학교(1962, 최병문)
대전원명학교(1962, 노재욱)
혜성구화학교(1965, 유옥주)
안동농아학교(1966, 배연창)
부산구화학교(1966, 이종수)

<자료> 안병즙(1974), 한국특수교육 발달과정에 관한 일 연구. 한국사회사업대학 대학원 석사학위논문, pp.75-77.

1962년 당시 우리나라 전체 특수학교는 10개교(문교부 인가 기준)에 불과 했으며, 그 5년 뒤인 1967년에는 22개교로 늘어났으나 위에서 보는 것처럼 여전히 사립 맹학교와 농학교가 그 주류를 이루고 있다. 당시까지만 해도 정신지체특수학교는 대구보명학교(1966, 이영식), 부산복지양호학교(1967, 김영옥), 서울인강학교(1968, 구임회) 등에 불과했고, 공립으로 대구남양학교(1968)와 경남초등학교(1969)가 신설되었을 뿐이다. 지체부자유특수학교로는 세브란스소아재활원초등학교(1959, 연세대), 삼육재활학교(1952, 민영제), 대전성세재활학교(1962, 남시균), 대구보건학교(1966, 이영식) 등 4개교가 있었다. 이들 사립 특수학교들은 모두 우리나라 특수교육의 산실(産室)로서 어려운 조건 속에서 초기의 특수교육을 앞장서 이끌어 왔다.

6.25 동란 이후 우리나라는 경제적으로 극도로 피폐한 가운데 전쟁고아와 장애인이 한꺼번에 쏟아져 나왔다. 이런 불행한 현실을 당장에 외면할 수 없어 경향각지의 뜻 있는 민간독지가들이 앞장서 장애인 복지와 교육의 기치를 들고 일어섰던 것이다. 이런 정황은 초기에 설립된 사립특수학교들의 설립동기와 그 과정에 잘 나타나고 있다. 광복이후 최초로 대구맹아학교(1946)를 설립한 이영식(李永植; 1894-1981) 목사는 대구애생원 나환자교회에서 설립목사로 시무하던 중에 그는 광복기념사업으로 뭔가 자신이 하지 않으면 안 될 일을 찾아 나섰다. 이영식 목사는 “정치는 정치인에게 맡기고, 경제는 상공인에게 맡기고, 남이 하지 않는 장애아동 특수교육사업을 하나님의 ‘사랑’으로 내가 맡아 하기로 결심했다”(김병하, 2007, 58)고 술회하고 있다. 당초 대구맹아학원의 설립취지서에는 특수학교 설립동기와 더불어 도의국(道義國) 건설을 위한 원대한 꿈이 담겨 있다.

> 우리 삼천만 동포 중에는 약 6만의 맹아자(盲啞者)가 그 생존의의를 못찾고 세상의 경시와 자신의 비굴감으로 암흑의 거리를 비탄과 눈물로 헤매는 불행한 형제가 있습니다. 항차 로마 제국에서는 이 불쌍한 생령들을 국가에 필요 없는 방해물이라 하여 강물에 투입하였으며, 우리나라에서도 한 때는 양육에 대은을 입은 부모라도 늙으면 고려장하는 악습이 있어, 그 후 비록 이 악습이 없어졌다 할지라도 아직 우리 민족의 도의와 예절은 번문욕례(繁文縟禮)의 형식에 침체하여 우주를 움직이는 사람의 생각이 없습니다.
>
> 지금 우리는 고금동서와 천지인을 일관하는 대도덕률에 입각하여 인류의 최고 문화국을 건설하려는 마당에 역천자(逆天者) 왜국도 이미 전국에 121개라는 맹아학교를 설립하여 불행한 사람을 일소 하였거늘 하물며 도의국(道義國) 대한이 이들을 방치함은 민족적 수치로 생각되는 나머지 생각의 심지를 합하여 남한의 웅도 대구에다가 맹아학원을 설립코자 하오니

대방제위(大方諸位)의 편달지도와 원조협력을 빌어 마지 아니 하나이다.

1946년 4월 20일
대구맹아학원 발기인 일동

이상에서 보듯이 대구맹아학원의 설립취지는 참으로 그 뜻이 웅대하다. 광복이후 "인류 최고의 문명국을 건설하려는 마당에 역천자(逆天者) 일본도 120여개의 맹아학교(盲啞學校)를 설립하여 불행한 사람들을 돌보거늘 도의를 존중하는 우리가 이들을 방치하는 것은 민족적 수치이므로 남한의 웅도 대구에 맹아학원을 설립코자한다"는 취의(趣意)를 당당히 천명하고 있다. 여기에 독립운동가로서 나아가 기독교 정신의 실천가로서 이영식의 사상과 의지가 잘 반영되어 있다고 하겠다.

인천성동학교(인천농화학교의 후신)를 설립한 정규순(鄭奎淳; 1919-2000)은 1953년에 사회복지시설 성동원(聖童園)을 운영해 오던 중 한 부랑 중복장애아를 만나게 된 인연을 계기로 1955년에 인천맹아학원을 설립하기에 이른 것이다. 그리고 김택용(金擇龍; 1922-2006)은 광주에서 한국전쟁 이후 맹인 수용시설인 전남영광원을 설립(1955)하고, 이듬해에 농아수용시설인 전남농아원을 설립하여 후에 전남농아학교(광주인화학교의 전신)로 발전 시켰다. 이상의 사례에서 보듯이 초기의 특수학교는 먼저 장애인 수용시설로 출발한 다음 후에 특수학교로 인가를 받은 경우가 많았다. 결국 이것은 무엇을 의미하느냐 하면, 초기의 특수학교는 대부분 수용시설 성격과 교육기관의 성격이 혼재해 있었다는 것이다. 즉, 장애인수용시설로 출발했다가 뒤에 특수교육기관으로 전환하였기 때문에 보호와 교육이 미분화된 상태로 전반적인 분위기는 장애인복지시설적인 문화가 지배해 왔다.

이런 문화가 끼친 그늘로서 소위 '에바다 사태'가 재단비리와 전횡에

견디다 못해 청각장애인들에 의해 1996년에 제기된 이래 2003년에야 에바다 청각장애학생(원생)들과 교사들의 기나긴 투쟁의 여정은 막을 내리게 되었다. 그리고 공지영(2009)의 「도가니」라는 소설은 지방의 어느 농학교를 무대로 한 실화 소설로서 출판되자 곧 베스트셀러가 되었다. 이 현장고발 소설을 읽고 필자는 자괴감을 떨칠 수가 없어 다음과 같이 그 소회를 밝힌 적이 있다.

> 이 시대 특수교육 현장의 숨겨진 모습의 일단이 공지영이라는 작가에 의해 '도가니' 소설로 형상화되었다. 이 때 형상화(形象化)는 그럴듯한 가상세계가 아니라 실제로 있었던 현실에 대한 묘사이다. 광복 후 이 땅에 장애아 구호와 교육을 선구적으로 개척한 사람들에 의해 경향각지에 특수학교가 설립되었으며, 이들 사립특수학교는 아직도 한국 특수교육의 주류를 형성하고 있다. 어쩌면 공교육의 시대에 다른 나라에서 쉬이 볼 수 없는 특별한 현상이기도 하다. 그러나 이들 사학에서 인건비는 물론 학교운영비 마저도 국가나 지방자치단체로부터 전액 지원을 받고 있어, 일종의 공영사학(公營私學)이다. 그럼에도 이들 사학은 대부분 설립자가 교장에서 물러나면 재단이사장이 되고 그 2세가 교장으로 학교운영을 맡는 식으로 이어진다. 이러는 과정에서 그 운영권 다툼이 집안싸움으로 비화되는 경우도 적지 않다. 말하자면 공적(公的)인 교육사업이 자선사업으로 치장되어 내면적으로 사유화(私有化) 과정을 합리화하게 된다.
>
> 국가에서 장애아동을 전혀 돌보지 않던 시절에 이들 민간 독지가(篤志家)들이 앞장서 그 어려운 조건 속에서 특수교육의 기틀을 세운 것은 높이 평가되어 마땅하다. 그 뜻이 숭고한 만큼 거기에 사리사욕(私利私慾)은 엄격히 절제되어야 한다. 하지만 우리나라에 장애인시설 비리(非理)는 아직도 끊이지 않고 있다. 그리고 그 속에 장애인의 인권은 일종의 사각지대(死角地帶)로 남아 있다. 바깥세상이 아무리 변해도 장애인시설 안은 여전히 음울한 거짓의 '도가니'로 폐쇄되어 있다. 따라서 거기서 무슨 일이 일어나고 있는지 세상과는 외딴 섬처럼 격리(隔離)된다. 실제로 시설에 수용된 대부

분의 장애인들은 진작부터 시설에서 벗어나길 원한다. 최근 서울시는 생활시설 수용장애인들의 탈시설(deinstitute) 요구조사를 실시해 놓고도 그 결과를 발표하지 않고 있다. 여기에 우리나라 장애인복지와 특수교육의 빛과 그림자가 대칭적으로 드러난다(김병하, 2009, 미발표 원고).

물론 '에바다 사태'나 소설 '도가니'는 특정장애인시설과 특수학교에서 일어난 '특수한' 일이지만, 이런 일들이 일어날 수 있는 문화는 쉽게 사라지지 않고 있다. 또 대부분의 사립특수학교는 설립자의 숭고한 건학정신에 따라 이 나라 특수교육 발전에 긍정적으로 기여한 사실을 결코 간과할 수 없다. 우리나라 모든 사립 특수학교들은 설립자의 원래 무사(無私)했던 건학정신에 충실할 때만이 그 존재 의의가 역사적으로 인정될 수 있다.

1.4 특수교육진흥법 제정과 개정과정상의 주요 쟁점

우리나라에서 특수교육법진흥법 제정은 역사적으로 볼 때, 민간 독지가 위주의 특수교육이 국가 책임의 특수교육으로 전환하는 하나의 분기점을 마련하였다. 우리에게 1970년대 후반은 정치적으로 차가운 군사독재(유신체제)였고, 경제적으로는 고도압축 성장에 박차를 가할 때였다. 1960년대에 정부는 '경제개발 5개년계획'을 수립하여 국가경제 재건에 총력을 기울였다. 제2차 경제개발 5개년계획 기간(1967-71)중에 교육부는 '특수교육 5개년계획'을 수립하여 특수학교와 학급의 신설, 특수학교 초등과정의 의무교육 실시, 특수교육 교원의 확보, 사립특수학교에 대한 재정지원 등을 강조하였다. 이 계획은 특수교육에 대한 최소한의 발전구상을 제시한 것이었으나, 이마저도 당시 군사정부의 경제발전 제일주의라는 확고한 정책방침에 따라 사문화 되고 말았다. 그 후 제3차 경제개발 5개년계획 기간(1972-76)중에 '장기종합교육계획' 속에 부문별 교육계획으로 '특수교육'부문이 포함되었다.

당시만 해도 한국 특수교육은 민간독지가들이 설립한 사학중심으로 운영되어 왔고, 맹교육과 농교육이 주류를 이루는 가운데, 정신지체교육과 지체부자유교육은 막 시작을 서두르는 단계였다. 고도성장 위주의 경제제일주의를 지상목표로 하던 당시 상황에서 장애아동의 특수교육은 경제적 소모일 뿐더러, 멀쩡한 아이들 교육도 2부제 3부제로 콩나물 교실을 면치 못하는 실정이었다. 그래서 특수교육은 정책우선 순위의 끝자락에 밀려날 수밖에 없는 그런 현실이었다. 이런 시대적 상황에서 특수교육을 이끄는 당대 리더들은 "국민소득 1천달러 시대에 이제 우리나라도 장애아동 교육에 국가적 관심을 보일 때"라고 적극 계도하면서, '특수교육진흥법' 제정의 기치를 들었다.

투자순위에서 모든 교육투자가 중요하고 다급하지만 특수교육의 경우 정부에서 특별히 우선해서 진흥하고자 하는 고귀한 도덕적 결단 없이는 현실적으로 정책실천에 반영될 수가 없다. 낮은 곳을 먼저 떠받쳐 주어야 함께 잘 살수 있다는 정의의 원리에 대한 확고한 신념과 철학 없이는 특수교육을 국가공공정책의 일환으로 진흥할 수 없는 일이다. 따라서 약 33년 전에 특수교육 진흥을 위해 특별히 입법된 '특수교육진흥법'은 공공정책으로서 우리나라의 특수교육을 양적·질적으로 '진흥'하기 위해 오늘에도 여전히 '특별법'으로서 그 존재의미가 유효하다. 이런 문제의식에서 이하에서는 특수교육진흥법의 제정배경, 이 법의 제정과정과 후속조치들, 그리고 이 법의 개정과정에 따른 주요쟁점들을 중심으로 논의하고자 한다.

(1) 특수교육진흥법의 제정배경

특수교육진흥법이 제정된 1977년 당시 우리나라 특수교육의 실태를 보면, 특수학교는 모두 51개교로 학생 수 7,342명, 교원 수 756명이었고, 특수학급은 350개 학급에 약 6,500명의 학생이 입급(入級) 되어 있었다. 이로부터 10년 전(1967)의 실태적 상황을 보면, 특수학교 22개교에 재적 장애학생 수는 3,121명에 불과했으며, 일반학교 내에 특수학급 설치는 전무한 실정이었다(한국특수교육총연합회, 2004). 1960년대와 70년대 초반까지만 해도 우리나라에서 장애아동을 위한 특수교육은 소위 '시기상조론(時機尙早論)'에 밀려 정책적 관심 밖으로 밀려날 수밖에 없었다. "특수학교 하나 지을 돈이 있으면 탱크 한두 대 더 만들어야 한다"(김동극 회고담)는 것이 당시 정책입안자나 관리들의 철통같은 원칙이자 논리였다. 이런 상황에서 특수교육진흥책을 거론할 수조차 없어, 당시 한국사회사업대학 이태영(李泰榮) 학장을 중심으로 김동극(金東極) 교장은 정부를 설득하여, 외국 특수교육을 시찰하고 건의서를 내주면 그것을 기반으로 특수교육진흥 계획을 입안해 보겠다는 합의를 교육부로 부터 얻어내기에 이르렀다.

안보와 경제발전 제일주의를 확고히 고수해온 당시 정치상황에서 국방과 경제발전에 직접 연관되지 못하는 특수교육을 진흥시키기 위해서는 누군가 치열하게 발로 뛰면서 설득하고 헌신하지 않으면 안 되었다. 그 야전투사로 김동극 교장이 앞장섰고, 그로 하여금 이런 역할을 수행할 수 있도록 지원하고 길을 열어준 이가 이태영 학장이었다. 특수교육진흥법이 제정될 수 있었던 배경상황을 김동극 교장은 다음과 같이 회고하고 있다.

> 특수교육진흥법을 저 혼자 앞장서 만든 것이 아닙니다. 초창기부터 제일 공로가 많고, 제가 일할 수 있도록 지원하고 격려하고 채찍질 하신 분이

이태영 총장님 이십니다. 그리고 이영식 목사님 이십니다. 그리고 이효상 당시 국회의장을 들 수 있습니다. 이분은 대구·경북 출신 이십니다. 특히 이태영 총장님은 경제적인 지원도 많이 해주셨고, 특수교육과 원로 교수님들이 저를 전폭적으로 도와주셨습니다. 저는 그때 이런 분들의 격려를 받으면서 힘을 다해서 앞에서 뛰었을 뿐입니다(2004. 11. 15. 김동극 회고담).

이처럼 당시에 김동극 교장이 특수교육진흥법의 입법을 위해 앞장서 일할 수 있었던 것은 당시 한국사회사업대학 이태영 학장을 비롯해서, 동 대학에서 1967년 가을에 특수교육 특강을 한 일본의 쇼치사부로 박사로부터 받은 감동, 또한 당시 대구·경북 교육계 지도자였던 김판영 교육감의 영단이 어우러진 결과였다. 이런 일련의 실천과 관심 속에서 김동극 교장은 특수교육진흥법 제정의 산파역을 앞장서 감당 할 수 있었던 것이다. 한국특수교육협회장(한국특수교육총연합회의 전신) 자격으로 김동극 교장은 1977년 당시에 '특수교육진흥법(안) 제안 설명'을 통해서, 이 법의 제정 필요성을 다음과 같이 강조하고 있다.

현재 심신장애자의 특수교육을 위해서는 현행 교육법에 원칙적인 몇 조항이 형식적으로 삽입되어 있을 뿐, 구체적이고 실질적인 보장이 없는데다가 국가적인 지도육성체제도 없이 문교부 보통교육국 교육행정과의 업무 소관의 일부로 되어 있을 뿐 직제조차도 없는 한심한 실정이다. 이러한 법적·제도적 미비 상태를 그대로 두고는 특수교육은 영구히 발전할 소지가 없음을 우리는 절실히 느끼지 않을 수 없다.

우리는 이때까지 심신장애자의 교육문제를 국가 재정적 이유를 들어 뒤로 미루어 왔다. 넉넉지 못한 경제 사정이기는 했지만, 그동안 하고자 하는 마음만 있었다면 현재 상태보다는 발전적인 상태로 끌어올릴 수 있었을 것으로 뉘우치지 않을 수 없다. 더구나 GNP 1천불을 눈앞에 둔 현재이고 보면, 이 이상 더 방치할 수 없는 역사적 과제라 아니할 수 없다.

우리는 이미 10년 전에 낙후된 도서벽지 교육을 진흥하기 위해 '도서벽지교육진흥법'을 만들어 소기의 성과를 거두고 있음에 비추어, 낙후된 특수교육을 촉진·진흥하기 위해서는 무엇보다도 법적 보장책이 급선무인 것으로 확신되어 만시지탄 속에 특수교육진흥법의 제정을 제안하는 바이다(1977, '특수교육진흥법안 제안 설명서' 중에서).

이는 1970년대의 어려운 조건 속에서 국가의 공공정책으로 특수교육을 진흥하기 위한 위대한 '선언'이었다. 국민소득 1천 달러를 눈앞에 둔 시점에서 특수교육진흥시책의 당위성을 강조한 당시에 비추어, 국민소득 2만 달러를 넘어 선 현 시점에서 특수교육진흥이 경제발전에 걸맞게 과연 얼마나 진흥되어 왔는가를 다시금 반추해 보지 않을 수 없다. 특히, 처음 법을 제정하는 일이었기에 이미 10년 전에 제정된 '도서벽지교육진흥법'이 그 형식과 전체적 골격에서 참고가 되었음을 알 수 있다. 그러나 전술한 바와 같이 당시 문교부는 1967년에 이미 제2차 경제개발 5개년계획의 일환으로 '특수교육 5개년계획'을 수립하여, 그 속에 특수교육 계획을 입안하여 일련의 정책적 관심을 표명해 온 터였다.

(2) 특수교육진흥법 제정과 그 후속조치

우리나라에서 특수교육진흥법 제정 과정에서 주도적 역할을 한 것은 (특수교육)학계라고 보면서 김영환은 다음과 같이 회고하고 있다.

아시다시피 우리나라의 특수교육진흥법 제정은 (정부와) 학계가 중심이 되었다고 할 수 있습니다. 당시에 특수교육협회가 있어 그 회장이 이태영 총장님이셨습니다. 그래서 특수교육진흥법은 사실적으로 총장님으로부터 김동극 원장님까지 넘어 왔습니다. 우리나라 특수교육진흥법의 동기를 유발시킨 것은 내가 볼 때는 학계입니다. 미국에서는 장애인단체나 부모들이 떠들었지만 우리와는 다른 것은 이것이 아니냐. (당시에) 부모들이 떠들 계기가 없었어요(2004.12.06. 김영환 회고담).

결국, 우리나라에서 특수교육진흥법 제정의 애초 발의는 학계가 중심이었다는 것은 좁혀서 보면 한국사회사업대학 이태영(李泰榮; 1929-1995) 학장이었다. 당시 이태영 학장은「한국 특수교육연구협회」회장을 맡아 있다가 다음 협회장(제7대)을 김동극 교장에게 넘김으로서, 그 후(1974년부터) 무려 10년간이나 김동극 교장이 협회장을 맡아 오면서 "특수교육진흥법 입법의 산파역"(김동극, 2004)을 자임하게 되었다.

김동극 교장은 "1976년에 (협회에서) 문교부에 특수교육진흥법 입법(초안)을 건의해 놓은 상태"라고 밝히고 있어, 이미 특수교육진흥법의 골격이 제출된 상태에서 그간 문교부 보통교육국에서 최종 입법안을 가다듬어 1977년 10월에 국회에 제출하기에 이르렀다. 당시 사정을 김영환은 다음과 같이 밝히고 있다.

벌써 내가 (교육부에) 가니까 이만큼 특수교육진흥법을 제정해야 한다는 것이 무르익었어요. 일부 작업을 교육부에서 해서 국회에다 제출도 했어요. 다시 말하면 1977년 10월 제출했어요. 내가 갔을 때는 11월 이었어요. 결과적으로 국회에서 질문이 막나옵니다. 그 질문에 대한 답을 못했습니다. 그래서 전문가를 보내 달라고 해서 제가 급히 서울로 가게 되었습니다. 원기둥은 이미 제정이 되어 있었습니다(2004. 12. 06. 김영환 회고담).

1977년 10월에 특수교육진흥법 입법안이 국회에 제출되고, 그에 따라 폭주하는 후속업무를 감당하기 위해 그해 11월에 김영환 선생이 교육부에서 그 일을 맡게 되었다. 1977년 10월 25일에 문교공보위원회에 특수교육진흥법이 회부되어 같은 해 12월 7일 국회 문교공보위원회에서 첫 번째 심의가 이루어지게 되었는데, 당시 상황을 김영환은 다음과 같이 회고하고 있다.

> 이미 (국회) 문교공보위원회에 특수교육진흥법 제정의 당위성과 관련된 자료를 충분히 제출해 놓은 상태였습니다. 처음 12월 7일날 장관님도 참석하고 보통교육국장하고 저하고 셋이서 참석했습니다. 보니까 대다수 국회의원들이 특수교육진흥법에 대해 호감을 가지고 도움을 주려는 게 보였어요. 그 때 제가 기억나는 게 세 가지 있습니다. 육인수 의원이 검토를 했는가 모르겠지만 발언을 많이 했어요. 첫째가 특수교육진흥법이 통과되면 영세한 사립(특수)학교가 우후죽순처럼 나오지 않겠느냐, 그 때 국공립 특수학교를 많이 만들라는 이야기를 했고, 두 번째는 점자도서관을 왜 안 만들었느냐, 또 특수교육 심의회에 대한 것은 없느냐 라는 지적을 해 줬어요. …(중략) 한참 뒤에는 만약에 이렇게 학교가 많이 생기면 교사양성이 문제가 아니냐 하니까, 다른 대학은 얘기 안하고… 앞으로 대구에 있는 한사대학에서 많이 양성하게 될 겁니다(황산덕 장관 답변) 라고 하는 거예요 (2004. 12. 06. 김영환 회고담).

결국 국회 문교공보위원회 심의에서 제기된 문제가 특수학교 증설에 따른 교사양성의 문제, 점자도서관 설립과 운영 문제, 특수교육심의회 설치문제 등으로 집약될 수 있다. 교사양성 문제는 앞으로 대학에서 많이 양성할 것이라는 답변으로 쉽게 넘어갔고, 특수교육심의회 설치건은 시행령에 구체적으로 반영하는 것으로 하였고, 점자도서관은 특수교육진흥법에 추가하여 반영하는 것으로 일단락 지어졌다. 두 차례의 국회심의 절차를 거쳐 마침내 전문 16조로 구성된 특수교육진흥법이 1977년 12월 31일 법률 제 3053호로 공포되었다. 특수교육진흥법은 통과되었지만, 소위 특수교육진흥을 위한 예산 확보가 무엇보다 중요한 현안과제였다. 그렇지 않아도 '시기상조론'에 밀려 언저리에서 푸대접을 받는 상황에서 특수교육진흥 경비 확보를 위해서 각별한 노력이 필요했다. 당시에 예산확보를 위한 노력을 김영환은 다음과 같이 회고하고 있다.

> 79년부터 시행하려면 78년 4월부터 예산 투쟁을 해야 합니다. 예산을 따야 해요. 79년 1월 1일부터 특수교육진흥법을 그대로 시행하기 위해서는 소요예산이 약 80억 정도 되었어요. 특수교육진흥법 시행을 위해서 100억 정도 필요한데 깎이고 깎이고 해서 80억이 된 거예요. 근데 80억원만 따도 사립특수학교 교사들의 호봉이 낮아 충분해요. …(중략) 예산을 따기 위해서 이런 이야기를 합니다. 그 다음에 문교부 예산을 담당하는 과장에게 갑니다(당시 강봉균 과장). 가만히 보더니 '법이 있습니까?' 묻더라고, 그래서 특수교육진흥법을 보여 줬어요. 시행령도 없는 법을 보여 준 거죠. 보시더니 '아, 여기 있네'하시면서 그냥 싸인 하시는 거예요. (예산)등록하기가 굉장히 힘이 듭니다. 그런데 이렇게 쉽게 되었어요. 그 다음에는 교육부에서 김영환에게 물어 보고 해라고 할 만큼 특수교육진흥비를 쉽게 땄어요(2004.12.06. 김영환 회고담).

이처럼 특수교육진흥법 시행령은 1978년 8월 30일 대통령령으로 공포되었고, 이어 시행규칙도 동년 12월 17일 교육부장관령으로 통과됨으로써, 1979년 1월 1일부터 차질 없이 특수교육진흥법이 시행되기에 이른다. 특수교육진흥법이 제정되고 단지 1년간의 유예기간을 거쳐 1979년 1월 1일부터 실질적으로 시행될 수 있게 된 것은 외국의 사례에 비추어 볼 때(특히, 당시 경제발전 지표의 국제비교 측면에서 볼 때), 결코 뒤지지 않는 정부의 의지와 관계인들의 열성적인 노력의 결실이라 하지 않을 수 없다.

(3) 특수교육진흥법 개정과정과 그 쟁점

특수교육진흥법이 제정된 이래 여덟 차례 개정되었는데, 그 중 1994년 1월 7일에는 전면 개정되었다. 특수교육진흥법 시행령은 1978년 8월 30일 제정된 이래 열 번 개정되었으며, 동법 시행규칙은 1978년 12월 30일 제정된 이래 여섯 차례 개정되었다. 특수교육진흥법 개정은

1992년 3월 한국특수교육협회(당시회장: 김영환)의 개정건의가 직접적인 계기가 되어, 동년 4월에 입안된 '특수교육발전계획'에서 법 개정 추진을 결정하고 그 후 다양한 의견수렴 과정을 거쳤다. 같은 해 9월에 특수교육진흥법 개정 1차 조정안을 내어 11월에 공청회를 개최 하였으며, 이듬해 2월에 동법개정안 2차 조정을 거쳐 같은 해 3-4월에 동법시행령과 시행규칙의 입안 작성에 들어가게 되었다(교육부, 1993). 이하에서는 주로 특수교육진흥법 개정중심으로 그 경과와 주요쟁점들을 논의하면서, 이에 관련된 뒷이야기들을 당시에 교육부에서 이 일을 직접 맡아온 김원경 교수의 회고담을 중심으로 살펴보고자 한다.

특수교육진흥법 제5조에 의하면, "국립 또는 공립의 특수교육 기관에 취학하는 자 및 사립의 특수교육 기관 중 의무교육과정에 취학하는 자의 교육은 무상으로 한다"고 규정하고 있다. 이 규정에 따라 국·공립 특수학교에 재학하는 학생들은 유치부에서 고등부까지 모두 무상교육을 받을 수 있었으나, 사립특수학교는 의무교육과정, 즉 초등과정만 무상으로 교육받는 '차별화'문제가 제기되었다. 당시 사정을 김원경은 다음과 같이 밝히고 있다.

> 그 당시에 특수교육진흥법 5조에 국·공립은 유·초·중·고 모두 무상이고, 사립(특수학교)은 의무교육과정만 무상입니다. 1984년에 보면 사립특수학교에 주로 초등부만 있었던 이유가 바로 그것입니다. 왜냐하면 중학부부터는 학생들이 돈을 내야 되거든요. …(중략) 85년부터 초등학교랑 중학교는 의무교육이고, 유상인 고등학교와 유치부는 돈을 내고 다닌 겁니다. 그러다 보니 유치원하고 고등학교 과정에서 차이가 납니다. 서울에서 교장들끼리 만나면 정박도 사립정박이 따로 있고, 공립정박이 따로 있다는 겁니다. 정박이라도 공립으로 가면 유치원부터 무상이고, 사립에 가면(유치부와) 고등부에 올라가면 돈을 내야 합니다. 이 부분은 대학의 특수교육과 학생들의 진로와도 연관됩니다. 85년도부터 중학부가 무상이 되면서 이때

> 부터 사립에도 중·고등부가 설치되어, 초등은 (특수교사) 취업이 잘 안되는데 중등은 취업이 잘 되었습니다(2004. 12. 20. 김원경 회고담).

사립학교 학생과 국·공립학교 학생 간에 무상교육의 기회를 차별하여, 소위 '사립정신지체'와 '공립정신지체'가 따로 있게 하는 '차별화' 정책은 당연히 철폐되어야 했다. 이에 따라 1987년 10월 24일 특수교육진흥법 중 개정 법률에서 동법 5조의 무상교육에 대해 "제3조의 규정에 의한 특수교육 대상자로서 국·공립 또는 사립의 특수교육기관에 취학하는 자의 교육은 이를 무상으로 한다"고 개정하였다. 이에 따라 사립특수학교에 취학한 유치·초등·중학·고등부 과정의 모든 학생들에게도 국·공립 특수학교와 동일하게 무상교육의 혜택을 받을 수 있게 하였다.

당시 특수교육진흥법 개정 사안에서 가장 중요한 쟁점이었던 것은 장애아동 교육권에 대한 '의무교육' 사항이었다. 전술한 것처럼 88올림픽을 계기로 특수교육대상자에 대한 무상교육에 대한 규정은 이미 국·공·사립을 막론하고 동등하게 초·중학과정은 의무교육으로 하고, 유치원과 고등부과정은 무상교육을 실시하도록 개정하여 적용되어 오던 터였다. 여기서 핵심쟁점은 취학전 3, 4, 5세의 유아교육을 '의무교육' 개념 속에 포함시켜야 한다는 것이 '공대위'쪽의 주장이었고, 교육부 안은 초등과 중학과정은 '무상의무교육'에 포함시키되, 3세부터의 유아교육과 고등학교 과정은 '무상교육' 개념으로 하자는 것이었다. 개념적으로 '의무교육'과 '무상교육'의 중요한 차이가 전자는 해당연령의 모든 아동들에게 의무적으로 교육권을 무상으로 보장해주는 것이고, 후자는 기존의 제도권 학교에 취학하여 교육을 받고 있는 학생들에게만 한정적으로 '무상(無償)'의 혜택을 준다는데 있다.

특수교육 대상 아동들의 경우 사정이 좀 더 복잡한 것은 지역에 따라 혹은 가정형편에 따라 전혀 학교교육의 혜택을 받지 못하는 아동들이 상당수 있었기 때문에, 이들에게 실질적으로 수교육권(受教育權) 혜택이 보장되도록 하기 위해서는 '의무교육'을 강제적으로 부여하지 않으면 안 된다는 데서 소위 '공동대책위원회'측과 교육부 간에 미묘하면서 심각한 의견대립 양상을 가져오게 된 것이다. 이 문제에 대한 현실적인 쟁점의 진단을 김원경은 다음과 같이 내리고 있다.

> 두 법안의 차이점은 첫 번째 의무교육 대상 아동의 연령 차이 입니다. 민주당 안은 3세부터 14세까지이고, 정부법안은 3세부터 17세 까지로 되어 있습니다. 그 다음에 민주당 안은 조기교육원이라는 별도 교육기관을 만들었습니다. 왜냐하면 공동대책위원회에서 세몰이를 하기 위해서 조기교육실, 크리닉하는 사람들을 전부 규합한 겁니다. …(중략) 정부안에서는 가칭 특수유치원을 설립・운영할 것이라고 했습니다. 장애유아들만 다니는 유치원을 교육부 시행령을 개정해서 만들거라는 내용입니다(2004. 12. 20. 김원경 회고담).

의무교육 연령을 3세부터 14세 까지로 잡았으나, 실제로 3, 4, 5세는 의무교육 대상 연령이 아닌 데에 현실적인 애로가 있었던 것이다. 그에 비해 정부안은 3세부터 17세 까지로 잡아 오히려 더 발전적인 안으로 볼 수 있다는 해석이 있다. 하지만, 정부안의 내용을 보면 3-5세와 15-17세는 '무상교육' 대상으로 설정해 놓은 것이다. 김원경(2001)은 개정된 특수교육진흥법의 평가에서 ① 당시 상황과 입법과정에서 의견전달이 상향식이었고, ② 특수교육 당사자와 이해관계자들의 의견이 광범위하게 결집된 것, ③ 1994년 전면 개정 공포된 특수교육진흥법에 대한 이웃 일본국의 긍정적 평가, ④ 특수교육진흥법에 장려 내지 조장적인 성격도 있지만, 장애아동의 학습권을 보장하기 위해 절차적 권리를 반영한 것(김원경, 2001, 97-100) 등을 긍정적 평가의 측면으로 제기하고 있다. 그러나 2007년을 기점으로 '특수교육진흥법'의 시대는 막을 내리고, 장애인당사자와 교육권연대를 축으로 발의된 '장애인 등에 대한 특수교육법'이 통과됨으로써, 21세기 한국특수교육은 새로운 국면을 맞이하게 된다. 개인적으로 회고해 보면, 필자는 소위 특수교육진흥법 세대이다. 이제 '진흥법'의 시대는 지나가고 특수교육법이 교육기본법과 어깨를 나란히 하면서 통합교육을 향한 새로운 시대를 열어가야 할 때이다.

제2장 한국특수교육론의 정체성 논쟁

역사와 더불어 장애인의 삶은 어어져 왔다. 그러나 우리나라에서 근대특수교육이 처음 우리나라에 소개된 것은 유길준의 「서유견문」(西遊見聞, 1895)에서 구미의 특수교육을 치아원(痴兒院), 맹인원(盲人院), 아인원(啞人院) 등에 걸쳐 기술한 것에서 비롯되고 있다. 그 후 우리나라 학계에 특수교육이 학문분야의 하나로 공식적으로 등장하게 된 것은 1961년 한국사회사업대학에 특수교육과가 설치된 이후부터라 할 수 있다. 따라서 한국 특수교육의 학사적(學史的) 연륜은 엄격히 말하면, 겨우 반세기에 지나지 않는다. 짧은 연륜에도 불구하고 1960년대 이후 한국경제가 압축성장을 해 왔듯이 특수교육의 학문적 내지는 실천적 발전도 실로 엄청난 압축발전이었다.

1960년대만 해도 한국특수교육은 특히 학문적인 면에서 그야말로 미개척 분야로 황무지였다. 필자가 60년대 중반에 대학에서 특수교육을 수학 할 때만 해도 전공영역은 맹교육과 농교육 중심이었고, 그나마 기본 교재조차 없었다. 정신지체교육과 지체부자유교육은 국내에서 강의를 담당할 교수가 없었으므로 일본의 교수를 특별히 초빙하여 집중적 특강(공개강좌) 형식으로 운영하는 형편이었다. 당시 특수교육 전문서적으로는 이태영(李泰榮) 한국사회사업대학 학장의 「특수교육개론」

(1963)이 유일하게 출판되었고, 맹교육과 농교육 교재는 안태윤(安泰潤) 교수가 필사본 프린트로 제작한 것이 고작이었다.

1970년대 중반까지 우리나라 특수교육은 주로 일본으로부터 강한 영향을 받은 가운데 특수교육 학술용어도 거의 일본 용어를 그대로 옮겨 사용했다. 당시에 장애를 '장해'(障害)로, 정신지체를 '정신박약'(精神薄弱)으로, 치료교육을 '요육'(療育)으로 사용한 것은 그 대표적인 예이다. 1971년에 이화여대와 단국대에 특수교육과가 설치되면서 상대적으로 미국 특수교육에 많은 영향을 받기 시작했고, 대구대(한국사회사업대학의 후신)도 60년대 후반에는 교수의 개인적 노력과 함께 특히 미국에서 특수교육을 수학한 이기수(李基洙)를 통해 미국의 특수교육 학풍과 자료들을 다양하게 접하기 시작했다. 70년대 중반에 김정권(金正權)은 우리나라에서 최초로 「특수교육학」(1975, 정신박약아교육총서 제1권)이라는 저서를 내고 학부와 대학원에서 그 강의를 담당하였다.

70년대에 넘어 오면서 우리나라의 사회학문은 전반적으로 미국으로부터 강한 영향을 받기 시작했고, 그로부터 미국 유학파가 대학 강단의 주류를 형성해 가기 시작했다. 특히, 교육학 분야에서는 교육을 '인간행동의 계획적 변화'(정범모, 1976)로 보려는 행동주의 심리학에 강한 영향을 받은 가운데, '교육과학' 운동이 교육학계의 주류를 형성했다.[1] 이 무렵 특수교육 분야에서는 미국으로부터 개인차 이론, 메인스트리밍 교육, 장애아동교육법(Education for All Handicapped Children Act; P.L. 94-142) 등이 활발히 소개되기도 했다.

그러나 다른 한편에서는 우리나라 특수교육학계에서 한국특수교육의

1) 이홍우(1991)는 정범모의 '인간행동의 계획적 변화'로서의 교육 개념을 '공학적 개념'으로 명명하면서, 피터즈의 '성년식 개념', 뒤르껭의 '사회화 개념'과 수평적으로 대비하고 있다. 이런 측면에서 이홍우는 정범모의 교육에 대한 '공학적 개념'은 피트즈와 뒤르껭이 교육의 개념 정의에 기여한 것과 같은 수준의 다른 측면을 명백히 제시한 것으로 평가하고 있다(이홍우, 1991).

정체성 정립을 위한 학술적 노력도 꾸준히 이어져 왔다. 그 대표적인 예로 이태영의 특수교육 저술(1963), 안태윤의 한국 특수교육 발전과정 연구(1968), 안병즙의 한국 특수교육 발달사 연구(1974) 등을 들 수 있다. 이처럼 전체적인 학풍의 경향에서 초기에 우리나라 특수교육 학풍은 주로 일본으로부터 직접적인 영향을 받은 반면에, 70년대 중반 이후부터는 상대적으로 미국 특수교육학계로부터 많은 영향을 받아 왔다고 볼 수 있다.

그러는 가운데 한국 특수교육의 정체성을 정립하기 위한 학문적 노력도 나름대로 그 맥을 이어왔다. 이를테면 전술한 초기의 연구 성과 이후에 대한특수교육학회에서는 전국을 망라한 공동 집필의 형식으로 「한국특수교육100년사」(1995)를 간행하여 통사적(通史的)인 관점에서 총체적으로 한국 특수교육론을 정립하는데 기여하였다. 이 외에도 개별적으로 학사적(學史的) 관점에서 저술중심의 한국(대구 중심의) 특수교육의 학풍적 성향을 밝히고자 한 연구(김병하, 2003), 역사적 전개과정 중심으로 한국 특수교육학의 지식기초를 문제 삼은 연구(정용석, 2003)가 행해지기도 했다. 이외에도 장애영역별로 「한국청각장애교육100년사」(2009), 「한국시각장애인의 역사」(임안수, 2010) 등이 정리되었다.

이하에서는 한국특수교육의 학문적 정체성 정립에 특별히 관심을 가지고 다음 네 갈래로 그 논의를 전개하고자 한다.

첫째로 특수교육의 상위학문에 해당되는 우리나라 사회학문 분야 전체의 정체성 문제는 어떻게 평가될 수 있는가?

둘째로 우리나라에서 '한국특수교육론' 이라는 것이 과연 존재하는지, 존재한다면 그것은 어떻게 평가 될 수 있는가?

셋째로 우리나라에서 '한국특수교육론' 정립을 위한 주요 연구들로는 어떤 것을 들 수 있는가?

넷째로 향후 '한국특수교육론'을 정립하기 위한 주요과제는 무엇인가?

2.1 사회학문의 학문적 정체성 논쟁

학문의 갈래는 크게 인문학문, 사회학문, 자연학문 등 세 부류로 나눠진다. 이런 학문의 대분류에서 특수교육은 사회학문의 한 하위분야로 분류되고 있다. 따라서 우리는 특수교육의 학문적 정체성을 논의하기 위해 우선 그 상위학문인 '사회학문'의 정체성을 문제 삼지 않을 수 없다. 사회학문은 말 그대로 인간이 몸담고 있는 사회와 그 속에서의 인간문제를 주요 담론의제로 삼는 학문분야이다. 사회학문의 성격과 범위를 규정하는 기반은 인간의 사회활동 공간과 영역이며, 그 속에서 활동분야가 정치, 경제, 사회, 문화, 교육 등 어느 분야에 한정되느냐에 따라 개별 사회학문 분야를 형성한다. 여기서 인간의 사회활동 공간이 시대 흐름에 따라 그 중심무대가 어떻게 달라져 왔는가를 보면 사회학문의 주류도 금방 드러나게 되어 있다.

주지하다 시피 학문사(學問史)에서 중세까지는 철학이 모든 학문을 통일했으나, 근세 이후 자연과학이 독립된 학문분야로 강력히 대두됨에 따라 철학은 인문학의 한 분야로 한정되고, 사회학문도 학문적이기 위해 '과학적'이어야 한다는 발상에서 아직도 사회학문을 '사회과학'이라 명명하는 것을 자연스럽게 받아들이기도 한다. 이처럼 사회학문이 하나의 독립된 학문분야로 분화되면서 18, 19세기는 그 주류가 유럽이었던 반면에, 20세기 이후에는 그 학풍의 중심무대가 북미 신대륙으로 이전되기에 이르렀다.

결국 이것은 무엇을 의미하는가? 역사적으로 문명권의 종주국이 동시에 학문의 주류를 형성하는 것은 사회학문의 성격에 비추어 당연한 현상이라 할 수 있다. 그래서 우리나라 사회학문의 학풍이 광복이전까지는 특히 일본의 영향 하에 유럽중심적일 수밖에 없었던 반면에, 광복이후에는 미군정통치를 겪으면서 미국중심주의로 선회할 수밖에 없었다. 이것은 우리나라 사회학문이 갖는 태생적 한계이기도하다.

21세기를 사는 이 시대는 언필칭 '세계화'의 시대이다. 세계화의 중심에 미국이 자리 잡고 있는 현실을 우리는 결코 부정할 수 없지만, 세계화는 동시에 '지역화' 혹은 '지방화'와 공존할 때에 그 진정한 의미가 드러난다. 이런 의미에서 지금 우리에게 세계 속의 한국학 혹은 한국 사회학문을 정립하는 것이 절실한 과제가 된다. 세계화와 끊임없이 소통하면서 지역학으로서의 한국특수교육론을 정립하는 것은 당대 우리나라 특수교육학인들에게 주어진 학문적 사명이자 책무이다. 사회학문의 한 분야이자 특수교육의 인접(상위)학문인 교육학 쪽에서 학문의 정체성 위기는 진작부터 제기되어 왔다. 이종각(1994)은 교육과 교육학의 토착화를 제기하면서 세계체제에서 지적 불평등이 경제적 불평등보다 훨씬 심각한 학문적 식민주의 상황을 경계하고 있다. 그는 한국 교육학의 토착화 과제를 구조적 토착화, 내용의 토착화, 이론의 토착화에 걸쳐 다음과 같이 제기하고 있다.

> '구조적 토착화'는 국가의 지식생산 및 분배능력에 관한 것으로서 교육 및 연구기관, 자국 학자로 구성된 학문공동체, 한국에서 생산된 사회학문 문헌의 존재를 포함한 연구 주관자의 토착화를 말한다. 구조적 토착화에서 한 단계 더 나아가서 '내용의 토착화'는 한국의 사회학문이 한국의 사회와 문화, 정치, 경제제도를 다루면서 역사적 문화적 맥락에 맞는 해석을 추구하는 것이다. 이런 의미에서 내용의 토착화는 새로운 이론이나 개념의 창조를 뜻하지 않으므로 종국에는 이론적 토착화가 요청된다는 것이다. '이론적 토착화'는 한 국가의 사회학문 학자가 그가 속한 사회의 세계관과 사회문화적 경험, 지향해야 할 가치 등을 반영한 개념적 분석망과 메타이론을 구안해 내는 데 노력을 기울이는 상태를 말한다(이종각, 1994, pp. 402-403).

이종각(1994)은 한국교육학이 '한국적'인 것을 강조해야 할 이유로서 그 한 가지는 외래이론의 홍수 속에서 '한국적'인 것에 대한 거의 완전하리만큼 망각상태에 있다는 문제의식이고, 다른 하나는 한국적인 것이 누락된 이론은 한국교육을 설명하는 이론으로서 부적절하며 결핍된 이론이라는 문제의식이라고 했다(ibid. p.404). 그에 의하면, 한국교육학 논쟁은 방법 논쟁이자 학문정신 논쟁이며, 학문의 봉사대상에 관한 논쟁을 포함하는 종합적 논쟁이다. 이런 일련의 문제의식에서 한국교육학이 학문적 정체성을 정립하기 위해 해외의존성으로부터 탈피하여 토착화, 자주화, 민족화되어야 한다면서, 이를 통해 한국교육학은 '망각된 한국의 사회적 맥락', '소멸된 한국의 역사', '박탈된 한국문화'를 되찾아야 한다(ibid. p.410)고 제안하고 있다. 한국교육학의 정체성 위기에 대한 이종각의 진단과 제안은 교육학 분야뿐만 아니라 한국의 사회학문 전반에 걸쳐 경청해야 할 담론이다.

위의 논의에서 한국의 사회학문이 대외종속적인 지적 식민상태에서 탈피해야 한다는 당위성이 절실하기는 하지만, 사회학문의 토착화가 곧 자주화나 민족화로 연관되는 것을 의미한다면 자칫 이것은 '한국적'이라는 이름으로 지적 국수주의(國粹主義)에 빠질 우려가 있다. 이런 지적 폐쇄주의와 학문의 대외 종속성을 함께 나무라면서 조동일(1997)은 보다 거시적인 안목에서 학풍적 특징 중심으로 학문의 길을 '사학팔방'(四學八方)이란 이름으로 다음 네 갈래로 제시하고 있다.

> 첫째 학풍은 '남의 학문 가져와서 자랑하기'로서, 그것을 '수입학'이라 부르면서 이는 다시 제1세계 학문 가져오기(수입학 제1방향)와 제2세계 학문 가져오기(수입학 제2방향)로 나누어진다. 둘째 학풍은 '남의 학문 가져와서 나무라기'로서 그것을 '시비학'이라 부르고, 여기서도 시비하는 대상에 따라 제1세계 학문 가져와서 나무라기와 제2세계 학문 가져와서 나무라기로 나눈다. 셋째 학풍은 '우리 학문으로 남의 학문 막아내기'로 그것을

> ‘자립학’이라 부르고, 무엇을 내세우는가에 따라서 과거의 사실로 막아내기와 민족주의로 막아내기를 들고 있다. 넷째 학풍은 ‘우리 학문으로 남의 학문 넘어서기’로 그것을 ‘창조학’이라 부르고, 무엇을 어떻게 창조하는가에 따라 비교연구로 넘어서기와 일반이론으로 넘어서기를 들수 있다(조동일, 1997, pp. 30-31).

여기서 조동일(1997)은 우선 ‘수입학’과 ‘시비학’의 수준 차이가 상당함을 알아야 한다면서 근래 우리나라 학계에서 시비학의 등장은 주목할 만하다고 평가하고 있다. 위에서 ‘자립학’은 지금까지 해온 통상적인 국학(國學)을 의미하는 것으로서, 양학(洋學)을 제어하는 자위권을 행사하는 것이 ‘자립학’의 소임이라고 했다. ‘수입학’이나 ‘시비학’에서는 남의 것들을 가져오는 소비자 노릇이나 하는 데 반해서 ‘자립학’에서는 한국자료를 실제로 찾아서 논저를 써내는 생산자 노릇을 한다. 이에 비해 ‘창조학’은 국학을 세계화하는 학문으로서, 양학이 ‘수입학’에서 ‘시비학’으로 바뀌는 것과 상응해서 국학이 ‘자립학’에서 ‘창조학’으로 바뀐다. 그는 누구든지 나서서 ‘창조학’을 실제로 할 수 있는 방법을 자기 체험에 입각해서 제시하고, ‘창조학’의 성과로 평가할 수 있는 업적을 내 놓아야 한다면서, 후에 스스로 그 업적을 체계적으로 제시하고 있다(조동일, 2006). 그가 말하는 ‘창조학’에서는 ‘수입학’에서 요구하는 세계성, ‘시비학’의 비판의식, ‘자립학’에서 평가하는 사실고증을 제대로 갖추고, 그 셋을 넘어서는 획기적인 창조물을 내보여야 한다.

한편, 한현민(2008)은 조동일의 이 같은 제안이 어느 듯 10년이나 지난 시점에서 지금의 사회학문은 수입학이나 시비학에서 가져오거나 따질 내용을 제1세계권과 제2세계권에서만이 아니라, 동아시아나 아프리카의 여러 나라에서도 가져와 제3세계권의 학문에도 관심의 지평을 넓혀 가져야한다고 제안하고 있어 주목을 끌게 한다. 이렇게 하기위해 한현민(2008)은 주체성을 가지고 '진품만'을 있는 그대로 수입하여 제대로 시비하고 유통할 것을 권고하고 있다. 그러나 조동일(1997)은 우리의 현실에서 창조학을 하는 데 원초적인 어려움이 있음을 다음과 같이 기술하고 있다.

> 오늘날 한국의 대학교수는 '창조학'을 하는 데 필요한 시간이 없고, 자료가 크게 부족하고, 창조의 진행과정을 강의를 통해 발표하고 검증하지도 못한다. 우리는 (학문)후진국이니 '창조학'은 할 생각을 말고, 다른 세 가지 학문이나 하라는 것이 지금의 제도이고 관행이다.
>
> 그렇다고 해서 '창조학'을 해야 한다는 당위성이나 되풀이 하거나, 불리한 여건과 싸우는 데 열을 올리기나 하고 말 수는 없다. 어떤 어려움이 있어도 '창조학'을 실제로 이룩해서 '창조학'의 정당성을 입증해야 한다. 우선 거친 작업이라도 해서 토론거리를 마련해야 한다. 창조는 모험이므로, 실패를 각오하고 과감하게 시도해야 한다(조동일, 1997, p. 51).

실제로 조동일은 한국의 대학교수들이 부닥치는 현실적 난국을 스스로 타개해 가면서 그가 내세운 '창조학'에 해당하는 일련의 지적작업을 쌓아 왔다. 그래서 그의 학문론은 힘을 받는다. 비슷한 문제의식에서 교육학자인 정범모(2006)는 '한국에서 학문이 가능 한가'를 되물으면서 한국의 대학에서 탁월한 아카데믹 리더십(academic leadership)의 출현이 목마르게 기다려진다고 제안하고 있다. 그는 '학문의 조건'(정범모, 2006)에서 한국의 교육실제는 한국적일수록 좋고 한국의 교육이론은 보편적일수록 좋다면서, 한국의 학문탐구 성숙성은 세계의 학자들과 항로를 같이하고 가능한 한 넓은 세계에 적용될 수 있게 노력하는 정도에 따라 한국의 학문탐구는 그 성숙도가 고양될 것이라고 했다(ibid. p.172). 여기서 정범모는 "실제는 한국적일수록 좋고 이론은 보편적일수록 좋다"면서 한국의 사회학문에서 자생적으로 세계적 보편성에 기여할 이론을 어떻게 생산할 것이냐에 대해서는 특별한 언급이 없을뿐더러 그런 업적을 스스로 드러내는데 한계가 있었다고 본다.

사회학문은 당대의 주류사회를 중심으로 학풍을 형성하기 마련이고, 이것은 세계적으로 볼 때 제1세계 중심으로 다른 나라들(제2세계, 제3세계 등)에게 일방적인 영향을 미치는 형국이다. 이런 문제의식에서 조희연(2003)은 미국적 표준에 대한 동기화(synchronization)가 유별나게 빠른 나라로 한국을 지목하면서 지적 '식민화'에 대한 비판적 성찰을 강조하고 있다. 같은 맥락에서 신정완(2006) 등은 학문 주체화의 새로운 모색으로 우리의 역사성과 현실로부터 '보편적인 독해(讀解)'를 해낼 수 있어야 한다고 제의하고 있다. 이런 문제의식에서 최근 선내규(2010)는 우리나라 사회학의 낮은 자율성과 한국 사회학자들의 역할 정체성 혼란을 다음과 같이 지적하고 있다.

> '우리의 자생적인 이론 만들기'라는 문제는, '어떻게 지리적 제약을 극복하고 국내외를 가로지르는 상호작용-의례사슬을 구축할 것인가', '상호작용-의례사슬이 분절되거나 화석화되지 않도록 지속적으로 정서적 에너지를 충전할 방법은 무엇인가'라는 문제로 전환되어야 한다. 그것이 "made in Korea"라는 라벨을 획득하기 위해서 필요한 것은 우리들만의 자족적인 합의가 아니라 국제적인 사회학 공동체 내부에서 벌어지는 인정투쟁(recognition struggle)에서 승리하는 것이기 때문이다(선내규, 2010, p.149)

이것이 어찌 사회학 분야만의 문제이겠는가? 우리나라 특수교육학계에서 '상호작용-의례사슬'이 어떻게 구축되어 왔고 분절되어 있는가를 되짚어 보아야 한다. 그리고 과연 특수교육학계에서 'made in Korea'라는 라벨을 획득하기 위한 내면적 노력은 물론, 국제적인 인정투쟁에의 참여는 얼마나 이루어지고 있는가를 반성해 보지 않을 수 없다.

우리나라에서 사회학문 하기는 일차적으로 '수입학'에 의존할 수밖에 없는 상황이라 할지라도, 이 상황적 불평등을 우리 스스로가 극복하기 위해서는 조동일이 제기한 것처럼 수입학에서 시비학으로, 시비학에서 자립학으로, 자립학에서 창조학으로 나아가기 위한 결단과 노력을 개인적으로나 집단적으로 체계적으로 수행할 수밖에 없다. 그렇게 하고자 노력하는 사람들에 의해 역사는 구성된다.

2.2 한국특수교육론은 존재하는가?

"한국특수교육론은 존재하는가?"에 대한 질문은 우리나라에서 자생적으로 형성된 특수교육담론이나 학풍이 존재하는가에 대한 의문에서 제기된다. 즉 엄격한 의미에서 '한국특수교육론'이라는 이름으로 내세울 만한 담론이나 학풍이 도대체 존재하는지에 대한 비판적 문제의식에서 제기된 질문이다. 우선 비근한 예로 '한국정치론' 이나 '한국경제론'에 대한 저술은 우리나라에서 여러 권 눈에 들어오지만, '한국교육론'이란 검색어에 들어가 보면 주로 '한국교육사'라는 저술들뿐이다. 그러나 필자는 최근 「한국교육론」(김민남, 손종현, 2006)이라는 저술을 접하면서 늦었지만 퍽 반가웠다. 필자가 알기로 아직 우리나라 대학 특수교육과와 그 관련학과에서 '한국특수교육론' 혹은 '한국특수교육사'라는 명칭의 강좌가 따로 개설되어 있지 않은 듯하다. 다만 대학원 박사과정에 '한국특수교육연구세미나' 강좌가 개설되어 있는 정도이다. 이것은 단적으로 사회학문 분야 중에서도 특수교육 쪽은 아직 '한국'이라는 독자성을 겨냥한 학술담론이 거의 형성되어 있지 않거나 있다 할지라도 극히 초보단계에 머물고 있음을 드러내는 하나의 지표이기도 하다.

특수교육을 이론적으로 논의하고 비판하는 데에 깊은 관심을 보인

Skrtic(1991)은 「특수교육의 배후」(Behind Special Education, 1991)라는 저술에서 특수교육의 이론적 담론을 체계적으로 제시하고 있다. 이 저서에서 그가 특별히 특수교육의 '배후'에 관심을 갖는 것은 특수교육의 실천을 직접 규정하는 모형, 도구, 프로그램, 사례 등을 있게 한 그 이면(behind)의 이론세계에 특별히 관심을 가지고 특수교육을 논의하고자 하는 의도가 짙게 깔려 있다. 말하자면, Skrtic 교수는 미국 특수교육학계에서는 보기 드물게 체용(體用)의 논리에서 기법으로서의 용(用)보다는 이론 내지는 뿌리로서의 체(體)를 중시한 사람이다. Skrtic(1991)은 특수교육의 이론적 논의를 위해 Kuhn의 패러다임(paradigm)을 도입하여, 그것을 위계적 단계에 따라 가장 추상성이 강한 상위이론을 '형이상학적 패러다임'(철학이론)이라 하고, 형이상학보다 덜 추상적이지만 특수교육의 상위이론 세계로 '사회학문 패러다임'을 들면서 특수교육은 가장 구체적인(덜 추상적인) 수준의 패러다임을 연구도구로 삼아 자료를 수집하고 생산하는 '구성적 패러다임'(construct paradigm)에 머물고 있다고 했다.

따라서 우리가 특수교육 담론을 이론화하기 위해서는 상위이론세계인 사회학문 패러다임과 나아가 철학의 형이상학적 패러다임 수준으로까지 지적 안목을 넓혀 감으로써, 이론의 보편성(추상성)을 더 높일 수 있다. 이런 이론적 위계에 따라 그는 특수교육의 상위이론 세계인 사회학문의 이론세계를 기능주의(미시-객관적), 해석주의(미시-주관적), 구조갈등주의(거시-객관적), 그리고 진보적 휴머니즘(거시-주관적)으로 대별하고 특수교육의 패러다임은 지나치게 극단적인 기능주의(functionalism)에 경도되어 있다고 비판하고 있다.

한국에서 특수교육의 학문적 담론은 중층적(重層的)으로 굴절되어 있다. 이런 문제의식에서 필자는 우리나라 특수교육의 학문적 담론이 잘못 오도될 수밖에 없는 이유를 다음 두 측면에서 지적하였다(김병하,

2003). 그 하나는 우리나라 특수교육의 학문적 담론은 한국의 역사성과 현실에 기반을 둔 것이 아니라 외국(주로 미국)으로부터 재빨리 수입하여 그것을 단편적으로 번역하여 우리나라에서 '과잉일반화'(over-generalization)하려는 데 심각한 문제가 있다. 지금까지 우리나라 특수교육 학자집단은 외국 특수교육 학술담론의 수입 오퍼상 역할을 자임해 왔거나 충실한 중계방송 노릇을 해 왔는지도 모른다. 전술한 사회학문의 정체성 문제에서 지적했듯이 사회학문의 이론에서 강남의 오렌지가 강북에서는 탱자가 될 수 있다. 미국에서 좋은 이론이나 학술담론이 우리나라에서 더 좋은 이론이 될 수 있다는 환상에서 우리나라 특수교육학자들은 빨리 깨어나야 한다.

그 다른 하나는 일반적으로 특수교육 학술담론이 특수교육학계 내부에서 자생적으로 생산된 것이 아니라, 특수교육 바깥 분야에서 생성된 이론을 빌려오는데 주로 의존해 왔으므로 잘못 오도된 이론적 담론일 수 있다는 점이다. 일찍이 Skrtic(1991) 교수가 특수교육 지식에 대한 이론적 비판에서 특수교육 학술담론은 무의식적 가정에 지배된 헛된 이론, 특수교육 실천을 혼란스럽게 하는 혼합이론, 심리학 등에 지나치게 의존하는 잘못된 이론들로 혼재(混在)해 있다고 지적한 것은 우리 자신을 향한 뼈아픈 고언이기도 하다.

그러나 정용석(2008)은 위에서 Skrtic 교수가 특수교육학이 의학과 심리학에 기반 한 극단적 기능주의에 경도되어 있다는 지적은 미국의 특수교육학풍을 지칭하는 것이지 한국의 특수교육학풍은 미국과는 사정이 다른 것에 주목하여 다음과 같이 주장하고 있다.

> 왜냐하면, 한국의 특수교육학은 (대부분) 일반교육학을 전공한 학자가 일반교육 현장에서 교육적 혜택을 받고 있지 못하는 특수아동에게 교육적 관심을 가짐으로서 탄생한 반면에, 미국에서의 특수교육학은 일반교육학자

들에 의해서 이루어진 것이라기보다는 심리학자나 의학자들이 교육학 속으로 들어와서 특수아동을 가르치는 형태로 발전하였기 때문이다(정용석, 2008, p.32).

위의 주장을 뒷받침하기 위해 정용석(2003)은 미국과 한국의 주요 특수교육학자들의 학적 토대를 예시하고 있다. 위의 주장에서 Skrtic의 특수교육학의 지식기초에 대한 지적이 미국을 겨냥한 것이므로 한국의 특수교육학계에 그대로 적용하여 해석하는데 무리가 있다는 것은 확실히 경청할만한 주장이다. 따라서 우리나라에서 특수교육학 정립을 위해 의학과 심리학에 기초한 세련된 이론이 좀 더 철저히 구축되어야 한다는 주장은 일면 설득력이 있다. 그러나 우리나라의 특수교육학풍은 이미 상당부분 그 쪽으로 경도되어 있는 현실이고, 그러는 동안에 여전히 수입학이 메인스트림을 형성할 가능성은 더욱 높아진다.

주지하다 시피 전통적으로 특수교육의 이론적 학술담론의 주요 공급원은 주로 의학과 심리학이었다. 오늘날 특수아동 진단 평가에서 심리측정 이론이 전형적으로 원용되고 있는가 하면, 특수아동의 진단-분류-중재 과정에서 의료적 전달체제에서 **진단-처방** 모델을 따르고 있는 것을 보면, 의학과 심리학이 특수교육의 이론과 실천에 얼마나 막강한 영향을 행사해 오고 있는가를 쉽게 짐작할 수 있다. 오늘날 장애학(disability studies)에서 장애에 대한 의료적 모델을 비판 하면서 사회문화적 모델을 제기하고 있으나, 특수교육 학문세계에서는 아직도 장애의 사회문화적 모델을 수용하는데 여전히 소극적이다. 더 심하게는 대립각을 세우고 있는 현실을 부정할 수 없다.

이런 학문적 풍토에서 필연적으로 파생되는 우리나라 특수교육 학풍의 문제점은 학문의 대외종속성과 학술담론의 지적 폐쇄성이다. 우리나라 사회학문의 대외종속성과 지적 식민상태는 학술담론 내용에서는 물론 글쓰기의 형식에 이르기까지 하나의 거대한 지식 권력으로 자리잡아 왔다. 이런 의미에서 의식 있는 일부 학자들에 의해 '탈식민적' 학술담론과 글쓰기에 대한 문제제기는 우리의 주목을 끌게 한다(김영민, 1996; 김정근, 1996). 이런 문제의식에서 학술단체협의회(2003)에서는 미국적 학문 패러다임 이식(移植)에 대한 비판적 성찰로 「우리 학문 속의 미국」을 심도 있게 다룬 적이 있다. 이어 조희연 등(2006)은 학문 주체화의 새로운 모색으로 「우리 안의 보편성」찾기에 나섰다. 이들은 우리나라에서 학문 종속성의 탈피가 당위적 과제로 제시된지 오래임에도 여전히 학문 종속성의 탈피 가능성은 좀처럼 보이지 않는다면서 그 이유를 두 가지로 들고 있다.

그 첫째는 학문 내용(contents) 차원의 문제로서 '주체적 학문'을 구체적으로 수행할 수 있는 실제적 방안을 찾기가 대단히 어렵다는 것이다. 그래서 우리에게 서양 학문에 의한 포위는 거의 완벽하여 이러한 포위 상태를 인식할 수 있게 해주는 학문적 언어 자체가 우리를 압도하는 상황이라는 것이다. 둘째는 지식사회학적인 문제로서 학문 및 학자의 재생산 구조에 이미 뿌리 깊이 종속성이 내재해 있기 때문이라는 것이다. 이런 종속성을 탈피해서 우리 현실의 특수성 속에서 세계사적 보편성을 읽어내려는 태도, 즉 '우리 안의 보편성'을 독해하려는 태도를 강조하고 있다(조희연, 2006).

이하에서는 이런 문제의식의 연장으로 특수교육 분야에서 학술담론의 폐쇄성 문제를 언급하고자 한다. 특수교육 학문세계의 폐쇄적 지적 풍토에서 야기 되는 심각한 문제는 자신이 칸막이 쳐 놓은 좁은 전문분야 이외의 학술담론에 대해서는 아예 무관심할뿐더러 알려고 들지도 않는 일종의 지적 폐쇄주의다. 삼각형의 밑변이 길어야 꼭지 점이 올라가듯이 특수교육을 둘러싼 관련기초학문에 대한 이론적 소양이 넓고 튼튼할수록 특수교육의 전문성은 견고한 이론세계를 구축할 수 있지만, 특수교육 내부에 무슨 명분으로든지 계속 칸막이를 쳐놓고 그것이 전문성의 분화인양 우기는 동안 그 학문은 일종의 모래성과 같은 것이 되고 만다. 이런 학문풍토에서 필연적으로 야기되는 심각한 문제는 소위 지적 불가해성(不可解性; incomprehensibility)의 문제이다. 이런 지적 상황에서 우리나라 특수교육 학계 스스로가 의식하지 못하는 동안에 교양 없는 기능적 전문인 혹은 유식한 무식꾼을 양산해 내고 있는지도 모른다.

필자는 이런 상황에서 우리나라 특수교육 학풍은 끊임없이 조각난 단절로 분절화 되는 가운데 특수교육학자 개개인은 자신의 폐쇄적인 지적 관심사에 따라 특수교육학의 지식을 갈래갈래 찢어서 이해하고자 하는 동안, 우리나라의 좁은 특수교육 학문사회를 소통되지 않는 폐쇄적 아류로 칸막이치고 있음을 비판한 적이 있다(김병하, 1998). 학문은 대화이지 독백이 아니다. Gallagher(2004)는 특수교육 분야에서 지식의 기초를 (1) 경직된 틀 속의 일반화, (2) 과학적 환원주의(reductionism), 그리고 (3) 탈맥락화(decontexualization) 등으로 지적하면서, 이를 특수교육에 있어 인식론적 문제로 비판하고 있어 주목을 끌게 한다.

이상에서 논의한 것처럼 우리나라 특수교육의 학술담론에서 소위 '한국특수교육론'이라는 것이 과연 존재하고 있는지 의심스러울 정도로 지적인 해외종속 상태를 벗어나지 못하는 상황이고, 게다가 우리나라 특수교육학계의 학술담론은 '특수' 중에도 더욱 특수한 것으로 계속 칸막이를 쳐가는 동안에 심각한 지적 폐쇄성에 빠져 있다. 그러면 지금 우리의 특수교육 지적 상황에서 '한국특수교육론'의 존재 가능성을 드러내기 위해 무엇을 어떻게 해야 할 것인가? 이에 대한 체계적 대안은 뒤에 논의할 '한국특수교육론 정립 과제'에서 상술하겠지만, 여기서는 우선 앞서 지적한 특수교육의 학문적 대외종속성과 지적 폐쇄성을 극복하기 위한 대안에 초점을 맞춰 논의하고자 한다.

우선 우리는 특수교육 학술담론이 마냥 수입학문의 수준에 머물러 있을 것이 아니라 외국 특수교육 이론이나 학술담론을 비판적으로 해석하고 논평하는 수준으로 지적 안목을 끌어 올릴 수 있어야 한다. 그러나 세계화의 시대에 '수입학' 자체에 민감성을 가지고 적극 수용하고 소화하는 일은 이 시대의 학자들이 일차적으로 해야 할 피할 수 없는 일거리다. 이런 상황을 조동일은 아주 적나라하게 기술하고 있다.

> 외국을 부지런히 드나들면 계속 앞서 갈 수 있다. 학생들보다 앞서나가야, 공부하지 않는다는 지탄을 면하면서 교수 노릇을 할 수 있다. 왕래하는 비행기 속에서 일생을 보내다시피 하면서, 증권 투기꾼의 감각으로 새로운 것을 찾아야 뒤떨어지지 않을 수 있다. 요즈음은 컴퓨터를 매개로 해서 그 일을 할 수 있어서 몸은 편해졌으나 정신은 더욱 혹사해야 한다. 왜 그런 짓을 해야 하는가 의심하는 자는 교수 노릇을 할 자격이 없다. ...(중략)학문을 그렇게 해서 무얼 하겠는가 하는 반론이 일어나도 '수입학'은 타격을 받지 않는다. 한국의 대학은 '수입학 제1방향'을 위해서 만들어진 기관이고, 그런 생업을 전수하고 이어받기 위해서 교수와 학생이 만나는 곳으로 이미 고착화 되어 있어 흔들리지 않는다. 대학개혁안은 대부분 수입 강화책이다(조동일, 1997, P.36).

이처럼 오늘의 상황에서 특히 사회학문을 하는 교수들이 현실적으로 수입학문을 외면하고는 설 자리가 없을 지경이 되었다. 그렇다고 우리가 수입학문 자체에만 흠뻑 빠져 있는 동안 일종의 '이론의 소모성' 함정에 빠지게 된다. 최신의 유행사조에 정신을 팔고 있는 동안 하나를 이해하려고 하면 다음 것이 밀어 닥쳐 정신 차릴 겨를이 없어, 지적으로 주눅이 든 상태를 벗어나기 어렵다. 이런 상태를 면하기 위해서는 우선 비판적인 글 읽기와 쓰기가 가능하도록 치열하게 노력해야 한다.

또한, 우리는 한국 특수교육론의 존재 가능성을 확보하기 위해 특수교육 내부의 '특수성'을 다시 무슨 명분으로든지 끊임없이 분절하여 지적 폐쇄성에 안주하려는 경직성을 반성하고 경계해야 한다. 그렇게 함으로써 푸코가 경계하여마지 않는 '지식-권력'은 쉽게 구축될지 모르겠으나, 학문의 봉건제에 편승하여 다시 '소영주'들이 할거하는 형국이 된다. 이런 문제의식에서 한현민(2008)은 우리나라 특수교육학계에서 논쟁이 없고 논쟁 참여의 의지가 없음을 나무라는가 하면, 김남순(2008)은 특수교육학계 내부의 학술교류와 토론문화의 정착을 제의하고 있다. 학자들 간에 혹은 학문간(학제적)에 경계를 넘나들며 상호소통이 활발하게 될수록 개인 학자와 개별 학문은 힘을 받는다. 한국의 특수교육학자들은 일반학교에 설치된 대부분의 특수학급처럼 언저리에 분리된 상태로 특수교육학이 외딴 섬으로 존재하게 해서는 안 된다.

2.3 한국특수교육론 정립을 위한 연구의 논평

앞에서 "한국특수교육론은 과연 존재하는가?"를 되물으면서 필자는 다소 비관적으로 한국특수교육론의 정체성은 물론 그 존재가능성조차 문제 삼기도 했다. 그러나 그것은 총론적 수준에서 그런 평가를 받을 수밖에 없는 상황이란 의미이지 각론부분에 이르기까지 한국 특수교육 학술담론에서 그런 연구 업적이 전혀 없다는 의미는 아니다. 필자가 보기에 그간 우리나라의 특수교육학인들 가운데도 진작부터 한국 특수교육론 정립을 위해 탁월한 업적을 보인 예가 있다. 다만 우리 스스로가 감동적으로 읽어주지도 않았을 뿐만 아니라 인정해주고자 하는 성의가 부족했을 뿐이다.

이런 일련의 문제의식에서 필자가 관심 있게 읽은 몇몇 선행 연구들 가운데 그것도 주로 역사적 연구에 중점을 두어 그것이 한국 특수교육론 정립을 위해 갖는 의미를 논의해 보고자 한다. 여기서 제한적으로 선정한 한국특수교육론 정립을 위한 선행연구들은 학사적(學史的) 관점에서 본 필자 나름의 주관에 의한 것이다.

일찍이 이태영(李泰榮)은 우리나라에서 최초로 4년제 대학에 특수교육과를 설치(1961년)하고, 한국 최초의 특수교육 전문저서로 「특수교육개론」(1963)을 저술하여 직접 강의를 하였다. 이 저서의 제3편에서 이태영은 우리나라 특수교육의 과제를 목표, 제도, 대상아동, 내용, 교사, 재정, 복지, 그리고 특수학급의 문제 등에 걸쳐 논의하고 있다. 제도면에서 그는 '초등교육을 의무교육'으로 규정한 당시 헌법정신을 "상식 이상으로 해석해야 한다"(이태영, 1963, p.159)면서 특수아동에게 초등단계의 무상의무교육 뿐만 아니라 취학전 조기교육과 고등부의 직업교육까지 포함한 제도 마련을 제기하고 있다. 그러나 당시 상황은 장애아동에게 헌법에 규정한 초등단계의 의무교육마저도 사실상 포기한 상태였다.

당시에 이미 이태영은 일반학교 내에 '특수학급 설치' 문제에 깊은 관심을 가지고 특수학급 교육의 정착을 통하여 특수교육이 일반교육 속에 자리 잡아야 할 통합교육의 가능성을 다음과 같이 제기하고 있다.

> 저능력을 대상기능화(代償機能化)하는 방법을 강구하여 개성신장의 기회를 효과 있게 해주는 것은 국민교육의 수준을 내용적으로 향상시키는 방법이다. 특수학급을 통하여 특수교육적 방법이 보통교육에 도입되고 특수학교는 이에 자극되어 보통교육의 체계와 전통을 받아들이게 된다. 그렇게 되면, 특수교육도 일반교육 제도 속에서 국민교육으로 확립될 것이다(이태영, 1963, p.168).

이태영은 진작부터 일반학교 내에 특수학급 설치를 확대함으로서,

일반교육 속에 특수교육이 자리 잡아가는 통합교육을 예견했을 뿐만 아니라, 이런 추세에 따른 기존의 특수학교 교육의 재구조화 가능성을 제기했다. 우리나라에서 통합교육 문제는 1994년 특수교육진흥법의 전면개정 이후 정책적 차원에서 꾸준히 논의되어 왔으며, 특수학교 재구조화 방안도 21세기에 접어들면서 활발히 제기되고 있다.

이태영은 특수학급 설치를 위해 "설치기준, 교육과정, 특수교사, 입급아동 판별기준, 특수학급 운영방법" 등에 걸쳐 많은 문제가 검토되어야 한다면서, 특수학급 교육을 통해 "보통아동의 국민교육을 완전히 하는 일석이조의 효과를 가져 올 수 있음"(ibid, p.168)을 강조하고 있다. 이를테면, 당시에 이미 이태영은 특수학급 교육을 통한 학교재구조화(school restructuring)를 강력히 제안하고 있다. 물론, 그 당시에 이태영은 완전통합(full inclusion)을 통한 '학교재구조화'(Lipsky, Gartner, 1997) 구상을 체계적으로 제시하지는 않았지만, 특수아동의 통합교육을 통해 일반교육을 전면적으로 개혁하는 구상을 제시한 것이어서 오늘의 한국 특수교육에 시사해 주는 바가 대단히 크다.

이태영은 「특수교육개론」(1963) 집필을 마무리하고, 추기(追記)에서 스스로 "특수교육의 전망에 대해서 통찰력이 부족하고 요망적인 사항이 지나치게 표현된 것 같다"(ibid, p.169)고 반성하고 있으나, 필자가 보기에는 요망적인 사항에 대한 강력한 의지표현을 통해 한국특수교육 개혁과제에 대한 '통찰력'을 저자자신이 평소에 지니고 있던 철학을 바탕으로 잘 드러낸 것이라고 본다. 특히 이태영은 책을 마무리 하면서 '특수교육학'의 성격에 대해 "필자는 특수교육을 교육학의 일방법론으로 인식하여 왔으나, 특수성이 많고 다방면의 지식과 전문적인 기술이 응용되기 때문에 특수교육학으로서 (독자적인) 체계가 서야한다"고 하여, 특수교육을 단지 교육학의 한 하위영역으로 보지 않고, 다중패러다임으로서 '특수교육학'의 독자적인 체계를 강조하고 있다. 이것은 오늘날 우리 후학들이 '특수교육학'의 학문적 성격을 정립하는데 중요한 지침이 될 수 있다고 본다.

이태영은 다음 세기(즉, 21세기)에 "현재의 특수학교는 사회복귀를 위한 단기조종 훈련학교로서의 사명을 갖게 되는 반면에, 일반학교는 과학과 기술문명이 만들어내는 문화병으로 인해 보통교육의 목적·편제·내용이 지금과는 근본적으로 다르게 재편될 가능성도 있을 것 같다"고 전망하여, 특수학교는 물론 일반학교의 질적 재구조화(restructuring)를 시대적 당위로 제기하고 있다. 특히, 이태영은 과학기술 문명의 발달에 따라(그에 부합되는) "사회정신 특히, 새 윤리가 발달해야 한다"고 제언하면서, 과학과 사회진보와 더불어 특수교육도 끊임없이 그 면모를 달리할 것(재편될 것)으로 내다보고 있다. 이상에서 볼 때, 1960년대 초 이 땅의 특수교육(학) 개척자로서, 이태영의 특수교육학과 특수교육 실천에 대한 구도와 포부는 참으로 원대하면서 미래지향적이었다고 할 수 있다. 필자는 특수교육에 대한 앎이 곧 삶으로 체화(体化)된 사람을 '특수교육주의자'로 명명한다. 이태영은 당대 특수교육(학)계에서 단연코 특수교육주의자로 기록되어야 한다. 그는 장애인과 함께 장애인을 위해 발언하고, 글 쓰고, 실천하면서 살아왔던 사람이다.

초기(1960년대 초반부터)에 특수교육과 교수로 활약해 온 안태윤(安泰潤)은 한국교육학회에서 발표(1967.10. 25-28일)한 "한국 특수교육의 발전과정에 대한 일 연구"를 한국사회사업대학 논문집 창간호(1968, pp. 75-93)에 게재 하였다. 이 논문은 당시 우리나라 특수교육의 역사적 발전과정을 체계적으로 정리한 최초의 논문으로 한국 특수교육의 기원에 대해 그 시작 연대가 1894년과 1898년으로 불일치하고 있었으나, R. S. Hall의 이력을 종합적으로 검토해 본 결과 한국특수교육의 시작은 1898년이 가장 신빙성이 크다고 하였다. 즉, (1) 1894년 5월에 R. S. Hall이 평양으로 갔으나 곧(1894년 6월) 청일전쟁으로 말미암아 평양에서 격전이 벌어져 전 가족이 서울로 피난오지 않으면 안 되었고, (2) 맹아동교육에 필수불가결한 점자를 알게 된 것은 1897년에 그가 뉴욕 맹학교를 시찰할 기회가 있었기 때문인데, 이를 한국인에게 적용하기 위해 연구를 시작하여 완성한 것은 1898년 봄이었다는 것과, (3) 정진소학교의 설립이 1896년이었다는 점(안태윤, 1968, p.77) 등을 들고 있다. 이것은 당시 정황에 대한 퍽 정확한 분석이었다고 볼 수 있다. 이 논문의 말미에서 안태윤은 한국특수교육의 연구 과제를 다음과 같이 제안하고 있다.

> 한국의 특수교육을 발전시키기 위한 현재의 연구과제는 거의 원시상태로 산적해 있다. 그리고 교육학계로부터 잊혀지고 있어 각급 특수학교 교사들은 이름 그대로 거의 맨주먹으로 그들만의 경험과 연구로 이 중대하고 어려운 교육을 맡고 있다. 그러므로 교육학계서는 곧 이들을 위한 전문적인 연구결과를 제공해야 할 것이다. 시급한 연구과제 중에는 예컨대 교육과정편성과 그 해설, 특수아동의 심리적 의학적 연구, 특수학급 설치를 위한 기초연구, 난청아, 약시아, 병허약아, 비행소년, 언어장애아 나아가 중복장애아에 대한 문제도 분화시키는 동시에 종합적 연구가 활발히 이루어질 것이 기대된다(안태윤, 1968, p. 92).

이 논문이 한국교육학회에서 발표되었던 만큼 당시 불모지나 다름없이 소외된 특수교육 분야에 대해 교육학계에서 관심을 가져 줄 것을 촉구하면서, 시급한 연구과제로 특수학교 교육과정 편성과 그 해설, 장애아동에 대한 과학적 연구, 특수학급 설치와 그 입급 아동에 대한 연구 등을 제시하고 있다.

그 후 안병즙(安秉楫)은 초창기에 그의 석사학위 논문에서 "한국 특수교육 발달과정에 관한 일 연구"(1974)를 통해 한국 특수교육의 통사적(通史的) 연구를 보다 체계적으로 수행하였다. 이 연구에서 안병즙은 한국 특수교육 발달단계의 시대구분을 (1) 특수교육의 기원(1890-1910), (2) 광복이전의 특수교육(1910-1945), (3) 광복이후의 특수교육(1945-1960), (4) 발전기의 특수교육(1961-1974) 등으로 설정하고 있다. 이 논문이 한국 특수교육 역사 정립에 기여한 주요 사실(史實)은 다음 몇 가지로 요약된다.

첫째로, 유길준의 '서유견문'(1895)에서 구미의 특수교육을 치아원(痴兒院), 맹인원(盲人院), 아인원(啞人院), 유아원(지체부자유교육기관) 등에 걸쳐 소상히 소개하고 있음을 밝혔고, 둘째로 한국 특수교육의 성립시기를 종합적으로 검토해 본 결과 1894년이 가장 타당하다고 하였다. 셋째로 우리나라 최초의 농아학교(聾啞學校)는 1909년 이익민의 도움으로 역시 Hall 여사에 의해 평양에 처음 설립 되었으며, 넷째로 제생원 맹아부에서 교사로 일하던 박두성(朴斗星) 선생은 조선어 점자연구회를 비밀리에 결성하여 1926년 11월 4일에 한글점자(훈맹정음)를 공포한 것을 밝혔다. 다섯째로 평양맹아학교의 발전과정과 제1회 동양맹아교육회의(1914)가 평양에서 개최된 것을 원자료(1차 사료)를 통해 구체적으로 밝히고 있다.

이 외에도 안병즙은 광복후 한국 특수교육의 발달과정을 장애영역별 특수학교의 설립, 특수교사 양성기관의 설립, 특수학급의 설치 등에 걸쳐 소상히 논의하였고, 특히 이 논문의 말미 제언에서 특수교육의 진흥을 위한 법제정을 이미 촉구하였고, 특수교육개론을 대학 교직과정에서 이수토록 할 것을 제안하여 주목을 끌게 한다. 특히 그는 이 논문에서 한국 특수교육 역사정립에 중요한 자원이 되는 1차 사료의 수집과 분석에 주력하여 역사연구로서 그 가치가 인정되며, 후학들에게 많이 인용되어 왔다.

임안수(林安秀)는 그의 박사학위 논문에서 "한국 맹인 직업사 연구"(1986)라는 역사연구를 수행하였는데, 이 논문은 맹인 점복업, 관현

(管絃)맹인, 맹인의 침구 안마업 등에 걸쳐 상세히 논의를 전개하고 있다. 이 연구에서 새롭게 밝힌 주요 연구 성과를 요약하면, 첫째로 고려조에 맹승 가운데 매복(賣卜)맹인이 등장하고 있음을 밝혀 맹승이 검교직(檢校職)에 진출한 예를 고증하였다. 둘째로 조선조에는 명통사(明通寺)에서 맹인들이 모여 경(經)을 읽었으며, 여기서 점복교육도 병행했으며 이는 후에 '명과(命課)맹인'으로 발전하였음을 밝히고 있다.

특히, 세종 27년인 1445년부터는 서운관(書雲觀)에서 맹인들에게 점복교육을 체계적으로 실시하였으며, 이에 따라 우리나라 맹교육은 개신교 선교사인 Hall 여사가 시작한 1894년이 아니라 조선 초인 1445년부터 시작되었다고 할 수 있다고 했다. 후에 이 논문에서 밝힌 1445년 서운관의 점복교육에 주목하여 한국특수교육의 성립 기점에 대해 1894년과 1445년 간에 쟁점이 제기된 적도 있었다. 이런 논쟁을 제공한 것으로도 이 논문은 학계에 퍽 주목을 받을 수 있었다. 또한, 임안수는 이 논문에서 맹인들이 궁중음악에 참여한 관현맹인(管絃盲人)의 제도 성립과 그 발전과정을 소상히 밝히고 있다. 이 논문에서 그는 맹인에게 직업이 주어진 것은 서구보다 우리나라가 약 450년 앞서며, 이것은 서구와는 달리 일찍이 우리나라에 유불선(儒佛仙) 사상이 전승되었기 때문으로 보고 있다. 이 논문 역시 1차 사료의 탐색에 주력하였고, 맹인 직업사 연구를 위해 사회사적(社會史的) 방법론에 충실코자한 면이 돋보이고 있다.

이런 연구 기반 위에 임안수는 정년 후에 「한국시각장애인의 역사」(2010)라는 방대한 저서를 내놓았다. 이 저서는 본문만 약 640여 쪽으로 단독저술로는 우리나라 특수교육학 저서 가운데 가장 방대한 것이다. 그는 우리나라 시각장애인의 역사적 개관을 삼국시대, 고려시대, 조선시대로 대별하고, 다시 조선시대 맹인직업을 점복업과 점복속, 명복담과 맹인음악 등에 걸쳐 기술하고 있다. 이 저서에는 조선시대 왕들의 실명에 대해 세종, 연산군, 선조, 광해군, 현종, 숙종, 경종, 정조 등에 걸쳐 실록에 의거하여 비교적 상세히 소개하고 있어 주목을 끌게 한다. 이 외에도 맹인 인물전과 형사사건에 연루된 맹인들에 대한 기록은 사회사적(社會史的) 측면에서 맹인들의 삶과 그 역사를 이해하는 데 특별한 의미를 갖는다. 이 저서의 후반부에서는 시각장애인의 교육과 재활에 대해 그 역사적 전개와 현상적 문제에 대해 체계적으로 논의하고 있다.

대한특수교육학회에서는 우리나라 특수교육 100주년을 기념하여 전국적으로 32인의 집필자가 참여한 가운데 「한국특수교육100년사」(1995)를 간행 하였다. 이 책에서는 우리나라 특수교육 100년사를 (1) 특수교육의 전사(前史), (2) 특수교육의 성립과정(1894-1909), (3) 수난기의 특수교육(1910-1944), (4) 광복 이후의 특수교육(1945-1977), (5) 특수교육 진흥을 위한 국가정책의 수립과 전개(1978-1994), (6) 특수교육의 현황 등으로 시대 구분하였다. 특히 이 책의 제1장 특수교육의 전사는 임안수가, 제2장 특수교육의 성립과정은 김병하가, 제3장 수난기의 특수교육은 안병즙이 각각 집필하였으며, 나머지 4, 5, 6장은 분담하여 공동 집필하였다. 이 책에서는 우리나라 특수교육 역사적 발자취에 대한 화보를 초창기의 사료를 중심으로 풍부하게 제시하고 있으며, 대한특수교육학회(당시회장: 김병하, 간행위원장: 김정권)가 주관하여 전국적으로 집필자가 참여한 가운데 본문 650여 쪽의 방대한 역사책으로 엮어졌다는 점에서 우리나라 특수교육학계의 기념비적 저술로 평가된다.

최근 한국청각장애교육100년사 편찬위원회(위원장: 김승국)에서는 한국청각장애교육100주년을 기념하여 「한국청각장애교육100년사」(2009)를 간행하였다. 약 900 쪽에 이르는 방대한 편찬으로 주제 중심으로 엮어 놓았기 때문에 청각장애 쪽에 한정하지 않고 전체 특수교육과 연관된 내용이 많을뿐더러 장별로 내용이 중복되거나 다소 상이한 부분도 발견된다. 전체 장별 구성과 집필진을 보면, 청각장애교육의 이념(김승국,

변호걸), 청각장애교육의 변천(김병하), 특수교육제도와 정부지원의 변천(이석진, 이유훈, 김원경), 특수교육교원 양성기관 및 양성교육과정의 변천(김삼섭, 이석진), 청각장애교육기관의 변천(이용우), 청각장애학교 교육과정의 변천(김병하), 언어교육의 변천(윤병천, 최참도), 보청기와 음성언어 지도용 기기도입의 변천(최참도), 청각장애학생의 진로・직업교육의 변천(정동영, 최성규, 이효자), 청각장애학교의 설립과 학교별 교육의 변천(학교별 대표집필자), 청각장애교육 연구 및 연구기관의 변천(김승국, 김응범), 청각장애교육 관련단체 및 단체별 활동의 변천(윤병천), 청각장애교육의 전망(김영욱) 등이다.

김병하(金炳厦)는 우리나라에서 지역 특수교육사로는 최초로 「대구특수교육사」(2007)를 집필하였다. 이 저서는 대구특수교육의 역사를 (1) 전사(前史)와 태동, (2) 성립과정(1945-1966), (3) 분화와 양적발전(1967-1981), (4) 다양화와 질적 변화(1982-2006), (5) 현상과 과제 등으로 시대구분하고 있다. 이 저서의 종장에서 '지방화에서 세계화로'라 하여, 대구를 중심으로 한 지역 특수교육사의 특수성이 한국 특수교육론의 정립에 어떻게 의미연관 되며, 나아가 세계특수교육사와 어떻게 소통될 수 있는가를 아래와 같이 기술하고 있다.

> 필자는 '지역사'로서 대구특수교육사 나아가 '지방학'으로서 대구특수교육학이 세계 특수교육의 보편성에 의미연관 될 수 있는 가능성을 다음과 같이 구상해 본다. 대구특수교육학은 한국특수교육론의 정체성 형성에 선도적 생산자가 되고, 이렇게 형성된 한국특수교육론은 다시 아시아 특수교육 담론형성을 주도해 가야 한다. 중국, 한국, 일본, 월남 등 동아시아권 나라들은 '한자문명권'을 바탕으로 한 공동문명권의 구성원이다. 그렇지만 중국은 대국주의에 빠져 있고 일본은 여전히 아시아 패권주의 망상을 떨치지 못하고 있어, 아시아 특수교육 담론의 네트워크를 구축하는데 기득권이 없는 우리 한국이 앞장서 주장하는 것이 온당하다.

필자는 아시아 특수교육 네트워크 구축을 통해 미국중심의 특수교육 공동체, 그리고 유럽중심의 특수교육 공동체와 맞서 이들과 함께 어깨를 나란히 하면서도 차별성을 드러내는 아시아 특수교육 공동체를 우리가 주도해야 한다고 믿는다. 역사는 꿈을 통해 부활하고, 미래는 꿈을 가진 자에 의해 구성된다(김병하, 2007, pp.220-221).

이렇게 할 수 있는 가능성의 일부를 필자는 자신이 체험한 사례를 중심으로 말미에 간단히 제시하고 있다. 이 외에도 한국특수교육론 정립에 기여한 주요 저술(역사연구 이외의 것으로)로 김원경(2001)은 「특수교육법신론」에서 우리나라 특수교육에 관련된 법원(法源)을 성문법과 불문법으로 대별하여 헌법, 교육기본법, 초중등교육법, 특수교육진흥법 등에 걸쳐 그 쟁점을 체계적으로 논의하고 있다. 한편, 박승희(2003)는 「한국 장애학생 통합교육」에서 우리나라에서 통합교육 실천과제로 특수학급과 특수학교의 변화, 사회적 통합, 교육과정적 통합, 교수적 수정, 교장과 교사의 책무성 및 보조원제 도입, 학교 공동체의 강화 등에 걸쳐 분석적으로 논의하면서 특수교육과 일반교육의 관계 재정립을 제안하고 있다. 또한, 박사학위논문으로 이석진(2005)은 '한국 특수교육정책 발전과정'(공주대 대학원) 연구에서 우리나라 특수교육정책 발전과정을 관련법규, 교육과정, 교원정책, 행정조직 등에 걸쳐 체계적으로 논의함으로써 한국 특수교육론 정립에 기여한 것으로 평가된다.

이상에서 필자는 지금까지 행해져 온 많은 선행연구들 가운데 한국특수교육론 정립에 주목할 만한 기여를 했거나 할 것으로 평가될 수 있는 몇몇 저서와 연구들(특히 역사적 연구를 중심으로)을 제한적인 범위에서 살펴보았다. 이런 선행연구들이 한국 특수교육론 정립을 위해 시사해주는 것이 무엇인가를 숙고해 봄으로써, 우리 모두는 각자의 학적 관심사에 따라 '한국특수교육론'을 정립하는데 벽돌 하나씩을 더 보탤 수 있어야겠다.

2.4 한국특수교육론의 정립 과제

한국특수교육론의 정립을 위해 연구문제를 어디에서 어떻게 발굴해 설정하느냐가 출발단계부터 대단히 중요하다. 가끔 필자는 복잡한 통계기법을 끌어다가 하나마나 한 가설을 설정하여 '과학적' 방법으로 포장한 연구 가운데 우리의 역사적 현실에 비춰 왜 그런 연구를 해야 하는지 납득이 가지 않을 때가 많다. 문제는 문제의식이다. 우리나라 특수교육학인들은 우선 한국의 역사성과 현실성에 천착하여 직설적으로 연구문제를 설정하는 과감성을 드러내 보여야 한다. 외국에서 개발한 도구나 프로그램을 가지고 번안하여 아무리 연구를 해봐도 그것은 결국 수입학문의 범주를 벗어나지 못한다.

사회학문의 한 분야로서 특수교육학은 방법론에 있어 미시-객관적, 미시-주관적, 거시-객관적, 거시-주관적 방법론을 다양하게 반영할 수 있어야 한다. 특정 개인에게 연구방법론의 선택은 어쩌면 종교의 선택과 같은 지적 신념의 문제이다. 문제는 모든 특수교육학자 구성원들이 기존의 지배적인 특정 연구방법론만 고수하게 되면, 결과적으로 특정의 방법론으로 학문세계가 하나의 토대주의에 고착된다. 이것은 필연적으로 특정의 연구방법론 외의 모든 시도를 하나의 지적 이반(離反)으로 몰아세우는 지적 토대주의(foundationalism) 함정에 빠지게 한다.

이런 측면에서 필자(김병하,1998)는 특수교육학계가 지향해야할 하나의 이상적 대안으로 사회학문의 여러 갈래 패러다임이 특수교육학계의 학문공동체 속에 함께 공존하는 가운데 다양한 이론적·방법론적 관점들이 이합집산하는 상황을 제기한 바 있다. 이를 위해 우리나라 특수교육학계에 기존의 미시-객관적 방법론에 의거한 기능주의자 뿐만 아니라, 미시-주관적 방법론에 의거한 해석주의자, 거시-객관적 방법론에 천착한 구조갈등주의자, 거시-주관적 방법론에 의거한 진보적 휴머니스트가 다양하게 등장하여야 한다.

이처럼 우리나라의 특수교육학자 구성원 간에 연구 방법론에 대한 다양한 패러다임 선택이 고양되어야 할뿐더러, 나아가서는 이런 사회학문의 다중 패러다임적 갈래까지도 한 단계 초월(해체)하는 반토대적(antifoundational)인 새로운 결단으로 특수교육학의 독자적 패러다임 형성이 가능해지도록 분발해야 한다. 자칫 기존의 연구 방법론적 패러다임의 병렬적 관계는 현대 사회학문 세계의 다중 패러다임적 모형을 토대주의적 지식과 방법론의 다양한 형태들로 구성된 또 하나의 패러다임으로 절충할 위험이 있다. 한국의 특수교육 학문 세계에서 이론과 방법론에 있어 제3의 새로운(독자적) 패러다임을 형성하는 것이 아직은 현실적으로 존재하지 않는 '유토피아'일 수 있지만, 이를 위해 개개인이 품는 꿈은 단지 꿈일 수 있어도 그 꿈이 쌓이고 모이면 새로운 현실을 지어낼 수 있다. 그래서 이런 꿈을 함께하는 사람들에 의한 일종의 '학문운동'이 일어나야 한다.

위의 논의와 상통하는 관점에서 조동일(1997)은 모든 학문은 '과학'과 '통찰'을 아우를 수 있어야 한다면서 다음과 같이 주장하고 있다.

> 과학과 통찰을 완벽하게 아우르는 학문을 하면 대상의 문제와 주체의 문제를 함께 해결하는 최상의 방안을 마련해서 해탈을 이룩할 수 있다고 믿고, 거기까지 가는 길을 단계적으로 찾는 것이 학문을 하는 마땅한 자세이다. 그 중간단계에서 여러 차례 얻는 해탈이 모두 궁극적이고 최종적인 해탈이라고 여겨야 해탈일 수 있다. 중간단계의 해탈도 얻지 못하면서 모든 탐구과정의 마지막을 장식하는 단 한 번의 해탈을 희구하는 것은 잘못이다. 그렇게 생각해서는 해탈은 없어지고 그 허상만 남는다(조동일, 1997, P. 345).

여기서 조동일은 학문하는 방법으로서 과학(객관)과 통찰(주관)을 아우르는 것을 강조하지만, 내성적 깨달음을 통한 '통찰'(通察)에 더 무게를 두면서 통찰(즉, 通에 관한 자각과 察에 관한 자각)이 철저해지는 정도에 따라 여러 단계의 해탈에 이를 수 있다고 제안한다. 이런 과정을 단계적으로 밟아가는 동안에 그가 말하는 '창조학'에 입문하게 된다. 그렇게 할 수 있게 하기 위해 조동일은 직설적으로 이렇게 권고한다.

> 학문하는 일을 다른 사람에게 시키지 말고 스스로 해야 한다. 당위론만 되풀이하지 말고, 본론을 전개해야 한다. 마름 노릇을 하려고 하지 말고 일꾼이 되어야 한다. 코치가 되려고 하지 말고 선수로 뛰어야 한다. 수입학을 시비학으로 바꾸어 대단한 일을 한다고 착각하지 말고 창조학을 실제로 해보여야 한다. 그릇된 세태를 외면하고 자립학의 아성을 지키면서 몸을 깨끗이 하는 것을 능사로 삼지 말고 역사의 변혁을 감당하는 창조학의 투쟁을 맡아 나서야 한다(조동일, 1997, P.554).

실제로 조동일은 교수로서 그렇게 살아 왔기에 위의 주장이 공허하지 않고 당당하다. 그는 계명대학교 석좌교수로 강의하면서 2005년부터 2009년에 이르기까지 「세계·지방화시대의 한국학」이라는 주제로 무려 10권의 책을 간행하였다. 이 시리즈의 제7권에서 '일반이론 정립'을 제기하면서 그는 다음과 같이 말하고 있다.

> 근대를 극복하고 다음 시대를 이룩하기 위해 동아시아가 분발하자고 촉구하면서 필요한 이론을 제공하는 학문이 21세기 한국학이다. ...(중략) 20세기 한국학은 민족사의 요구를 실현해야 했으나, 21세기 한국학은 세계사를 이끌어가는 사명을 지닌다. 지금 우리는 그 출발 선상에 서서 과거를 되돌아보고 미래를 준비한다. 한국학의 혁신은 학문 일반론의 재창조를 요구한다(조동일, 2008, p.17).

한국학에서 세계사를 이끄는 일반이론 정립으로서 일반이론 창조의 방법론을 논하고, 그가 평소 주장한 생극론(生克論)의 입장에서 세계 속의 한국신화, 동아시아학문, 한국문학사의 세계화 등을 제시하고 있다. 우리 특수교육학 분야에서 김보경(2001, 2007) 교수가 행동주의심리학과 불교의 선(禪)을 연관 지워 '행동치료'를 새로운 차원으로 끌어올리고자한 지적 시도는 창조학을 향한 참신한 연구 성과로 평가될 수 있다. 이처럼 수입학에서 창조학으로 도약하기 위해 한국특수교육론은 어떻게 존재해야 하고, 이를 위해 우리는 무엇을 해야 하는가? 그 실천적 대안으로 필자는 다음의 두 가지를 제안하고자 한다.

그 하나는 아시아 지역(특히 동아시아를 중심으로) 나라들 간에 특수교육 학술네트워크를 구축하여, 우리가 주도하는 특수교육 국제비교연구나 국제적 소통을 활성화 시켜가야 한다. 그렇게 하는 동안에 세계화의 시대에 상응하여 미국중심의 특수교육 학풍이나 유럽중심 특수교육 학풍과 어깨를 나란히 하면서도 그들과 차별화되는 아시아 특수교육 학풍을 당당히 구축해 가야 한다. 지금까지 미국이나 유럽 쪽의 특수교육 학술담론은 우리에게 '과잉일반화' 되어 온 반면에 우리나라를 비롯해서 아시아지역 특수교육 담론은 우리 스스로가 '과잉특수화'(over-specialized)해 온 것을 부정할 수 없다. 역사적으로 유럽이나 미국은 언제나 중심이고 아시아는 주변이라는 통념은 원래 유럽중심주의 시각에 투영된 오리엔탈리즘에 의해 주변화 되어왔지만(Said, 박홍규 옮김, 1991), 종국에는 아시아인 스스로가 유럽과 미국에 대한 종속감이나 열등감을 당연한 것으로 받아들이는 지금의 상황이야말로 심각한 증상이라 하지 않을 수 없다.

한국특수교육론 정립을 위해 우선 우리 스스로에 의해 실사구시적(實事求是的) 학풍이 진작되어야겠지만, 지금 우리는 이웃 일본이나 중국과 학문공동체를 형성하기 위해 아시아문명권 내부의 우열이나 주도권 문제로 경계하거나 다툴 때가 아니다. 한국특수교육론 정립은 우리에게 절실한 과제이지만 이것으로써 자국 학문의 우위를 입증하겠다는 좁은 국수주의에 머물지 말고, 동아시아 특수교육학자들이 하나의 학문공동체를 형성하는 협동연구에 박차를 가할 수 있어야 한다. 그렇게 함으로써 한국특수교육론 정립을 통해 아시아 특수교육 패러다임 구축에 기여할 수 있고, 이를 통해 한국특수교육론의 특수성이 세계 특수교육의 보편성과 소통될 수 있다.

다른 하나는 이런 식으로 우리 자신의 주체적 노력에 의해 아시아 특수교육 학풍이 세계 속의 특수교육으로 소통되고 자리 잡아 갈 수 있게 하기 위해 당장에는 힘들지라도 영어로 글 쓰고 발표하는 일에 체계적인 노력을 기울여야 한다. 필자는 평소에 우리나라의 사회학문학자들이 우리말과 글로 학문하기를 제대로 하지 못하는 상황을 퍽 개탄스럽게 생각해 왔다. 그래서 오죽하면 '우리말로 학문하기'라는 학문운동이 일어나게까지 되었을까. 외국 학문의 내용과 형식을 텍스트화하여 거기서 한 치도 벗어나지 않으려는 식민지적 글쓰기는 알게 모르게 우리 특수교육학계를 지배하고 있다. 여기서 '우리말로 학문하기'는 우리의 주체적 역사의식 없이 해외 종속적인 수입학문에 자족하는 상태를 경계하기 위함이지 학문의 표현도구로서 영어로 학문하기를 거부하자는 것은 아니다.

필자는 우선 표현도구로서 영어가 유럽식이나 미국식으로 표준화 된 매끄러운 영어가 아닌 아시아인들 끼리 최소한의 불편함을 들면서 소통되는 아시안 영어이면 좋다고 본다. 문제는 아시아인들의 독특한 발상과 아이디어를 담아내는 그릇(표현도구)으로 최소한 영어에 의존할 수밖에 없는 현실에서, 우리가 세계화 시대에 살면서 영어로 글쓰기를 외면할 수 없기 때문이다. 국제적으로 읽혀질 수 있는 창구도 없이 세계화에 소통하기는 근원적으로 불가능하다. 한국특수교육론이 국제무대에 소통될 수 있게 하기 위해 이는 불가피한 일이다. 물론 그 이전에 한국 특수교육론 정립을 위한 확고한 의식과 이를 뒷받침하는 열정과 아이디어가 있어야 함은 말할 나위도 없다.

이에 필자는 '한국특수교육론' 정립을 위한 과제로 우선 직설적으로 한국의 역사성과 현실성에 착안한 연구문제에 천착할 것을 제안하며, 나아가 '세계화'시대에 세계 속의 한국특수교육론을 정립하기위해 유럽이나 미국중심의 특수교육 학술담론과 어깨를 나란히 하면서도 그들과 차별성을 드러내는 아시아 특수교육 담론 형성을 위한 네트워크 구축에 우리가 주도적인 역할을 할 수 있어야 한다고 본다.

이처럼 한국의 역사성과 현실에 기반 한 특수교육론을 형성하고, 그것이 세계 속에서 그 정체성을 정립할 수 있게 하기 위해 우리는 '학문운동'을 일으켜야 한다. 학문운동이 일어나 거기에 동참하는 사람의 수가 늘어나고 그 학풍이 위세를 떨쳐야 학문세계에 새로운 변화의 바람을 일으킬 수 있다. 그러기 위해 우리는 한국특수교육의 학문적 정체성 논쟁에 불을 지펴야 한다. 따라서 우리나라에서 특수교육 학술담론에 참여하는 모든 사람들은 '지금 여기'라는 문제의식에서 그들 각자의 공부가 시작되고 끝나야 한다.

제3장 한국특수교육의 학사적(學史的) 논의

여기서는 우리나라 특수교육연구가 학사적(學史的) 측면에서 어떻게 성립・전개되어 왔는가를 살펴보고자 한다. 이를 위해 우리나라 특수교육의 학사적 시대구분을 크게 세 단계로 나눠 살펴보고자 한다. 그 첫째 단계는 '태동기'로 19세기말 근대특수교육의 성립에서 광복이전까지로 묶어 보고, 둘째 단계는 광복이후부터 1970년대 말까지로 '성립기'로 잡고, 마지막 단계는 '전개기'로 1980년대 이후로 일괄하였다.

3.1 태동기 한국특수교육의 학사적 논의

학사적(學史的) 측면에서 한국특수교육연구의 '태동기'(胎動期)를 여기서는 19세기말 근대특수교육의 성립과정에서 1945년 광복이전(일제치하)까지로 묶어 설정하였다. 이 시기의 우리나라 특수교육 실천은 주로 맹교육과 농교육 중심이었기 때문에 학사적 논의도 그에 따른 제한성을 가지기 마련이다. 우리나라에서 근대특수교육이 처음 시작된 것은 1898년 프로테스탄트(감리교) 의료선교사인 Rosetta Sherwood Hall (1865-1951)에 의해 평양에서 맹교육이 시작된 이래, 그 10년 후인

1908년에 역시 평양에서 농교육이 처음 시작되었다. 그러나 우리나라에 근대특수교육이 실천되기에 앞서 구미의 특수교육이 문헌상으로 소개되었다.

(1) 유길준의 「서유견문」에 나타난 근대특수교육론

구한말 우리나라 대표적인 개화사상가이자 지식인이었던 유길준(兪吉濬; 1856-1914)은 그자신이 직접 일본과 구미를 시찰하고 신학문을 접한 것을 종합하여 우리에게 잘 알려진 「서유견문」(西遊見聞, 1895)을 저술하였다. 유길준은 「서유견문」제17편 貧院의 幼兒院(p.439), 痴兒院(pp.444-445), 盲人院(pp.448-449), 啞人院(pp.449-450) 등에서 지체부자유 및 병허약아교육, 정신지체아교육, 시각장애아교육, 청각장애아교육에 걸쳐 구미의 특수교육을 비교적 소상히 소개하고 있다.

물론 이보다 앞서 신사유람단의 귀국보고서인 문견사건(聞見事件) 중 聞見錄(1881)에 일본의 맹아원(盲啞院)에 대한 기록이 간략히 보고되었으며, 또 漢城旬報(1884년 3월 8일자)에도 啞人과 盲人의 학교를 간단히 전재(轉載)하고 있다. 그러나 이들 기록은 "盲啞天廢之類亦有院而教"(聞見錄, 1881)이라 하여 하늘이 내친 부류로 맹아원(盲啞院)이 있어 교육을 하고 있음을 간략히 밝히고 있거나, "有廢人學校令啞人盲人各受適宜之教"(한성순보, 1884.3.8.)라 하여 장애인을 위한 학교로 아인(啞人)과 맹인을 가르치는 학교가 있음을 밝히는 정도이다. 이에 비해 유길준은 「서유견문」에서 구미(歐美)의 특수교육 실상을 비교적 소상히 소개하고 있어 문헌학적(文獻學的)으로 중요한 의미를 갖는 것으로 평가할 수 있다.

유길준의 「서유견문」내용은 후쿠자와(福澤)의 「西洋事情」(1866, 1869)에 담긴 내용을 상당부분 참조하고 인용한 것으로 밝혀지고 있는데, 이에 대한 구체적인 내용 비교는 이광린(1979)의 논문에서 소상히 밝히고 있다[1]). 두 책 내용의 전체적 비교를 통해서 이광린(1979)은 다음과 같은 결론에 이르고 있다.

> 「西洋事情」은 서양의 각종 제도, 사회상태, 사상을 논하는 한편 미국, 네델란드, 영국, 러시아, 프랑스 등의 나라의 역사와 실정을 소개하고 있는 책이다. 간행 직후부터 일본사회에서 대단한 인기를 차지하였다 한다. … (중략) 유길준도 일본에 유학 하였을 때 그것을 구입하여 열심히 읽었고, 더욱이 일본에 있을 때뿐만 아니라 미국이나 유럽을 유람할 때에도 갖고 다녔으며, 또 귀국하여 연금 상태에 있을 때도 그 책을 갖고 있었던 것 같다. 자연히 「서유견문」을 저술함에 있어서도 참고하게 되었던 것이다(이광린, 1979, p.70).

당시 우리나라에는 서양을 소개하는 자료가 거의 전무했을 뿐만 아니라, 유길준은 연금 상태에서 참고문헌들을 별로 가지지 못한 채 책을 집필해야 했으므로 「西洋事情」을 많이 참고한 것은 부득이한 일이었을 것이다. 그러나 실제로 유길준이 「서유견문」을 저술함에 있어서는 전체적인 책의 구성과 체제 면에서 「西洋事情」과는 상당히 달랐고 새로운 내용도 많이 반영했다. 이를테면, 제14편 '開化의 等級'은 완전히 「서유견문」에서만 다룬 독창적인 내용이다.

이하에서는 「서유견문」에 소개된 장애아동에 대한 특수교육 기록을 그 순서에 따라 논의하고자 한다. 이 책의 17편 '貧院'에 대한 내용 중 제2항 '幼兒院'에서 "身體가 不具ᄒᆞ거나 筋骨이 虛弱ᄒᆞ야 營生ᄒᆞᄂᆞᆫ 方道가 無有ᄒᆞᆫ 者ᄅᆞᆯ 救恤ᄒᆞᄂᆞᆫ 處所니 學術과 才藝ᄅᆞᆯ 教誨ᄒᆞ고"(유길준,

1) 한편, 김칠관은 「西洋事情」의 '啞院'과 「서유견문」의 '啞人院' 내용을 구체적으로 비교하여 "용어, 서술방식, 장애에 관한 지식까지도 두 기록은 동일하지만, 교육효과에 관한 기술과 청각장애인과의 실제 대화 내용은 다르다"고 밝히고 있다(인천성동학교40년사, 1995, pp.58-59).

1895, p.439)라 하여 지체부자유아나 병허약아를 수용하여 보호하는 한편, 그들에게 학과교육을 베풀었음을 알려주고 있다. 그런데 이 유아원은 "나이가 들어 스스로 생활할 수 있게 되면 나가게 하였으며, 또 가난한 사람에게 어린 자녀가 있어서 생계를 영위하는 데 얽매여 낮 동안 양육할 시간이 없으면, 날마다 일하는 시간 동안 유아원에 맡겼다가 저녁에 데려가는 경우도 또한 있다"(허경진, 2004, pp.457-458)고 한 것을 보면, 보육원과 같은 성격을 지닌 시설이었음을 알 수 있다.

이어 「서유견문」제17편 '痴兒院'에서는 정신지체아교육에 대해 다음과 같이 소개하고 있다.

> 痴兒院은 痴兒를 教訓ᄒᆞᄂᆞᆫ 學校니 其條目이 亦他尋常ᄒᆞᆫ 學校와 同ᄒᆞ나 然ᄒᆞ나 痴兒라 謂ᄒᆞᄂᆞᆫ 者ᄂᆞᆫ 其天稟ᄒᆞᆫ 解悟性이 不足ᄒᆞᆫ지라 然ᄒᆞᆫ故로 其教誨ᄒᆞᄂᆞᆫ 制度ᄂᆞᆫ 他處와 不同ᄒᆞ니 其學習ᄒᆞᄂᆞᆫ 書冊은 特別히 大字로 引出호되 言語ᄅᆞᆯ 教誨ᄒᆞᄂᆞᆫ 法은 但文字로 其意思를 覺ᄒᆞ게ᄒᆞᆷ이 實難ᄒᆞᆫ 故로 畵圖를 用ᄒᆞ야 其事를 形像ᄒᆞ야…(下略)(유길준, 1895, pp.444-445).

치아원(痴兒院)은 정신지체아를 가르치는 학교로, 그 제도는 다른 일반학교와 같으나, 정신지체아는 그 타고난 이해성이 부족한 아이들이므로 가르치는 제도가 일반학교와 다르다고 했다. 그래서 학습하는 책도 특별히 큰 글자로 인쇄하여, 말을 가르치려면 글자로만 그 뜻을 깨우치게 하는 것이 참으로 어려우므로, 그림을 이용하여 그 뜻을 나타낸다는 것이다. 이어 그 예를 들어 가령 '개'라는 글자를 가르칠 때에는 개를 그리고, 글자를 그 곁에 덧붙인다고 했다. "물건 사는 일을 가르치려면 반드시 물건 사는 모습을 그림으로 그리고, 글자로 그 뜻을 설명한다. 이렇게 상세히 만들고도 그 본뜻을 이해하지 못할까 염려하여, 한 마디 한 구절을 여러 차례 익숙하도록 읽어 가며 차츰 독서하는 법을 배우게 한다."(허경진, 2004, p. 463)고 하여 실물교육 중심으로 문자 지도하는 것을 구체적으로 설명하고 있다. 그리고 정신지체아에게 수학을 가르치는데, 숫자공부를 위해 구슬을 가지고 실물을 보면서 간단한 연산을 단계적으로 어떻게 도입하는가를 구체적으로 예시하고 있다. 또 유희하는 기구도 여러 가지가 있음을 소개하면서, 잘하는 아이에게는 상을 주고 못하는 아이에게도 결코 꾸지람을 하지는 않는다고 했다. 이 외에도 춤과 노래를 가르치는 일, 나무 오르기와 그네뛰기 등을 통해 심지와 기운을 활발케 하고 몸과 골격이 건장케 한다고 했다(허경진, 2004, p.464).

이상의 '치아원(痴兒院)'의 소개에서 정신지체아를 '치아'로 명명하고 있는데, 이것은 'idiot'의 번역일 수 있지만, 아마 당시 일본에서 사용된 용어의 표기2)인 것으로 볼 수 있다. 우리나라는 1970년대까지만 해도 '정신지체'라는 용어 대신에 일본에서 사용한 '정신박약'이라는 표현을 그대로 사용했었다. 그리고 위의 '치아원'에서 보면, 정신지체아교육에서 가장 쟁점이 되고 있는 진단-평가에 대한 언급은 전혀 볼 수 없고 실물교수 중심의 교육방법의 개요만 언급하고 있다. 이것은 아마 당시만 해도 Binet의 지능검사도구가 개발(1905)되기 이전의 시기였으므로 정신지체 판별 자체가 그리 중요한 쟁점이 될 수 없었음을 알 수 있다.

이어 '盲人院'에서 유길준은 맹학교의 교육을 아래와 같이 소개하고 있다.

盲人院은 盲人을 敎誨ᄒᆞ는 學校니 其條目이 大綱 啞人院과 同一ᄒᆞ나 其

2) '치아(痴兒)'라는 용어는 福澤(1866)의 「西洋事情」에서 사용되었으며, 일본에서는 1872년 학제발포에서부터 1879년 교육령의 시기까지 지적장애아에 대한 교육은 전혀 문제 삼지 않았다. 취학불가능이라는 관점에서 지적장애아동을 언급한 '백치(白痴)'라는 용어가 1877년 사이타마현(埼玉縣)의 보고서에 나타나 있는 것(寺元, 2000)으로 보아 당시 '백치'라는 용어가 지적장애를 대신하여 사용되었음을 짐작할 수 있다.

學習ᄒᆞᄂᆞᆫ 書冊은 物形과 文字를 刻印ᄒᆞ고 地圖ᄂᆞᆫ 針으로 紙孔을 突ᄒᆞ야 水陸의 形像을 畵ᄒᆞ고 算學도 其器機를 別造ᄒᆞ야 加減乘除의 四紀로 天文과 地理의 測量ᄒᆞᄂᆞᆫ 道에 至ᄒᆞ야 不能ᄒᆞᆫ 者가 無ᄒᆞ며 …(下略) (유길준, 1895, p.448)

"맹인원은 맹인을 가르치는 학교로서, 그 제도는 대체로 청각장애학교와 비슷하다. 그러나 학습하는 책자는 물체의 모양과 글자를 볼록하게 돌출 인쇄하고, 지도는 종이에다 바늘로 구멍을 뚫어 바다와 땅의 형상을 나타낸다. 산수도 그 기기를 따로 만들어 더하고 빼고 곱하고 나누는 네 가지 방법으로 천문과 지리까지 측량할 수 있으니, 못하는 것이 없다."(허경진, 2004, p.466)고 했다. "음악과 무용도 보통 사람과 차이가 없고, 옷감을 짜는 세밀한 일까지 모두 잘하여, 그들이 만들어 낸 물건을 시장에 팔아 그 이익을 맹아원의 비용으로 충당한다."고 했다. 이어 유길준은 영국의 맹인원 제도를 다음과 같이 소개하고 있다.

英吉利의 盲人院制度ᄂᆞᆫ 長幼를 無論ᄒᆞ고 其 教授ᄒᆞᄂᆞᆫ 期限을 六個年으로 定ᄒᆞ야 此年限前에 學業이 大抵其功을 成ᄒᆞ되 貧困ᄒᆞ야 可歸ᄒᆞᆯ 處가 無有ᄒᆞᆫ 者ᄂᆞᆫ 尙且院內에 留ᄒᆞ야 其衣食ᄒᆞᄂᆞᆫ 諸費ᄂᆞᆫ 自己의 營求ᄒᆞᄂᆞᆫ 財利로 準備ᄒᆞ니 其活計ᄂᆞᆫ 經文을 誦ᄒᆞ거나 占卦를 司홈아니라 卽 物品製造ᄒᆞᄂᆞᆫ 事며 又其教授間의 雜費ᄂᆞᆫ 其不政府의 擔任ᄒᆞᄂᆞᆫ 者然로되 富人의 子女ᄂᆞᆫ 必其費를 出ᄒᆞ고 惟貧者ᄂᆞᆫ 不然홈이라(유길준, 1895, p.448).

즉, 영국의 맹인원 제도는 어른 아이를 막론하고 가르치는 기한을 6년으로 정하고, 대개는 이 연한 이전에 마치는데, 가난하여 돌아갈 곳이 없는 자는 그대로 원내에 머물면서 먹고 입는 비용은 스스로 버는 돈으로 마련한다. 그들의 생활방법은 (우리나라처럼) 경문을 외거나 점을 쳐주는 것이 아니고 물건을 만드는 일이다. 가르치는 동안의 잡비는 모두 정부에서 담당하며, 부자의 자녀는 반드시 그 비용을 내지만 가난한 자는 그렇지 않다고 했다. 아마 이것은 당시 영국에서 전형적으로 운영되어 오던 Asylum 제도를 두고 이렇게 소개한 것으로 볼 수 있겠다. 위의 내용 중에 “經文을 誦ᄒᆞ거나 占卦를 司ᄒᆞᆷ”이라 한 것을 보면 우리나라에 전통적으로 맹인들에게 점복교육이 행해져 왔음을 시사하고 있으나, 서양에서 맹인의 직업교육이 제품 생산에 직접 기여하고 있음에 주목하고 있다. 말미에 유길준은 자신이 다른 나라를 여행하는 중에 맹인원에 방문한 사실을 이렇게 적고 있다.

> 余가 他邦에 遊歷ᄒᆞ던 時에 盲人院에 往觀ᄒᆞ더니 其敎師ᄀᆞ 盲人의 製作ᄒᆞᆫ 物品을 示ᄒᆞ고 工夫ᄒᆞᄂᆞᆫ 次序를 談ᄒᆞ거ᄂᆞᆯ 詳細히 考覽ᄒᆞᆫ則 其手段의 精巧ᄒᆞᆷ과 制度의 善美ᄒᆞᆷ이 雙眸朗然ᄒᆞᆫ 者의 才技에 不讓ᄒᆞᆯ뿐더러 學習ᄒᆞᄂᆞᆫ 精神은 反 勝ᄒᆞ다 謂ᄒᆞᄂᆞᆫ지라 歸時를 及ᄒᆞ야 我의 姓名을 說ᄒᆞᆫ되 蘭草로 寫出ᄒᆞᄂᆞᆫ 手勢가 飛騰ᄒᆞ고 我國의 名을 話ᄒᆞ니 地圖를 按ᄒᆞ야 曰호되 亞洲東方의 遠國이라ᄒᆞ더라(유길준, 1895, pp.448-449).

내가 다른 나라에 돌아다닐 때 맹인원에 가본 적이 있는데, 교사가 맹인들이 만든 물건을 보이면서 공부하는 차례를 이야기해 주었다. 자세히 살펴보니 그 정교한 수단과 아름다운 모습이 두 눈이 밝은 자의 솜씨에 못지않을 뿐더러, 학습하는 정신도 도리어 뛰어나다고 했다. 돌아 올 때에 나의 이름을 말했더니, 흘림 글씨로 써 보이는 솜씨가 뛰어났다. 우리나라의 이름을 말했더니 지도를 어루만지면서, “아시아주 동쪽의 먼 나라다”라고 하였다는 것이다(허경진, 2004, p.467). 이처럼 유길준은 자신이 직접 맹인원을 방문하여 그들의 학습하는 모습을 관찰하고 시각장애학생들과 나눈 대화까지 생생하게 소개하고 있다.

끝으로, ‘啞人院’에서 유길준은 농교육의 모습을 다음과 같이 기술하고 있다.

啞人院은 啞人을 教訓ᄒᆞᄂᆞᆫ 處所니 其條目이 語學 算術 天文地理學 等에 至ᄒᆞ야 尋常ᄒᆞᆫ 學校와 無異ᄒᆞ나 其教誨의 始初ᄒᆞᄂᆞᆫ 法은 手指로 泰西文의 二十六字를 形象ᄒᆞ야 言語를 不資ᄒᆞ고 文字만 見ᄒᆞ면 悟解ᄒᆞ게ᄒᆞ며 又他人의 發言ᄒᆞᄂᆞᆫ 時에 其脣舌齒喉의 運動을 學ᄒᆞ고 此運動ᄒᆞᄂᆞᆫ 妙機를 學ᄒᆞ야 聲音을 發ᄒᆞᄂᆞᆫ 境에 至ᄒᆞᆫ則 他人의 言語를 耳聽ᄒᆞ기ᄂᆞᆫ 不能ᄒᆞ되 其脣舌及齒喉의 動機를 見ᄒᆞ고 其語意를 自解ᄒᆞ야 他人과 能히 酬酌ᄒᆞᄂᆞ니(유길준, 1895, p.449).

아인원(啞人院)은 농인들을 가르치는 곳으로, 어학·산수·천문·지리학 등의 과목은 일반학교와 다를 바가 없지만, 가르칠 때에 손가락으로 서양글자(알파벳) 26자를 형상하여 말 대신에 글자만 보면 깨달을 수 있게 하는 것이 다르다. 또 다른 사람이 말할 때에 나타나는 입술·혀·이·목구멍의 운동을 배우고, 이들이 운동하는 이치를 배워 소리를 내는 경지에까지 이르면, 남의 말을 귀로 듣지는 못하지만 입술·혀·이·목구멍의 움직임을 보고 그 말하는 뜻을 스스로 이해하여 남들과 수작할 수 있게 된다는 것이다. 여기서 유길준은 농교육에서 지문자(指文字)의 활용을 소개하고, 말읽기(speech reading)를 통한 구화교육의 가능성을 설명하고 있다. 이어 유길준은 듣지 못하는 것과 말하지 못하는 것 간의 인과 관계를 설명하면서, 농교육의 놀라운 성과를 다음과 같이 기술하고 있다.

啞人이 言語를 不能ᄒᆞᄂᆞᆫ 緣由ᄂᆞᆫ 發音ᄒᆞᄂᆞᆫ 機의 不具ᄒᆞᆷ이 아니오 但其耳鼓의 鬱塞ᄒᆞᆷ으로 聽戶가 不開ᄒᆞ야 他人의 音聲을 不聞ᄒᆞᄂᆞᆫ 故로 自己의 音聲도 不調ᄒᆞᆷ이니 其證據를 欲明ᄒᆞᆫ則 歡樂ᄒᆞᆫ 時의 笑音과 悲哀ᄒᆞᆫ 節의 泣聲이 天然ᄒᆞᆫ 性을 從出ᄒᆞᄂᆞᆫ 者ᄂᆞᆫ 能言ᄒᆞᄂᆞᆫ 人과 同ᄒᆞᆷ이라 然한 故로 啞人은 其耳가 必聾ᄒᆞᄂᆞ니 教誨ᄒᆞ기를 長久히ᄒᆞ야 發音ᄒᆞᄂᆞᆫ 形容에 慣熟ᄒᆞ면 不解ᄒᆞᄂᆞᆫ 者가 無ᄒᆞ야 如何ᄒᆞᆫ 學問이든지 能히 學習ᄒᆞ며 又書籍을 考

覽ᄒᆞ기에 至ᄒᆞ야는 玉篇과 韻藁의 等書로 教師를 代ᄒᆞ야 不通ᄒᆞᄂᆞᆫ 者가 無ᄒᆞ고 遊戱ᄒᆞᄂᆞᆫ 器具도 畵圖로 形象ᄒᆞ며 文字로 記號ᄒᆞ야 教誨를 不俟ᄒᆞ야 能解ᄒᆞᄂᆞᆫ지라(유길준, 1895, p449).

농아인이 말하지 못하는 이유는 발음기관이 불구라서가 아니라 고막이 막혔으므로 귀가 열리지 않아 남의 목소리를 듣지 못하기 때문에 자기 목소리도 고르지 못한 것이다. 그 증거로 즐거울 때의 웃음소리와 슬플 때의 울음소리는 저절로 나오는 것인데 말할 수 있는 사람과 꼭 같다. 그러므로 농아인은 반드시 귀가 먹어 듣지 못하는 것이다. 그래서 오랫동안 가르쳐 발음하는 모습에 익숙해지면 해득치 못하는 것이 없을 뿐더러, 어떤 학문이든지 배울 수 있게 된다는 것이다. 책을 보는 데에도 옥편이나 운고(韻藁: 중국 글자의 상성, 평성, 거성, 입성의 유자를 분류하여 모아 놓은 책) 같은 책까지 교사를 대신하여 통달하지 못하는 것이 없으며, 유희하는 기구도 그림으로 형상하고 문자로 기호를 삼아 가르침을 기다리지 않고도 해독할 수가 있다고 했다.

청각장애인이 말 못하는 이유는 발음기관의 문제 때문이 아니라 고막이 막혀 남의 목소리를 듣지 못하기 때문이라 하여, 부분적으로 수긍은 가지만 청각메커니즘 상에 소위 전음(傳音) 기관의 문제로만 인식하고 보다 결정적인 감음신경성(sensory-neural) 청력손실은 인지하지 못했다. 그리고 농아인이라 할지라도 발성지도를 오랫동안 계속하면 구어학습 뿐만 아니라 읽고 쓰는데도 통달하지 못하는 것이 없다고 했으나, 이것은 구화교육에 대한 지나친 낙관론에 불과하다는 것으로 평가하지 않을 수 없다. 그 당시만 해도 Milan 세계 농교육자 대회(1880)에서 구화일변도(oral only)주의가 공식적으로 채택됨에 따라 세계 농교육계에 구화지상주의가 지배적인 영향을 미쳤을 것으로 짐작할 수 있다.

말미에 유길준은 자신이 외국에서 직접 농학교를 방문한 실화를 생생하게 밝히고 있다.

> 吾人이 外國에 出遊ᄒᆞ든 時에 一處 啞人院에 至ᄒᆞ야 其敎師에게 啞人의 能言ᄒᆞᄂᆞᆫ 擧動을 請見ᄒᆞᆫ되 啞者一人을 招來ᄒᆞ거ᄂᆞᆯ 起揖ᄒᆞ고 寒暄을 敍ᄒᆞ니 其人이 亦丁寧히 對答ᄒᆞᄂᆞᆫ지라 更起ᄒᆞ야 曰호되 我ᄂᆞᆫ 朝鮮人이라 ᄒᆞᆫ되 啞人이 壁板에 書ᄒᆞ야 曰호되 朝鮮人은 誠我邦의 貴客이라 ᄒᆞ더라(유길준, 1895, p.450).

즉, 내가 외국에 나다닐 때에 한 농아원에 이르렀다가 교사에게 농인이 말하는 모습을 보여 달라고 청했다. 그러자 농인 한 사람을 불러왔는데, 일어서서 인사한 뒤에 안부를 물었더니 그도 또한 친절하게 대답하였다는 것이다. 그리고 다시 일어나 말하기를 “나는 조선 사람이다”라고 말했더니, 그 농인이 흑판에다가 쓰기를 “조선 사람은 참으로 우리나라의 귀한 손님이다”라 하였다는 것이다.

이상에서 보는 것처럼 유길준은 「서유견문」에서 정신지체아를 교육하는 ‘痴兒院’, 시각장애아를 교육하는 ‘盲人院’, 청각장애아를 교육하는 ‘啞人院’, 그리고 지체부자유아와 병허약아를 수용보호하면서 교육을 병행하는 일종의 Asylum으로 ‘幼兒院’ 등을 비교적 소상하게 소개하고 있다. 더욱이나 ‘盲人院’과 ‘啞人院’의 말미에는 유길준 자신이 직접 그 곳을 방문하여 실제로 맹인과 농인들과 만나 대화를 나누는 과정에서 그들의 의사소통 능력을 생생하게 확인하여 기술해 주고 있어 생동감이 넘친다. 이러한 기록은 1894년 외국인 선교사에 의해 맹아동에 대한 교육적 시도가 엿보였던 한국적 상황에 비추어 볼 때(안병즙, 1974), 당시 구미 특수교육은 상당히 발전된 형태를 띠고 있음을 보여주며, 「서유견문」에서 소개된 구미의 근대적 특수교육은 한국특수교육 성립에 일정한 기여를 한 것으로 볼 수 있다.

유길준은 정계에서 물러나 말년에는 국민교육에 깊은 관심을 가지고 '소학교육'(小學敎育)에 관한 그의 주장을 관철하기 위해 1907년에 직접 융희학교(1907)를 설립하였을 뿐만 아니라, 이듬해에는 노동자를 위한 기초교육 교재로 「노동야학독본」(勞動夜學讀本)을 집필하여 보급하기도 했다. 이런 사실을 통해서 볼 때, 유길준은 근대국가의 건설을 위한 국민기초교육의 보급에 얼마나 많은 관심을 가지고 있었던가를 알 수 있다. 생전에 유길준은 직접 특수교육사업을 실천하지 않았으나, 우연치 않게도 그의 증손녀인 유병온(兪炳溫; 1915-1974)은 1952년 서울맹학교 교사로 일한 것이 인연이 되어, 서울맹학교가 부산으로 피난하여 환도한 후 1955년에 도립 부산맹아학교를 설립하여 초대교장을 역임하였다(김정권, 2006). 그 후 유병온 교장은 초기에 한국특수교육연구협회장(1968-1970)을 맡아 우리나라 특수교육 발전에 많은 기여를 하였다.[3)]

이상에서 본 것처럼 유길준은 19세기말 구미의 특수교육을 비교적 소상히 소개하고 있다. 유길준은 「서유견문」에서 외국의 특수교육 실상을 소개했을 뿐이지, 이것을 우리의 것으로 토착화하기 위해 무엇을 어떻게 해야 할 것인지에 대한 직접적인 논의는 없었다. 그러나 여기서 필자는 유길준의 「서유견문」 전반에 반영된 문명개화에 대한 관점, 나아가 학자의 책임과 소임에 대한 그의 주장을 통해 이것이 오늘날 한국 특수교육(학)의 정체성 정립에 함의하는 바가 무엇인가를 반추해

---

3) 김정권(2006)은 유병온 교장의 인품을 다음과 같이 평가하고 있다.
"유병온 교장은 여성이지만 호쾌하고 일을 결단력 있게 처리하는 분이셨다. 무척 온화하여 사람을 모으는 힘이 있었다. 당시 특수교육협회 총무로 농교육을 하신 임호익 선생이 도왔는데 늘 약주를 좋아하시고 놀기 좋아하는 사람이었다. 초기 특수교육 인사들은 낭만이 있었다고나 할까 좌우지간에 멋이 있었다. 이런 분위기를 만들어 낸 것은 유병온 교장의 넉넉함이 있었다고 본다."(김정권, 2006, p.42)

보고자 한다.

유길준은 「서유견문」에서 개화를 실상개화(實狀開化)와 허명개화(虛名開化)로 대별하면서 다음과 같이 그 개념과 취지를 명백히 구분하고 있다.

> 開化는 實狀과 虛名의 分別이 有ᄒᆞ니 實狀開化라ᄒᆞᄂᆞᆫ 者ᄂᆞᆫ 事物의 理致와 根本을 窮究ᄒᆞ며 考諒ᄒᆞ야 其國의 處地와 時勢애 合當케ᄒᆞᄂᆞᆫ 者며 虛名開化라ᄒᆞᄂᆞᆫ 者ᄂᆞᆫ 事物上에 知識이 不足호되 他人의 景況을 見ᄒᆞ고 歆羨ᄒᆞ야 然ᄒᆞ든지 恐懼ᄒᆞ야 然ᄒᆞ든지 前後롤 推量ᄒᆞᄂᆞᆫ 知識이 無ᄒᆞ고 施行ᄒᆞ기로 主張ᄒᆞ야 財롤 費ᄒᆞ기 不少호되 實用은 其分數를 抵ᄒᆞ기 不及홈이니 (유길준, 1895, pp.380-381)

여기서 '실상개화'는 개화를 함에 있어 깊이 연구하고 고증하여 그 나라의 처지와 시세에 합당케 하는 것이다. 이와 반대로 '허명개화'란 단지 남의 잘된 모습이 부럽고 두려워서 덮어놓고 개화를 주장하여 시행착오를 거듭하는 경우이다. 나아가 그는 개화에 임하는 태도에 따라 개화의 부류를 논의하면서, 주체적으로 개화를 실천하는 사람을 '개화의 주인'이라 했다. 이어 분별없이 외국의 것이면 뭐든 좋다고 생각하는 자를 '개화의 죄인'으로 분류하면서, 유길준은 스스로 앞장서 개화를 주장하면서도 구한말 우리나라 정치인들 가운데 소위 개화당(開化黨)이라 일컬어지는 사람들조차도 '개화의 죄인'으로 경계하였다. 나아가 그가 가장 경멸하는 개화의 부류는 "외국 담배를 물고 외국 풍속을 이야기 하거나 외국말을 얼마쯤 지껄이는 사람"(유길준, 1895, p.382)으로 이들을 '개화의 병신'이라고 나무랐다[4]. 이 부류의 사람은 '개화의

4) '개화의 병신'에 대해 유길준은 "此ᄂᆞᆫ 開化의 罪人도 아니오 開化의 敵도 아니라 開化의 虛風에 吹ᄒᆞ야 心中에 主見업시 一箇開化의 病身이라"(유길준, 1895, 383)면서 이는 개화의 죄인도 아니고 개화의 원수도 아니다고 했다. 이

죄인'도 아니고 '개화의 원수'도 아니면서 주견 없이 개화의 헛바람이 든 사람으로 가장 경계하여 마지않았다.

유길준의 개화에 임하는 태도를 기준으로 그 부류를 논평한 위의 기준에 비추어, 오늘날 우리나라 특수교육학인들이 학문에 임하는 태도나 마음가짐이 어떠해야 하는가를 시사 받을 수 있다. 조동일(1997)은 오늘날 우리 학계의 학풍을 '사학팔방'(四學八方)으로 대별하면서, 이 가운데 '수입학 제1방향'(제1세계학문 가져오기)이 오늘날 우리 대학을 지배하고 있는 주류학풍이 되고 있음을 문제 삼고 있다. 물론 그렇다고 학문을 수입하는 일 자체를 부정하거나 비난하자는 것은 아니다. 문제는 수입을 하는 태도에 있다. 마찬가지로 문명개화를 위해서는 서양의 학술은 물론 문물제도를 적극 수용하지 않을 수 없다. 이런 관점에서 유길준이 개화를 중시하되, 실상개화를 강조하고, 개화에 임하는 태도에서 주체적 역사인으로서 '개화의 주인'을 강조한 면은 오늘날 조동일이 '학문학'에서 수입학에서 창조학으로 나아갈 것을 강조한 것과 상통하는 면이 있다.

필자가 보기에 유길준이 강조하는 '개화의 주인'이고자 하는 사람만이 조동일이 겨냥하는 '수입학에서 창조학에로'의 일대 전환이 가능하다고 본다. 나아가 유길준이 강조하는 '실상개화'에 입각한 '개화의 주인'됨은 오늘날 근대적응과 근대극복의 '이중과제론'(이남주, 2009)이 시사하듯, 유길준에게 서구문명 수용(적응)은 주체적 역사의식인으로써 서양의 극복이라는 이중과제를 우리에게 시사해 준다. 원래 '근대적응 및 극복의 이중과제'는 말 그대로 근대성(개화)을 추구해야 할 지향점으로 적극 받아들이면서 동시에 극복해야 할 한계로 설정하고 있다. 왜냐하면 자발적 근대를 주체적으로 구성하지 못한 채 자본주의 세계

는 개화라는 헛바람에 날려서 마음속에 주견도 없는 한낱 '개화의 병신'이라고 나무랐다.

체제에 강압적으로 편입되어, 우리로서는 근대성을 추구하면서 탈근대적 자세를 취하지 않을 수 없기 때문이다. 이런 '이중과제론'은 유길준의 실상개화와 개화의 주인 됨에도 마찬가지로 반영되어 있다.

그러기 위해 유길준은 학문하는 사람은 누구보다 나라를 사랑하는 마음으로 학문에 임해야 한다는 것을 다음과 같이 강조하고 있다.

> 修學者의 愛國誠은 國家에 最大ᄒᆞᆫ 關係가 有ᄒᆞᆫ者니 人이 何事ᄅᆞᆯ 從ᄒᆞ든지 學識이 主張되야 水의 源과 木의 根과 同ᄒᆞᆫ者라 然ᄒᆞᆫ 故로 學問이 國의 源에 疏導ᄒᆞᄂᆞᆫ 責을 是擔ᄒᆞ며 國의 根에 培栽ᄒᆞᄂᆞᆫ 職을 是任ᄒᆞ니 學者의 愛國誠은 自然ᄒᆞᆫ 道理라 農工商官의 愛國心이 亦此中을 從ᄒᆞ야 出흠인則 學者의 職分은 其國의 化導ᄒᆞᄂᆞᆫ 大責을 自任ᄒᆞ야(유길준, 1895, p.309).

이처럼 학자가 나라를 사랑하는 정성은 나라를 위해 가장 이로운 일이니, 학식은 물의 근원이나 나무의 뿌리와도 같기 때문이다. 모름지기 학문이 나라의 근원을 열어주는 책임을 맡고 나라의 뿌리를 북돋아 주는 역할을 맡는 셈이니, 학자가 나라를 사랑하는 정성은 자연스런 도리라는 것이다. 학문에는 국경이 없지만 학자는 국적에 따라 그 나라를 교화하는 막중한 책임을 자임함이 마땅하다. 유길준이 「서유견문」에서 학자는 나라를 사랑하는 정성으로 다른 나라에 뒤지지 않고자 학문에 매진해야 한다는 '학자의 자세'는 오늘날 한국 특수교육(학)의 정체성 정립(김병하, 2008)을 위해 우리에게 주는 교훈으로 그 의미가 막중하다.

유길준은 "天文을 上通ᄒᆞ고 地理ᄅᆞᆯ 下達ᄒᆞ되 自己의 身名을 顧惜ᄒᆞ며 他人의 是非ᄅᆞᆯ 避忌ᄒᆞ야 公衆의 利害ᄅᆞᆯ 乏看ᄒᆞᄂᆞᆫ 者ᄂᆞᆫ 愛國誠의 不足ᄒᆞᆫ 學問人이니"(유길준, 1895, p.310)라고 하여 위로는 천문에 통하고 아래로는 지리에 달했다고 하더라도, 자기 한 몸만을 아끼고 남의 시비는 기피하려들고 공중의 이해문제를 데면데면 보는 자는 나라를 사랑하는 정성이 부족한 학자라고 비판한다. 오늘날 특수교육학인들이 특수교육을 개인의 입신양명 수단으로 삼으면서 목하 한국 특수교육의 현안문제와 과제에 초연한 채, 시비 가리기를 기피한다면 그는 결코 책임 있는 지식인이라 할 수 없다. 유길준의 문명개화를 향한 지식인론에 비추어 당대 지식인의 사회적 책임(관료적 기능인으로서의 개입과 엄격히 구분되는 것)을 다시 성찰하면서, 한국 특수교육(학)의 정체성 정립 과제를 고민하지 않을 수 없다.

(2) Rosetta S. Hall의 특수교육사업의 학사적 논의

1897년 11월 10일에 한국에 다시 온 Hall 여사는 뉴욕점자 체제를 한글 점자로 적용하는 일에 깊은 관심을 가졌다. 그 해 겨울에 Hall 여사는 뉴욕식 한글점자 체제를 고안하여, 그 이듬해(1898) 봄까지 한글점자 자료를 직접 제작하는데 대부분의 시간을 할애했다. 당시 Hall 여사가 고안한 뉴욕식 한글점자 자료개발에 대해 그녀의 외아들 셔우드 Hall 박사는 다음과 같이 알려주고 있다.

> …어머니가 개발한 교수자료는 뉴욕 포인트 체제에다가 한글을 적용시켜 마련한 것이었다. 한국에 돌아온 그 해(1897년) 겨울에 어머니는 뉴욕식 점자체제로 한국어 교수자료를 점역(點譯)하는 일로 대부분의 시간을 보냈다. 당시에 제작된 자료들은 조선어 철자와 음절, 죠지 헤버 존슨(George Heber Jones) 여사가 지은 '조선어 기도서'(A Korean Primer), 십계명 등이었다. 어머니는 판지(板紙)와 같이 빳빳하게 기름을 먹인 한지에 일정한 점을 찍어 감으로써 이것을 만들었다(Sherwood Hall, 1978, p.165).

이상에서 볼 때, 당시에 Hall 여사는 자신이 고안한 뉴욕식 한글점자('평양식 점자'라고도 불려짐)체제에 따라 직접 조선어 기도서, 십계명 등을 점역했음을 알 수 있다. 당시에 Hall 여사가 고안한 뉴욕식 한글 점자는 우리나라 한글의 모음과 자음체계에 따라 고안된 최초의 점자가 된다. 그러나 이 평양점자(당시 맹교육계에서는 Hall 여사가 고안한 점자를 후에 박두성 선생이 고안한 한글점자와 구분하기 위해 평양점자라고 불렀음)는 자음의 초성과 종성이 구별되지 않고, 한 개의 자모를 두 칸까지 제자(製字)해야 하는 불편이 있어 실제 사용에 번거로움이 있었다. 당시에 Hall 여사 자신이 맹인용 점자책을 처음 제작한 것에 대해 친필로 다음과 같이 적어 놓고 있다.

> The 1st embossed book for the blind of Korea : the syllabary and 1st six lessons Mrs Jones "Cho Hak Eunmun" pricked on oiled K.(Korea) paper by hand 1897 before receiving the proper apparatus from the N Y Inst(New York Institute) for the blind - and worn smooth by the fingers of - 1st blind child to learn to read in Korea 오봉닉 during 1898 at Pyung Yang.

이상에서 보는 것처럼 홀 여사는 Jones 부인이 배재학당 국어교과서로 제작한 '초학언문'(즉, 초등국어)의 한글 24개 자모와 제6과까지를 뉴욕맹학교에서 점자기가 도착하기 전인 1897년에 한지에 기름을 먹여 손으로 직접 책을 제작 하였다. 이것이 우리나라 최초의 점자책으로 모두 아홉 장으로 각 장의 크기는 가로 13.5㎝ 세로 22.5㎝이며, 첫 장에는 얇은 종이로 존스가 지은 배재학당의 국어 교과서를 점역한 것이라고 밝히고 있다(임안수, 2010). 1898년 평양의 첫 번째 맹학생인 오봉래가 한글 읽기학습을 손으로 반복하여 점자가 다 달았다고 했다.

당시 Hall 여사가 고안해 낸 이 평양점자는 후에 박두성(朴斗星) 선생이 (브라이유식) 한글점자로 훈맹정음(訓盲正音)을 창안하기까지 맹인들 간에 두루 통용되어 왔을 뿐더러, 평양에서는 그 이후에도 이 뉴욕식 평양점자가 계속 사용되어 온 듯하다. 이런 과정에서 우리나라 초기 특수교육의 점자사(點字史)에서 한 가지 특기할만한 것은 박두성 선생이 6점으로 된 한글점자를 창안하기까지 Hall 여사가 고안해 놓은 평양점자 때문에 오히려 상당한 애로와 갈등을 겪었다는 점이다. 박두성 선생의 유고인 "훈맹정음의 유래"에서는 이 문제에 대해 소상히 전해주고 있다.

> 1899년경부터 평양에서 미국인 Hall 부인이 여자 맹인들을 모아 성경을 가르치기 시작했으니, 한국에서 맹인들에게 글자를 쓰게 한 것은 이것이 시초였다. 그러나 Hall 여사가 뉴욕 사람이었던 탓인지 점자 방식을 뉴욕식으로 쓴 것은 천만유감이었다.
>
> 1878년 각국 맹인 교육자들이 모여 맹인교육에는 모두들 브레이유를 쓰기로 했다. 그런데 미국 뉴욕에서는 라셀이 앞장서서 루이 브레이유의 6점 점자에 따르지 않고 4점 점자를 쓰기로 하여 판도 달리 만들어 가르쳤으니, 이것이 '뉴욕포인트'이다.
>
> 나는 평양맹학원에 대하여, 또는 Hall 부인에게 대하여 한국어 점자방식을 브레이유로 고치게 하자고 제의하고 이해 득실을 갖추어 충분히 설명하여도 용이하게 들어주지 아니하였다. 나중에는 Hall 부인이 일본말도 뉴욕식으로 쓰는 것이 좋겠다고 조선식 일본 점자안까지 만들어 보내면서 반대 주장을 하여왔다. 나는 이 문제가 합의될 성질의 것이 아닌 것을 인정하고 우리 학생들과 일반 맹인들을 동원하여 연구하기로 작정했다(김병하, 2007, pp.29-30).

위에서 박두성 선생이 밝힌 대로 세계적으로 브라이유식 6점자를 쓰기로 이미 맹인계에서는 합의가 된 사항이었다. 미국에서도 1868년에 뉴욕맹학교 교장인 웨이트(William B. Wait)가 고안한 4점으로 된 뉴욕포인트에 대해 비판을 가하면서, 1878년에 스미스(Smith, J. L)가 브라이유의 6점으로 된 미국점자(American Braille)를 고안하자 그것의 우수성이 인정되어 그간의 점자논쟁(the war of dote)이 종식을 고하게 되었다. 이 사정을 잘 알고 6점식 한글점자 창안에 깊은 관심을 가지고 있던 박두성 선생은 진작부터 Hall 여사에게 브라이유식 한글점자 안을 제안하였으나, Hall 여사는 오히려 일본말조차도 뉴욕식으로 쓰는 것이 좋겠다는 안까지 박두성 선생에게 역으로 제안하였다. 이에 박두성 선생은 이 문제는 서로 합의해서 해결될 성질의 문제가 아닌 것으로 확신하고, 자신의 아이디어에 따라 한글점자의 창안에 더욱 박차를 가해왔던 것이다.

맹교육이 시작 된지 10년 후에 R. S. Hall은 농교육에도 관심을 보여 이익민 일가에 이 일을 위임하였다. 즉, Hall은 동료 선교사인 Rockwell의 재정적 도움으로 한국인 이익민 내외를 중국 체후에 있는 동료 선교사 Mills 부인이 운영하는 농학교에 보내 농교육을 연수케 하였다.5) 당시 이익민 내외의 농교육 연수 정황에 대해 Hall(1909)은 "그들(이익민 내외)은 열심히 배웠으며, 한국어식 벨 시화법(Bell's visible speech symbol)을 중국식보다 더 쉽게 만들었다. 그들은 이미 중국에서 일년 동안의 교육과정을 마치고 평양으로 돌아와"(Hall, 1909, p.81.)라고 한 것을 보면, 당시에 이익민 내외가 익혀온 농교육의 주된 방법이 Bell의 시화법(視話法; visual speech)이었음을 알 수 있다. 즉, 이익민은 이 시화체계를 한국어의 자모음에 적용하여 농아동의 언어지도를 실천한 것으로 볼 수 있다. 원래 이 '시화법'은 Alexander M. Bell이 1840년대에 농아동의 구어지도를 위해 개발한 방법으로 지금은 농교육 현장에서 거의 사용되고 있지 않지만, 그의 아들 Alexander Graham Bell은 이 방법을 더욱 발전시켜 구어지도를 위해 보조적으로 일종의 지문자체제(sign and manual alphabets)를 결합해서 활용했다(Bell, 1872; Moores,

5) Mills 부인이 운영한 농학교는 1887년에 중국에서 설립한 최초의 농학교로 당시 중국에서는 啓音學校로 명명했으며, 설립 초기에 A. G. Bell의 시화법(視話法; visual speech)을 기초로 한 언어지도법을 도입 한 것으로 알려지고 있다(傅逸亨 외, 1989, p.19. 인천성동학교40년사, 1995, p.62에서 재인용).

2003에서 재인용). A. G. Bell은 평생 동안 전화기 발명으로 얻은 어마어마한 돈을 이 일(즉, 시화법의 보급)을 하는데 쏟아 부었다고 한다(장진석 역, 2007).6)

위의 사실에 비추어 볼 때, 적어도 다음 두 가지가 확인된다. 즉, 그 하나는 우리나라 농교육 성립기에 적용된 언어지도방법은 주로 구화위주였고, 특별히 Bell의 시화법에 강한 영향을 받았던 것으로 보인다는 점이다. 다른 하나는 우리나라 농교육 성립은 실질적으로 이익민 일가를 중심으로 추진되었다는 점이다. 지금까지 우리나라 농교육은 Hall에 의해 맹교육에 이어 시작된 것으로 알려져, Hall이 부각된 것에 가려져 실제로 이익민을 중심으로 한 그 일가의 활동이 평가 절하된 면이 있다.

이를테면 미국의 경우 농소녀 Alice Cogswell의 아버지인 Cogswell씨가 주선하여 T. H. Gallaudet으로 하여금 유럽에 농교육을 익혀오게 해서 1817년 농학교 교육을 시작했다. Gallaudet은 귀국시에 당시 파리농학교 농교사였던 Laurent Clerc을 데리고 와서 이 세 사람의 합작으로 농교육이 시작되었으나, 미국 농교육 역사에서는 유독 Gallaudet이 부각되고 있다. 이에 비해 우리나라 농교육사에서는 Hall이 부각된 반면에 이익민과 그 일가의 노력이 Hall의 그늘에 묻힌 면이 있다. 이익민은 그의 부인과 함께 중국에서 약 일년간 농교육을 연수했을 뿐만 아니라 돌아올 때는 중국서 농교육을 받은 그의 농조카를 동반해서 함께 평양에서 농교육에 헌신했다. 따라서 이익민은 한국의 Gallaudet이라 할 수 있다.

평양맹아학교는 동양맹·농교육 국제회의를 유치할 정도로 괄목할만

---

6) 「미국 농사회의 변천사」(Cleve, Crouch, 1989)에서는 19세기 후반에서 20세기 초까지를 '수어에 대한 박해기'로 규정하고 있다. 특히 A. G. Bell은 말과 독순술(말읽기) 운동에 그 자신을 바쳤다. 그는 농인들은 구어법을 사용함으로써 수어를 사용하지 않고도 청인들처럼 말할 수 있고, 청인사회의 모든 활동에 충분히 참여할 수 있다고 믿었다(장진석 역, 2007, p.199).

한 발전을 가져왔던 것으로 볼 수 있다. 즉, 1914년에는 제1회 동양 맹·농교육 국제회의를 유치하여, 동아시아에서 그 위상을 자랑하기도 했다. 이 국제회의에는 일본, 중국, 한국의 맹교육과 농교육 대표자 약 20명이 참석하였는데, 농교육방법에 대해 “농아에 대한 담화교수법의 신사조”(중국농아학교 A. E. Carter)와 “농아에 대한 담화교수법의 실제”(체후농아학교교사 樂松梅)가 각각 발표되었다. 김칠관(1995)은 당시 Carter(1914)의 “담화교수상의 신사상”은 미국 클라크농학교에서 벨의 시화법지도가 어문법으로 바뀐 사실에 비추어, 예일(Yale, 미국 클라크 농학교)의 어문법(word and sentence method)으로 추정하고 있다. 위 두 발표 내용을 현재로서는 직접 확인할 수 없으나, 어쨌든 농아동에 대한 언어지도법으로 구어법에 기반을 둔 시화법과 어문법이 논의되었고, 그에 따른 실제적 성과가 제시되었을 것으로 본다. 이처럼 성립기의 한국 농교육에서는 당시 세계적 추세이기도 했던 구화법의 열풍에 강한 영향을 받은 가운데 구어중심의 농교육을 강조했을 것이다. 그러나 농학생들의 상호간 의사소통 수단으로는 어떤 형태로든 수어가 사용되었을 것이고, 실제로 당시 Hall이 남긴 사진 장면에 의하면 농학생들이 집단적으로 수어를 사용한 것으로 확인되고 있다(김정권, 김병하, 2002, p.48, p.52).

(3) 제생원 맹아부의 학사적 논의

제생원 맹아부 교육과 관련해서는 학사적으로 특별히 주목할 문건이 발견되지 않으며, 다만 1919년에 일본인 교사였던 아오시마(靑島)가 조선교육연구회 잡지 제43호에 ‘농아인 교육의 비견’이라는 제목으로 맹아부 아과(啞科) 교육의 실태를 보고하고 있다(김병하, 2009). 그러나 조선총독부 제생원의 ‘조선맹아자통계요람’에 의하면 1920년대의 우리나라 맹인과 농아인 실태를 알 수 있어, 이는 사회의학적으로 볼 때 중요한 정보가 된다. 1921년에 제생원에서 조사한 '조선맹아자통계요람'에 의하면, 전국에 맹인 8,792명, 농아인 6,847명으로 밝혀졌으며, 총인구(17,264,119명) 중 출현율은 맹인이 만명당 5.09명이고, 농인은 만명당 3.96명으로 나타났으나(조선총독부제생원, 1922), 그 후(1927) 출현율 증가는 농인이 맹인보다 높았다. 즉, 맹인은 만명당 출현율이 1921년에 비해 1927년에 5.09명에서 5.91명으로 늘어났으나, 농인은 같은 기간에 3.96명에서 5.43명으로 늘어났다(조선총독부제생원, 조선맹아자통계요람, 1922, 1928).

당시만 해도 농인보다 맹인의 출현율이 높아 지금과 비교가 된다. 두 차례의 조사에서 남자 맹인은 여자의 약 2배에 달하고 있어, 성별 차이가 크게 나타났다. 지역별 맹인의 출현 분포를 보면, 1921년(대정 10년) 조사에서 평안남도가 만 명당 11.6명으로 가장 많았고, 다음이 평안북도 7.95명, 황해도 7.43명, 경기도 6.43명, 강원도 5.37명으로 나타났다. 한편, 농인의 출현율이 0.04% 정도인 것을 보면 심도청각장애 중심으로 보고되었고 대부분의 난청은 제외되었음을 알 수 있다. 연령별로는 10대가 1,680명으로 가장 많았고, 20대 1,599명, 30대 1,398명, 40대 922명, 50대 462명, 60대 160명, 70대 이상 39명 순으로 나타났다. 오늘의 기준에 비추어 노인성 난청이 아주 낮게 나타나고 있는 것은 그만큼 노년인구가 상대적으로 극히 적었음을 의미한다.

지역별 농인 출현율은 인구 만 명당 평안북도가 6.44명으로 가장 많았고 충청북도가 2.75명으로 가장 낮게 보고되었다. 그러나 1927년 농아인구 실태를 보면, 인구 만 명당 5.43명(0.054%)으로 6년 전의 통계보다 다소 높게 보고되고 있다(조선총독부제생원, 1928). 도별로는 평안남도가 만명당 7.36명으로 가장 높고 경기도가 4.10명으로 가장 낮았다.[7] 전반적으로 남부지역보다 서북지역이 높게 출현하고 있음을 볼

7) 참고로 도별 실태를 보면 경기도 4.10(출현율; 0.041%)명, 충청북도 5.07명,

수 있다. 남녀 성별로 보면 1921년 조사에서 남자가 4,816명(70.24%)이고 여자가 2,031명(약 30%)이어서 남자가 여자보다 2.37배나 더 많이 보고되고 있다. 1927년 조사에서도 남자 7,270명(70.58%)이고 여자가 3,030명(29.42%)이어서 역시 남자가 2.40배나 높게 나타났다.

당시 맹인의 실명원인은 조선총독부의원 안과 입원환자 중에서 가장 많은 질환은 각막질환이었으며, 그 다음이 결막질환, 수정체질환, 홍채질환의 순으로 나타났다. 그러나 당시 제생원 맹과 생도 29명을 대상으로 실명원인을 조사한 결과에 의하면, 영양장애 5명, 마진 6명, 매독성유전 4명, 천연두 3명, 기타 원인불명 11명 등으로 보고되고 있다. 한편, 제생원 맹아부 아과(啞科) 농아생의 원인에서는 선천성 중 혈족결혼에 의한 것으로 판정되는 것은 거의 없으며, 후천성 농의 원인이 다수를 차지한다고 했다. 그 내역으로 뇌막염이 2할(20%), 그 외에 마진, 성홍열, 장티푸스 등 열병에 의한 것이 약 3할이나 되고, 중이염의 치료를 잘못하거나 등한시 한 경우가 많은 것으로 밝히고 있다. 한편 농아자 발생대책으로 일반민중의 위생사상 향상, 육아사상의 발달, 결혼문제에 대한 정확한 이해, 금주 또는 절주사상의 보급을 제안하고 있어 주목을 끌게 한다(和久, 1935, pp.109-112).

한편, 농아인의 직업현황 조사보고(조선총독부제생원, 1921, 1928)를 보면, 1920년대에 우리나라 농인들의 사회경제적 지위를 대략 가늠해 볼 수 있다. 조선맹아자통계요람(1922, 1928)에 나타난 농아인의 직업분포를 보면, 농업이 58.9%(4,035명)로 과반을 넘고, 무직이 32.1%(2,201명), 날품노동이 2.1%(141명)로 나타났다(조선맹아자통계요람, 1922). 한편, 1927년 조사에서는 무직이 47.3%(4,869명)로 가장 많고 농업이

충청남도 6.62명, 전라북도 5.10명, 전라남도 4.83명, 경상북도 4.87명, 경상남도 5.97명, 황해도 5.52명, 평안남도 7.36명, 평안북도 6.20명, 강원도 5.02명, 함경남도 5.27명, 함경북도 6.20명 등이다(조선총독부제생원 조선맹아자통계요람, 1928).

41.4%, 일용노동 1.8%, 피용(被傭) 1.6% 순으로 나타났다(조선맹아자통계요람, 1928). 이외에도 극소수의 농인들은 어업, 재봉, 수세공, 숙박업, 석공, 이발업, 직공, 목공, 금은세공, 토기제조 등에 종사하는 것으로 보고되었다. 이것은 당시 농아인의 사회경제적 지위는 물론, 농업중심 사회에서 제조업의 수준과 상황을 간접적으로 시사해 주고 있다.

(4) 박두성의 훈맹정음(訓盲正音) 창제와 애맹(愛盲)정신

박두성(朴斗星; 1888-1963)은 1913년 조선총독부산하에 제생원(濟生院) 맹아부(盲啞部)가 설립되면서 맹부(盲部) 교사로 부임하였다. 후일 박두성은 회갑연 잔치석상에서 보통학교 교사에서 맹아부 교사로 자리를 옮긴 내막을 이렇게 고백하고 있다.

> 내가 구남매의 맏아들이다 보니까 동생들이 줄줄이 셋방살이하는 내게와 있었던 게지. ...(중략)조선총독부 제생원 맹아부라는 이름으로 앞 못 보는 사람들과 말 못하는 사람들을 한 울타리에 모아 놓고 공부를 시키기로 했는데, 여기 취직하는 사람은 '보통훈도 월급'을 급수에 따라 차등해서 주는 것뿐만 아니라 생활할 수 있는 방을 준다는 광고가 나붙었는데 그 방을 준다는 말이 얼마나 매력이 있는지 그래서 취직을 해간 게 맹학교였단 말이지. 그런데 맹학교에 가서 진짜 눈감은 제자들을 만나자 내가 한 대 맞은 듯 정신이 든 거요. 스물여섯 살에 앞 못 보는 식구를 만났는데, 그 날부터 나는 나이도 잊고 인생관이 백팔십도 변해서 '어떻게 하면 돈을 벌어서 시골에 계신 우리 아버지 어머니 농토 많이 만들어 드리고 잘 사시게 할까'하는 생각은 없어지고, "이 눈감은 식구들을 어찌 살게 해줄까? 어떻게 기쁨을 줄까? 하나님 뜻이 어디 계셔서 이 사람들은 눈을 감았나?" 이런 고민을 하며 침식을 잊고 살다보니 이제 육십이 됐네요(박정희, 2007, pp.4-5).

이처럼 처음에 박두성 선생은 호구지책으로 방을 내준다는 말이 솔깃하여 제생원에 발을 들여 놓았으나, 막상 맹인들을 접하자 생각이 바뀌게 되어 그들이 굶지 않고 사람답게 살아가게 하기 위해 한글점자를 연구하게 되었고, 이로부터 평생을 '애맹'(愛盲)정신으로 일관되게 살아왔다. 선생은 제생원에서 일본어 점자로 교육을 하던 중 1920년 이시카와(石川)가 일본 가나점자를 창안한지 30주년을 기념하는 때에 "앞 못 보는 것도 서러운데 조선 맹인이 일본점자로 교육 받는 것"을 한탄하면서 시름에 빠졌다.

1920년에 박두성 선생은 본격적으로 한글점자 연구에 착수하면서 점자창안을 위해서는 근본적으로 한글 창제의 원리부터 알 필요가 있어 세종대왕의 한글창제 과정을 연구하였다. 그 결과 그 해 12월에 한글 초성(자음) 14자를 3점 점자로 옮기는데 성공했다. 그 후 다시 중성(모음)의 연구에 착수하여 한글의 중성 10자를 2점식 점자로 바꾸는데 성공하니, 이것이 소위 초기의 3.2식 점자이다. 초기의 이 3.2점자는 초성과 중성만으로 구성되어 받침, 즉 종성도 초성과 같은 점자기호를 갖다 붙이고 나면, 중성과 종성이 혼돈되어 오독하기 쉽다는 문제점이 있었다. 이에 대응한 송암(松庵) 박두성 선생의 후속된 점자개발 사업을 이완우(2002)는 다음과 같이 기술하고 있다.

> 이에 송암은 다시 시련에 부닥쳐, 또 다시 한글의 원리와 세종대왕 한글 창제 당시의 과정을 면밀히 검토하기 시작 했다. 무엇 보다 세종대왕이 성삼문 등 8명으로 언문청을 두었다는 데 깊은 관심을 표명, 이를 본 떠 1923년 4월 송암이 손수 키운 당시 재경 제생원 졸업생 유도윤, 이종덕(후에 서울맹학교 교장), 노학우, 전태환(후에 한국맹인복지협회장), 이종화, 황이채, 김영규, 김황봉 등 8명을 규합하여 조선어점자연구위원회를 비밀리에 결성하였다(이완우, 2002, pp.19).

당시는 일제의 조선어 말살정책이 심하였기에 이 일을 비밀리에 추진할 수밖에 없었다. 여기서 송암은 "세종대왕이 한글창제를 위해 명나라의 한림학사 황찬에게 음운에 관한 문의를 하기 위해 성삼문으로 하여금 열세번이나 중국을 왕래케 했다는 데 크게 느낀 바 있어, 외국 점자의 기원에 대해 알아보기 위해 루이 브라이유의 6점식 점자를 체계적으로 분석하기 시작했다"(이완우, 2002, p. 20). 이리하여 1923년 4월에 한글점자를 연구한지 3년 4개월만인 8월에 드디어 한글점자의 완성을 보게 되었다. 그 후 겨우 조선총독부의 승인을 얻어 그 해(1926) 한글날에 맞추어 11월 4일 '훈맹정음'(訓盲正音)이라 명명하여 세상에 공표하였다.

그 후 박두성 선생은 한국인으로는 처음으로 제생원 맹아부장 대리로 취임(1931)하였고, 이 무렵 전국의 맹인들에게 통신교육 형식으로 점자를 보급하기 시작했다. 김천년(후에 서울맹학교 교감 역임)은 송암의 점자 통신교육을 받은 수제자가 되었다. 또 이 무렵 송암은 신약성서 한글점역을 위해 점자 아연판 제판에 착수하였는데, 당시 상황을 이완우(2002)는 이렇게 전하고 있다.

> 국어가 폐지된 다음부터는 일제 관원들의 눈을 피해 밤에만 마치 치과의사의 반사경과 같은 띠가 달린 에디슨 밴드란을 이마에 붙이고 아연판에 구멍을 뚫기 시작했다. 당시 8살 난 큰딸 정희(현재 86세)가 성경책을 들고, "예수께서 그 여인에게" 하고 낭랑한 목소리로 읽으면, 아버지는 이를 받아 쾅쾅 제판기를 밟으면서 되뇌었다. "그 다음"하고 아버지가 재촉하면 딸은 또 "가라사대" 하면서 부녀의 선창과 후창은 아연판과 어둠을 뚫고 나갔다. 어쩌다가 줄을 거르기라도 하면, "아이구, 그 놈의 자식, 어떻게 한담? 쯧쯧" 혀를 차면서 아연판을 뽑아 정과 장도리로 쨍쨍 소리 나게 두드려 지운 후에 다시 찍곤 했다(이완우, 2002, pp. 35-36).

그런데 이 작업을 하는 과정에서 송암이 이 일에 얼마나 심혈을 기울였던지 이 일을 도운 송암의 딸 박정희 여사는 당시에 겪은 고통 때문에 후일 송암을 '의붓아버지'처럼 원망한 적이 있다면서 다음과 같이 그 서러움을 술회하고 있다.

> 아버지는 사활을 건 작업을 하셨고 나는 마지못해 읽는 일로 삼으니 이게 제대로 돌아가겠는가. 그도 더한 것이, 좀 큰 성경으로 읽으면 내가 교과서 읽는 것만큼 떠듬대면서라도 읽었을 텐데. 쪽 복음(권별로 분리된 휴대용 작은 성경) 그 손바닥만한 것, 그걸로 읽으라 하니 조그만 아이가 내려 쓴 깨알 글을 어찌 따박 따박 읽어 댈 수 있느냔 말이다. ...(중략) 행을 바꿔 읽어야 할 텐데 다시 그 줄을 읽거나 그 다음 줄을 건너 뛰어 읽거나 하는 때가 종종 있었다. 그러면 아버지는 "야 이놈아 어디 그 말이 되니, 다시 읽어봐라" 이러시기 일쑤였고, 틀린 것을 둘 다 모르고 넘어가다 다 찍은 아연판을 새것으로 갈아 끼우기 전에 다시 읽어 내려가면서 검사를 하면 그게 말이 안 되는 경우가 다반사였다. 그러면 그 아연판을 집어 들어서 날 그냥 패는 거였다. ...(중략) 그걸로 8살 어린애가 맞으니 아프기도 하고 서럽기도 했다(박정희, 2007, pp.7-8).

그런 쓰라린 추억 때문에 지금도 여사는 성경책을 들기가 싫다고 할 정도이다. 그러나 박정희 여사는 아버지를 누구 보다 존경했고 송암 또한 딸의 배필을 고를 때 직접 나서서 주선하고 알아 볼 정도로 딸에게 세심한 관심을 기우렸다. 송암의 임종 시에도 여사는 가족 가운데 끝까지 아버지 손목을 잡고 자리를 지켰다. 송암의 사후에 박두성 선생 전기를 쓰고자 한 사람(박병재의 '훈맹정음 창안자 박두성', 1985)은 거의 전적으로 여사의 도움에 의존할 수밖에 없었다. 그러나 여사는 이에 만족하지 못하고 송암의 제자인 이상진을 찾아가서 "어떻게 저 청각장애인 박병재 선생이 쓴 박두성전을 가지고 사람들에게 읽게 합니까! 아버지의 각별한 제자 이상진 선생 당신이 써야 하는 게 아니요?"(박정희, 2007) 라고 강권하여 이상진 선생이 쓴 '송암 박두성 전기'(송암기념사업회, 2001)가 뒤늦게 간행되기에 이르렀다.

이상에서 보는 것처럼 온갖 고초를 겪으면서 1년 5개월이 걸려 1932년 9월에 마침내 '마태복음'이 점역본 88장으로 완성되고, 이어 '누가복음' 점역에 착수하던 중 누가복음 16장 10절을 끝으로 급기야 송암은 시력을 잃게 되었다. 점자 창안 당시 잠정실명에 이어 두 번째로 이번에는 결막염으로 실명 위기에 이르렀다. 그 후 송암은 신약성서 점자원판 제작을 1941년(54세)에 겨우 완성하였으나, 안타깝게도 6.25 동란 때 성서공회 화재로 소실되자, 전후에 다시 이 일에 착수하여 1957년 말에 신구약성서 전24권의 점역을 완성(70세)하였다. 그로부터 6년 뒤인 1963년 8월 25일 76세로 서거하였다. 송암 서거 3주기에 노산 이은상이 지은 추모시는 신교동 국립서울맹학교 교정 추모비에 다음과 같이 새겨져 있다.

> 점자판 구멍마다 피땀괴인 임의 정성
> 어두운 가슴마다 광명을 던지셨소.
> 이아침 천국에서도 같이 웃으리라.
> 남의 불행 건지려고 자기 행복 버리신 임
> 한숨을 돌이켜서 입마다 노래 소리
> 그 공덕 잊으리까 영원한 칭송 받으소서

필자가 보기에 우리나라 특수교육역사상 송암 박두성 선생만큼 맹교육에 미친 실질적 영향 면에서 뿐만 아니라 '애맹'(愛盲)정신으로 일관되게 살아온 사람을 선뜻 내세우기 어렵다고 본다. 이런 송암 선생의 업적과 정신을 기려 인천광역시 시각장애인복지관 내에 송암 박두성기념관을 개관(1999)하여 선생의 흉상을 건립하고 유품을 전시하고 있다.

또한, 문화관광부에서는 2002년 4월의 문화인물로 박두성 선생을 선정하기도 했다. 송암은 1926년부터 1946년까지 자신의 맹인사업 관련기록을 일지(日誌) 형식으로 남겨 놓았는데, 송암의 맹인사업을 좀 더 객관적으로 평가하기 위해서는 이런 자료들을 체계적으로 분석하여 정리해 놓을 필요가 있다.

3.2 성립기 한국특수교육연구의 학사적 논의

여기서는 광복이후부터 1970년대 말까지를 한국특수교육연구의 '성립기'(成立期)로 잡아 학사적 측면에서 논의하고자 한다. 하나의 학문으로서 특수교육학의 성립은 대학에서 특수교육과를 설치한 것과 밀접한 관련이 있다. 우리나라에서 4년제 정규 대학과정에 특수교육과가 설치된 것은 1961년에 한국사회사업대학의 특수교육과가 최초이지만, 그 설립의 준비는 이미 1956년부터 착수되었다. 이에 앞서 개인적으로 특수교육에 대한 학문적 관심은 1950년대 초반에 미국 유학을 통해 추국희(秋菊姬; 이화여자대학교 특수교육과 초대학과장), 이기수(李基洙; 한국사회사업대학 특수교육과 교수 역임) 등에 의해 선구적으로 실현되었다.

추국희 교수는 1971년 이화여자대학에 특수교육과를 설립하는데 주도적으로 기여한 분으로, 1956년에 미국 Boston대학교 대학원에서 특수교육을 전공하여 석사학위를 취득 하였으며, 이듬해에는 퍼킨스맹학교(Perkins School for the Blind)에서 특수교사 자격증을 취득하기도 했다(추국희 교수 정년기념논총, 1993). 한편, 이보다 앞서 이기수(대구맹아학교를 설립한 이영식 목사의 차남)는 1953년에 한국인으로는 최초로 헬렌 켈러재단 장학금으로 Boston대학교 석사과정을 수료하고 역시 Perkins

맹학교에서 맹교육 교사자격증을 취득하였다. 이어 1955년에는 세계 유일의 농 특성화 대학인 Gallaudet 대학에서 석사학위를 취득하고 농교육 교사자격증까지 취득하였다. 다시 1957년에는 Wayne State University에서 특수교육과 직업재활 석사학위를 취득하고, 이어 1961년부터 1967년까지 Syracuse University에서 특수교육 박사과정(농교육)을 수료한 후에 다시 Pittsburgh 대학교 박사과정에서 특수교육행정전공을 수료(1968)하였다(유임순 여사와 전화 및 메일 인터뷰, 2008.12.4).

이들은 1950년대에 미국에서 특수교육을 수학하기 위해 유학을 간 1세대라 할 수 있으며, 특히 이기수는 그 첫 번째 유학 사례로 손꼽히고 있다. 또한, 이 무렵 이태영(李泰榮)은 일본에서 공학도로 대학을 마친 후, 1955년에 일본 동경에서 개최된 제1회 아시아맹인복지대회에 한국 대표로 참석한 것이 인연이 되어 동경지역에서 약 1년간 맹교육을 연수한 후(김병하, 2007), 이듬해에 귀국하여 이때부터 한국사회사업대학 특수교육과를 설립하는데 주도적 역할을 하였다.

광복이후의 혼란기와 6.25 한국동란을 거치면서 어려운 조건 속에서 특수교육 실천이 겨우 그 명맥을 유지해 오는 가운데, 특수교육에 대한 학술적 관심은 해외유학을 통해 실현되거나 보건의학 쪽에서 부분적인 관심을 보이기도 했다. 광복직후 일제치하의 제생원 맹아부는 일본인들이 물러감에 따라 한국인 교사와 서무직원이 접수하였다. 제생원 맹아부 수석훈도였던 윤백원(尹佰元)이 초대 교장으로 취임하고, 교명은 국립서울맹아학교로 개칭되었으며, 미군정청 보건후생부 관할로 6년제 초등교육을 실시하였다. 광복이 되자 일본어 대신 한글을 체계적으로 가르쳐야 했으므로 한글 지문자의 창안이 절실했다. 이에 국립서울맹아학교의 초대 교장이었던 윤백원은 1946년 9월에 한글지문자를 창안하기에 이르렀다. 한글지문자의 창안 필요성과 그 과정에 대해 윤백원은 다음과 같이 기술하고 있다.

지문자의 창안을 내면서

농아자를 위하여 깊이 생각하고 널리 연구한 끝에 수화의 단점을 완전히 보충하여 우리말을 할 줄 알며 우리글을 읽을 줄 아는 보통사람의 말 세계에 다가설 수 있는 농아자를 만들 수 있는 指文字를 만들기에 이르렀다. 다섯 손가락을 가지고 24자의 모음과 자음을 자유로이 표현할 수 있는 연구를 한다는 것은 보통이 아니었다. 기숙사생 1명을 집에다 데려다 놓고 나와 같이 숙식을 같이 하며 생활을 해가면서 6개월 동안 연구한 결과 현 문자를 창안하게 되어 1946년 9월 1일 신학기부터 실제 수업을 개시하여 구화와 수화를 겸하여 지도한 끝에 좋은 성과를 얻게 되어 그로부터 전 학년에 사용하도록 하며 금일에 이르렀다. 참으로 농아자로 하여금 평생의 복음을 주고 있는 것이다(윤백원, 1946, 미간행 자료).

한글지문자는 윤백원 교장이 창안한 후 오늘에 이르기까지 "ㄱ, ㅅ, ㅇ, ㅋ"이 수정된 것 외에는 세계적으로 독창적인 지문자로 활용되고 있다. 그리고 한글지문자가 창안됨으로 고유명사 등에 대한 수화의 표현 한계가 극복되고 구화를 보조하는 수단으로 병행되면서 청각장애학생들의 의사소통에 훨씬 도움을 주었다(김병하, 2009).

1956년에 이영식 목사는 대구맹아학교를 모체로 이 분야의 지도자를 양성하기 위해 한국사회사업대학(지금의 대구대학교 전신)을 설립하였으며, 이 대학은 1961년에 정규 4년제 대학과정으로 우리나라에서 최초로 특수교사양성과정을 설치하였다. 특히 특수교육지도자 양성을 위한 대학설립의 과정에서 이영식의 장남 이태영(李泰榮; 1929-1995)은 그 중추적 역할을 했다. 그는 1961년 11월에 한국사회사업대학 학장으로 취임한 이래 우리나라 특수교육학계의 리더로서 지대한 영향을 미쳤다.

또한, 이영식의 차남인 이기수(李基洙; 1930-2003)는 전술한 것처럼 1953년 헬렌 켈러재단의 장학금을 받아 보스톤대학교에서 특수교육(맹교육) 석사과정을 수료한 후 1955년에는 Gallaudet대학에서 농교육을 전공하여 농교사자격증을 취득하였다. 그는 1959년에 에티오피아 국왕 초청으로 그곳 왕립특수학교 교장으로 봉직하고 1981년에는 뉴욕주 종신 교육장 자격을 취득하는 등 한국인으로서는 특별한 특수교육 경력을 지니고 있다.[8)]

1950년대 만해도 우리나라에서 특수교육에 대한 학술논문이나 자료가 거의 발견되지 않고 있다. 우리나라에서 특수교육(농교육) 분야 최초의 석사학위 논문으로는 1954년 이화여대 대학원에 제출된 최정선의 "농아에 관하여"라는 논문이 있으나, 그 원문이 확인되지 않고 있다. 그 후 이기수(1957)는 Wayne State University에 석사학위 논문으로 "한국 특수교육발달사"를 제출하여 초기의 우리나라 맹교육과 더불어 농교육의 역사와 그 현상을 소개한 바 있다(김병하, 2009). 또, 대구에서 한국사회사업대학(1957)은 정규대학으로 특수교육과를 인가 받지는 못했으나, 이 분야의 지도자양성을 위해 특수교육개론(4학점), 점자지도(4학점), 구화지도(4학점) 등의 강좌를 개설하여 운영하였다(대구대학교 특수교육과40년사 편찬위원회, 2002, p.61).

이하에서는 우리나라에서 대학에 특수교육과가 설치(1961)된 이래, 그 초창기에 해당되는 1960년대와 1970년대의 특수교육연구를 중심으로 논의하고자 한다. 이때부터 하나의 독립된 학문분야로 '특수교육'이 등장하게 되었으며, 70년대에 접어들며 한국특수교육학회(1972)와 영남특수교육학회(1975) 중심으로 정례 학술발표회가 개최되기 시작했다. 상대적으로 1960년대의 특수교육 학술연구는 맹교육과 농교육 위주였

8) 미국에서 이기수의 특수교육 유학생활과 그 후의 활동은 지금 우리나라에 잘 알려지지 않고 있다. 이기수 선생에 대한 위의 내용은 필자가 그의 미망인 유임순 여사와의 메일 교신(2009)과 미국에서 여사가 직접 대구대학교에 보내 온 이기수 선생 관련 자료 가운데 특수교육 관련활동 중심으로 요약한 것이다.

고 저술활동은 개론서 중심이었다. 그에 비해 1970년대의 특수교육 연구는 정신지체와 지체부자유 영역에 이르기까지 확대되는 한편 기존의 특수학교 중심에서 특수학급 교육에 이르기까지 그 관심의 폭이 넓어지기에 이르렀다.

(1) 1960년대의 특수교육연구와 논평

우리나라에서 최초의 특수교육 전문 저술은 이태영(1929-1995) 학장이 1963년 6월에 펴 낸 「특수교육개론: 문제아지도」(대구: 집문사)이다. 이태영은 국내에서 특수교육에 대한 학문적 관심이 황무지인 상태에서, 주로 외국(미국과 일본)의 선행 관련 자료에 의존하면서, 그 자신이 체험한 특수교육 실천과 이론적 소양을 바탕으로 한국 특수교육 현실에 대한 절박감에서 이 책을 집필하였다. 이태영은 우리나라에서 4년제 대학과정에서 특수교육과를 설치(1961:한국사회사업대학)한 이래, 그 후 대학에서 특수교육 강좌를 최초로 개설한 교수이기도 하다.

이태영의 「특수교육개론」(1963)은 본문 170쪽에 걸쳐 제1편 특수교육의 성립, 제2편 특수교육의 분화, 제3편 우리나라 특수교육의 과제 등으로 구성되어 있는데, 제1편은 특수교육 총론에 해당되고, 제2편은 장애영역별 중심의 특수교육 각론에 해당되며, 제3편은 우리나라 특수교육의 개선과제를 집중적으로 다루고 있다. 총론에 해당되는 '제1편 특수교육의 성립'은 모두 8장으로 즉, 특수교육의 발달, 특수교육의 본질, 특수아동의 판별, 특수아동의 인격, 특수교육과 행정, 특수교육과 재정, 특수아동의 복지, 특수교육자 등으로 구성되어 있다. 이태영은 평소에 특강이나 연설의 기회가 있을 때마다 석가모니의 제자로서 중증 정신지체였던 '주리반특'(周梨槃特)의 사례(史例)를 인용하곤 했는데(이태영, 1963, p.3), 이것은 비록 심한 정신지체인이라도 한 가지 일에 몰두하는 정성과 인내가 다른 사람들을 크게 교화시킬 수 있다는 것을 시사하기 위함이었다.

이태영은 「특수교육개론」(1963) 제3편에서 '우리나라 특수교육의 과제'를 목표, 제도, 아동, 내용, 교사, 재정, 복지(소위 7대 과제), 그리고 특수학급 교육 문제를 중심으로 논의하고 있다. 당시에 이미 이태영은 '특수학급 설치'에 깊은 관심을 가지고, 한국 특수교육의 과제를 논의함에 있어, 7대 과제와 별도로 '특수학급'의 문제를 다루고 있다. 이태영은 "우리나라에서 지금 맹·농아 교육의 후진성도 큰 문제이거니와 흔히 일반학급에서 보는 정신지체아를 도외시하는 경향은 민주적 현대교육 발전에 큰 암이 되고 있다"고 하면서, "1960년에 우리나라 국민학교(초등학교)에 정신장애면의 특수아동이 약 71,000명 추정되므로, 이들 의무교육 대상 아동이 불합리한 학급편제와 비과학적인 지도법에 희생되고 있음"(ibid, p.165)을 경고하고 있다.

이태영은 진작부터 일반학교 내에 특수학급 설치를 확대함으로서, 일반교육 속에 특수교육이 자리 잡아가는 통합교육을 예견했을 뿐만 아니라, 이런 추세에 따른 기존의 특수학교 교육의 재구조화 가능성을 제기했다. 그는 특수학급 설치를 위해 "설치기준, 교육과정, 특수교사, 입급아동 판별기준, 특수학급 운영방법" 등에 걸쳐 많은 문제가 검토되어야 한다면서, 특수학급 교육을 통한 학교재구조화를 강조하고 있다.

지금부터 45년 전에 출판된 이태영의 「특수교육개론」(1963)은 시간계열로 볼 때, 1960년대 '개발의 연대'에 쓰여 졌으며, 당시 우리나라는 국민소득 200달러 이하의 절대빈곤 상태에서 전쟁 후에 인구증가율이 세계에서 가장 높은 때였다. 이런 국내의 어려운 여건에서 장애아동 교육에 남다른 관심을 가지고 특수교육 지도자 양성을 위한 특성화 대학을 설립하고, 이 분야의 전문서적을 저술하여 간행한 것 자체가 '선구자적'인 역사성을 지닌다.

한편, 이태영의 저술에 이어 정희경(鄭喜卿)이 중심이 되어 7인(정희경, 이봉기, 이봉덕, Anna B. Scott, 유기준, 홍기돈, 이영덕)이 공동집필한 「특수아교육」이 현대교육실천총서 제10권으로 1963년 11월에 출판되었다. 제1부 교육과 특수교육의 원리에서 "특수교육의 의의, 특수아의 개념 및 종류, 특수교육의 제 문제" 등에 걸쳐 정희경이 집필하고, 제2부 특수아의 발견 및 지도에서 정신적 신경적 장애아의 교육은 이봉기가, 정신지체아의 교육은 이봉덕, 신체적 장애아의 교육은 Scott, 감각장애아 교육 중 맹아와 약시아는 유기준, 농아와 난청아는 홍기돈, 사회적 장애아의 교육은 정희경, 수재아 교육은 이영덕이 각각 분담하여 집필하였다. 끝으로, 제3부 특수교육의 관리 및 전망은 학교행정과 특수교육의 시설, 특수아동의 생활지도, 특수교사의 양성 등에 걸쳐 정희경이 집필하였다. 이들 집필자 중 일부는 당시에 서울을 중심으로 특수학교에 재직하고 있는 교사들을 참여 시켰다.

이 책의 서문에서 정희경은 "무한한 개인차의 양상을 충분히 고려한 교육일수록 인간발달의 핵심을 찌르는 효과를 거둔다는 것을 금세기의 교육학 발달은 우리에게 명시해 주었다."(ibid, p.3)고 하여 특수아교육은 곧 개인차에 따른 교육으로 규정하고 있다. 정희경은 당시 우리나라 특수교육 상황을 다음과 같이 피력하고 있다.

> 아직껏, 우리나라에서는 특수아동의 교육에 있어서 통합되고 조화된 프로그램을 전혀 볼 수 없으며, 다만 몇몇 사회독지가들에 의한 희생적인 시설의 운영과 국가의 기계적인 특수학교 운영에 이 거대한 과제를 일임하다 싶이 하고 있는 현실이다.
>
> 최근 10여년에 우리나라에서 교육학은 장족의 발달을 해왔다. 그러나 특수아에 대한 연구나 조사나 실험은 거의 불모의 상태에 머물러 있고, 특수학교에서 교편을 잡고 있는 현직교사들의 몇몇 조사연구 이외에는 번성한 교육학의 발전에서는 거의 버림받은 처지에 머물러 있는 상태이다(정희경, 1963, p.3).

교육학자로서 당시에 정희경 선생에게 비친 한국 특수교육의 실상은 특히 일반교육의 화려한 발전에 비추어 초라하기 짝이 없게 보였을 것이다. 당시 이 책의 장별 참고문헌을 보면 Baker(1959), Heck(1953), Cruickshank & Johnson(1958), Kirk(1962) 등의 저서가 많이 인용되었으며, 국내 저서와 자료로는 전술한 이태영(1963)의 저서와 보건사회부와 한국아동복리위원회(1961)에서 보고한 '한국장해아동 조사보고서'가 거의 유일하게 인용되었다.

한편, 성내운(成來運)은 「한국교육의 증언」(1965) 제2부 "한 학교의 이야기"(pp.252-461)에서 연세재활원을 중심으로 아주 사실적(寫實的)으로 지체부자유아 교육을 소개하고 있다. 이 저서에서 성내운은 당시에 재활원을 방문한 사회인들의 '지체장애아동관'을 "멸시형, 관광형, 보호과다형, 타산형"(ibid, pp.253-269)으로 대별해서 비판하고 있다. "한 학교의 이야기"는 우리나라에서 장애아동교육에 대한 최초의 질적 보고서(narrative story)로서 퍽 주목을 끌게 한다. 성내운 교수는 당시에 우리나라에서 보기 드문 비판적 교육학자이기도 했다.

우리나라에서 장애아동의 실태를 파악하기 위한 과학적인 조사로는 1960년 9월 P. S. Buck 여사의 기부금을 바탕으로 보건사회부와 아동복리위원회가 최초로 그 조사에 착수하여 1961년 4월에 실태조사를 마쳐, 다음과 같이 그 결과를 보고하고 있다.

첫째, 1961년 현재 우리나라 만 18세 미만의 장애아동 수는 모두 77,903명(전체 아동인구 10만 명당 666.1명으로서 1천명 중 6.6명)으로서(필자주: 추정 출현률은 0.66%임), 남아가 49,560명(63.6%), 여아가 28,343명(36.4%)으로 남자가 여자에 비해 무려 27.2%나 더 많은 장애를 가지는 것으로 나타났다.

둘째로, 도시와 농촌을 시단위와 군단위로 대별해서 도시지역이 13,859명인 반면에, 농촌지역은 64,044명으로 군(郡) 단위지역의 장애아동 출현수가 시(市) 단위지역에 비해 무려 4.6배나 많은 장애아동수를 보이고 있다.

셋째로, 장애종별 출현순위는 마비(31,475명), 농아(聾啞; 8,670명), 절단(6,325명), 농(6,318명), 편안(片眼) 맹(6,136명), 곱추(5,585명), 말더듬이(3,673명), 양안 맹(2,462명), 언청이(2,299명), 정신박약(2,228명) 등의 순위로 보고되고 있다.

위에서 보면, 성별에 따른 장애아동 출현 빈도 차이가 엄청나며, 도시에 비해 농촌지역에서 장애아동이 4배 이상이나 많이 출현한 것은 지역에 따른 격차를 감안하더라도 그 만큼 당시에 농촌인구가 도시인구에 비해 압도적으로 많았음을 의미한다. 또, 장애종별 순위에서 지체장애가 가장 많고, 그 다음이 청각장애인 반면에 정신지체가 가장 낮은 빈도로 출현한 것은 납득하기가 어려우나, 6.25 전후에 지체장애아동이 가장 많이 출현한 시대상을 잘 반영하고 있다. 한편, 특수교육대상 실태파악을 위한 최초의 조사로는 한국구화학교가 서울시교육위원회의 지원을 받아 1966년 6월부터 이듬해 4월까지 서울시 초등학교 재학생 93,794명을 표집조사 하여 시각장애 0.6%, 청각장애 0.2%, 정신지체 1.7%, 지체장애 1.8%, 행동장애 0.01%, 언어장애 0.1%, 기타 0.4%로 모두 5.8%로 제시하고 있다(한국특수교육협회, 1994). 이듬해에 김동극(1967)은 경상북도 일원을 중심으로 "특수아동 실태조사 보고서"를 냈는데, 이 보고서에 의하면 시각장애 0.37%, 청각장애 0.38%, 정신지체 3.22%, 지체장애 0.48% 등으로 나타났다. 이들은 60년대에 특수교육 대상을 확인하기 위해 행해진 최초의 실태조사 보고서로서 중요한 의미를 갖는다.

우리나라에서 장애아동 출현실태조사가 당시 문교부가 아닌 보건사회부와 아동복리위원회가 공동으로 추진한 것에 영향을 받은 탓인지 장애인에 대한 학술연구도 초기에는 의학적인 측면에서 수행된 연구가 그 주류를 이루고 있다. 이달호, 신홍수, 김기복 등(1961) 이비인후과팀(수도의대)은 1960년 대한이비인후과학술대회에서 "한국인 농아(聾啞)에 관한 연구"를 발표하여, 당시 농학교 학생 218명에 대해 순음청력검사를 실시한 결과, 양이(兩耳) 완전 농은 32.6%이고 잔청을 가진 자가 56.9%이며, 잔청의 역치는 대개 80에서 90dB 사이에 있는 것으로 밝히고 있다. 한편, 1962년에 '한국난청협회'를 창설한 양석성(1965)은 「대한의학협회지」(8권2호)에 "난청과 농아에 대한 당면문제"를 발표하여 한국의 당면문제로 청각학자의 양성과 청각장애아의 치료, 예방, 재활에 필요한 연구와 그 지원을 제안하고 있다. 특히, 양석성 교수는 우리나라에서 처음으로 집단청력검사기를 제작하여 1964년부터 서울농학교 신입생들을 대상으로 집단청력검사를 실시하기도 했다.

한편, 이무렵 한국농아인협회에서는 1959년에 「침묵(沈默)의 벗」이라는 잡지를 창간하였다. 이 잡지 1962-1963년 합본판(발행겸 편집인: 안승준)에는 당시 보건사회부 국장인 김원규가 낸 '필리핀의 농아복지사업의 보고서'라는 제하에 필리핀 마닐라에서 개최된 장애인 재활과 직업보도에 대한 국제회의 결과를 비교적 상세히 보고하고 있다. 당시 전국특수교육자협의회(1963년에 결성된 전국특수교육연구협회의 전신)에서는 대정부를 향한 지상공개로 '특수교육에 대한 호소문'을 제출하였다. 7개항에 걸친 호소문 내용은 다음과 같다.

1. 이번에 새로 발족한 특수교육협의회를 당국에서 육성해 줄 것.
2. 문교부에서 특수교육과와 교육위원회에 특수교육계를 설치하고, 문교부에 특수교육 전문가로 장학관 1명을 배치할 것.
3. 특수교육기관은 사립으로는 도저히 운영할 수 없으니 국영 또는 국고보조로 운영케 할 것.
4. 불구자복지법이 실시되어야하며, 불구자들을 위한 농장 또는 공장을 설치하여 거기에서 일할 수 있게 해 줄 것.

5. 맹인과 농아자들을 위한 초등, 중등교과서를 편찬해 줄 것.
6. 각도마다 특수교육 학교를 1개교씩을 건립해 줄 것.
7. 특수교육기관과 일반학교와의 자매결연을 맺어 줄 것(침묵의 벗, 1962-1963, p.60).

이상의 건의문은 당시로서는 모두 절실한 현안문제로서 1960년대 초반 우리나라 특수교육 정책지원이 어느 수준이었는가를 가늠해 볼 수 있는 중요한 문건이다.

서울대학교 보건대학원에서 권이혁 등(권이혁 외 3인, 1963)은 「최신의학」제6권 11호에서 "맹인에 대한 사회의학적 조사연구"를 보고하였다. 이 연구에서 권이혁 등은 맹인 449명(맹학생 241명, 맹성인 208명)에 대한 면접을 통해 사회의학적 조사를 수행한 결과, (1) 성별 구성비는 남자 146.4명 대 여자 100.0명으로 남자 쪽이 훨씬 많고, (2) 출생지역별로는 경기도가 25.39%, 서울이 17.06%, 강원도가 6.68% 순으로 나타났으며, (3) 실명발생 연령은 5세 미만이 55.67%로 과반 이상을 점하고 선천적 실명은 6.68%에 불과했다. (4) 성장지역은 도시가 33.85%인 반면에 농촌은 64.59%로 과반 이상이고, (5) 성인 208명 중 남자들(188명)의 교육정도를 보면 무학이 25.00%이고 점자해득이 32.97%인 반면에 대학재학 및 졸업이 모두 6.92%이다. (6) 의료시설 이용실태를 보면, 자가요법이 27.41%, 약국이용이 26.44%, 한약방이 20.67%인 반면에 전연 이용하지 않는 사례가 12.50%이다. (7) 결혼양상에서 남자는 92.98%가 정안여자와 결혼을 하지만 맹인여자는 100% 맹인남자와 결혼 하는 것으로 나타났다. 끝으로 (8) 월수입은 남자의 경우 3천원에서 4천원 사이가 34.57%로 가장 많았으나, 여자는 1천원 이하가 60.0%나 차지했으며, 월평균 수입은 남자가 3,030원이고 여자는 1,650원에 불과했다(당시 노동자 월평균 수입은 5,730원이었음).

한편, 박당우(1963)는 "농아자에 대한 사회의학적 조사"(서울대 보건대학원 석사학위논문, 지도교수: 권이혁)를 농인 574명(서울농학교, 대전, 이리, 군산 농학교)을 대상으로 실시하여 보고하였다. (1) 조사대상의 출생지별 분포는 서울 30.49%, 농촌이 43.38%, 기타 도시가 26.13%이며, (2) 농의 상태에서 '말을 약간 할 수 있다'가 36.76%, '말을 전연 할 수 없다'가 61.32%이다. (3) 농의 원인은 선천성이 32.58%, 원인불명이 21.43%, 열병이 8.54%, 뇌막염이 8.36% 순이다. (4) 농의 발생 시기는 선천성이 32.58%, 3세 이하가 42.68%로 나타났다. (5) 치료경험 유무를 알아본 결과 '치료경험 있다'가 51.05%인 반면에 '없다'가 48.95%나 되었다. (6) 근친자 중에 농인 유무를 알아 본 결과 '없다'가 94.42%이고, 그리고 본 조사에서 농인의 우는소리와 웃음소리가 '정상이다'(각각 48.61%, 46.69%)와 '비정상'(각각 51.39%, 53.31%)을 각각 묻고 있어, 농학(deaf studies) 입장에서 볼 때 일종의 인권 침해 사례에 해당된다고 할 수 있다. 이상의 보고들은 1960년대 초에 우리나라 시각장애인과 청각장애인들의 사회의학적 실태를 알려주는 하나의 지표로서, 오늘의 상황과 비교해서 다면적으로 논의해 볼만한 가치가 있다.

한국특수교육연구협회(초대회장: 이영식; 특수교육총연합회의 전신)에서는 1962년 8월에 특수교육 현장연구발표대회를 개최해 온 이래, 매년 발표대회를 실시해 왔다. 초기에 입선 논문으로 김칠관(당시 인천농화학교 교사)은 "리듬을 중심으로 한 농아의 언어지도"(1964), "생활을 중심으로 한 농아의 작문지도"(1965), "농아동의 정서반응 소고"(1966) 등에 걸쳐 계속 연구발표를 하여 입선하였다. 이 외에도 이익호(대전농아학교, 1965), 황용수(대구영화학교, 1965), 강위영(부산맹학교, 1965), 권정순(경기맹학교, 1966), 조병수(대구영화학교, 1966), 송근화(한국구화학교, 1966) 등이 초기에 농교육과 맹교육 분야의 현장연구를 발표하여 입선하였으며, 한국구화학교 최병문 교장은 "구화교육의 체계”(1967)를, 정돌순은 “정신박약아 교육과정 운영안”(1967)을 각각 발표하여 주목을 끌었다(한국특수교육협회, 1994).

한국사회사업대학 특수교육과에서 결성한 ‘특수교육학회’(당시 학회장: 배연창)에서는 1963년 7월에 ‘특수교육과학’(特殊敎育科學) 창간호를 발간하였다. 이 학회지에서 안태윤(1963) 교수는 “특수교사를 위한 현직교육의 방법과 과정”을 통해 당시 특수교사 268명 중 특수교사 자격증 소지자는 불과 9.7%여서 특수학교 현직교사들에 대한 현직교육의 시급성을 제기하고 있다. 한편, 이태영과 원영조(1963)는 “농아의 평형능에 관한 연구”를 통해 농아동의 평형능 발달에 교육훈련이 미치는 영향을 기술하고 있다. 1964년에는 ‘특수교육과학’ 제2권이 발간되어, 안태윤(1964)은 “특수학교 교육과정 구성에 대한 기초연구”를 발표하였다.

이어 한국사회사업대학 대학논문집 제1집(1968)에서 안태윤은 “한국 특수교육의 발전과정에 관한 일 연구”를 게재하였는데, 이 논문은 1967년 한국교육학회 학술발표대회(1967. 10. 25-28)에서 발표한 것이었다. 전술한 것처럼 이 논문은 당시 우리나라 특수교육의 역사적 발전과정을 체계적으로 정리한 최초의 논문으로 한국 특수교육의 기원에 대해 R. S. Hall의 이력을 종합적으로 검토해 본 결과 한국 특수교육의 시작은 1898년이 가장 신빙성이 크다고 하였다. 후에 임안수(2005) 교수도 “근대 한국특수교육의 기원 연대에 관한 연구”에서 ‘1898년’의 정당성을 제기하고 있다.

한편, 같은 대학논문집에서 김정권(1968) 교수는 정신지체분야 논문으로는 최초로 “정신박약아학교 교육과정에 관한 일 연구: 초등교육대상 정박아의 교육가능성에 즉응(卽應)한 교육내용에 관해서”를 발표하였다. 이 논문은 전체 55쪽에 달하는 장편으로 정신박약아의 특성, 정신박약아 교육의 일반적 목적과 특수목적, 정신박약아 교육과정구성의 가능성과 원리, 교육내용의 제안(諸案)과 그 비판 등에 걸쳐 논의하고 있다. 이 논문에서 김정권은 정신지체아의 교육과정 구성 원리로서 '생활중심의 중핵교과'로 구성하는 것이 합당하다고 제안하고 있다. 특히, 이 논문은 정신지체분야 특수교육 논문으로로는 학술지에 처음 발표된 것으로 그 의의가 돋보인다. 또한, 서석달 교수는 같은 논문집에서 "아동의 언어장해를 초래하는 정신위생상의 제문제에 관하여"(서석달, 1968, pp.63-73) 라는 논문을 발표함으로써, 우리나라에서 '언어장애'분야의 최초 학술 논문으로 평가를 받게 되었다.

1968년 한국사회사업대학 특수교육연구소(당시 소장: 김정권)에서 '특수교육연구'(特殊教研究)라는 연구지 제1집을 간행하였다. 이 논문집에서 안태윤(1968)은 "한국맹인의 고등교육에 관한 일 연구"를 통해 당시 전국 대학에 정안자와 같은 입학시험에 합격하여 학업을 하고 있는 맹인 대학생이 30여명에 이르고, 대학을 졸업한 맹인이 50여명이나 되는 것으로 밝히고 있다. 또, 김정권(1968)은 "정신박약아의 성격특성에 관한 일 연구"에서 정신지체 특수학교 교사들에게 설문조사를 통해 정신지체아와 일반아동 간의 성격적 특징을 비교논의 하고 있다. 이 외에도 현장 교사들의 연구 논문으로 김천년(서울맹학교)의 "맹인직업보도에 필요한 신의학과 한의학과의 비교연구", 조병수(대구영화학교)의 "청능교육의 효과적 지도를 위한 고찰", 이계택(충남농아학교)의 "인간경험의 통합형식으로서의 언어", 그리고 문미자(대구영화학교)의 "농학교의 효과적 율창지도에 관한 연구" 등이 발표되었다. 이 논문집의 부록에는 당시 전국 특수학교 교사 현황을 밝히고 있는데, 조사에 응한 전체 312명의 교사들 학력 분포를 보면 대졸이 38.46%로 가장 많고 고졸이 무려 35.95%나 된다. 또, 자격증 소지 종별 현황을 보면 특수학교 교사자격증 소지자가 58.02%로 과반 이상을 차지하고, 일반학교 교사 자격증 소지자가 11.85%인 반면에 무자격 교사가 무려 28.53%나 차지하는 것으로 나타났다.

이어 안태윤(1969)은 “한국인의 심신장해자에 대한 전통적 견해에 관한 일 연구”(1969)를 통해 속담(俗談)에 나타난 장애아동관 97개(전체 7000개의 속담 중)를 내용분석 하였다. 이 연구에서 한국인의 장애인 성격에 대한 전통적 견해는 “사리판별이 무분별하고 자기중심적이며, 무책임하고 비사회적인 것”으로, 장애인 인권에 대한 견해로는 “무능력하고 미움 받기 알맞은 미천한 인간”이라는 식의 부정적 견해가 지배적이었다고 밝히고 있다. 또한, 김정권(1969)은 “정신박약아의 사회적 성숙에 관한 연구”에서 정신지체아는 일반아동에 비해 의사소통 능력, 집단생활 참가능력 등에 걸쳐 많은 차이를 나타내는 것으로 밝히면서, 앞으로 한국의 표준화로서 ‘사회생활연령’(S.A)에 따른 사회성숙도지수(S.Q)가 제시될 수 있어야 한다고 제안하고 있다.

한편, 김기옥(1967)은 이화여자대학교 대학원 교육학과에서 “정신지체아동 교육지도에 관한 연구”(지도교수: 추국희)를 발표하여 정신지체 분야 학위논문으로 최초로 제출되었다. 이 논문에서는 정신지체아동 교육의 이론적 고찰, 정신지체아동 교육지도의 삼대목표(생활지도, 직업지도, 교과지도)와 지도상의 제 문제, 우리나라 특수교육의 현황과 문제점 등에 걸쳐 포괄적으로 논의하고 있다. 특히, 김기옥은 이 논문의 제언에서 “대학에서 특수교육에 대한 학문적 연구의 임무”(김기옥, 1967, p.83)를 강조하고 있어, 당시의 열악한 특수교육 연구 상황을 짐작케 한다.

한국사회사업대학 특수교육연구소 논문집 제2집(1969)에서 안병즙, 안태윤, 김정권 등은 “특수학교 교사의 가치관에 관한 조사연구”를 수행하였다. 이 논문집에서 김정권(1969)은 “한국 정신박약아 교육의 사적 배경에 관한 연구”에서 우리나라의 정신박약아 교육의 시작은 1949년 국립각심원에서 비롯되나 이것은 수용시설이어서 교육이 주목적이 아닌 한계가 있다고 했다. 이어 한국구화학교가 1963년에 문교부의 인가를 얻어 농아와 정박아의 교육을 병행해서 실시했으며, 독립된 정신지체아 특수학교로는 1966년에 설립된 대구보명학교가 그 최초임을 밝히고 있다(김정권, 1969, p.79).

이무렵 장애아동의 특수교육에 관심을 갖는 전문인사들 중심으로 특수교육 학술단체가 결성되기에 이른다. 우리나라에서 최초의 특수교육 학술단체인 '한국특수교육학회'는 "특수교육의 연구 및 그 결과를 보급하고 회원 상호간의 친목도모"를 목적으로 1968년 5월 15일 발족되었으며, 당시의 주요사업 활동으로 특수아동 판별기준(시안) 마련과 월례학술발표회의 개최에 주력하였다(안병즙, 1974). 특히, 초기의 월례학술발표회에서 김승국을 비롯해서 이철제, 김천년 등의 활동이 두드러졌다.

이상을 종합해 보면, 학사적인 측면에서 1960대의 한국 특수교육은 다음 몇 가지 측면에서 그 특징을 드러내는 것으로 요약할 수 있다.

첫째로, 우리나라에서 초기의 장애아동에 대한 연구는 보건의학적인 측면에서 맹과 농에 대한 사회의학적인 실태파악에 주된 관심이 있었으며, 특수교육 분야에서도 역시 맹교육과 농교육 분야 중심으로 특히 교사교육과 교육과정 쪽에 먼저 관심을 보이기 시작했다. 1960년대 전반에는 주로 맹교육과 농교육 분야의 연구에 관심이 한정되었으나, 60년대 후반에 접어들면서 정신지체 분야에 대한 연구도 행해지기 시작했다. 60년대에 두드러지게 연구 활동을 전개한 사람으로는 특수교육 일반과 맹교육 영역에서 안태윤을 들 수 있고, 60년대 후반에는 정신지체 영역에서 김정권의 활약이 돋보인다. 현장에서는 농교육에서 최병문, 맹교육에서는 김천년의 활동이 특기할만하다.

둘째로, 초기의 특수교육에 대한 연구발표는 특수교육 황무지 상태에서 현장 특수학교 교사들에 의한 현장연구가 한국특수교육연구협회가 주관한 연례행사로 활성화되어 왔고, 초기에 김칠관의 연구 활동이 돋보이게 나타났다. 이 무렵 한국사회사업대학 특수교육과(1961년 설치) 학생들이 앞장서 특수교육학회를 결성하고, 여기서 교수와 학생들이 공동 참여하는 가운데 '특수교육과학'(1963) 연구지를 발간한 것은 퍽 의욕적인 시도로 평가될 수 있다. 60년대 후반에는 특수교육분야 정규 학술단체로 '한국특수교육학회'(1968)가 공식 출범하여 우리나라 특수교육 학술활동 증진에 크게 기여하게 되었다. 그러나 학회의 학술지(제호: 특수교육논총)는 1977년에 와서야 비로소 창간되기에 이르렀다.

셋째로, 60년대에 특수교육 분야 저술활동은 극히 제한적으로 이루어진 가운데, 우리나라 최초의 특수교육 저술로서 이태영(1963)의 '특수교육개론'은 특수교육학계에서 거의 유일한 단독 저술로서 국내외적으로 많은 영향을 미쳤다. 이태영은 우리나라 대학에서 최초로 특수교육 강의를 개발했을 뿐만 아니라, 그 후 우리나라 특수교육 분야 지도자 양성과 학문적 발전에 지대한 기여를 하였다. 특히, 이 책에서 다룬 '한국 특수교육의 개선과제'는 오늘에 이르기까지 우리들에게 중요한 시사를 제공해 주고 있다.

넷째로, 논문으로 주목할 만한 것은 안태윤 교수가 1967년에 한국교육학회에서 발표한 "한국 특수교육 발전과정에 관한 일 연구"(1968년 한국사회사업대학 논문집 제1집 게재)로서 이 논문은 우리나라 특수교육의 시작 연대를 1898년으로 새롭게 고증하였을 뿐만 아니라, 우리나라 특수교육의 역사와 현상을 체계적으로 정리한 최초의 논문으로서 후학들에게 많이 인용되어 왔다. 또한, 정신지체 분야의 최초 학술 논문으로 김기옥(1967)은 석사학위 논문에서 "정신지체아동 교육지도에 대한 연구"를 수행하였다. 김정권(1968)의 "정신박약아학교 교육과정에 관한 일 연구"는 55쪽에 이르는 방대한 논문으로, 후에 정신지체아 특수학교 교육과정을 개발하는데 주요한 이론적 기초를 제공하였다.

(2) 1970년대 특수교육연구와 논평

1970년대에 접어들며 특수교육연구 학술활동은 저술과 논문 등에 걸쳐 그 양적인 면에서나 관심분야의 다양성에 걸쳐 많은 진전을 가져왔으나,[9] 전체적으로 볼 때는 여전히 초기의 개척자적 성격과 시대적 변화가 강하게 반영되고 있다. 특히, 70년대에 접어들며 이화여대와 단국대에 특수교육과가 신설됨으로써 특수교사 양성체제가 본격화 되었을 뿐만 아니라 특수교육 학술연구에도 새로운 전기를 마련하였다. 또, 70년대 초중반부터 대학원에서 특수교육을 전공하는 사람들이 급격하게 늘어나면서 전반적으로 연구역량이 상당히 진전되었다. 뿐만 아니라 70년대 중반에 전국적으로 특수학급 설치가 확산되고, 1977년 말에 특수교육진흥법이 처음 제정됨으로써, 특수교육연구 요구가 급격히 증가될 수밖에 없었다. 이런 제반 변화양상에 유의하면서 이하에서는 70년대의 특수교육 저서와 주요 논문들을 연대별, 주제별, 개인별 학적 성향을 종합적으로 논의하고자 한다.

우리나라 특수교육의 학사적인 측면에서 한국구화학교를 설립한 최병문(崔秉文) 교장의 활동은 주목을 끌게 한다. 그는 1962년 한국구화학교를 설립한 이래, 우리나라 농교육 분야에서 구화주의자(口話主義者)로서 일관된 교육실천을 해오는 가운데 "이론과 실제가 혼연 일체가 된 책"(한갑수, 1970)으로 「구화교육」(1970)을 발간하였다. 최병문은 그간의 농교육 경험을 바탕으로 농언어교육의 바탕이 되는 기본생활어휘 제정, 문형체계 수립, 발성체계 수립, 독화체계 수립, 구화교육의 방법론 정립 등에 걸쳐 이 저술을 통해 그 체계를 제시하였다. 그러나

---

9) 김승국(1997)에 의하면, 우리나라 특수교육 분야에서 1970년대에는 1960년대에 발표된 논문의 약 9배수에 해당하는 301편이 발표되었으며, 60년대에 출판된 저서의 약 5배수에 해당하는 48편의 저서가 출판된 것으로 밝히고 있다(김승국, 1997, p.706).

그가 "손짓은 구화교육의 장벽이니, 손짓은 보지도 배우지도 말아야 한다"(최병문, 1970, p.188)고 강조한 것은 구화주의자로서 그의 장점이기도 하지만, 다른 한편에서 보면 농교육자로서 편향성이기도 했다. 그 후 최병문은 한국구화학교에서 정신지체아교육을 위해 별도의 학급을 편성했을 뿐만 아니라, 자폐아교육에도 관심을 보여 우리나라에서 최초로 '자폐증아교육'(1979)을 저술하기도 했다.

70년대에 접어들면서 김정권(대구대)은 정신지체 분야를 중심으로 왕성한 저술 활동을 펼쳐 주목을 끌게 한다. 그는 김동극(당시 대구남양학교 교장), 이춘섭(자행회 자행학원장)과 함께 공저로 「정신박약아교육」(1971)을 우리나라 최초의 정신지체분야 전문저서로 자행회 지원으로 간행했다. 그 후 김정권은 대표 편저자로 '정신박약아교육총서' 전 6권을 간행하는 저력을 발휘했다. 이 총서는 당시 이태영과 함께 김정권이 대표편저자가 되어 「특수교육학」(1975), 「특수학급의 교육」(1975)에 이어 「정신박약아교육」(1976), 「정신박약아심리」(1976), 그리고 「정신박약아지도1」(1976), 「정신박약아지도2」(1976) 등에 걸쳐 모두 6권을 시리즈로 간행했다. 각권마다 적게는 3-4명 많게는 10명에 이르기까지 많은 집필자가 동원되었으나, 전반적으로 김정권 교수와 함께 여광응 교수가 집필에 많이 참여하였다. 특히, 제1권 특수교육학은 Kirk(1972)의 「특수아동교육」(Educating Exceptional Children)을 중심으로 편역(編譯)한 것으로 제1장에서 '개인내차'(김정권) 문제를 상세히 다루고 있다.

70년대에 와서 이태영(1963)의 「특수교육개론」에 이어 한국사회사업대학 특수교육연구소 편(1973)으로 「특수교육원리」가 이태영 외 12명(김정권, 고은애, 안태윤, 이원배, 원영조, 김병하, 안병즙, 서석달, 이상춘, 김승국, 김동극, 이기수 등)의 집필진이 전국에 걸쳐 참여한 가운데 간행되었다. 이 책은 이태영의 「특수교육개론」(1963)이 나온지 꼭 10년 만에 한국사회사업대학 출판부에서 '특수교육총서' 제1권으로 출판했다. 그 후 전술한 「특수교육학」(1975)이 나오고, 이어 김승국, 김옥기, 이춘섭, 민은식 등에 의해 「특수아동교육」(1976)이 출판됨으로써, 70년대에 특수교육개론서가 3종이나 출판되기에 이르렀다. 김승국 등(1976)이 펴낸 「특수아동교육」은 Dunn(1973)의 「Exceptional Children in the Schools」를 모델로 한 것이어서 70년대 우리나라 특수교육학계에 S. A. Kirk와 S. M. Dunn을 중심으로 미국 특수교육 담론이 많은 영향을 미쳤음을 알 수 있다.

한편, 한국사회사업대학에서 초창기부터 청각학 연구에 깊은 관심을 보여 오던 이규식(李圭植)은 이비인후과 의사인 백준기, 그리고 권요한(현재 창원대 교수) 등과 함께 공저로 「청각교육: 이론과 실제」(1977, 배영출판사)를 우리나라에서 최초로 출판하였다. 이 책의 1부에서는 주로 난청의 정의, 원인, 청각생리, 청력검사, 보청기 지도, 청능훈련, 언어지도, 유희지도, 난청학급에 관하여 다루고 있으며, 2부에서는 언어장애아의 개념, 음성학, 언어장애아의 지도, 언어검사, 발성훈련 등을 중심으로 집필하였다. 이 책의 서문에서 이규식은 특히 난청아의 조기발견과 조기교육, 재활교육을 위한 전문가 양성을 강조하면서, 말미에 '재활과학연구실'에서 라고 명기하였다.

비슷한 무렵에 김병하(金炳廈)는 그간 강의 자료로 활용해온 「특수교육사(상 · 하)」(미간행, 1975, 1976)를 수정 · 보완하여 「특수교육의 역사적 이해」(1977, 형설출판사)를 저술하였다. 이 책에서 저자는 우리나라에서 특수교육 연구에서 실증주의적 방법론에 입각하여 탐구하는 것이 지배적 경향이었음에도, 특수교육의 역사 · 철학적 이해를 위한 탐구방법의 중요성(기능주의에 대한 반토대성)을 강조하고 있다. 이 책에서 저자는 근세 이전까지의 특수교육은 특수아동에 대한 사회적 인식 태도를 중심으로 일괄하였고, 18세기 이후 학교교육의 성립 이후부터를 구체적으로 다루고 있으며, 특히 20세기 이후의 특수교육 발달은 비교

교육학적 측면에서 제시하고자 노력했다. 특수교육의 세계사적 전개과정과 더불어 한국 특수교육의 성립과정과 1945년 이후의 한국 특수교육을 별도의 장으로 비교적 상세히 제시함으로써, 한국 특수교육의 역사 정립에 깊은 관심을 보였다.

한편, 대구보건학교 초대 교장이었던 안병즙(安秉楫)은 대학에서 지체부자유아교육 강의를 담당해 오던 중 1977년 문교부 연구비 지원에 의해 「지체부자유아교육」(1978)을 집필하였다. 이 책은 지체부자유아의 개념, 원인질환과 출현률, 판별과 교육조처, 교육의 발전, 신체적인 문제, 심리적 문제, 교육의 원리, 교육과정 및 지도, 심리재활, 학교경영 등으로 구성되어 있다. 이 책은 지체부자유아 교육에 대한 개론서 이지만, 당시 이 분야를 공부하는 학생들에게 교재로서 많은 도움을 주었을 뿐더러, 지체부자유 영역의 전문도서로 후학들에게 많이 인용되어 왔다. 지체부자유교육과 관련하여 한국에 영향을 미친 사람 가운데 일본 특수교육학계의 원로인 쇼오치 사부로(昇地三郞) 역할은 각별한 의미를 갖는다. 쇼오치 선생은 70년대 중반 이래 대구대 대학원 특수교육학과 특임교수로 활동해온 가운데 중증뇌성마비아를 위한 '시이노미'학원 운영을 통해 그가 독창적으로 개발한 "장해중적심화과정(障害重積深化過程)과 '유사부리'(ゆさぶり) 교육원리"는 60년대 후반부터 우리나라 특수교육계에도 두루 소개되었다(안병즙 역, 1976).

이규식은 「청각교육」(1977)을 출간한 후 권요한, 김갑림 등과 공저로 「청각・언어장애아요육」(1979, 형설출판사)을 출판하였다. 이 책은 난청아와 언어장애아를 위한 임상지도서로, 청각・언어장애아를 가진 부모, 현장교사, 임상가들의 청각・언어장애아 훈련과 지도를 위한 안내서로 집필되었다. 이상에서 보는 것처럼 70년대 우리나라 특수교육 저술은 개론서 중심이면서 공동 저술이 대부분이었으며, 다만 최병문, 안병즙, 김병하의 경우 단독 저서로서 비교적 저술정신이 강하게 반영된 것으로 볼 수 있다. 장애영역별로는 정신지체, 청각장애와 언어장애, 지체부자유, 자폐증 등에 걸쳐 저서가 두루 간행되었다.

70년대에 와서 논문 쪽은 학위논문, 대학논문집, 연구소논문집, 학회논문집 등에 걸쳐 60년대에 비해 훨씬 다양하게 많은 논문이 발표되었으나, 여기서는 그 중에서 해당 분야에서 특별히 기여도가 높고 후에 많은 사람들에 의해 두루 인용되어 온 논문들을 중심으로 검토해 보고자 한다. 우리나라에서 특수교육 분야 최초의 박사학위 논문으로 김학수(金學守, 1971) 교수는 "정신지체아 교육의 심리적 기초연구"(경북대 대학원)를 통해 정신지체아동의 인지능력, 감각-운동능력, 사회생활능력, 인성과 성격 특성 등 광범위한 영역에 걸쳐 논의를 하였다. 70년대 초에 석사학위논문으로 여광응(1972)은 "정신박약아의 시지각훈련의 효과에 관한 연구"를 실험연구로 수행하였으며, 그는 후에 정신지체아의 진단과 심리 분야에 지속적인 연구관심을 보였다. 또, 신상식(1972)은 석사학위논문으로 "한국 농교육에 대한 고찰: 역사와 현황을 중심으로"를 발표하여 한국 농교육의 역사와 70년대 초반 우리나라 농교육의 현황과 문제점을 체계적으로 제시하고 있다. 1972년 당시 우리나라 농학교는 모두 19개교로서 그 가운데 사립이 15개교로 무려 79%나 되었으며, 교육방법면에서 대부분의 농학교가 수화법 또는 수화와 구화의 병용식(倂用式) 교육을 하는 것으로 밝히고 있다.

이규식은 1970년과 1971년에 걸쳐 일본특수교육학회(제8회, 제9회 대회)에서 발표한 난청실태조사 결과를 이규식, 이태영, 김두희(1971) 등과 공동으로 "한국 학동기 아동들에 대한 난청실태조사"를 보고하여, 경북지역 초등학교 재학생 중 30dB 이상의 청력손실을 가진 난청학생의 출현률을 0.58%로 보고하고 있다. 그 후에 중고등 학생의 난청실태와 보청기 착용 효과 등 청각학적 측면에서 난청에 대한 연구가 지속적으로 이루어 졌다.

한편, 안병즙(1974)은 석사학위논문으로 "한국 특수교육 발달과정에 관한 일 연구"를 수행하였는데, 이 연구는 실제로 박사학위 논문 이상으로 그 학문적 가치가 높이 평가될 수 있다. 특히, 이 논문은 1차 사료와 생존자에 대한 직접면담 등을 통해 수행된 역사연구로서 그 가치가 있으며, 새로운 역사적 사실(史實)을 상당히 밝혀주고 있다.

한편, 김병하(대구대)는 1975년 산학협동재단의 연구비 지원에 의해 "한국 특수교육 교사양성제도 개선에 관한 연구"(1976)를 수행하여 특수교사 양성형태와 수준, 자격증제도의 개선 모형, 양성과정의 개선 모형 등에 걸쳐 체계적으로 정책과제를 제시했다. 이어 이상의 양성체제 개선 모형에 따라 "한국의 청각장애아 교원양성체제 및 교육과정의 모형연구"(1977)를 수행하여 한국특수교육학회지 창간호에 발표하였다. 이런 일련의 연구과정에서 연구자는 우리나라에서 수행능력 중심(competency-based) 교사교육 모형을 개발하는데 지속적인 관심을 기울이게 되었다.

일찍이(1950년대 초반) 미국에서 특수교육을 수학한 추국희(이화대)는 1977년 문교부 학술연구비 지원에 의해 "학습지진의 특성과 판별에 관한 연구"(1978)를 수행하여, 중학교 무시험 입학제도 실시이후 이질집단 학급구성으로 학습지도상의 어려움을 나타내는 '학습지진'(slow learner)의 진단기준을 객관적으로 제시하는데 기여하였다. 이 논문에서 추국희는 학습지진을 판별하는 방정식으로 "학습지진 점수=.24×적성+.21×가정환경+.18×지능+.16×흥미+.11×학습습관+.11×적응"을 대입하여 학습지진 학생판별이 가능하다고 제안하고 있다.

이 무렵 김정권과 여광응(대구대)은 사단법인 자행회의 지원으로 "정신박약아동 판별연구: 1학년생 선별검사"(1978)를 수행하여, 표준화에서 10% 절선(切線)으로 도시(13점)와 농촌(9점) 지역 간에 상당한 차이가 있을 뿐만 아니라, 도시의 주택가와 공장지대 간에도 의미 있는 차이

(.5% 수준)가 있음을 밝히고 있다. 이상에서 보면, 학습지진이든 정신지체이든 가정환경을 비롯한 사회경제적 지위와 밀접한 연관성이 있음을 확인할 수 있다.

송준만(이화대)은 “Ecological Consideration in the Definition of Mental Retardation as It Relates to Adaptation”(1977)을 한국특수교육학회지 창간호에 발표하여, 정신지체 정의의 변천과정과 더불어 새로운 관심이 되는 적응능력을 측정하는 문제와 그에 따른 생태학적인 고려에 주목하고 있다. 같은 해에 김승국과 김옥기(단국대)는 ”사회성숙도검사 표준화 연구“(1977)를 수행하여, Doll(1965)의 ‘Vineland Social Maturity Scale’을 우리나라에서 표준화하였다. 이상에서 보면, 당시 우리나라 특수교육학계에서는 소위 발달지체 쪽을 중심으로 진단 문제에 깊은 관심을 가지고 연구가 수행되었음을 알 수 있고, 그러는 가운데도 송준만 교수가 정신지체 정의에서 생태학적 접근을 강조한 것은 주목을 끌게 한다.

또한, 이규식과 김창수(대구대)는 산학재단 학술연구비로 “난청학생의 실태와 그 대책에 관한 연구”(1977)를 수행하여, 경도(27dB) 이상 난청 0.5%, 중등도(41dB) 이상 난청 0.15% 출현률을 보고하면서 그들에 대한 조기교육 대책을 제안하였다. 김정권과 여광응은 문교부 정책연구과제(1978)로 “특수학급교육 발전을 위한 제도・운영체제 연구”를 수행하였다. 이어 김정권은 아산재단의 연구비 지원으로 “교육가능급 정신박약아 특수학급의 효과적 운영을 위한 조직 모형구성”(1979)을 통해 입력, 과정, 산출을 요소별로 제시하면서 과정요소로서 개별화 학습전략을 채택할 것을 제안하고 있다. 그리고 앞으로 특수교육은 메인스트림 교육을 지향하겠지만, 현 단계의 한국 실정으로는 특수학급교육을 보다 확장해야 한다고 주장하였다.

한편, 변홍규(전북대)는 미국 University of Minnesota 대학에서 박사학위 논문으로 “An analysis of Korean teachers’ competency for handling learning and behavioral disabilities"(1979)를 제출하였다. 이 논문은 우리나라에서 학습장애와 행동장애아 교육이 특수교육의 한 분야로 관심을 갖기 훨씬 전에 행해졌다는 점에서 주목을 끌게 한다. 변홍규 교수는 이 연구에서 중학교 평준화 이후 심각하게 대두된 우리나라 중학교 교실에서의 학습 및 행동장애 학생문제에 효율적으로 대처할 교사의 수행능력(competencies)을 개발하고 그 중요도를 평가하였다. 이상에서 보는 것처럼 70년대 후반에는 한국인으로서 외국에서 특수교육 분야를 공부하고 박사학위를 취득한 사람이 배출되기 시작했는데, 그 가운데는 송준만(이화대), 김보경(경북대), 맹인 강영우, 변홍규(전북대) 등을 들 수 있다.

여기서 정책적 측면에서 한 가지 짚어야 할 중요한 사안이 있다. 우리나라에서 특수학급 설치가 국가적 현안문제로 대두된 것은 중학교 무시험 입학제도를 도입할 무렵이었다. 이런 국가적 요구에 따라 한국특수교육연구협회(당시 협회장: 이태영)가 주최하고 문교부와 경상북도 교육위원회가가 후원하여 "특수학급 설치와 운영에 관한 세미나"(1973)가 대구수성관광호텔에서 개최되었으며, 이 세미나는 이듬해에 전국적으로 특수학급이 설치되는데 중요한 계기를 마련하였다. 이 세미나에서 이태영은 "심신장애아 대책의 기본방향"이라는 주제로 기조발표를 하였으며, 주제발표로 "특수학급의 기본과제"(김학수), "특수학급의 정치(定置)"(김정권), "특수학급의 운영"(허창규), "외국 특수학급의 현황과 전망"(江草安彦), "외국 특수학급 아동의 치료교육"(秋山泰子) 등에 걸쳐 9월 20일에서 21일 양일간 열띤 발표와 토론이 이어졌다. 이 세미나의 발표와 토론 결과를 따로 정리하여 문교부에 보고함으로써, 당시 정부의 특수학급 설치 방향과 계획 수립에 많은 도움을 주었다. 그 후 1974년에 전국적으로 210개의 특수학급이 개설됨에 따라 김정권과 여광응은 '한국 정신박약아교육연구회'를 결성하여 매월 정기적으로 「특수학급교육」 뉴스레터를 발간함으로써 특수학급 담당교사들의 특수학급운영에 많은 도움을 주었다.

제1회 특수학급 설치 세미나가 있은 다음 1977년 1월에 한국사회사업대학 특수교육연구소와 한국특수교육협회 공동주최로 "특수학급교육의 질적 개선과 효율적 운영"이라는 주제로 제2회 특수학급교육 세미나가 연3일간(1977. 1.31-2.2) 대구에서 개최되었다. 이 세미나는 특수학급 설치학교 교장 및 특수교육 담당 장학사를 대상으로 한 세미나와 특수학급 담당교사 세미나로 2원화하여 진행되었다. 이 세미나의 최종결과 보고에서 '9개 건의사항'을 제출하였는데, 그 건의사항 첫 번째에 "우리나라 특수교육의 발전을 위한 제도적 기초로서 '특수교육법진흥법'이 조속히 제정되어야 한다."(1977, 세미나 자료, p.133)고 명기하고 있다.

이때는 이미 특수교육진흥법 제정을 위한 기운이 상당히 구체화된 시기였고, 이태영은 이미 1973년 제1회 특수학급 설치 세미나 기조발표에서 "심신장애자 종합대책과 특수교육진흥의 길"(이태영, 1973, pp.15-17)을 명백히 제시함으로써, 특수교육진흥법 제정에 불을 지폈다. 특히, 당시 특수교육진흥법 제정과정에서 한국특수교육협회장을 맡은 김동극(金東極) 교장이 앞장서 열성적으로 노력하였다. 그리고 김승국(1979)은 진작부터 특수교육 교재교구의 개발과 보급을 위해 '국립 특수교육연구소'의 설치를 제안하여 주목을 끌게 했다.

이상에서 논의한 것을 종합하여, 1970년대에 우리나라 특수교육 분야 저서, 논문, 기타 주요 보고서에 나타난 주요 특징은 다음 몇 가지로 요약할 수 있다.

첫째로, 60년대에 비해 70년대에 와서 우리나라 특수교육 분야의 저술과 논문 발표에 있어, 그 관심영역과 문제의식이 훨씬 넓어지게 되었다. 저술로서 두드러진 것은 정신지체 영역이 뚜렷이 부각되는 한편,

청각·언어장애, 지체부자유, 자폐증, 그리고 특수교육역사와 특수학급교육에 이르기까지 다양한 저서가 나왔다. 논문 부문에서도 정신지체 쪽의 연구들이 대구대에서 김정권과 여광응, 이화여대에서 송준만, 단국대에서 김승국, 김옥기 등에 의해 진단과 교육대책(특수학급교육 포함) 문제 중심으로 활발히 발표 되었다. 이어 청각장애 쪽은 구화교육 중심의 최병문, 난청 출현률과 청각학 중심의 이규식의 연구가 활발히 이루어졌다. 또 안병즙은 한국 특수교육발달사와 지체부자유아교육 정립에 그 선구적 역할을 했고, 김병하는 특수교육역사와 교사교육 쪽에 관심을 보임으로써 연구의 지평을 넓혔다.

둘째로, 70년대에 와서 외부로부터 학술연구비 지원을 받아 소위 R & D 정책연구 과제가 김병하(1976)의 특수교육 교사양성제도, 추국희(1976)의 학습지진아동 판별, 이규식 등(1977)의 난청 실태와 그 대책, 김정권(1978, 1979)의 특수학급 설치와 운영모형, 김승국(1979)의 장애아동 실태조사 등에 걸쳐 활발히 추진되어 왔다. 그리고 70년대 연구성과 가운데 그 기여가 높은 연구로는 최병문(1970)의 '구화교육' 저술과 안병즙(1974)의 "한국 특수교육 발달과정 연구"를 주목할 만하고, 송준만(1977)의 "정신지체아 진단의 생태학적 접근 연구"는 학문성이 돋보이는 논문으로 평가된다.

셋째로, 70년대에 특수교육학계의 계도적(啓導的) 노력으로 70년대 중반에 전국에 걸쳐 일반초등학교 내에 특수학급이 설치 운영된 것과 1977년 말에 특수교육진흥법이 제정된 것은 한국 특수교육의 발전을 위해 소중한 업적으로 평가할 수 있다. 그런 의미에서 1973년의 특수학급 설치를 위한 제1회 세미나와 1977년의 특수학급교육 제2회 세미나가 갖는 의미는 각별한 면이 있다. 그리고 특수교육진흥법 제정과정에서 학계에서 이태영이 발휘한 리더십과 한국특수교육협회장으로서 김동극의 열성적 활동은 주목을 끌게 한다.

3.3 전개기(展開期) 한국특수교육 연구의 학사적 논의

여기서 '전개기'는 1980년 이후의 특수교육연구에 대한 학사적 논의이다. 80년대 이후 우리나라 특수교육연구 활동은 대학과 대학원 과정에서 특수교육 관련학과가 엄청나게 늘어나면서 그에 비례하여 연구물량도 양적으로 그 이전에 비해 폭주하고 있다. 이 앞 단계까지는 특수교육연구의 주요활동이나 그 업적들을 비교적 소상히 밝혔으나, 1980년대 이후 '전개기'에 대해서는 그 접근 방식이 크게 달라지지 않을 수 없다. 그것은 두 가지 이유 때문이다. 그 하나는 이 무렵에 와서 해를 거듭하면서 연구 물량이 엄청 늘어났기 때문에 현실적으로 도저히 그것을 두루 다 개관할 수가 없기 때문이다. 다른 하나는 개인적 역량으로 어차피 그것이 불가능 하다면(혹여나 가능할지라도 그것은 계량적 분석에 불과한 것임) 제한적으로 질적인 접근을 할 수밖에 없기 때문이다.

따라서 여기에서는 '한국특수교육'이라는 특정 주제에 연관된 저술중심으로 제한적으로 리뷰해 보고자 한다. 그러면서 전반적인 특수교육연구 활동에 대한 학풍적 성향이나 그 방법론적 쟁점을 총체적으로 논의하고자 한다.

(1) '한국특수교육'에 대한 주요 담론과 그 성과

1980년대 이후 한국특수교육을 종합적으로 정리한 최초의 보고서로 「특수교육백서」(문교부, 1981)가 있다. 일반적으로 '백서'(白書)는 정부에서 공식적으로 발표하는 현상적 실태중심의 보고서를 의미한다. 그러나 우리나라 최초의 공식적인 '특수교육백서'인 만큼 거기에는 총괄적으로 모든 내용을 포괄하면서 외국(일본, 중국, 독일, 미국, 영국 등)

의 특수교육도 일부 소개하고 있다. 이 백서를 발간할 당시 우리나라 특수학교는 61개교, 특수학급은 414개 학급이었고, 특수교사 양성대학은 불과 5개 대학이었다. 이 「특수교육백서」(1981)에는 한국특수교육에 대해 다음의 여덟 갈래로 나누어 내용을 구성했다.

1. 특수교육의 의의와 발달
2. 특수교육 제도
3. 특수학교 교육
4. 특수학급 교육
5. 시설·병원·순회교육
6. 특수교육 교사양성과 임용제도
7. 특수교육 진흥방안
8. 특수교육 관계기관과 단체

이상에서 보는 것처럼 이 백서는 1980년대 초 우리나라 특수교육 실상과 현안문제들을 정리한 중요한 보고서이다. 이 백서는 김승국(단국대) 교수가 대표편자로 되어 있으나, 집필진으로는 추국희, 김정권, 김동극, 김병하, 김해인(문교부 장학관), 김영환, 황원영, 민은식, 원영조, 박치성, 이규식, 여광응, 이철제, 임안수, 곽준기, 김성수, 남시철, 김영란 등이 분담하여 참여했다. 엄격한 의미에서 이것은 학술저서라기보다는 정부가 주관한 우리나라 특수교육 현상보고서이다. 이 보고서의 집필을 위해 그 당시 전국을 망라한 특수교육전공 교수들과 현장지도자들이 두루 참여한 것이 하나의 특징이랄 수 있다.

한편, 1994년 한국특수교육100주년을 기념하여 대한특수교육학회(학회장: 김병하)에서는 「한국특수교육100년사」(1995)를 간행했다. 이것은 역사적으로 한국특수교육을 종합 정리한 것으로 약 650쪽에 이르는 방대한 내용을 담고 있다. 이 책의 전체 구성과 집필자를 보면, 1장 특수교육의 전사(前史)는 임안수(대구대), 2장 특수교육의 성립과정은 김병하(대구대), 3장 수난기의 특수교육은 안병즙(대구대) 교수가 각각 집필하였다. 4장 광복이후의 특수교육에서 '특수교육행정'(원영조, 대구대),

‘시각장애교육’(김동연, 대구대), ‘청각장애교육’(김영순, 부산맹학교), ‘지체부자유교육’(곽준기, 삼육재활학교), ‘정신지체교육’(김동극, 수봉재활원) 등으로 분담 집필하였다. 5장 특수교육진흥을 위한 국가정책의 수립과 전개에서 ‘특수교육행정’(김영환, 국립특수교육원), ‘시각장애교육’(김동연, 대구대), ‘청각장애교육’(석동일, 대구대), ‘지체부자유교육’(박화문, 대구대), ‘정신지체교육’(여광응, 대구대), ‘정서장애교육’(윤점룡, 전주우석대), 관련교육활동 중 ‘언어치료’(권도하, 대구대), ‘심리치료’(송영혜, 대구대), ‘물리치료’(김중선, 대구대), ‘청능훈련’(이규식, 대구대), 그리고 장애인 재활과 복지(우재현, 대구대) 등으로 분담 집필했다.

이어 6장 특수교육의 현황에서 ‘특수교육행정’(김원경, 교육부), ‘시각장애교육’(예종덕, 배화학교), ‘청각장애교육’(황도순, 공주대), ‘지체부자유교육’(정재권, 전주우석대), ‘정서장애교육’(이상복, 대구대), 관련교육활동 중 ‘언어치료’(권도하, 대구대), ‘심리치료’(송영혜), ‘물리치료’(김중선, 대구대), ‘청능훈련’(이규식, 대구대), 그리고 장애인 재활과 복지(조인수, 대구대) 등으로 분담 집필했다. 마지막으로 7장 특수교육의 발전과제에서 ‘특수교육행정’(정봉도, 대구대), ‘시각장애교육’(한성희, 공주대), ‘청각장애교육’(김종현, 전주우석대), ‘지체부자유교육’(구본권, 강남대), ‘정신지체교육’(정정진, 강남대), ‘정서장애교육’(백운학, 영남대), 관련교육활동의 영역별 분담은 6장과 동일하고, 장애인 재활과 복지(김종인, 한국재활과학연구소) 등으로 나누어 분담 집필했다. 이 책의 간행위원회 위원장은 김정권(대구대) 교수가, 그리고 총무간사는 강창욱(현재 강남대 교수)이 맡아 추진하였다.

특수교육과 일반교육의 관계 재정립을 통해 장애학생의 통합교육을 다룬 저술로서 박승희(이화대)는 「한국 장애학생 통합교육」(2003)을 집필했다. 저자는 ‘감동의 한국 학교교육을 위하여’ 우리나라에서 장애학생 통합교육을 한국 통합교육의 보편적 실제, 특수학급의 확장과 통합교육의 진전, 통합교육의 도전과 특수학교의 변화 추구, 개인의 다양성 수용과 사회적 관계지원을 위한 사회적 통합, 교육과정 통합을 위한 학교수준 교육과정계획, 장애학생의 일반학급 수업참여 증진을 위한 교수적 수정, 통합학교 교장과 교사들의 책무성과 역할, 교사지원을 위한 특수교육 보조원제, 통합교육을 통한 학교공동체의 강화 등을 중심으로 다루고 있다. 결론에 대신하여 에필로그에서 '같고 비슷하고 다르기도 한 우리의 이야기'를 하고 있다. 단독 저술로서 일관된 주제로 그간 축적된 연구업적을 종합적으로 정리해 놓아, 특수교육학계에서 보기 드문 저술로 평가된다.

한편, 전술한 것처럼 김병하(대구대)는 우리나라 지역특수교육의 역사로는 처음으로 「대구특수교육사」(2007)을 집필하였다. 필자는 이 저술을 통해 '지방화가 세계화'로 소통되기 위해 대구특수교육의 특수성이 한국 특수교육의 정체성 정립에는 물론, 세계 특수교육의 보편성에 어떻게 연관되어야 하는가를 문제 삼고 있다.

한국청각장애교육 100주년을 기념하여 한국청각장애교육100년사 편찬위원회(위원장: 김승국)에서는 「한국청각장애교육100년사」(2009)를 간행하였다. 그 주요 내용은 이미 앞에서 다루었으므로 생략한다. 이 저술은 청각장애교육 전공교수들 뿐만 아니라 관련 주제별로 대학과 현장에서 전국적인 참여가 이루어졌다. 또한, 임안수는 시각장애인의 복지·교육·재활에 걸쳐 역사적인 관점에서 「한국시각장애인의 역사」(2010)를 종합적으로 정리한 역저를 정년 후에 집필하는 저력을 보였다. 이상에서 주요 저서 중심으로 한국특수교육 담론에 대한 주요 성과를 살펴보았다.

이 외에도 학위논문 가운데 특히 한국특수교육의 역사 정립에 많은 기여를 한 논문으로 안병즙(1974)은 "한국특수교육 발달과정에 관한 일 연구"를 발표하여, 우리나라 특수교육을 역사적으로 처음으로 정리를 하였다. 그 후 임안수(1986)는 "한국 맹인직업사 연구"를 통해 우리나라 맹교육의 역사정립에 많은 기여를 하였다. 그리고 이석진(2005)은 "한국 특수교육정책 발전과정에 관한 연구"를 통해 정책사적 측면에서 한국특수교육론을 정립하는 데에 역시 큰 기여를 하였다.

(2) 특수교육학풍과 방법론적 쟁점

필자는 우리에게 과연 '한국특수교육론'이란 것이 존재하는지를 문제 삼은 적이 있다. 이것은 우리나라 특수교육 학술담론이 대부분 외국이론이나 실천모형을 가져와서 소개하는 수준에 머무는 것을 나무라기 위함이었다. 물론, 오늘날과 같은 세계화의 시대에 우리는 외국의 학술담론에 민감해지지 않을 수 없고 그것을 충분히 소화하고 소통해야 한다. 그런데 문제는 그것을 정확하게, 나아가 전후맥락과 연관하여 의미해석을 하지 않고, 기껏 자기가 이해하는 수준에서 부분적으로 그것도 거칠게 소개하는 수준에 머무는 데에 문제가 있다. 유길준(兪吉濬) 선생이 지적한 것처럼, 개화의 주인이 되지 못하고 개화의 노예가 되는 데에 문제의 심각성이 있다. 그는 「서유견문(西遊見聞)」(1895)에서 개화의 등급을 논의하면서, 개화의 노예는 개화를 외면하는 개화의 손님보다 더욱 폐해가 크다고 하였다.

21세기는 탈식민화(decolonialized)의 시대이다. 그리고 오리엔탈리즘의 재해석과 해방을 요하는 시대이다. 구미(歐美) 중심으로부터 탈피하여 지역과 민족의 문화적 정체성에 기반한 다양성이 존중되는 시대이다. 바로 이런 시대적 요구에 부응하여 지금은 한국인에 의한 한국특수교육 담론 형성이 절실한 때이다. 이렇게 함으로써 우리는 진정한 의미에서 '세계화'에 기여하는 동참자가 될 수 있다. 필자가 보기에 우리나라 특수교육학풍에서 구미의 특수교육 담론은 여전히 과잉일반화(over-generalized) 되는 반면에, 한국특수교육 담론은 반대로 '과잉특수화'(over-specialized) 되는 기이한 현상이 당연한 것으로 여겨진다. 어쩌면 이 같은 문제는 한국 사회학문 전체적 상황이기도 하다. 왜 그런가? 일차적으로 그것은 우리나라 사회학문이 대미(對美) 식민적 학풍을 벗어나지 못하기 때문이다. 특수교육학계를 비롯해서 사회학문 전 영역에 걸쳐 다소간 정도의 차이는 있지만, 미국에서 학위를 받은 사람들의 세력은 학계에서 하나의 메인스트림 그룹을 형성하고 있다.

필자가 보기에 특수교육학계에서 소위 1세대는 토착학자가 주도적이었지만, 2세대에 넘어오면서 미국과 일본을 중심으로 한 해외학파가 일련의 주도그룹을 형성하고 있다. 물론 토착학자군 속에도 해외학자군 못지않게 구미의 특수교육 담론에 익숙한 사람이 있는가 하면, 반대로 해외학자군 속에도 한국특수교육 담론형성을 위해 체계적으로 노력하는 사람도 있다. 그러나 전체적 학풍의 성향 면에서 볼 때, 특히 연구방법론적인 측면에서 볼 때, 구미의 실증주의적 학풍과 방법론이 '절대적'이라 할 정도로 영향을 미치고 있다. 이를테면, 우리는 논문쓰기의 형식에서 소위 APA 형식을 금과옥조처럼 '표준'으로 삼고 있다. 그리고 이것을 당연한 것으로 여겨, 혹여나 그 형식에 일치하지 않으면, 그것도 극히 사소한 형식상의 문제임에도 불구하고 아주 잘못되거나 무식의 소치로 치부된다. 우리말과 글이 있음에도 왜 우리는 우리나름의 글쓰기 형식을 창출하지 못하는가? 오죽하면 일부 의식 있는 학자들이 '우리말로 학문하기' 운동을 제기할 정도인가. 어쩌다 필자가 이웃 일본의 특수교육학회지에 투고를 해보니, 그 쪽은 우리보다 더욱 심하다는 느낌이 들었다. 이제 일본의 탈아입구(脫亞入歐)는 탈아입미(脫亞入美)로 바뀐 것에 불과한 것은 아닌가하는 인상을 받을 정도였다.

특수교육 연구방법론에서 실증적·계량적 방법이 여전히 주류를 형성하고 있는 가운데, 최근에 와서는 문화기술적·질적 방법론에도 점차 관심을 보이는 추세이다. 그러나 운동경기에 비유하면, 특수교육에서 여전히 계량적 연구는 메이저리그에 해당하고, 질적 연구는 마이너리그에 해당된다. 그럼에도 우리나라 특수교육 연구방법론에서 좀 더 세련된 실험연구가 요구되는 반면, 질적 연구다운 연구가 행해질 필요가 있다. 즉, 특수교육 연구에서 준실험설계보다는 진형실험설계가 더욱 긴요하지만, 다른 한편에서 보면 집단설계보다는 단일사례설계가, 횡단적 연구보다는 종단적 연구가 더욱 절실히 요구되는 현실이다. 그리고 연구지평에서 심리학적 방법론에만 얽매이지 말고 사회학적, 민속지적 방법론에로 관심의 지평을 넓혀 가야 한다. 나아가 특수교육연구에서 인문학적 감각과 통찰력도 길러 가야한다.

우리나라 특수교육학계에서 질적 연구방법론은 필자가 Steinback 부부(1988)의 「질적연구의 이해와 실천」(1992)를 번역하여 소개한 이래, 그 후 김윤옥(2009) 등에 의해 질적연구 방법론이 좀 더 체계적으로 다루어짐으로써 그 관심이 계속 늘어나고 있다. 앞으로는 계량적 방법과 질적 방법을 통합한 제3의 방법론에 대한 관심은 물론, 철학적 통찰을 아우르는 그런 주제와 방법론에까지 관심의 지평을 넓혀가야 할 것이다. 그렇게 함으로써 특수교육 연구방법론이 인접학문의 방법론을 빌려오는 것에서부터 다른 학문영역에까지 일정한 영향을 미칠 수 있도록 분발해야 한다.

제4장 통합교육과 한국특수교육의 정체성

경제성장과 더불어 특수교육에서도 우리나라는 소위 '압축발전' 모델의 전형을 보여주고 있다. 엄격한 의미에서 우리나라의 특수교육은 분리교육으로서의 특수교육 기회확대와 통합교육으로서의 특별지원 확대를 동시에 추진해야 할 이중과제를 안고 있다. 이런 관점에서 본 장에서는 먼저 역사적인 관점에서 통합교육의 전통과 현상을 짚어보고, 이어 통합교육을 향한 정책적 지향성에도 불구하고 우리나라에서 통합교육이 왜 원천적으로 한계를 보이는가를 논의한다. 그리고 마지막으로 한국사회에서 통일의 과제와 특수교육에서 통합교육의 과제를 연관지어 논의하고자 한다.

4.1 우리나라 통합교육의 역사와 문화

원래 우리나라는 단일민족과 단일문화로서의 오랜 역사적 전통을 지니고 있다. 그런 면에서 우리나라는 전통적으로 동질성이 강한 삶의 전통을 형성해 왔다. 따라서 우리 민족의 삶은 때로 정치적·신분적 제약에도 불구하고 심층적으로는 안정된 자기 정체성을 유지해 왔었다. 특히 마을 단위의 공동체 문화는 장애인이라 해서 결코 소외하지 않았고, 마을이 함께 그들을 돌보면서 사람대접을 했다. 그래서 장애인들은 원형적으로 통합적 삶의 형식에 자연스럽게 포함(inclusion)될 수 있었다. 전통적으로 우리사회는 가족단위의 관계내적 인연을 퍽 소중하게 생각했기에 「심청전」에서 보듯 효녀심청이 나올 수 있었다. 이처럼 우리나라에서 전근대사회에서는 마을과 이웃이 장애인을 돌보거나 함께 통합적 삶을 살았으나, 이즈음에는 응당 장애인은 수용시설로 보내 격리하는 것을 당연시하고 있다. 그래서 우리나라의 역사와 문화에서 장애인에 대한 인식과 통합에 있어서는 오히려 '거꾸로 흐르는 역사'(정창권, 2005)의 일면을 보이기도 한다.

사실 우리나라에서 근대특수교육의 효시로 알려진 Rosetta S. Hall에 의한 19세기 말의 맹교육도 원래는 일반학교 내에서 통합교육의 형태로 출발했다. 그러다가 후에 맹학생 수가 늘어나고, 게다가 1909년부터 농교육도 함께 실시하게 됨에 따라 독립된 건물에서 '평양맹아학교'(平壤盲啞學校)라는 이름으로 분리된 특수교육체제를 유지하게 되었다. 이것은 다른 나라의 특수교육 역사에서 볼 수 없는 특별한 통합교육 사례(史例)라 할 수 있다. 그 후 제생원 맹아부는 소위 수용과 교육을 병행한 일종의 기숙제적 Asylum 성격을 띠고 있어, 전형적인 분리교육 체제였다. 광복 이후의 민간 독지가들이 주도한 맹과 농 중심의 사립 특수학교도 전형적으로 격리보호와 분리교육의 성격을 유지해 왔었다. 광복 이후 1949년에 새로 제정된 교육법에서는 "국민학교 또는 중학교는 신체허약자, 성격이상자, 정신박약자, 농자 및 난청자, 맹자 및 난시자, 언어부자유자, 기타 불구자를 위하여 특수학급을 둘 수 있다"(교육법 제145조)고 밝히고 있으나, 이것은 어디까지나 외형법제적인 규정에 불과했고 사실상 이 규정에 의한 특수학급 설치는 1970년대까지 유보되었다.

우리나라에서 특수교육 요구아동에 대한 통합교육이 본격적인 관심사로 떠오르게 된 것은 1960년대 말에서 1970년대 초입에 도입된 중학교입학 무시험제도와 밀접한 관계가 있다. 즉, 중학교입학 무시험제도가 도입되고 나서 학급 속에는 일반학생과 도저히 함께 학습이 불가능한 소위 학업부진 혹은 학습장애라 할지 혹은 교육가능정신지체라 할 수 있는 학생들이 섞여 있어 다수의 학생들을 위해 소수의 학습곤란학생을 분리 조처할 필요가 절실해 졌다. 이에 교육부에서는 학업부진학생들을 별도로 관리하기 위한 하나의 대안으로 일반학교 내의 특수학급 설치문제에 관심을 가지게 되었다. 그러나 정부의 이런 정책적 고려와 관계없이 대구지역을 중심으로 특수학급 설치문제는 중요한 현안과제로 떠올랐다.

당시 한국사회사업대학 특수교육과에서는 우리나라에서 특수학급 설치문제를 주요 당면과제로 설정하여 학술적 계도는 물론 당국의 정책적인 관심을 촉구해 오던 터였다. 지역사회의 특수학급 설치에 대한 학술적·정책적 계도에 영향을 받아 1970년에 대구칠성초등학교에 교육가능정신지체아동을 위한 특수학급이 전국 최초로 설치되기에 이르렀다(곽정란, 2010). 특수학급 설치에 앞서 대구에서 김동극 교장이 주도하여 전국 최초로 정신지체특수학교인 대구남양학교가 1969년에 설립되었다. 훈련가능정신지체아를 위한 대구남양학교의 설립은 자연히 일반학교 내에 교육가능정신지체아를 위한 특수학급 설치문제에 대한 관심을 자극하였다. 대구의 특수교육 여건과 환경에 자극을 받아 칠성초등학교에서 이용우 선생이 개인적으로 특수학급 설치에 애정을 가지고 1970년에 이미 비공식적으로 특수학급 편성을 해놓고, 정규 학급편제는 1971년부터 가동되기에 이르렀다.

이 무렵(1972.5) 경상북도교육위원회에서는 대구·경북 일원의 33개 특수학급 담당교사들을 대상으로 실무차원의 특수학급 운영과 그 문제점에 대한 연수회를 개최하기도 했다. 당시에 대구·경북을 선두 주자로 해서 1974년에 전국적으로 210개의 특수학급이 보급되게 하는 데에 주요한 계기를 마련한 것이 1973년 9월에 한국특수교육연구협회(한국특수교육총연합회의 전신, 당시회장: 이태영)가 주관하고 문교부와 경상북도교육위원회가 후원하여 개최한 "제1회 특수학급 설치와 운영에 관한 세미나"였다.

이 세미나는 전국규모로 최초의 특수학급 설치에 관한 세미나이자 정부에서 정책적으로 특수학급 설치를 서둘러야 할 시점에서 개최된 것이어서 비상한 관심을 끌었다. 특히, 이 세미나의 종합토론에서 일반초등학교에 특수학급을 설치하되 그 성격과 대상을 누구로 할 것이냐에 대해 정부입장과 특수교육(학)계 입장은 첨예하게 맞섰다.

즉, 당시 문교부의 입장에서는 소위 학업부진아를 구제하기 위한 방안으로 특수학급을 구상하고 있는 데에 비해, 특수교육(학)계에서는 소위 '교육가능급 정신지체아'를 위한 특수학급 설치로 그 성격을 규정하고자 했다. 지금도 그런 면이 있지만, 특히 당시 실정으로는 학습장애에 대한 개념은 우리에게 아직 생소한 가운데, 학업부진아와 교육가능정신지체아에 대한 교통정리가 명쾌하게 이루어지기가 어려웠다. 필자가 보기에 양자에 대한 구분은 지금도 개념적으로는 가능하지만, 교육실천적인 면에서는 여전히 엄격히 구분하기 어려운 혼란스런 면이 적지 않아 보인다. 그러나 이 논쟁이 내포하고 있는 내면적 쟁점은 그 후 특수학급 성격은 물론 그 위상을 규정하는 데에 지대한 영향을 미치게 된다. 즉, 교육정책 차원에서 문교부의 입장은 다수의 일반학생들에게 걸림돌이 되는 특수학급 입급 대상을 벼논에서 피를 뽑아내듯이 따로 솎아내어 분리 조처하는 데에 일차적 관심이 있는 데에 반해, 특수교육계에서는 특수교육 요구아동을 위한 교육적 지원 차원에서 특수학급 설치와 운영을 고민하고자 했던 것이다. 과연 오늘에 이르기까지 특수학급을 지배하고 있는 문화가 어떠하며, 일반학급에서 특수학급을 보는 시선이 어떤가를 보면 진작부터 답은 제시된 것이나 마찬가지다.

이런 측면에서 필자는 다음과 같이 우리나라 특수학급의 정체성에 대해 문제를 제기한 적이 있다.

> 우리에게 특수학급은 자랑인가 부끄러움인가. 특수학급이 정녕 특수한 교육적 요구를 지닌 아동들을 위해 특별히 고안된 교육조처라면 그것은 분명 교육정의와 민주화를 위해 자랑이자 자존심임에 틀림없다. 그러나 특수학급이 단지 문제더미의 학생들을 따로 모아 분리조치 하기위한 방편으로 존재한다면 특수학급은 그 존재자체가 부끄러움이자 오욕이다. 1980년대 중반 이래 우리나라에서 특수학급은 지속적으로 늘어나고 있다. 이것은 자랑이기도하고 부끄러움이기도하다.
>
> (중략)....오늘날 한국의 특수교육 상황에서 특수학급은 분리교육과 통합교육의 틈바구니에서 심각한 자기 정체성 혼란을 겪고 있다. 특히, 최근 강조되고 있는 완전통합교육(full inclusion)의 관점에서 볼 때 자체적으로 분리 운영되고 있는 우리식의 특수학급 운영형태는 도태되어야할 대상이다. 그러나 주지하는 바와 같이 모든 일반 공립학교가 자체적으로 그들의 교실교육에서 특수교육 요구아동들을 특별히 배려하여 지원해 줄 수 있는 여건이 충족되어 있지 않은 상황에서 통합교육이라는 이름으로 우리는 특수교육 요구아동들을 무작정 바겐세일 할 수 없는 일이다. 이런 갈등상황을 극복하기 위해 공교육은 모든 학생들이 불편함 없이 교육 받을 수 있도록 질적으로 재편되어야 한다. 그러나 동시에 우리 특수교육자들은 이 일을 위해 교육개혁의 최전선에 설 뿐만 아니라, 특수교육 요구아동들이 기를 펴고 살 수 있게 자신의 삶을 걸고 교직에 임해야 한다(김병하, 2006).

이 처럼 오늘날 우리나라 특수학급은 분리교육과 통합교육의 틈바구니에서 심각한 자기 정체성 혼란을 겪고 있다. 1980년대 이후 우리나라의 특수학급은 급속하게 확충되어 지금은 특수교육 전달체제상의 주류를 형성하고 있으며, 그 운영형태도 종래의 전일제 운영형태에서 최근에는 학습도움실 운영형태로 전환함으로써 통합교육에 보다 접근하는 것으로 평가할 수 있다. 그럼에도 내면적으로 볼 때, 우리나라 학교교육에서 통합의 벽은 여전히 두텁고 높다.

4.2 우리나라 통합교육의 한계와 벽

21세기에 접어들며 통합교육은 한국 특수교육 정책의 기조를 이루고 있다. 몇 년 전에 교육인적자원부에서 제시한 '2005년도 특수교육 운영계획'에 의하면 "일반교육과 특수교육의 책무성 공유에 의한 모든 학생의 교육성과 최대화"를 운영지표로 설정하여, 그 기본방향(4가지)의 하나로 '통합교육의 보편화와 내실화 도모'를 강조하고 있다(교육인적자원부, 2005). 이는 일반교육과 특수교육의 책무성 공유를 통해 통합교육의 실천을 강화하고자 하는 국가정책의 공적 표명으로서, 그 기조는 오늘에 이르기까지 그대로 이어지고 있다. 최근 한국에서 특수교육 법제와 국가수준의 특수교육 정책 방향에 나타난 통합교육의 개념적 지향은 다음 두 가지 특성을 반영하고 있는 것으로 볼 수 있다.

첫째는 일반학교 내에 특수학급을 두루 설치하고, 이들 특수학급의 시간제 혹은 특별지도실 운영 형태를 통해 '통합교육'을 일차적으로 강화하겠다는 것이 그 주요 특징이다. 즉, 일반 초·중등학교 내에 학교마다 특수학급을 계속 설치하고, 이들 특수학급을 시간제 운영형태로 운영함으로서 통합교육의 일차적 기반을 확충하겠다는 정책의지로 해석할 수 있다. 이것은 마치 1960년대 말에 Dunn이 미국에서 기존의 특수학급(self-contained special classes)의 문제점을 학업성취와 사회적응기능 등에 걸쳐 지적함에 따라 70년대에 접어들어 특별지도실(resource room) 형태의 특수학급 운영이 강조되고, 이때 통합교육을 Mainstreaming

혹은 LRE(least restrictive environment) 개념으로 인식한 것과 오늘의 한국에서 특수교육 정책에 반영된 통합교육 인식과 상황적으로 비슷한 면이 있는 것으로 볼 수도 있다[1].

둘째는 한국에서 통합교육의 실천을 위해 일반학교 내에 특수교육대상 학생들이 불편함 없이 접근할 수 있는 각종 편의시설을 일반학교장의 책임하에 확충하는 것을 특별히 강조하고 있다. 장애학생이 일반학생과 함께 통합교육을 받도록 하기 위해 물리적 편의시설의 확충을 통한 접근권 보장은 일차적으로 대단히 중요한 요건이 된다. 그러나 학교시설과 환경에서 편의시설의 확충은 통합교육을 위한 일차적 필요조건이지 그 자체가 통합교육을 위한 충분조건 일수는 없다. 흔히 특수교육에서 통합교육의 단계를 논의할 때 물리적 통합(1차 통합) → 교육적 통합(2차 통합) → 사회 · 심리적 통합(3차 통합)으로 통합의 질적 심화과정을 위계화 하기도 한다(김병하, 2003). 이런 기준에서 볼 때, 한국의 통합교육 정책에서 강조하는 '일반학교의 편의시설 확충'은 우선 '물리적 통합'으로서 통합교육의 기반을 강화하려는 것으로 볼 수 있다.

이상과 같은 편의시설 확충문제와 더불어 교육부에서는 통합교육의 실천을 위한 질성적 측면의 정책으로 '장애학생과 일반학생이 더불어

---

1) 통합교육의 주창자인 Dunn연구의 한국 특수교육에의 시사점에 관해, 정용석(2004)은 한국의 통합교육이 1960년대와 1970년대 미국의 리소스룸 체제(즉 Mainstreaming 운동)를 특수학급의 확장 기회로, 1980년대와 1990년대의 완전포괄교육(full inclusion) 경향을 시간제 특수학급의 확장 기회로 각각 활용하였음을 지적하였으나, 오늘날 우리나라에서 시간제 특수학급의 확장을 외국의 full inclusion 경향과 연관지어 해석하는 것은 다소 무리가 있다고 본다. 이어서 그는 한국의 특수교육에서 통합교육은 실험적·객관적·학문적 증거에 의해서라기보다는 상당 부분 평등권이나 교육권 등의 도덕론적 이데올로기적 주장에 기인한다고 하면서 이와 관련된 체계적 연구가 병행되어야 함을 지적하였다.

사는 학교문화 창조'를 제기하면서 다음 세 측면의 통합교육 추진 방향을 구체적으로 설정하고 있다.

첫째로 초·중·고등학교 교과서에 장애관련 내용을 반영한 교육과정 자료개발과 교수강화를 통해 일반학생의 장애학생에 대한 이해와 인식개선, 둘째로 장애체험 활동을 통해 일반학생과 장애학생이 함께 어울려 생활하고 공부하는 학교교육 풍토의 조성, 셋째로 장애인 시설 등에서 봉사활동을 통해 일반학생의 장애학생에 대한 인식개선을 촉구하는 것 등이다(교육인적자원부, 2005).

위의 정책추진 내용은 ①교육과정 활동에 장애관련 내용을 반영하고, ②장애체험활동, ③ 장애인 시설 등에서 봉사활동 등을 통해 일반학생들로 하여금 장애학생과 함께 어울려 살아가게 함으로써, '더불어 사는 학교문화'를 창출하는데 궁극 목표를 두고 있다. 이와 같은 정책 설정에도 불구하고, 현실적으로 오늘의 한국사회에서 '학교문화'를 지배하고 있는 실체가 무엇인가를 짚어봐야 한다. 오늘날 한국에서 학교문화와 교육권력을 지배하는 실체는 바로 '성적과 대학입시' 경쟁이다. 이런 경쟁적 풍토에서 학생과 학부모는 '점수병'에 걸려있고, 교사들은 점수 올리기의 요령으로 '설명병'에 걸려 있는 것이 학교문화의 실상(reality)이다.

성적 위주의 학력경쟁이 얼마나 심각하면 최근 '피사 쇼크'라는 말까지 등장하고 있을까. 이 말이 나오게 된 배경인즉, 국제학력평가(PISA) 결과 세계 1위인 핀란드에 이어 한국 학생들의 학력이 2위인 것이 쉽게 납득이 가지 않는다는 것이다. 교육체제나 방식이 핀란드와 전혀 다른 한국의 결과를 믿기 어렵다는 반응이 만만찮다. 피사 책임관리자의 말을 빌리면, "한국은 공부를 잘하는 나라지만 결코 부러운 나라는 아닙니다. 한국의 학생들은 우수한 학생들이지만 행복한 아이들은 아닙니다."(한겨레, 2010.4.26)라고 했다. 이에 대한 어느 현장교사의 지적은 우리를 부끄럽게 한다.

> 밤낮으로 '학교의 불빛'을 밝히며 공부하고 학원수강과 과외학습, 방학까지 빼앗기며 성적 올리기에 몰입하는 우리의 현실은 피사평가 2위라는 한국교육의 경쟁력을 평가 절하한다. ....(중략) 과정은 무시되고 결과만을 중시하는 교육풍토, 목적을 위해서라면 수단이 정당화되는 교육관, 사교육비가 공교육비를 능가하고 사교육 없이는 대학진학이 어려운 나라, 무쇠 같은 학벌신화의 사회에서 살아남으려면 정글법칙과 적자생존의 가치관으로 무장해야하는 억압적인 교육현실이 '피사쇼크'의 슬픈 진실이다(박명섭, 2010. 4. 26. 한겨레, 29면).

특히 현 정부의 교육정책은 이 같은 교육경쟁을 더욱 부추김으로서 결과적으로 지역간, 계층간 교육격차는 더욱 벌어질 수밖에 없다. 이런 현실에서 학급 평균만 갉아 먹는 특수교육 요구학생에 대한 인간적 배려와 통합지원이 현실적으로 얼마나 힘을 받을 수 있을지 퍽 의심스럽다. 이런 실정에 비추어 볼 때, 정부가 정책추진 방안으로 설정한 '더불어 사는 학교문화의 창조'가 하향적인 지시가 아니라 학교현장 내부에서 어떻게 자생적으로 일어날 수 있게 하느냐가 중요한 관건이 된다. 왜냐하면 경쟁적 학교문화가 더불어 사는 공동체적인 학교문화로 전환될 때, 비로소 'inclusion'으로서의 통합교육이 실재(實在)할 수 있기 때문이다.

약 2년 전에 필자가 현장 특수학급교사들에게 우리나라에서 통합교육을 촉진하는 요인과 저해하는 요인을 심층면담의 형식으로 분석해서 정리해 본 결과(Kim & Kim, 2008), 그 촉진요인과 저해요인은 다음 세 가지로 요약된다.

(1) 통합교육 촉진요인

우리나라 현장학교 교사들이 통합교육을 성공적으로 실천하는데 기여하는 요인들로 지적한 내용은 크게 다음 세 가지로 요약된다.

첫째는 장애자녀를 둔 부모들의 통합교육에 대한 적극적인 의지를 들 수 있다. 부모 스스로가 통합교육에 대한 강력한 의지를 보이면서 학교교육 활동에 적극적으로 참여함으로써, 경우에 따라서는 통합학급의 교사들에게 적잖은 부담을 주기도 한다. 그럼에도 부모의 통합교육에 대한 적극적인 의지와 강한 교육열의에 자극을 받아 교사들도 장애아동의 통합교육에 대해 보다 적극적으로 대처하지 않을 수 없게 된다. 한국에서 부모들의 자녀교육에 대한 열의는 비상한 면이 있어, 합리적인 설명이 곤란함으로 흔히 '이상열기'라는 표현을 쓰기도 한다.

둘째는 통합교육을 향한 국가교육정책과 그에 따라 특수교육에 대한 지원인력이 현장에 투입되면서 통합교육 실천에 활력을 불어 넣고 있다. 이를테면 최근에 제도적으로 일반학교 내에 특수교사의 배치는 물론 특수교육보조원, 공익요원 등이 투입되어 특수아동에 대한 지원이 보다 다양하게 이루어지게 되었다. 2000년대에 접어들어 교육부는 "일반아동과 특수교육 요구아동이 함께하는 교육공동체 건설"을 교육정책의 일관된 기조로 강조해 왔다. 이 처럼 법제와 교육정책 면에서 통합교육 실천을 위한 강한 의지를 표명하고, 그에 따른 실천적 조치로 학교편의시설을 연차적으로 개선하는 한편, 특수교육 요구아동을 지원할 인력을 계속 투입함으로써 실질적으로 통합교육을 추진하는데 도움을 주고 있다.

셋째는 특수교육 교사와 일반교사 모두 시간이 경과함에 따라 통합교육 실천에 대해 소극적인 태도에서 보다 적극적인 관심을 보이는 쪽으로 변화하고 있다는 사실이다. 주지하는 것처럼, 통합교육의 성공적 실천을 위해 특수교사와 일반교사 모두 고도(highly qualified)의 전문성과 더불어 적극적 의지가 무엇보다 중요하다. 최근 우리나라 특수교육 교사 양성과정에서 '통합교육의 이론과 실천'에 관련된 코스 운영이 보다 강화되고 있으며, 일반교사 양성과정에서도 기본적으로 '특수아동

이해와 지도'에 관한 강좌를 반드시 이수하도록 할뿐만 아니라, 모든 초중등교사의 현직연수교육과정에서도 동일한 조치를 취하고 있다.

특히 일반교사들의 경우 통합교육에 대해 무관심하거나 특수교육 요구학생들을 가능하면 특수교사들이 알아서 맡아주도록 일방적으로 기피하는 경향이 지배적이었다. 그러나 통합교육에 대한 교육정책과 특수아동 지도에 대한 전문적 이해와 소양을 쌓아감에 따라 원적학급 교사들의 통합교육에 대한 태도가 시간이 지남에 따라 점차 긍정적인 쪽으로 변화해가고 있다. 그럼에도 특수학급 교사들은 여전히 우리나라에서 일반학급 교사들의 특수교육 요구학생들에 대한 무관심이 통합교육의 심각한 저해요인이 되고 있는 것으로 인식하고 있다.

(2) 통합교육 저해요인

이상에서 지적한 통합교육 실천에 기여하는 긍정적 요인들은 경우에 따라 우리나라에서 통합교육 실천을 어렵게 하는 저해요인과 맞물려 있을 수 있다. 우리나라에서 현장 교사들이 지적한 통합교육 실천의 저해요인들은 다음과 같다.

첫째로 초등학교 저학년 학생들일수록 특수교육 요구학생들에 대한 수용태도가 긍정적이고 통합교육 자체에 대해 긍정적이지만, 초등학교 고학년으로 올라갈수록 부정적인 쪽으로 기우는 경향이 있다. 특히 중등학교 교육과정에서 교과학습에 대한 부담이 커지는 것과 비례해서 일반학생들의 통합교육에 대한 부담도 늘어나는 것으로 지적하고 있다. 이것은 우리나라 학교교육에서 학년이 올라갈수록 '학력경쟁'에 대한 학생들의 심리적 부담이 늘어나고, 특히 고등학교 과정에서는 현실적으로 대학입시 중심으로 교육과정 운영이 좌지우지됨으로써 "입시는 있어도 교육이 없는" 각박한 교육경쟁의 현실에서 통합교육은 헛구호에 불과한 것이 되고 만다.

둘째로 통합교육을 효율적으로 실천하는데 도움을 주는 적절한 교육과정 운영경험과 다양한 프로그램의 개발이 부족하기 때문에 실질적으로 통합교육이 성공적으로 추진되게 하는데 많은 한계가 있다는 지적이다. 통합교육은 하나의 이념(ideology) 이라기보다 교육의 구체적인 실천문제이다. 따라서 통합교육의 성공적 실천을 뒷받침할 수 있는 다양한 교육과정 자료의 개발과 그것을 실제로 운영하는데 필요한 교사의 전문적 수행능력(competencies)이 발휘되지 않으면 아무런 소용이 없다.

이를테면, 초등 1학년에서 고등 1학년까지 적용되는 '국민공통기본 교육과정'운영에서 특수교육 요구학생들을 위해 이 교육과정을 어떻게 재구성(restructuring)해서 적용할 것이며, 일반교사와 특수교사가 효율적으로 '협력교수'를 수행하기 위해 서로 어떻게 협력하면서 동반자관계를 유지하느냐가 대단히 중요하다. 그러나 우리나라의 현실에서 특수교사와 일반교사가 함께 협력(collaboration)하면서 일하는 전문적 수행능력에 대한 자질은 물론 그런 경험도 거의 축적되어 있지 않는 실정이다.

셋째로 일반학교 교장들의 특수학급에 대한 이해와 통합교육 실천을 위한 적극적인 의지가 부족한 것이 중요한 문제로 지적되고 있다. 행정지도자로서 학교장의 리더십은 단위 학교교육에 지대한 영향을 미친다. 우리나라에는 현재 전국적으로 약 6천여 개의 특수학급이 일반 초중등학교에 설치되어 있으나, 학교장의 특수학급 운영에 대한 적극적 지원과 관심에 따라 학교 내에서 특수학급의 위상에 많은 편차를 보이게 된다. 학교장이 특수학급에 대한 교육적 배려를 우선하고, 특수학급 교사와 특수학급 학생들의 지원을 우선해 줄 때, 당해 학교의 교사들과 학생들도 그기에 영향을 받아 적극적이고 호의적인 반응을 보이게 된다.

특히, 우리나라의 학교교육 상황에서는 행정지도자로서 단위학교 교육에 대해 학교장이 차지하는 비중이 막중하기 때문에, 통합교육의 성공적 실천을 위해서도 학교장의 리더십이 대단히 중요하다. 일찍이 Lipsky와 Gartner(1997)는 미국에서 통합교육의 성공적 실천에 학교장의 리더십이 대단히 중요하다고 지적하였는데, 이것은 우리나라의 상황에서도 마찬가지이다.

이상에서 한국에서 통합교육의 실천에 영향을 미치는 긍정적 요인과 부정적 요인을 현장 교사들에 대한 인터뷰에 기초하여 살펴보았다. 위에서 지적한 통합교육의 실천에 영향을 미치는 긍정적 요인과 부정적 요인은 서로 맞물려 긍정적 요인이 부정적 요인이 될 수도 있고, 부정적 요인이 긍정적 요인으로 전환될 수도 있다. 따라서 문제는 현실적으로 부정적 요인을 얼마나 줄여가고, 긍정적 측면을 얼마나 적극적으로 살려 가느냐가 중요하다.

이처럼 우리에게 통합교육의 촉진요인과 저해요인은 동전의 앞뒷면처럼 서로 맞물려 있다. 즉, 통합교육 성공요인이 제대로 실현되지 않는 상황에서 그것은 통합교육을 저해하는 요인으로 작용할 수 있고, 거꾸로 통합교육 저해요인이 긍정적으로 극복되는 과정에서 그것은 촉진요인으로 적극 기여할 수 있다. 따라서 우리의 교육 현실에서 통합교육 촉진요인을 어떻게 극대화하는 가운데, 그 저해요인을 극소화 해가느냐가 중요한 현안 과제가 된다.

4.3 우리나라 통합교육의 주요 과제

앞에서 살펴본 우리나라에서 통합교육의 저해요인을 통해서 간접적으로 통합교육의 과제를 짐작할 수 있다. 여기서는 우리나라 통합교육의 향후 과제를 거시적 측면과 미시적 측면으로 논의하고, 말미에 통일

문제와 연관한 우리나라 통합교육의 특수한 과제를 짚어 보고자 한다.

(1) 거시적 관점에서의 과제

여기서 거시적 관점에서 본 통합교육의 주요 과제는 날이 갈수록 치열해지는 경쟁적 학교문화와 교육행정가들의 의식개혁에 따른 리더십 문제를 중심으로 살펴보겠다. 주지하는 것처럼 우리나라는 전근대시대의 왕권사회부터 주로 유교 경전(經典)에 의거한 특정교재 중심으로 정해진 주제에 대해 글쓰기 능력으로 인재를 선발하여 등용하는 '과거제도'가 고려시대(중세) 이래로 약 1천여 년간 전근대사회의 교육제도를 지배해 왔다. 이런 역사적 전통에 강한 영향을 받아 우리나라 부모들의 자녀교육에 대한 비상한 열망은 합리적 설명이 불가능할 정도이다. 그래서 오늘의 우리나라 학교교육 현실에서 초등학교 단계에서 중등학교 단계로 올라 갈수록 "입시는 있어도 교육이 없는" 그런 교실교육 상황으로 변질되고 만다.

이처럼 지나치게 학력경쟁을 부추기는 경쟁적 교육문화가 학교교육을 지배하는 한 특수교육 요구학생들이 일반학급에 성공적으로 통합교육을 받는데 원천적으로 한계가 있다. 전술한 것처럼 치열한 학력경쟁 덕분에 우리나라 초중등학교 학생들의 국제적 학력평가 결과는 거의 언제나 상위수준을 유지하고 있지만, 이런 현상은 한국에서 특수교육 요구학생들에 대한 통합교육을 위해서는 치명적 문제로 작용하고 있다. 또한, 세칭 일류를 선호하는 전래의 입시경쟁 풍토는 우리나라가 전 세계적으로 사교육비 부담이 가장 많은 나라로 꼽히게 하고 있으며, 이에 따라 계층별·지역별(대도시와 농촌지역 간) 학력격차 내지는 교육격차가 더욱 크게 벌어지고 있다. 이런 교육 양극화 현상은 이명박 정부가 추진하는 교육자율화 정책의 미명하에 더욱 심각하게 드러나고 있다.

Skrtic(2005)은 'Strong democracy'와 'Weak democracy'론을 제기하면서 전자는 상호협동과 품위 있는 공동체적 관계를 중시하지만, 후자는 개인 이기주의적인 경쟁이 강조되고 경쟁에서 이긴 자 만이 살아남는 경쟁원리가 지배하는 사회라고 했다. 이 같은 Skrtic의 민주주의론에서 볼 때 당대 사회가 '허약한 민주사회'에서 '강한 민주사회'로 전환하지 않고는 오늘의 학교교육에서 통합교육이 결코 정착될 수 없음을 알 수 있다. 일찍이 J. Dewey가 그의 대표적 저술인 「Democracy and Education」(1926)에서 "학교의 교실은 민주주의의 실험장이다"고 규정한 것은 오늘날 통합교육의 실현을 위해 우리들에게 시사해 주는 바가 매우 크다.

교육실천의 과정에서 볼 때 통합교육은 이념적 비전이라기보다는 구체적 실천의 문제이다. 통합교육이 우리나라의 역사적 현실에 뿌리를 내리도록 하기 위해서는 궁극적으로 통합(inclusion)을 구현하고자 하는 철저한 의식 혹은 반성적 사고가 매우 중요하다. Freire(1970, 2000)가 교육을 "자유를 향한 문화 행동"으로 규정하면서 오늘날 학교교육에서 교육 받은 자의 내면적 '의식화'를 궁극적으로 강조한 것은 통합교육의 실천을 위해서도 중요한 시사를 제공해 준다. 우리나라에서 통합교육의 실천을 위해 가장 먼저 선행 되어야 할 '의식혁명'은 교육행정담당 지도자들로부터 일어나야 한다.

우리나라는 역사적으로 다른 나라에 비해(특히 아시아 지역 내에서) 압축된 기간에 경제발전과 정치민주화를 비교적 성공적으로 추진한 나라로 평가 받고 있다. 전술한 것처럼 우리나라에서 통합교육의 실천경험은 다른 나라에 비해 아직 대단히 일천하지만, 단기간에 통합교육을 성공적으로 정착시켜 가기위해 무엇보다도 학교장을 비롯해서 교육행정지도자들의 통합교육 실천을 위한 확고한 의식에 터한 강력한 리더십의 발휘가 대단히 중요한 의미를 갖는다.

(2) 미시적 관점에서의 과제

우리나라에서 통합교육 실천을 위한 미시적 관점에서의 주요 과제를 여기서는 일반교사와 특수교사 간의 협동적 파트너십에 의한 협력교수의 실천과 통합교육에 대응한 교사교육의 개혁과제로 대별하여 논의하고자 한다.

통합학급에서 실질적으로 특수교육 요구아동이 세심한 인간적 배려하에 품위 있는 교육을 받기위해서는 통합교육을 위해 일반교사와 특수교사 간에 파트너십에 의한 협동과 협력교수가 정밀하게 실천되어야 한다. CEC에서는 특수교육교사에게 요구되는 수행능력(competencies)의 표준을 설정함에 있어 1960년대 이래 계속 관심을 보여 온 이래 주기적으로 그것을 개정하고 보완해 왔다. 특히, 최근에 개정된 특수교사 수행능력 표준에서는 새로운 영역으로 '협력'(collaboration)을 설정하여 "일반교육과정에서 모든 특수교사에게 요구되는 지식과 기능"(CEC Knowledge and Skill Base for All Entry-Level Special Education Teachers of Students with Exceptionalities in Individualized General Curriculums)에서 새로 설정한 '협력' 영역에서 무려 23개의 지식과 기능 항목을 제안하고 있다(CEC, 2003). 이것은 그만큼 통합교육의 실천을 위해 새로이 특수교사의 수행능력으로 일반교사를 비롯한, 학부모, 관련 전문 인사들과의 '협력'이 대단히 중요하다는 것을 시사한다.

우리나라의 교실교육 상황에서 교사들은 여러 가지 형태의 협력교수나 국가수준의 교육과정을 단위학교의 학급구성 특성에 따라 탄력성 있게 조정해 가는데 별로 익숙하지 못하다. 게다가 특수교사의 경우 특수아동의 지도 방법적 측면에는 비교적 익숙할지라도 지도할 교과내용을 능숙하게 다루는 데는 상당한 한계가 있으므로 교육과정 운영을 통한 일반교사와의 실질적 협력이 원활하게 이루어지기 어려운 부분이 있다.

통합교육의 실천과정에서 그 성공의 핵심 열쇠는 결국 교사의 손에 쥐어져 있다. 따라서 통합교육의 성공적 수행에 필요한 교사의 전문적 수행능력의 제고는 무엇보다 절실한 과제가 되고 있다. 우리나라는 정책적으로 통합교육을 강조하면서 실제로 교사교육에서 직전교육과 현직교육을 포함하여 일반교육과 특수교육 양쪽 모두에서 '통합교육을 향한 교사교육의 개혁'은 여전히 제대로 반영되지 못하고 있다. 통합교육의 실천을 위한 중요한 전제조건으로 일반교사 양성과정과 재교육과정에 반드시 특수아동이해와 통합교육실천에 필요한 모든 교사의 전문적 수행능력이 진작될 수 있도록 교육과정상에 필수적으로 반영되도록 해야 한다.

한편, 특수교육교사 양성과 재교육에서도 일반교육개혁 쟁점에 보다 민감해질 수 있도록 특수교사교육을 개혁해 가야한다. 특히 통합교육 시대에 대비하여 특수교사의 일반학교 교과내용에 대한 전문적 소양과 그 지도능력을 배양하는데 훨씬 체계적인 접근을 해야 한다. 그런 의미에서 특수교사는 일반교육의 언저리에 외딴 섬처럼 특수하게 존재할 것이 아니라, 오히려 적극적으로 일반교육의 개혁을 앞장서 이끌어 가는 수준에서 높은 전문성을 나타내 보일 수 있어야한다. 그러기 위해 현행 우리나라의 특수교사 양성체제는 물론, 특수교사 양성과정 편성과 운영에 혁신적인 변화가 와야 한다.

우리나라의 현실에서 통합교육 문제와 관련하여 기존 특수교육의 정체성 혼란을 지적하지 않을 수 없다. 우리나라 특수교육은 전형적으로 분리중심 교육형태로 발전해 오다가 최근에 통합교육 쪽으로 패러다임 이동을 서둘고 있다. 이런 변화는 거의 모든 나라에서도 비슷한 양상이지만, 우리나라의 경우 정치나 경제 분야의 발전과 마찬가지로 특수교육 분야도 원체 단기간에 압축적으로 발전해 왔기 때문에 다른 나라와 수평적으로 비교할 수 없는 특이한 면이 있다. 거시적으로 보면, 우리에게 근대성과 포스트모더니티가 혼재(混在)하듯이 특수교육에서도 분리교육과 통합교육이 동시에 추진되고 있다. 이를테면, 국가수준이나 지역수준의 특수교육 발전계획을 보면, 아직도 특수학교의 신설과 특수학급의 증설이 여전히 단골 메뉴로 등장하는 가운데 전체적인 정책 지표는 통합교육이 강조되고 있다. 얼핏 보면 모순된 정책임에 틀림없으나, 압축 성장 혹은 압축 발전을 추구하는 후발국으로서의 조급증('빨리'주의)은 한꺼번에 다른 방향으로 뛰는 두 마리 토끼를 겨냥하지 않을 수 없게 되어 있다.

이런 상황에서 기존의 특수학교는 학교대로 특수학급은 학급대로 심각한 자기 정체성 혼란을 겪을 수밖에 없다. 이를테면, 우리나라 농학교는 한 때(1980년대 초반까지만 해도) 분리된 특수학교로서 가장 많은 학생 수가 재학하고 있었지만, 지금은 학교 수와 학생 수 모두에 걸쳐 지수곡선적(指數曲線的)으로 줄어들고 있어 특수학교로서 존립위기에 처해 있다. 최근 청각장애영유아들의 인공와우 이식수술(cochlear implantation)이 급속하게 보급되면서 다투어(성급하게) 일반학교로 통합을 택하고 농학교를 기피하는 현상이 뚜렷한 가운데, 이들 중에는 일반학교에서 적응하지 못하고 다시 농학교로 되돌아오는 경우가 늘어나고 있어 이 또한 심각한 문제가 되고 있다. 이제 우리나라는 특수교육 요구아동의 통합교육을 위해 모든 학교는 모든 아동을 위한 학교로 질적으로 재구조화(restructuring)되어야 할 뿐만 아니라, 특수학교는 특수학교대로 이 시대에 맞게끔 통합교육 지원센터로서 뿐만 아니라 중증중복 장애아교육을 위한 자기 정체성을 재정립하지 않으면 안 된다.

이상에서 논의 한 통합교육의 과제와 더불어 지구상의 유일한 분단국가로 남아 있는 우리나라의 특수한 상황에 비추어 우리는 또 다른 통합교육의 과제를 안고 있다. 통합교육의 대전제는 '사회통합'의 문제이다. 미국에서 통합교육의 촉진은 1960년대의 흑백통합 문제에 크게 자극을 받은 것임은 잘 알려져 있다. 최근 아시아 지역의 작은 도시국가인 싱가포르는 통합교육의 전제로서 사회통합을 선결과제로 강조하고 있다(Lim, Thaver, and Slee, 2008). 우리나라는 전술한 것처럼 20세기 이전까지는 문화적 동질성을 기반으로 사회통합이 비교적 안정되게 유지되어 왔다. 그러나 광복이후 분단체제가 반세기 이상이나 고착되어 오면서 남북 간의 이질성은 이외로 깊어져 가고 있다. 따라서 우리나라에서 통합교육의 문제는 탈분단 이후에 예견되는 또 하나의 특수문제로서 남북 간의 사회적 통합은 물론 통합교육의 문제를 각별히 고민하지 않을 수 없다. 그런 의미에서 우리나라에서 특수교육 요구아동을 위한 통합교육의 문제는 중층적으로 얽혀 있다.

4.4 통일과 통합교육의 문제

우리에게 통일과 통합교육은 다르면서 같다. 통일은 분단시대를 살고 있는 우리 민족의 염원이자 역사적 과제이다. 우리에게 통일은 역사적 당위임에도 분단은 이미 반세기를 훌쩍 넘어 섰다. 통일과 통합교육은 다른 문제라는 것을 누구나 쉽게 알 수 있음에도 '다르면서 같다'고 했을 때, 도대체 어떤 점에서 통일과 통합교육은 '같다'고 말할 수 있는지 얼른 납득이 가지 않을지도 모른다.

그래서 통일문제가 통합교육에 어떻게 의미연관 되고 나아가 어떤 시사를 주는가를 집중적으로 논의해 보고자 한다. 즉, 두 주제가 '다르면서 같다'고 할 때, 의도적으로 다르지 않은 이유를 드러내고자 한다. 그러기 위해 먼저 통일문제의 역사적 함의와 그에 따른 접근방향 내지는 방법론을 짚어보지 않을 수 없다. 필자는 당대 지식인으로서 통일문제를 고민하지 않는 사람은 진정한 의미에서 한국지식인의 반열에

들 수 없다는 생각이다. 왜냐하면 우리의 역사적 현실을 외면한 지식인은 당대 지식인이 지녀야할 역사적 '책임의식'에서 비켜나 있기 때문이다[2]. 사르트르의 「지식인의 변명」은 이런 점에서 지식인의 기준을 명쾌하게 제시해 주고 있다.

신영복(2004) 교수는 우리나라 통일문제를 문명사적 측면과 철학적 접근으로 논의 되어야할 필요성과 그 의의를 다음과 같이 제기하고 있어 주목을 끌게 한다.

> 우리나라 통일과정에 대해서도 심도 있는 논의가 있어야 합니다. 이 문제는 비단 우리나라의 통일문제에 그치는 것이 아니라 새로운 문명사적 과제와 직결되는 논의이기 때문입니다. 이것은 민족문제이면서 동시에 문명사적 과제일 뿐만 아니라, 분단과 냉전 질서의 청산이면서 동시에 자본주의와 사회주의라는 체제극복 문제이기 때문입니다.
>
> 그리고 이것은 철학적 주제로서의 화(和)와 동(同)에 관한 논의이기도 합니다.....(중략) 동(同)은 이를테면 지배와 억압의 논리이며 흡수와 합병의 논리입니다. 돌이켜보면 이것은 근대사회의 일관된 논리이며 존재론의 논리이자 강철의 논리입니다. 이러한 동(同)의 논리를 화(和)의 논리, 즉 공존과 평화의 논리로 바꾸는 것이야말로 진정한 변화라고 할 수 있습니다. 이것은 20세기를 성찰하고 21세기를 전망하는 일이면서 동시에 우리의 민족문제를 세계사적 과제와 연결시키는 일이기도 합니다(신영복, 2004, p.46).

위의 논의에서 신영복 교수는 통일문제를 민족문제이면서 동시에 문명사적 과제로 인식하고 있다. 민족문제로서 통일을 의제화 할 때, 민

2) 이런 맥락에서 백낙청(2006)은 다음과 같이 문제제기를 하고 있다.
「분단시대를 사는 한국 사회과학도의 학문적 분석에는 우리 사회의 온갖 사회현상이 분단에 어떻게, 얼마만큼 연결되어 있는지, 사안별로 정확히 규명해 보려는 열정이 한시도 식지 말아야 한다는 저 나름의 제의를 드리고 싶습니다.」(백낙청, 2006, pp.153-154)

족 동질성 회복을 위해 분단체제하의 남과 북의 교육을 어떻게 하나로 '통합'할 것인가 하는 것은 거시적 측면에서 우리 민족만이 가지는 특별한 '통합교육'의 과제이다. 즉 통일이후 남과 북을 하나로 아우르는 '통합교육'은 우리가 일차적으로 문제 삼는 특수교육과 일반교육간의 미시적 통합 차원을 넘어서는 민족의 통합문제이다. 그럼에도 전자의 통합이 후자의 통합과 무관하거나 이질적인 것으로 단정하기는 어렵다. 다소 다른 문제이긴 하지만, 미국에서 흑백통합의 문제가 특수교육에서 통합교육을 촉진하는 중요한 촉매가 되었음에 유의할 필요가 있다. 남과 북을 하나로 아우르는 통합교육이 본격적으로 추진되는 날 장애아동과 일반아동 간의 통합은 통일된 에너지에 힘을 받아 훨씬 역동적으로 추진될 것이다. 따라서 우리에게 통일은 통합교육을 위한 간접적 필요조건이 아니라 필요충분조건의 의미를 갖는다.

이어 통일문제에 대한 철학적 접근으로 신영복 교수는 화동논의(和同論議)를 제기하고 있다. 동(同)의 논리를 "지배와 억압, 흡수와 합병의 논리"로 규정하면서 통일은 "공존과 평화의 논리"인 화(和)의 논리로 전환되어야 한다고 제기했다. 그렇다. 우리에게 통일은 흡수와 합병이 아니라 공존과 평화통일이어야 한다. 마찬가지로 통합교육은 특수교육 요구아동을 일방적으로 일반학급에 흡수해서 합병하는 것이 아니다. 이것은 일반아동의 특수아동에 대한 지배에 의한 통합일 뿐이다. 통합교육은 수평적으로 함께 공존하는 화합의 교육이다. 동양철학에서 화동(和同)의 논의는 '화이부동'(和而不同)[3]으로 이어진다.

---

3) 원래 이 말의 출처는 논어의 "君子和而不同 小人同而不和"에서 따온 것이다. 이 구절의 번역을 신영복 교수는 "군자는 다양성을 인정하고 지배하려고 하지 않으며, 소인은 지배하려하고 공존하지 못한다."고 했다. 그리고 다음과 같이 해석을 가했다. 「'君子和而不同'의 의미는 군자는 자기와 타자의 차이를 인정한다는 것입니다. 타자를 지배하거나 자기와 동일한 것으로 흡수하려 하지 않는다는 의미로 읽어야 합니다. 반대로 '小人同而不和'의 의미는 소인

서로 다르면서 화합해서 공존하는 '화이부동'은 어쩌면 우리들에게 역사적 생존논리이기도 했다. 김기협(2008)은 「밖에서 본 한국사」에서 전통적으로 한민족 생존의 길은 중국문명을 거부하지 않으면서 또한 거기에 매몰되지 않는 '화이부동'에 있었다고 본다. 즉 그는 "중국의 군사적·경제적·문화적 압력을 견뎌낼 실력을 기르는 데 필요한 중국의 문명과 기술을 받아들이면서 중국과 다른 고유한 전통을 그에 조화시켜 복합적 문화전통을 창출한 것이 한민족 정체성의 바탕"(김기협, 2008, p.52)이었다고 본다.

이런 우리민족의 정체성은 종래의 마을문화 복원을 통해 통합교육을 구현하는 기반이 된다. 마을공동체문화가 교실공동체문화로 자연스럽게 이어진 경험이 우리에게는 내축되어 있다. 그러나 토건국가 건설을 향한 근대화의 질주는 마을문화의 공동화(空洞化)를 초래했다. 마을이 아이를 돌보는 시대는 어느 듯 옛이야기가 되었고 마을에 아이울음 끊어진지 오래다.

한국현대사 연구에 큰 족적을 남긴 강만길 교수는 자전적 현대사 정리를 위해 최근 「역사가의 시간」(2010)을 펴냈다. 그는 6.15남북공동선언에 직접 참여한 남쪽 역사학자로서 민족통일은 남북 당사자 간의 '협상통일'4)이어야 함을 다음과 같이 피력하고 있다.

은 타자를 용납하지 않으며 지배하고 흡수하여 동화한다는 의미로 읽어야 옳다고 생각합니다.」(신영복, 2004, p.163)

4) 강만길은 우리가 해야 할 통일을 '협상통일'이라 표현하고 그것을 강조하게 된 계기를 스스로 다음과 같이 술회하고 있다.
「1948년의 '협상'과 2000년의 '협상' 사이에는 반세기란 시차가 있고 그 동안에 처절한 동족상잔을 겪기도 했지만, 수천년을 함께 살아온 하나의 민족이 기어이 다시 하나가 되기 위한 '협상'을 하지 않을 수 없는 것이며, 따라서 2000년의 '평양협상'은 곧 1948년 '평양협상'의 연장선상이라 생각한 것이다. 이후 글을 쓰거나 강연을 하면서 우리가 해야 할 통일을 '협상통일'이라 강조하게 되었는데, 그것은 바로 2000년 6월 14일 밤 평양의 제1차 남북정상

> 먼저 민족의 통일이 이루어져서 남북 사이가 적이 아닌 동족 사이로 바뀌면, 그에 따라 남북의 동족들이 서로 오가는 국토의 통일은 자연스럽게 이루어지게 마련이다. 이 같은 민족의 통일, 국토의 통일 이외에 한 가지 남은 국가의 통일은 두 사회의 체제가 어떤 형태로건 하나로 되어야 하는 문제라 쉽게 이루어지기 어려운 것이 사실이다.
> (중략)...민족의 통일과 국토의 통일이 꾸준히 추진되어 남북 사이의 화해와 협력관계가 지속적으로 추진되면 비록 권력과 체제문제가 중심인 국가의 통일문제라 해도 그 합리적 방법론이 추출되고 그에 따라 비록 시일은 좀 걸린다 해도 무난한 '협상통일'이 이루어 질 수 있을 것이다(강만길, 2010, pp.424-425).

강만길은 우리나라의 통일문제 접근에서 먼저 한민족의 동질성을 회복하는 '민족통일'을 우선적으로 강조한다. 민족통일이 어느 정도 진척되면 남북이 교류하고 서로 오가는 국토통일은 자연스럽게 이루어지기 마련이다. 민족통일과 국토통일의 기반이 다져짐에 따라 시간이 걸리더라도 궁극에는 국가통일로 가야한다면서 이런 일련의 통일은 반드시 '협상통일'이어야 함을 강조하고 있다. 여기서 민족통일, 국토통일, 국가통일의 문제를 통합교육에 전치(轉置)해서 해석해 보자.

'민족통일'은 통합교육에서 일반아동과 특수아동이 원래 이질적 존재가 아니라 동질성을 기반으로 하고 있다는 것을 시사해 준다. 남한국민이니 북한인민이니 하는 것은 분단체제가 지어낸 말에 불과하다. 원래는 하나였는데 체제가 그렇게 갈라놓았다. 주지하는 것처럼 특수교육 요구아동이 지니는 특수성은 국부적・상대적・계량적 차이이지 총체적・절대적・질적인 차별화의 기준이 아니다. 더구나 그것은 일반아동으로부터 제외(exceptionality) 시키기 위한 기준이 아니다. 이런 측면

회담 만찬장에서 6・15 공동선언 합의를 듣는 순간에 생각한 통일방법론이라 할 수 있다.」(강만길, 2010, p.351)

에서 영어로 특수아동을 지칭하는 'Exceptional Children'이라는 용어가 아직도 버젓이 통용되고 있으나, 기실은 경계해야할 표현이다.

민족통일이 추진되는 정도에 따라 자연히 남북 간 인적·물적 교류가 활성화 된다. 이런 교류의 활성화에 따라 국토통일은 자연히 이루어진다. 통합교육에서는 상황이 거꾸로 되어 있다. 이를테면 일반학교 내에 특수학급 설치를 통해 막상 물리적 통합(국토통일)은 되어 있으나, 일반아동과 특수아동 간에 교류가 원활하지 못해 결국 물과 기름이 된다. 교류의 책임은 쌍방 모두에게 있으나, 굳이 우선순위를 따진다면 다수의 일반아동 쪽에서 먼저 맘을 열어야한다. 국가통일은 통일의 최종단계이다. 통합교육으로 치면 일반교육과 특수교육이 일원화되는 소위 완전통합(full inclusion)이다. 여기까지 이르기 위해서는 끊임없이 상호협상하고 소통해야한다. 강만길에 의하면, '협상통일'이야말로 통일의 방법론이자 원칙이다.

우리의 분단사에서 김구선생 이래로 '협상통일'은 실패로 낙인 되어 왔으나, 남북협상은 탈분단 시대를 열어 가기위해 결코 포기할 수 없는 역사의 과제다. 그런 의미에서 백낙청 교수는 우리의 통일문제를 '현재진행형'(백낙청, 2006)으로 명쾌하게 규정했다. 우리에게 통일은 월남식 전쟁통일도 아니고 독일식 흡수통일도 아닌 평화통일이어야 한다면, 그 통일은 평화적이고 점진적이어야 한다. 현재진행형으로서 평화통일은 곧 과정(過程)의 문제이다. 우리의 교육현실에서 통합교육은 여전히 하나의 이상이다. 역사는 이상의 현실화 과정이다. 이런 맥락에서 우리에게 통일과 통합교육은 다르면서 같다. 하나의 비전(vision)으로서 통일과 통합교육을 구현(realized)하는 과정은 복잡하고 난해하다. 그러나 문제의 성격상 정치적 과제로서의 통일보다 교육적 과제로서 통합은 훨씬 다면적이고 난해하다.

왜 그런가? 단언하건대, 통일이후에도 우리에게 통합교육은 여전히 난해한 과제일 뿐만 아니라, 오히려 더욱 복잡한 현안과제로 떠오를 것임에 틀림없다. 이제 우리는 통합교육을 좁은 의미에서 장애아동과 비장애아동 간의 통합문제로 한정할 수 없게끔 되어 있다. 통합의 스펙트럼은 다문화가정의 아동문제, 남과 북의 교육적 통합문제 등에 이르기까지 끊임없이 늘어나게 되어 있다. 원래 교육은 섞임이다. 그리고 섞임은 자연이다. 동양고전에서 노자(老子)의 가르침에 의하면, 사람은 땅을 따르고(人法地), 땅은 하늘을 따르고(地法天), 하늘은 도를 따르고(天法道), 도는 자연을 따른다(道法自然)고 했다. 차별하고 분리하는 것은 반자연(反自然)이다. 그러나 목하 신자유주의 교육정책은 효율과 경쟁을 앞세워 끊임없이 분리와 차별을 정당화하고 있다. 이런 상황이 지배하는 한 우리에게 통합교육은 무늬에 불과하다.

본질적으로 통일과 통합은 과정(process)의 문제이다. 부단히 노력하는 과정이 중요하다. 백낙청 교수는 "분단시대 속에 무르익어가는 통일시대, 통일시대 속에 잔존하는 분단시대를 지혜롭게 살아가야 할"(백낙청, 2006, p.92) 당위를 제안했다. 마찬가지로 우리는 분리교육이 안존하는 시대에 통합교육을 늘려가고, 통합교육 속에 잔존하는 분리교육을 지워가는 슬기로움과 인내를 발휘해야 한다. 어렵다고 포기하면 그 순간부터 분단과 분리는 고착된다. 누가 분단의 고착을 원하는가? 누가 분리의 고착을 원하는가? 그들은 민족의 반역이자 시대의 반역이다. 그리고 역천자(逆天者)이자 자연의 반역이다. 「대승기신론」(大乘起信論)에서 깨우침의 출발을 시각(始覺)이라했고, 그 깨우침의 무르익음을 본각(本覺)이라 했다. 그러나 우리가 깨우침에 입문하기 위해 노력하는 과정과 깨우침을 얻은 본각(本覺)의 상태는 그 내면적 본질에 있어 다르지 않다. 이것은 기신론이 강조하는 또 하나의 이문불상리(二門不相離)다. 즉 우리가 통일을 앞당기기 위해 꾸준히 협상하고 노력하는 과정은 통일의 완성과 본질적으로 다르지 않다. 마찬가지로 우리가 통합교육을 구현하기 위해 끊임없이 노력하는 과정은 본질적으로 완전통합(full inclusion)과 다르지 않다.

통일문제와 평화학의 권위자로 알려진 박한식 미국 조지아대(UGA) 석좌교수의 평화적 통일관은 남북통일 문제 뿐만 아니라 통합교육에도 많은 시사를 준다.

> 평화는 다양성, 즉 이질성을 수용하는 조화에서 가능하다. 이질성이 클수록 평화의 잠재성은 크다. 평화의 안경을 쓰고 보면 이질적인 남과 북도 보완관계로 보이지 경쟁관계나 적대관계로 보이지 않을 것이다. 이질성을 인정하면서 같이 살아보고, 그 과정에서 더 높은 차원의 동질성이 생기면 그 때가서 통일하자는 것이다. 서로를 인정한 다음에야 더 나은 단계로 나아가는 컨센서스가 가능하다. 오랜 시간을 두고 남북이 서로의 이질성을 수용하고 동질성을 만들어 가는 패러다임이 필요하다(안은별, 프레시안기사 중에서, 2010. 07. 14).

마찬가지로 통합교육은 장애아동과 비장애아동 간의 차이를 존중하면서, 그 차이를 수용하고 더 나은 단계의 동질성을 구성해 가는 과정이다.

제5장 한국특수교육 교사론

교육문제에 대한 곁가지를 계속 쳐나가다 보면 결국 교사문제에 귀착되지 않을까 싶다. 특수교육 국제비교연구에서 한 나라의 특수교육 발전을 촉진하는 주요 요인으로 교사문제를 들고 있는가 하면 저해요인으로도 교사양성 문제가 반드시 지적된다. 그만큼 교사문제가 교육의 질에 깊이 연관되어 있음을 의미한다. 여기서는 우리나라 특수교육에서 교사교육의 쟁점을 양성체제와 자격증 문제, 양성과정 편성과 운영상의 문제, 임용과 수급상의 문제, 그리고 마지막으로 한국에서 특수교육 교사론의 정립 과제 등을 중심으로 논의하고자 한다.

5.1 특수교육교사 양성체제와 자격증제도

(1) 특수교육교사 양성체제

우리나라에서 특수교육교사 양성체제는 교사교육의 일반적 발전과정에서 볼 수 있듯이 도제식(徒弟式) 훈련에서 단기훈련 체제로, 단기훈련과정에서 정규대학 양성체제로 발전되어 왔다. R. S. Hall 여사가

1898년에 평양에서 맹소녀 오봉래에게 뉴욕식 한글점자를 체계적으로 지도한 이래, 홀 여사 자신은 의사로서 의료활동에 대부분의 시간을 할애했다. 따라서 오봉래가 점자로 읽기와 쓰기가 능숙해 짐에 따라, 그 이후부터는 그녀의 수제자인 봉래를 교생(pupil-teacher)으로 적극 활용하였다.

1900년 추수감사절 일기에서 홀 여사가 "나는 맹인을 위한 교육을 더 진전 시켜야겠다. 정진여학교(正眞女學校)의 맹학급에는 이제 4명의 훌륭한 맹소녀들이 있다. 그러나 새로 맹여학생들을 지도할 교생(pupil-teacher)을 위해 내가 해야 할 일은 더욱 많다."(1900년 11월 27일자)라고 적은 것을 보면, 적어도 1900학년도부터는 정진여학교에 맹여아를 위한 '특수학급'이 설치 운영되어 왔음을 알 수 있다. 여기서 홀 여사가 새로 맹여학생을 지도할 '교생'은 그 무렵(1900. 11. 23) 일기에서 "Pongnai, my blind pupil-teacher"라고 적은 것을 보면, 그녀가 처음 점자를 가르친 오봉래를 지칭하는 것임을 확인할 수 있다. 이처럼 초기에 홀 여사는 일종의 '도제식' 훈련에 의해 봉래로 하여금 후배 맹학생들에게 교생 자격으로 직접 점자지도를 하도록 위임하였다.

평양맹학교를 졸업한 뒤 봉래는 평양맹아학교 교원으로 일해 오던 중 홀 여사의 배려로 1914년에 동경맹학교(東京盲學校)에 유학하여 3년간 침구안마과와 사범과 과정을 마치고(1917년 3월) 귀국하여 평양맹아학교 교사로 봉직하였다. 오봉래와 함께 조배녀(曺倍女)도 1917년 3월에 동경맹학교 사범과를 수료하였는데, 이들은 일본에서 특수교사로서 사범교육을 받은 우리나라 최초의 특수교사이다. 그 후에 평양맹아학교의 학생수가 많아지고, 또 1913년에 설치된 제생원(濟生院) 맹아부(盲啞部)를 담당할 교원을 충당할 목적으로 일본의 동경맹학교와 농학교 사범과에 한국인 유학생을 파견하여 초기에 맹교육과 농교육 분야의 교사를 충원하였다. 이 때 일본 동경맹학교 사범과에 유학을 간 사람은 위의 오봉래와 조배녀 외에도 노학우(盧學愚, 1924), 김길홍(金吉洪, 1931), 이종덕(李鍾德, 1933), 전태환(田泰煥, 1933), 김천년(金千年, 1942) 등이 있었고, 동경농학교 사범과에는 엄상섭(嚴詳燮, 1933), 김용묵(金龍默,1944), 박충삼(朴充三, 1945) 등이 일본에서 사범교육을 받고 귀국하여 특수교사로 활동하였다(안병즙, 1994).

우리나라에서 단기훈련 양성체제에 의한 최초의 특수교사 양성은 1950년 6월에 서울맹아학교에 재학하는 맹학생과 농학생 가운데 우수한 사람을 선발하여 견습생훈련 형태로 특수교사를 양성하여 활용한 것에서 비롯되고 있다. 초기의 특수학교들이 자체적으로 사범과를 설치하여 맹교육과 농교육 분야의 교사양성을 충당한 경우는 앞에서 본 일본 동경맹학교와 농학교 외에도 미국 최초의 농학교인 Hartford농학교(1817)도 마찬가지였다. 그 후 1954년에는 1년제의 보통사범과를 설치하여 일반인으로서 고등학교 과정을 마친 사람을 대상으로 1년 동안 특수교사 훈련과정을 거쳐 맹학교와 농학교 교사로 임용하였다.

이처럼 1950년대 당시 국립서울맹아학교에서 견습생훈련의 형태로 3년제의 사범과를 통해 맹학생과 농학생들을 대상으로 특수학교 교사를 자체 양성하였으며, 후에는 1년제 보통사범과를 통해 고등학교 과정을 졸업한 일반인을 대상으로 단기훈련 체제로 특수교사를 양성하였던 것이다. 이 3년제의 사범과와 1년제의 보통사범과는 1964년 3월에 서울맹학교와 서울농학교에 고등부가 신설되면서 폐과 되었다. 당시에 이런 견습생훈련 체제와 단기훈련 양성체제에 의해 우리나라에서 맹학교 교사자격증을 취득한 사람이 217명(맹인 94명 포함), 농학교 교사자격증을 취득한 사람이 모두 298명(농인 68명 포함)으로 이들은 1960년대에서 1970년대에 이르기까지 우리나라 특수교사의 메인스트림 그룹이 되었다.

우리나라에서 4년제 정규대학 과정에서 특수교사를 양성한 것은

1961년 3월에 한국사회사업대학(현 대구대학교의 전신)에 특수교육과를 설치한 것에서 비롯되고 있다. 그러나 이 대학에서는 1964년까지 2년제 초급대학 졸업자에게 맹학교와 농학교 교사자격증을 부여하였고, 다음 해에 4년제 대학 졸업자에게 맹학교와 농학교 교사 자격증을 발급하였다. 그 후 1960년대 후반에서 1970년대 초반에 이르기까지 우리나라 특수학교 교사 수요가 극히 한정되었기 때문에 특수교육과를 졸업하고도 일반중등학교 교사자격증을 취득하는 사례가 많았는데, 당시에는 특수교육과를 졸업하면 일반학교 교사자격증을 소지하고도 특수학교에 임용될 수 있었기 때문이다. 이런 경향은 초기(1950년대)에 일본에서도 우리나라와 비슷하였다.

그 후 1971년에 이화여자대학교와 단국대학교에 특수교육과가 설치됨에 따라 우리나라에서 4년제 대학과정에 의한 특수교사 양성체제가 본격적으로 활성화되기 시작했다. 그러나 초기에 이들 양성대학들은 중등특수교사 중심으로 양성을 하였기 때문에 1977년 특수교육진흥법 제정 심의과정에서 "특수교사 양성에서 초등교육과정 교사양성 기관이 없음"(1977년 12월 7일 김병영 의원 질의)에 대한 문제제기가 있었다. 이에 대해 당시 황산덕 문교장관은 "이 법안이 통과되면 초등특수교사 양성을 위한 과정을 대구에 있는 한국사회사업대학에 설치할 생각"(1977. 12. 7. 제 98회 국회문교공보위원회 회의록 중에서)이라고 답변하였다. 이에 따라 특수교육진흥법이 통과되고 1978학년도에 한국사회사업대학 특수교육과에 입학정원 40명의 '초등교육전공'을 설치하여 초등특수교사 양성에 대비하였으며, 이 전공은 후에 초등특수교육과로 독립하였다(김병하, 2005).

1980년대에 접어들어 1980년에 강남대학(당시 강남사회복지학교)에 특수교육과가 설치되어 초등특수교사 중심으로 양성하고 있으며, 이듬해에는 (전주)우석대학에 특수교육과가 설치되었다. 이어 1983년에 국립대학으로는 처음으로 공주대학에 특수교육과가 설치됨으로서 전국적으로 지역별 특수교사 양성의 안배를 기하게 되었다. 1990년대 이후에 특수교사 양성대학은 지수곡선적(指數曲線的)으로 늘어나 1999년에는 위의 6개 대학을 포함해서 14개 대학(국립 4개, 사립 10개)에서 연간 약 600명을 양성하게 되었다.

2006년 현재 특수교육 관련학과까지 포함하여 특수교사 양성과정을 설치한 대학은 42개교에 이르고 전체 정원은 1800여명(유치원과정 190명, 초등과정 770명, 중등과정 850명)이다. 불과 7년(1999-2006) 동안 양성대학은 14개 대학에서 42개 대학으로 꼭 3배로 늘어났고, 학생수에 있어서도 600명에서 1800명으로 3배나 늘어났다. 우리나라 교원정책의 일반적 준칙에 비추어 납득하기 어려울 정도로 급격히 증가되어 왔다. 중장기적으로 볼 때, 특수교육 분야의 교원수요가 늘어나야 할 당위성이 인정된다 할지라도 특수교사 양성의 졸속한 양적 팽창은 결과적으로 질적 저하를 초래할 위험이 매우 높다.

한편, 교육대학원의 특수교육전공은 1967년에 이화여대 교육대학원에서 처음 설치한 이래, 1975년에는 부산대에 교육대학원 특수교육전공이 설치되고, 이어 1978년에는 인하대와 조선대 교육대학원에 특수교육전공을 설치한 이래, 2006년 현재 24개 교육대학원에 특수교육전공을 개설하여 운영하고 있다. 이 외에도 교육대학원에 유아특수교육전공을 개설한 대학이 5개, 초등특수교육전공을 개설한 대학이 9개, 기타 관련전공 3개를 모두 합치면 36개교(중복전공 5개교 제외)에 이른다(교육인적자원부, 2006). 이 외에도 1998년에 대구대와 단국대에서 각각 입학정원 100명의 특수교육대학원을 설립한 이래, 공주대에서도 입학정원 60명의 특수교육대학원을 설립하여 3개교에 모두 18개 전공이 개설 운영되고 있다. 이처럼 외현적으로 보면, 대학원 수준의 특수교사 양성과정이 대폭 늘어나게 되어 자연히 특수교사 양성수준이 학부중심에서 대학원 중심으로 이행하는 발전적 양상으로 평가할 수도 있겠지만, 실제로는 우수한 특수교사의 양성에 심각한 부담으로 작용하고 있다. 그 주된 이유는 우리나라에서 특수대학원이 갖는 전형적인 부실운영에 기인하고 있다. 그 부실운영의 실상은 2010년 평가결과에서 잘 드러나고 있다.

필자는 학부중심의 특수교사 양성과 대학원중심의 특수교사 양성과정 모두에 관여하면서 양쪽을 비교해 보는 기회를 가질 수 있었다. 학부의 특수교사 양성과정에 입문하는 학생들은 내면적으로 특수교직에 대한 자기성찰과 사명감이 비교적 강하고 그런 문화 속에서 자기교육을 수행하고 있다. 그러나 교육대학원에서 특수교직에 입문하는 사람들은 이미 일반교사자격증을 취득한 교직 유휴자원으로서 '임용'획득을 위한 외적 동기가 일차적으로 강하게 작용하는 경우가 많다. 본질적으로 교직은 '반성적 실천'이지 기능적 합리가 아니다. 이런 맥락에서 Korthagen 등(2001)은 실천과 이론을 연결하는 탐구중심의 반성적(reflective) 교사교육을 제안하고 있어 주목할 만하다.

따라서 학부수준에 비해 격상된 대학원수준의 교사양성체제가 우리의 현실에서는 제도의 아름다움에도 불구하고 결코 질적 수월성을 보장해 주지 못할 수 있다. 교육부 '교원양성위원회'에서는 학부수준의 교사양성 기간을 5년제로 연장하는 것과 교원전문대학원 체제도입 문제를 2010년 평가 이후 확정할 것이다. 또한 기존의 교육대학원에 대해 전공별 교원양성기능과 연수기능을 분리하여 운영케 하고, 평가인정 결과에 따라 양성인원도 조정할 계획이다. 특히, 특수교사 양성체제는 기존의 4년제에서 최소한 5년제로 양성기간을 연장하는 것이 절실한 현안과제가 되고 있다.

(2) 특수교육교사 자격증제도

특수교육에서 교사양성체제와 관련하여 주요 쟁점으로 따라 붙는 것이 자격증제도이다. 우리나라에서 특수교사 자격기준이 법규로 처음 명문화 된 것은 1953년에 교육공무원법이 제정(법률 제285호, 1953. 4. 18)되면서 부터이다. 당시 특수학교 교사의 자격기준은 '초등학교 특수교사'와 '중학교 특수교사'로 구분하였으며, 이때는 중앙교원자격검정위원회를 거치거나 특수학교 사범과를 졸업한 자만이 자격증을 취득할 수 있었다. 그 후 1964년에 교원자격검정령이 신규로 제정(1964. 2. 26)됨에 따라 특수학교 초등교사 자격증은 '맹'과 '농'을 표시하고, 중등학교 교사자격증 역시 '맹'과 '농'을 표시한 다음 괄호 안에 중등학교의 교과목을 표기하게 하였다(안병즙, 1994). 그 후 1970년 이래 지금까지 특수교사 자격증 표시의 변천과정을 정리해 보면 <표 1>과 같다.

<표 1> 특수교사 자격증 표시의 변천

연도	자격증표기유형
1970 ~ 1977	초등 : 특수학교 교사(맹·농) 중등 : 특수학교 교사(맹·농) + (일반중등교과목) ※ 중등학교 2급 정교사(특수교육) 부전공 영어
1978 ~ 1981	초등 : 특수학교 교사(맹·농·정신박약·지체장애) 중등 : 특수학교 교사(맹·농·정신박약·지체장애) + (일반중등교과목) 특수학교 교사 특수학교 교사 부전공(일반중등교과목)
1982 ~ 1985	특수학교 교사 특수학교 교사 부전공(일반중등교과목) 특수학교 교사(맹·농·정신박약·지체장애), 부전공(일반중등교과목) 초등 : 특수학교 교사(맹·농·정신박약·지체장애) 중등 : 특수학교 교사(일반교과목) + (맹·농·정신박약·지체장애)
1986 ~ 1999	초등 : 특수학교 교사(맹·농·정신박약·지체장애) 중등 : 특수학교 교사(일반교과목) + (맹·농·정신박약·지체장애)

2000 ~ 현재	초등 : 특수학교 교사 중등 : 특수학교 교사(일반중등교과목)

<출처> 김병하 외(1997). 특수학교 교사양성체제 개선방안. 국립특수교육원, p.19.
윤점룡 외(2003). 특수학교 교사자격 및 양성체제 개선방안 연구. 한국재활복지대학 정책연구과제, p.14.

1949년 특수교사 자격이 법규로 명문화된 이래, 1970년대에서 2000년 초중등교육법이 개정되기까지 특수교사 자격증 표기는 일관된 원칙 없이 시계추처럼 왔다 갔다 했다. 1970년대에 특수학교교사 자격증은 초중등으로 구분하고 맹과 농 영역을 표시하는 것을 원칙으로 유지해왔으나, 한 때(1974-1977학년도) 이화여대와 단국대 졸업생에게는 '중등학교 2급 정교사(특수교육) 부전공 OO'으로 표시된 자격증이 주어졌다. 그 후 1978년 이후에는 특수학교 교사자격증에 '맹, 농, 정신박약, 지체장애' 등 4개 장애영역으로 분화되었으나, 한편으로는 장애영역을 통합하여 '특수학교 교사'로 표기하고 중등은 부전공으로 교과목을 표시하는 자격증이 발급되기도 했다. 특수교사 자격증 표기에서 이런 혼선을 가져오게 된 주된 이유는 당시 특수교사 양성대학 간에 장애영역 전문성에 대한 관점의 차이와 교과전공 비중에 따른 선택(전공이냐 부전공이냐)의 갈등에 기인하고 있었다. 그 후 1986년부터는 초등과 중등 특수교사 모두 장애영역을 표시하고 중등은 다시 괄호 안에 일반중등교과목을 표기하게 하였다.

이런 혼선을 거듭하는 동안에 1992년 교육법 개정 법률에서 특수학교 교사자격 기준을 정교사 1급, 정교사 2급, 준교사로 구분하여 현직연수와 승급기회를 제공함은 물론 양성수준을 다양화 하였다. 또한, 특수학교 교장(감) 자격기준을 강화하여 일반학교 교장(감)이 특수교육에 대한 보수교육을 통한 소양 없이 자격증을 취득하여 특수학교에 근무하는 것을 제한하였다. 개정된 특수학교 교사자격 기준은 <표 2>에서 보는 것과 같다.

<표 2> 특수학교 교사 자격기준

자격	특수학교
정교사(1급)	1. 특수학교 정교사(2급) 자격증을 가지고 3년 이상의 교육경력이 있는 자로서 소정의 재교육을 받은 자 2. 특수학교 정교사(2급) 자격증을 가지고 1년 이상의 교육경력이 있는 자로서 교육대학원 또는 교육부장관이 지정하는 대학원에서 특수교육을 전공하고 석사학위를 받은 자 3. 유치원·초등학교 또는 중등학교 정교사(1급) 자격증을 가지고 필요한 보수교육을 받은 자 4. 유치원·초등학교 또는 중등학교 정교사(2급) 자격증을 가지고 1년 이상의 교육경력이 있는 자로서 교육대학원 또는 교육부장관이 지정하는 대학원에서 특수교육을 전공하고 석사학위를 받은 자
정교사(2급)	1. 교육대학 및 사범대학 특수교육과를 졸업한 자 2. 대학의 특수교육 관련학과 졸업자로서 재학중 소정의 교직과정을 이수한 자 3. 유치원·초등학교 또는 중등학교 정교사(2급) 자격증을 가지고 필요한 보수교육을 받은 자 4. 유치원·초등학교 또는 중등학교 정교사(2급) 자격증을 가지고 교육대학원 또는 교육부장관이 지정하는 대학원에서 특수교육을 전공하고 석사학위를 받은 자 5. 특수학교 준교사 자격증을 가지고 2년 이상의 교직경력이 있는 자로서 소정의 재교육을 받은 자 6. 유치원·초등학교 또는 중등학교 준교사(2급) 자격증을 가지고 2년 이상의 교육경력이 있는 자로서 교육대학원 또는 교육부장관이 지정하는 대학원에서 특수교육을 전공하고 석사학위를 받은 자
준교사	1. 특수학교 준교사 자격검증에 합격한 자

그러나 2000년 1월 개정된 교원자격검정령시행규칙에 의하면, 특수학교 교사자격증은 유치, 초등, 중등에 따른 학교급별 구분은 유지하

되, 장애영역은 표시하지 않는 쪽으로 개정 되었다. 따라서 현행 특수교사 자격증제도는 '특수학교 교사'라는 표기를 유지하면서 자격증에 장애영역을 구분하지 않고 학교급별 구분만을 유지하는 것을 그 골격으로 삼고 있다. 특수교사 자격증제도가 이런 식으로 굳어지게 된 것은 다음 두 측면이 크게 반영된 것으로 볼 수 있다.

즉, 그 하나는 소위 '시장의 원리'에 따라 비범주화(noncategorizing)를 선호하는 발달지체 쪽이 특수학교와 특수학급 인구의 주류를 형성함에 따라 장애별 인구구성에서 소인수 그룹에 해당되는 감각장애(시각장애, 청각장애) 영역은 상대적으로 그 전문성이 밀려날 수밖에 없었다. 다른 하나는 통합교육을 향한 정책의 지향성이 장애영역의 분화를 허무는 것(cross-categorizing)을 강조하는 것과 맞물려 있었기 때문이다. 따라서 현행 특수교사 자격증제도하에서는 농학교 교사와 맹학교 교사의 전문성은 상대적으로 희석될 수밖에 없고, 또 발달지체 영역의 특수학교 경우는 학교급별(특히 초중등)에 따른 자격기준에 의거하여 교사배치를 하지 않을 수 없어 운영상에 애로를 겪을 수 있다.

한편, 특수교육 관련영역으로 '요육활동'이 등장함에 따라 특수교육진흥법 제정에 이은 동법시행령에서 처음에는 '요육교사'라는 용어 대신에 법제처의 유권해석에 따라 '요육요원'이라는 표기를 사용하다가 1980년 1월 교원자격검정령 개정에 의해 '요육실기교사'로 변경되어 표기되었다. 그 후 1988년 12월에 '특수학교 요육교사'로 표기되면서 특수학교 교사의 개념 범주에 '요육교사'가 들어오게 되었고, 1994년 특수교육진흥법 전면개정에 따라 '특수학교교사 치료교육'으로 표기되어 왔으나, 2007년에 새로 제정된 '장애인 등에 대한 특수교육법'에서 치료교육활동이 삭제됨에 따라 특수학교 치료교사 양성은 폐지되기에 이르렀다.

또한, 1999년부터는 중학교 이상의 과정을 설치한 특수교육기관에 다음의 각호에 해당되는 자를 직업담당교사로 배치하도록 규정하고 있다(특수교육진흥법 시행령 개정 1998. 12. 31, 2005. 2. 28).

1. 특수학교의 정교사, 준교사 또는 실기교사의 자격이 있는 자로서 다음에 해당하는 자
   가. '국가기술자격법' 제 3조의 규정에 의한 기술계 또는 기능계의 기술자격을 취득한 자
   나. '근로자직업훈련촉진법' 제 9조의 규정에 의한 직업능력개발훈련교사 자격을 가지고 있는 자
   다. 대학원에서 직업재활에 관한 학문을 전공하고 석사학위를 받은 자
2. 대학에서 직업재활에 관한 분야를 전공한 교원

그러나 특수교육 관련학과에서는 '직업재활' 분야를 제외하고는 특수학교 직업담당교사를 실제로 양성하지 않고 있다. 특히, 특수교사로서 '직업교사'는 활동영역에 따른 전공이 명시되지 않아 그 전문성이 불투명하다는 문제점이 거듭 지적되고 있다.

우리나라에서 특수교사 자격증제도는 지금까지 혼란스러울 정도로 바뀌어져 왔고, 때로 그 개정은 시계추처럼 왔다 갔다 하는 것을 되풀이 하면서 오늘에 이르렀다. 먼저 특수교사 자격증제도상에 왜 이런 혼란상이 야기 되었는가를 짚어 볼 필요가 있다. 그 주된 이유는 다음 세 측면에 기인하는 것으로 본다.

첫째로, 무엇보다 자격증을 취득하는 양성기관 당사자들의 이해관계가 서로 엇갈리는 데 주된 이유가 있었다. 이를테면, 장애영역별 교수진용을 비교적 고루 갖춘 양성기관의 경우는 애초에 법적으로 명시한 대로 장애영역별로 분화된 교사자격증 취득을 선호했으나, 여타 대부분의 양성기관들은 기본적으로 장애영역을 통합한(cross-categorizing) 자격증을 선호했다. 어느 경우든 나름의 장단점이 있고, 그것을 뒷받침하

는 정당한 이유가 있다. 그러나 자격증 발급 기준은 일차적으로 당대 특수교육 현장 상황과 요구에 따라 접근하는 것이 당연했으나, 때로는 양성기관의 현실적 여건과 그에 따른 주장이 지배적인 영향력을 행사하기도 했다.

둘째로, 양성기관들의 엇갈리는 이해관계에도 불구하고, 전체적 흐름을 보면 특수교육 현장의 '시장성'에 의해 자격증 발급이 규제되어 왔음을 볼 수 있다. '70년대 중반까지만 해도 특수학교 교사자격증은 '맹'과 '농' 영역으로 표기되었으나, 그 후 정신지체 특수학교와 지체부자유 특수학교가 급속하게 늘어나면서 '90년대까지는 기존의 '맹'과 '농' 외에 '정신지체'와 '지체장애'로 분화하여 특수학교 교사자격증을 표기하는 것을 기본적으로 유지해 왔다. 그러다가 '80년대 중반 이후 특수학급이 급속하게 늘어나고, 특수학교 인구구성도 정신지체 영역이 주류를 형성하게 되고 소위 장애정도에서 중증장애보다는 경도장애가, 장애영역에서 감각장애보다는 발달장애가 시장성의 대세를 장악하게 되면서 2000년부터 장애영역을 탈피한 특수학교 교사자격증으로 갱신되기에 이르렀다.

끝으로, 특수교사 자격증제도를 관리하는 교육부 내의 담당부서(교직국 양성과) 쪽에서 특수교사 자격증제도에 대한 전문지식이 부족한 채로 특수교육정책과와 유기적인 공조체제를 적절히 유지하지 못한 것도 하나의 이유로 지적될 수 있다. 이것을 반증하는 하나의 좋은 예로 1992년 말에 교육부 내에서 양쪽 부서 간에 실무차원에서 획기적인 공조체제를 유지함으로써 오늘에 이르기까지 그 골격을 유지하는 특수학교 교사자격 기준(정교사1,2급, 준교사)과 특수학교 교장(감) 자격기준이 탄생할 수 있었던 것이다.

특수교사 자격증제도와 관련하여 또 하나의 쟁점은 2007년 4월 말에 국회에서 통과된 '장애인 등에 대한 특수교육법'에 의하면, 기존의 특수교육진흥법에서 특수교육 개념규정을 '교과교육 및 치료교육, 직업교육'으로 명시한 것을 '교과교육 및 관련서비스'로 규정함으로써 '치료교육'을 특수교육 범주에서 제외(분리)하는 결과를 초래했다. 이에 따라 동 법의 시행령에서 기존의 치료교육 교사 양성과 자격증은 삭제되고 말았다.

한편, 해묵은 논란이기는 하지만, 특수교사 자격증의 명칭에 대해 현행 규정대로 '특수학교 교사'를 고수해야 한다는 입장과 '특수교육 교사'로 명칭 변경을 해야 한다는 입장으로 여전히 엇갈리고 있다. 자격증에 '특수학교 교사' 명칭을 고수해야 한다는 입장에 의하면, '특수교육 교사'로 명칭을 변경할 경우 '특수교육'이 중등의 교과담당 교사로 인식될 소지가 있으며, 현행 교육법 체계에 따른 학교종별이 명시되지 않아 교감, 교장 자격증 표기에 애로가 있다는 것이다. 이에 반해 '특수교육 교사' 명칭을 주장하는 입장에 의하면, 특수교사가 특수학교에만 배치되는 것이 아니라 특수학급, 순회교육 등 여러 장면에 배치되는 현실이므로 법규상의 미시적 해석에 구애되지 말고 '특수학교' 대신에 포괄적으로 '특수교육' 교사로 표기하는 것이 자연스럽다는 것이다.

이 명칭 사용의 문제는 1997년에 국립특수교육원이 주관하여 개최한 '특수학교 교사양성체제 개선' 세미나에서 첨예한 쟁점이 된 적이 있다. 그 후 윤점룡 등(2003)은 이 명칭 표기문제를 좀 더 종합적으로 분석 검토한 끝에 '특수교육 교사'로 표기하는 입장을 지지하였으나, 그 쟁점의 불씨는 여전히 남아 있다고 보았다. 그런데 최근에 입법 통과된 '장애인 등을 위한 특수교육법' 제 2조 4호에서는 "특수교육교원이라 함은 초중등교육법 제2조제5호에 따른 특수학교 교원자격증을 가진 자로서 특수교육대상자의 교육을 담당하는 교원을 말한다."고 규정하고, "특수학교와 특수학급에 두는 특수교육교원의 배치기준은 대통령령으로 정한다."(동 법 제27조)고 명시하고 있다.

5.2 특수교육교사 양성과정 개발과 운영

여기서는 특수교사 양성과정의 문제를 특수교사 양성과정 개발의 기본가정, 우리나라 특수교사 양성과정 편성 및 운영상의 문제와 개선과제로 대별하여 논의하고자 한다.

(1) 특수교육교사 양성과정 개발의 기본가정과 준거

우리나라 특수교사 양성기관들이 길러내고자 하는 '교사상'(敎師像)을 어떻게 설정하고 어떤 철학과 원칙에 의거하여 교사양성과정을 개발·운영하고 있는지 설명하기가 퍽 곤란하다. 이것은 우리나라 특수교사 양성기관들에 의해 편성된 양성과정이 어떤 원칙과 준거에 의해서 개발되었는가를 명시적으로 제시하지 않은 채, 교사양성과정 편성에 있어 자격증 취득에 필요한 최소한의 기준을 일률적으로 하나의 준칙으로 삼았기 때문이다. 일반적으로 좋은 특수교사 양성과정을 개발하기 위해 우리는 적어도 다음의 세 측면에 걸쳐 체계적인 검토를 해 볼 필요가 있다.

첫째로, 길러내고자 하는 이상적 교사상을 명백히 규정하는 일이다. 일차적으로 유능한 교사는 '잘 가르치는' 교사이다. 잘 가르치는 교사는 가르칠 교과내용에 대한 지식에 정통해야 할뿐만 아니라, 그 내용을 효과적으로 다루는 방법에 익숙해야 한다. Bruner(1978)는 교육과정에 있어 지식과 방법 간의 결합이 이루어져야 함을 강조하면서 "지식을 교육의 내용으로 의미 있게 조작하는 일"이야말로 교사가 교과를 가르칠 때 반드시 할 수 있어야 한다고 보았다. 일찍이 Dewey도 교과에서 내용과 방법은 따로 뗄 수 있는 것이 아니라면서 "학문의 내용이 조직되어 있다는 것은 곧 그것이 이미 지적인 활동을 거쳐 나온 산물로서 방법화 되어 있음"을 의미한다고 보아, 방법이 교과내용과 결코 떨어져 있을 수 없음을 강조하고 있다.

현행 우리나라 특수교사 양성과정 편성에서 교과전공은 단지 가르칠 교과내용에 대한 지식만을 다루고, 특수교육전공에서는 교과내용과 관계없이 특수교육 요구아동에 대한 지도방법 중심으로 다룬다면, 특수교사가 현장에서 가르칠 '내용'과 '방법' 간의 의미 있는 연관을 확립하기가 어렵다. Dewey가 교과내용과 방법은 따로 뗄 수 없는 것이라 했지만, 원칙적으로 내용이 방법을 규제하지, 거꾸로 방법이 내용을 규정하지는 못한다.

둘째로, 특수교사가 현장에서 실제로 하는 일이 무엇인가를 체계적으로 분석해 봄으로써, 특수교사 양성과정 개발의 준거를 얻어 낼 수 있다. 이처럼 현장에서 교사가 수행하는 능력에 의거하여 교사양성과정을 개선하고자 제안된 것이 소위 '수행능력 중심 교사교육'(competency-based teacher education: CBTE)이다. 이 입장은 교사교육에 있어 책무성(accountability) 개념을 강조하며, 양성된 교사의 책무는 어디까지나 그 교사의 지도 결과에 따라 학생이 나타내 보이는 변화에 의해서만 입증될 수 있다고 본다. 수행능력 중심 교사교육(CBTE)을 지지하는 입장에 의하면, 전통적인 코스 중심의 교사양성과정에서 소정의 학점을 성공적으로 취득했다는 것이 실제 교직 수행과정에서 훌륭한 교사가 된다는 것을 어떻게 보증해 줄 수 있는가에 대해 강한 의문을 제기한다.

지금까지 우리나라의 특수교사 양성과정 개발에서 일어난 변화의 대부분은 부분적으로 기존의 코스를 재조정하는 것에 주로 의존해 온 반면에, 기본적인 가정에 비추어 교사교육 프로그램의 성격을 바꾸어 보기위해 무엇을 어떻게 해야 할 것인가에 대해서는 심각하게 문제제기를 하지 않은 듯하다. 즉, 교사들이 현장에서 실제로 하는 일들이 무엇이며, 교직 수행을 위해 교사들이 시간을 어떻게 보내고 있는지에 대한 정보 분석을 통해 특수교사들에게 요구되는 수행능력(competencies) 목록들을 체계적으로 설정하여, 이들 목록들에 의거하여 교사양성 과정을 편성하고 운영하는 일련의 체계적인 노력들이 부족했다고 볼 수 있다.

'수행능력 중심 교사교육'이 교사양성과정 개발을 위한 합리적 대안일 수는 있지만, 교사에게 요구되는 개별 수행능력에 따른 지식과 기능을 성공적으로 획득했다고 해서 총체적으로 훌륭한 교사가 된다는 것을 보장해 줄 수 있느냐에 대한 의문은 여전히 남아 있다. 게다가 수행능력 중심 교사교육에서는 교사에게 요구되는 미시적 지식이나 기능의 획득에만 치우친 나머지 묵시적으로나 함축적으로 지녀야 할 교사의 윤리적 책무나 각성을 간과하기 쉽다는 비판이 제기 되기도 한다. 궁극적으로 교육이 심성함양이라면, 교사는 남을 가르치기 위해 먼저 자기 내면세계를 향한 '마음공부'의 끈을 놓지 않는 사람이어야 한다. 이런 의미에서 Palmer(1998)가 「가르칠 수 있는 용기」(The Courage to Teach)에서 교사는 자신을 가르치는 사람이어야 한다는 말을 거듭 성찰해 보아야 한다.

셋째로, 양성된 교사는 결국 현장에서 학습자에게 공급되는 교육과정에 의거하여 교과지도를 수행해야 하므로, 교사양성과정 개발을 위해서는 현장의 교육과정 개정에 민감하게 반응할 수 있어야 한다. 즉, 교사양성과정은 그 교사가 현장에서 가르칠 학생들의 학습활동에 초점을 맞추어야 하기 때문에, 현장 학교의 교육과정은 그 자체가 교사양성과정 개발의 주요 지침이 되지 않을 수 없다. 오늘날 강조되고 있는 '현장중심 교사양성 체제'에서는 이런 지침에 입각하여 교사양성과정을 개발·운영하는 것을 특히 중시한다.

이를테면, 우리나라에서 제 7차 특수학교 교육과정 개정에 따라 시각장애, 청각장애, 지체부자유 영역에서는 일반학교처럼 '국민공통 기본교육과정'을 도입하여 적용하는 것을 기본지침으로 하고 있으며, 발달지체 영역은 학교급별 구분을 탈피하여 지적요소 보다는 생활요소를 강조하는 '기본교육과정'을 개발하였다. 이에 따라 특수교사 양성과정 개발에서는 당연히 개정된 특수학교 교육과정 지침에 따라 양성과정을 재조정하지 않을 수 없다. 그러나 지금까지 우리나라 특수교사 양성기관들은 대학 혹은 대학원과정의 일반적 준거 틀에 충실한 나머지 양성과정이 학문중심의 이론에 치우치고 있다는 비판을 면치 못하고 있다.

이상에서 논의한 교사양성과정 개발을 위한 기본적 가정들은 상호간의 강조점에 있어 다소간 차이가 있지만, 현실적으로 특수교사 양성과정을 개발하는 과정에서는 위 세 측면의 가정들이 두루 반영되도록 하는 것이 바람직하다. 이런 기본 가정들에 의거하여 실제로 특수교사 양성과정을 개발하고자 할 때, 개별 양성기관들은 다음의 준거 틀에 따라 양성과정의 모형을 구안해 볼 수 있을 것이다. 그 준거로 다음 세 가지를 고려해 볼 수 있다.

첫째는 특수교사에게 요구되는 수행능력(competencies)을 지식, 기능, 태도 등으로 대별하여 유목화 해 볼 수 있다. 일반적으로 특수교사에게 요구 되는 수행능력의 평가에서 지식보다는 기능이 강조되고, 태도보다는 지식이 중시되는 경향이 있다(김병하, 1980, 이한선, 2006). 그러나 이것은 온당하지 못한 평가 성향이다. 원칙적으로 교사에게 요구되는 수행능력으로서 지식, 기능, 태도는 설사 그 성격이 서로 다를지라도 내면적으로 통합 연관될 때 가장 이상적이라 할 수 있다.

둘째로 특수교사에게 요구되는 수행능력의 군(群)은 개념적으로 세 갈래로 층화(層化)되어 있다고 볼 수 있다. 즉, 그것의 기저 층에는 "모든 교사에게 일반적으로 요구되는 수행능력"의 층이 있고, 그 위에 "모든 특수교사에게 공통으로 요구되는 수행능력"의 층이 있고, 그 최상단에는 "장애별 특성에 따라 요구되는 특수한 수행능력"의 층이 자리

잡고 있다. 그러나 이 같은 유층화(類層化)의 구분은 어디까지나 개념적인 것일 뿐, 실제로는 하나로 서로 연관되어 어우러져 있다고 할 수 있다. 흔히 우리가 특수교사 양성과정을 편성할 때에 교양 및 일반교직, 그리고 특수교육전공을 특수교육 공통과 장애별 심화과정으로 대별하는 것은 위의 개념적 기준을 염두에 둔 것이기도 하다.

미국 특수아동협의회(Council for Exceptional Children, 1998, 2003)에서는 수행능력 중심으로 특수아동을 위한 교직에 입문하는 모든 교사에게 요구되는 공통 중핵적인 지식과 기능의 표준을 먼저 제시하고, 그에 덧붙여 농과 난청, 시각장애, 정신지체/발달장애, 신체 및 건강장애, 학습장애, 정서 및 행동장애 등 장애 특성에 따라 요구되는 지식과 기능을 별도로 제시하고 있다. 이것은 개념적으로 CEC의 표준에서 특수교육 공통중핵과 장애별 특수성을 구분하면서도 실제로는 서로 연관지우기 위한 것으로 해석할 수 있다.

셋째로 발달단계에 따른 학제 도입에 따라 교사양성과정은 기본적으로 취학전단계, 초등단계, 중등단계 등으로 대별된다. 따라서 우리나라에서 모든 교사자격증은 기본적으로 유치, 초등, 중등으로 대별되고 그에 따라 양성과정도 별도로 구안된다. 전술한 CEC(1998, 2003) 표준에서도 특수교사에게 요구되는 수행능력을 개발함에 있어 취학전 단계의 특수유아를 지도할 교사에게 요구되는 지식과 기능은 장애별 특수성과 마찬가지로 별도로 개발해 놓고 있다. 그러나 발달지체학생들을 지도할 교사양성과정의 개발에서는 연령별 발달단계에 따른 학교급별 교사양성과정을 엄격히 구분하여 편성·운영한다는 것이 현실적으로 모호할 수 있다.

(2) 특수교사 양성과정 편성 및 운영상의 문제와 개선과제

우리나라에서 특수교사 양성과정의 편성과 운영은 기본적으로 양성

전공(35), 부전공(21), 특수교육선택(14) 중에서 47학점 이상을 이수하는 것으로 제안하고 있다. 대학원수준 특수교사 양성과정의 표준은 일반교사 자격증 소지자(34)와 특수교사 자격증 소지자(24)로 구분하여 특수교육 공통과정은 최저 10학점 이상, 심화과정은 14학점 이상으로 장애별, 통합교육, 유아특수교육에 따른 전문성과 특수성이 반영되도록 하고 있다. 위 표준안의 특징은 교직과정에 일반교육과 특수교육을 통합하고, 양성수준을 대학과 대학원 수준으로 2원화하면서 학부수준에서 복수전공의 기회를 열어 놓고 있다.

이상에서 분석한 특수교사 양성과정의 표준적 기준의 변화 동향은 (1) 양성수준에서 4년제 대학과정 중심에서 4년제 대학과 대학원 수준으로 2원화하고 있으며, (2) 상대적으로 장애별 심화과정보다 특수교육 공통과 통합교육에 대비한 편성을 중시하고, (3) 교과전공에 대한 비중을 확보하면서 복수전공의 기회까지 제공하는 것을 강조하고 있다.

한편, 최근 교육부(2006, 2007)에서 제시하고 있는 “교원 양성체제 개선방안”에 의하면, 교사양성 교육과정 편성의 최소 기준을 강화하여 특수학교 정교사(2급) 자격취득을 위한 이수기준으로 특수교육 관련 42학점 이상, 표시과목 관련 38학점 이상(교과교육 영역 8학점 이상 포함)으로 80학점 이상을 이수하도록 하고, 복수전공자에게도 같은 기준의 학점을 이수하도록 하고 있다. 또한 모든 교사양성 교육과정에서 교직과목의 이수 기준을 상향조정하여 교직이론 14학점 이상, 교직소양 4학점 중에 ‘특수아동의 이해’(특수교육개론) 2학점 이상을 반드시 이수케 하고, 교육실습을 4학점 이상(학교현장실습 2학점 이상, 교육봉사활동 2학점 이내) 이수케 하고 있다.

특히 이 개선방안에는 일종의 ‘수행능력’ 개념으로 “신규교사의 자질과 능력에 관한 일반기준”을 설정하여 모든 교원양성기관의 교육과정 편성, 교원양성기관 평가, 교원선발에서 중점 평가요소로 활용하게 하고 있다. 10개 영역에 걸친 기준은 다음과 같다.

기준 1. 교사는 건전한 인성과 교직 사명감 및 윤리의식을 갖는다.
기준 2. 교사는 학생들의 학습과 복지를 위해 헌신한다.
기준 3. 교사는 학생과 학생의 학습과 발달을 이해한다.
기준 4. 교사는 교과에 대한 전문지식을 갖는다.
기준 5. 교사는 교과, 학생, 교육상황에 적절한 교육과정을 개발 운영한다.
기준 6. 교사는 수업을 효과적으로 계획하고 운영한다.
기준 7. 교사는 학생의 학습을 모니터하고 평가한다.
기준 8. 교사는 학습을 지원하는 환경과 문화를 조성한다.
기준 9. 교사는 교육공동체 구성원들과 협력관계를 구축한다.
기준 10. 교사는 전문성 개발을 위해 끊임없이 노력한다.

<출처> 교육인적자원부(2006). 학교교육력 제고를 위한 교원양성체제 개선방안. pp. 5-7.

이상의 기준에 의하면 교원양성과정의 질적 수월성 제고를 위해 교원양성 교육과정의 현장 적합성을 강화하고 있으며, 이를 위해 현장 수요를 반영하는 교육과정 운영, 교육실습의 내실화, 교육현장과 양성기관간 교류 활성화 등을 강조하고 있다(교육인적자원부, 2006).

한편, 특수교사에게 요구되는 수행능력의 표준적 개발은 CEC에서 진작부터 개발해 왔는데, 최근 CEC에서 제시한 특수교직에 입문하는 교사에게 요구되는 표준적 지식과 기능을 위의 우리나라 신규교사의 자질과 능력에 관한 일반기준과 비교 검토하기 위해 10개 영역의 내역을 보면 다음과 같다.

표준 1. 기초(특수교육의 역사, 철학, 법제 등)
표준 2. 학습자의 발달과 특성
표준 3. 개인별 학습 차이
표준 4. 수업전략
표준 5. 학습환경과 사회적 상호작용
표준 6. 언어(의사소통 기능 개발)
표준 7. 수업계획
표준 8. 평가
표준 9. 전문적 및 윤리적 실천
표준 10. 협동(부모, 여타 교사들, 관련서비스 지원자들 등)

<출처> Council for Exceptional Children(2003). *What Every Special Educator Must Know.* VA: The Council for Exceptional Children. pp. 7-10.

이상에서 보면, 우리나라의 '신규교사 자질과 능력에 관한 일반기준'은 상대적으로 교직윤리의 측면을 강조하는 반면에, CEC 표준에서는 특수아동의 이해와 지도방법적인 측면에 보다 주안점을 두고 있다고 하겠다.

앞에서 제시한 우리나라 특수교사 양성과정 편성의 표준적 안들은 당대의 특수교육 변화 요구를 나름대로 반영하고 있으면서, 그 때마다 제시된 교원정책에 대한 일반적 기준이나 지침을 반영하고 있다. 그러나 실제로 대부분의 양성기관들은 그들이 자체적으로 개발한 기존의 양성과정 편성을 강하게 유지해 오면서 교사양성과정 개선에 대한 국가적 정책기준을 최소한의 수준에서 반영하는 정도에 머물고 있다. 따라서 양성기관별 교사양성과정의 특성을 뚜렷이 발견하기가 어렵고, 다만 당해 양성대학의 전통이나 교수진용의 특수성에 따른 상대적 차이를 볼 수 있을 뿐이다. 이런 현실적 여건과 풍토로 인해 특수교사

양성과정 운영상의 편차는 여러 가지 모습으로 일종의 혼란을 야기하게 된다. 이런 일련의 문제의식에서 김병하 등(1997)은 특수교사 양성과정의 운영에서 다음사항들에 특히 유의해야 한다고 제안하고 있다.

첫째로, 특수교사 양성과정 운영 주체자로서 교수의 질을 묻지 않을 수 없다. 교육의 질이 교사의 질을 능가할 수 없다면, 교사의 질은 그 교사를 길러내는 교수(교사교육자)의 질에 일차적으로 규제될 수밖에 없다. 특수교사 양성대학(원) 교수는 특수교육학자이기 전에 '교사교육자'로서의 전문적 자질에 충실해야 한다. 이를테면, 사범대학 교수들에게 "모든 교사교육자는 지위에 관계없이 5년마다 40시간 이상의 현장수업 경험을 가져야만 한다."(Qualls, 1997)는 요구는 의미심장하다.

둘째로, 특수교사 양성기관들은 그들 양성과정의 목적을 달성하기 위해 시설, 협력실습학교, 각종 기자재, 공학매체와 프로그램 자료들을 충분히 갖추고 이를 적절히 활용할 수 있어야 한다.

셋째로, 개별 양성기관은 제한된 양성과정으로 모든 분야의 특수교사를 다목적용으로 양성하려 들지 말고, 양성과정 운영의 차별화를 통해 양성기관별로 일련의 특성화가 드러날 수 있도록 노력해야 한다.

넷째로, 모든 특수교사 양성기관의 교육과정 운영에 대해 매 5년 정도의 주기로 종합적 평가절차를 거치게 하며, 이 평가에는 그 양성과정을 이수한 졸업생과 고학년 재학생 대표를 참여케 하여 수요자 중심의 요구를 반영하도록 노력한다.

특수교사 양성과정 운영과 관련하여 최근의 선행연구들(김삼섭, 2003; 정정진, 2006; 윤점룡 등, 2003)에서는 특수교사 양성과정에 대한 국가적 표준설정과 그에 따른 평가인정제의 도입을 제안하고 있다. 최근 교육부(2006)에서도 교원양성체제의 효율성 제고를 위해 교원양성기관 '평가인정제'를 도입하여 시행코자하며, 이 평가결과를 기초로 교원양성 인정기관과 비인정기관을 판정한다. 이 평가인정 기준에는 교수 1

인당 학생수, 교과교육전공 교수와 교직담당 교수 확보, 최소기준에 적합한 교육과정의 편성과 운영, 시설 및 설비(수업행동 분석실, 멀티미디어 제작실 등) 등이 포함된다.

우리나라 특수교사 양성기관들은 교육부에서 특수교사 양성의 최저기준선에 해당되는 특수교육 기본이수과목을 개설하여 운영하고 영역별(교양, 교직, 전공 등)로 졸업에 필요한 기준학점을 성공적으로 이수하면, 최소한 자격증 취득에는 특별한 문제가 없게 되어 있다. 결국 이것은 그만큼 특수교사 양성과정 편성과 운영에 있어, 당해 양성기관에 대폭적인 자율성이 허용되고 있다는 의미이다. 특수교사 양성과정의 편성과 운영에서 양성기관별로 비교적 폭 넓은 자율성이 인정되고 있다는 것은 우리의 현실에서 각각의 장단점이 있다.

그 장점으로 들 수 있는 것은 뭣보다 개별 양성기관들이 자체 합의에 의해 자율적으로 특성 있게 양성과정을 편성해 운영할 수 있는 탄력성을 가질 수 있다는 점이다. 그런데 이 경우에 중요한 것은 당해 양성기관이 그들의 특수교사 양성프로그램의 차별적 특성화를 드러내기 위해 얼마나 체계적으로 '의도된' 노력을 하는가이다. 현행 우리나라 특수교사 양성과정이 양성기관들 간에 특성화를 위한 집중적 노력 없이 '다양한 편차'를 보이고 있다면, 그것은 의도되지 않은 현실적 편의에 따른 현상일 수 있다.

따라서 이 같은 현상에 편승하여 우려되는 문제(단점)는 특수교사 양성과정 편성과 운영상의 '자율성'이 실제로는 개별 양성기관들에 의해 일종의 '편의주의'로 남용되는데 있다. 특히, 최근에 와서 학부수준과 대학원수준에서 특수교사 양성과정이 급격하게 신설된 것은 교원수급의 시장적 자유경쟁원리가 낳은 일종의 유인정책 때문이다. 한국 교육에서 준비되지 않은 양적 팽창은 언제나 질적 저하를 초래하곤 했다. 최근 우리나라의 특수교육 교원정책도 그 예외가 아니다. 그래서 특수교사 양성과정의 국가적 표준설정이 진작부터 꾸준히 제기되어 왔으나, 막상 당해 양성기관들은 '자율성'을 앞세워 이 문제에 소극적이었고 국가차원에서도 적극적 대안을 제시하지 못하고 있다. 이에 필자는 다음의 세 측면에서 특수교사 양성과정 편성과 운영상의 주요 쟁점을 논의하고자 한다.

첫째는 특수교사 양성과정 개발과정에서 '편성의 원칙이나 준거 설정'을 위해 체계적이고도 일관된 노력이 기본적으로 부족했다는 점이다. 대개 우리의 현실에서 특수교사 양성과정의 편성은 그 때 마다의 현실적 요구를 반영하는 일종의 '대증요법적' 필요에 따라 양성과정을 부분적으로 땜질하는 식이었다. 이를테면, 수행능력중심(competency-based) 교사양성과정을 개발하기 위해 길러 내고자하는 교사에게 요구되는 수행능력은 무엇이며, 그것을 어떤 원칙과 절차에 의해 분석해 낼 것인지에 대한 체계적인 노력이 턱없이 부족했다. 또한 하나같이 특수교사 양성과정 편성에서 교육실습의 중요성을 강조하고, 그 학점 비중을 늘릴 것을 제안했지만, 그렇게 하기 위해 실습과정을 어떤 원칙에 따라 편성하여 그 운영기준을 어떻게 구체화할 것인지 등에 대한 대안 제시는 허술했다고 할 수 있다.

둘째는, 특수교사 양성과정의 질적인 운영 제고를 위한 교수 충원이 기본적으로 퍽 부족하거나 그 충원원칙 또한 납득하기 어려운 경우가 많다. 기본적으로 양성된 특수교사의 질은 그 교사를 길러낸 교수(교사교육자)의 질에 의해 규제된다. 이런 측면에서 개별양성기관은 그들의 특수교사 양성목적에 따라 얼마나 전임교수를 적절히 충원하고 있으며, 그 충원 기준은 얼마나 교사양성 목적에 비추어 적합한가를 진지하게 문제 삼아 봐야한다. 최근 교사교육의 개혁을 위해 '반성적 교사교육'을 강조하는 입장이 있거니와, 이런 맥락에서 기존의 특수교육 교사교육자들이 그들의 교사교육 개혁을 위해 얼마나 내면적 성찰을 통해 교사교육자를 충원해 왔는가를 '다시' 반성해 볼 필요가 있다. 끊임없이 반성하지 않는 집단에게 미래는 없다.

끝으로, 특수교사 양성과정의 편성과 운영에서 교과전공과 특수교육전공 간의 비중조정과 그 연계성을 어떻게 확립하느냐는 문제이다. 한동안 특수교사 양성과정에서 교과전공은 부전공 수준으로 편성 운영된 적이 있었는데 이것은 잘못된 전례이다. 특수교사가 현장에서 가르치는 것은 '교과'를 가르치지 '특수교육'을 가르치는 것이 아니다. 그리고 특수교사 양성기관으로서 특수교육(학)과는 일차적으로 특수교사를 길러내는 곳이지 특수교육 학자를 길러 내는 곳이 아니다. 그러나 양성기관에 따라서는 교과내용 전공보다는 특수교육전공 쪽에 훨씬 무게를 둠으로써, 이 같은 비판을 받을 소지가 다분히 있다. 또 배당학점 비중면에서 교과전공과 특수교육전공 간에 편성상의 균형을 어느 정도 유지하고 있다 하더라도 두 영역 간의 내면적인 연계성이 어떤 수준에서 어떻게 유지되느냐가 퍽 중요한 과제가 된다.

이를테면, 특수교사 양성과정에서 수학담당 교사를 길러내고자 할 때, 수학교과 전공에 필요한 소정(42학점 이상)의 학점을 수학교육과에 위탁 형식으로 이수하게 하기는 쉽지만, 특수교육 요구학생들의 특수한 조건과 수준에 따라 그 교과의 내용과 방법을 어떻게 조정하고 보완할 것인지는 퍽 난해한 문제이다. 이 부분에 대한 체계적 관심은 교과전문가와 특수교육전문가 모두로부터 비켜가는 듯하다. 그러나 최근 과학교육 분야 일각에서 장애학생을 위한 교과교육에 깊은 관심을 보이고 있어 퍽 고무적이다. 이런 경우에 특수교육(학)자들은 교과교육(학)자들에게 주도권을 넘겨주는 형국을 염려할지 모르나, 문제는 누가 어떻게 그 일을 해내느냐가 중요하다.

5.3 특수교육교사 임용과 수급문제

지금 우리나라 특수교사 양성과 수급 문제는 진퇴양난(進退兩難)의 딜레마에 빠져 있다. 몇 년 전까지만 해도 특수교사 수급은 안정적이었다. 그러나 최근 특수교사 공급과잉 현상이 해를 거듭할수록 더욱 심각해지면서, 특수교사 양성대학은 급작스레 '임용고시원'으로 추락하고 있다. 지금의 임용제도는 조선조 과거제도(科擧制度)의 폐해를 연상케 한다. 필자가 보기에 우리나라의 시험문화에서 경쟁이 치열할수록 질적으로 좋은 교사를 뽑는다는 것과는 도리어 거리가 멀 위험이 있다. 더욱이나 특수교사가 하는 일의 본질에 비추어 볼 때, 더욱 그럴 가능성은 짙다. 한국특수교육학회에서는 2007년도 춘계학술대회이래 내리 3년간 특수교사양성과 그 전문성 관리를 문제 삼아 왔다. 특히, 최근에 와서 특수교사의 임용제한과 그에 따른 교사 수급상(需給上)의 불균형이 심각한 문제로 떠오르자 다시 특수교사 양성과 수급문제를 다루었다.

특수교사의 수요공급에 미치는 요인은 퍽 복잡할뿐더러, 정치적으로 정책의지가 어떻게 작용하느냐에 따라 달라질 수 있다. 최근 특수교육의 환경변화와 새로운 법제가 맞물려 정책적인 측면에서 특수교육 교원 중장기 수급(김삼섭 외, 2007) 문제가 주요 현안 과제로 떠오르고 있다. 특수교사 수급의 과학적 예측은 합리적인 교원정책을 수립하기 위해 중요한 자료가 되겠지만, 미시적 분석 못지않게 거시적 통찰이 중요하다. 이하에서는 우리나라 특수교사 수급상의 주요 쟁점을 먼저 한국 특수교육 발전을 상징적으로 함의하는 '압축발전'의 시각에서 집중적으로 논의해 보고자 한다. 이어 국제비교에 따른 한국 특수교사 수급상의 주요 쟁점을 이런저런 모습으로 우리나라에 영향을 주는 미국과 일본의 경우를 중심으로 짚어 보고, 마지막으로 특수교사 수급문제에 대한 우리나라의 현안문제를 짚어 보고자 한다.

(1) 압축적 발전에 따른 쟁점

아시아 경제발전 모형으로 우리나라는 '압축성장'의 대표적인 나라로 손꼽힌다. 가끔 외신 기자들은 한국을 'too dynamic'으로 표현할 정도이다. 이런 압축 성장의 결과 우리는 "근대적응과 근대극복의 이중과제"[1](이남주, 2009)라는 특이한 부담을 안게 된다. 정치적 민주화와 경제적 고도성장이 압축적으로 이루어진 것처럼 우리나라에서 특수교육도 최근 30-40년간 압축적으로 발전해 온 것이 사실이다. 최근 장경섭(2009)은 가족주의에 기초한 한국인의 삶을 '압축적 근대성'(compressed modernity)으로 규정하여 개념화하였다. 이런 일련의 개념적 모형에 따라 한국 특수교육의 '압축적' 발전에 대한 설명이 가능할 뿐만 아니라, 그것을 이해하는 데 도움을 얻을 수 있을 것이다.

시간계열로 볼 때 우리나라의 특수교육은 1970년대, 특히 특수교육진흥법제정 이후 급속하게 발전해 왔다. 이런 압축발전에 탄력을 받아 2000년대에 접어들어서도 우리나라 특수교육 요구학생들의 전형적인 교육배치장면인 특수학교와 특수학급 수는 꾸준히 증가하는 추세를 보이고 있다. 2000년 당시 특수학교 수는 129개교이고, 일반학교 내의 특수학급 수는 모두 3802개 학급이며, 전체(학교 · 학급) 학생수는 54,732명이고 교원수는 8,201명이다. 이에 비해 2008년 현재 특수학교 수는 149개교로 20개교가 증설되어 8.6% 늘어났고, 특수학급은 6,352개 학급

1) 여기서 '근대적응과 근대극복의 이중과제'는 꺼져가는 탈근대 논쟁의 불씨를 다시 살리기 위한 것이 아니다. 그 출발점은 근대 자본주의 체제 속에서 국가차원이든 지역적 · 지구적 차원의 실천이든 대부분 실천들은 적응과 극복이라는 이중과제에 직면해 있으나, 이에 대한 이론적 탐색이 부족해서 여러 가지 편향을 발생시키고 있다는 문제의식에서 비롯된 것이다(이남주, 2009, p.11).

으로 약 60%나 증가하였으며, 교원수는 13,165명으로 약 62% 증가하였다(교육과학기술부, 2008). 2008년에 특수교육 담당교원 1인당 학생수는 5.4명으로, 이는 「장애인 등에 대한 특수교육법」에서 특수학교 및 특수학급 교사배치 기준을 학생 4명당 1명으로 규정한 기준치에 비추어서도 1.4명이나 초과하고 있다. 이에 비해 이웃 일본의 경우는 국가에서 정한 표준 기준보다 교사 1인당 학생수가 훨씬 낮게 나타나고 있다. 2010년 기준으로 우리나라 특수교사의 법적 정원 확보율은 56.6%에 불과하다(교육과학기술부, 2010).

우리나라에서 특수교사 수요의 증가보다 훨씬 빠른 속도로 공급 팽창은 압축적이었다. 2006년에 특수교육 관련학과까지 포함하여 특수교사 양성과정을 설치한 대학은 42개교에 이르고 전체 정원은 1800여명(유치원과정 190명, 초등과정 770명, 중등과정 850명)이다. 한편, 교육대학원의 특수교육전공은 2008년에 42개교 교육대학원에 특수교육 및 관련전공을 개설하여 운영하고 있다.[2] 전술한 것처럼 이 외에도 1998년에 대구대와 단국대에서 각각 입학정원 100명의 특수교육대학원을 설립한 이래, 공주대에서도 입학정원 60명의 특수교육대학원을 설립하였다. 이처럼 외형적으로 보면, 대학원 수준의 특수교사 양성과정이 대폭 늘어나게 되어 자연히 특수교사 양성수준이 학부중심에서 대학원 중심으로 이행하는 발전적 양상으로 볼 수도 있겠지만, 실제로는 그렇게 낙관하기 어렵다.

이상에서 보는 것처럼 우리나라에서 특수교사 양성의 급격한 팽창은 필연적으로 심각한 수준에서 특수교사 과잉공급 현상을 초래 하였다. 그 심각성은 당분간 특수교육 요구학생들에 대한 교육기회를 늘려감으로써 특수교사 공급이 완만히 늘어날 수도 있겠지만[3], 이미 지나치게

2) 그 내역을 보면, 유아특수교육 5개교, 초등특수교육 11개교, (중등)특수교육 29개교, 직업특수교육 1개교, 특수체육교육 2개교 등이다(교육과학기술부, 2008).

그 정도를 벗어나 버려서 과잉양산(공급)에 따른 문제를 상쇄할 수 없게끔 되어 있다. 최근 3년간(2006-2008) 특수교사의 임용현황을 보면, 해를 거듭할수록 수요에 비해 과잉공급은 더욱 심각한 양상을 띤다. 유치원과정의 경우 2006년도에 특수교사 모집 인원은 불과 28명이었으나 응시인원은 241명으로 8.6대 1의 경쟁률을 보였고, 2008년에는 27명 모집에 무려 295명이나 응시하여 10.9대 1의 경쟁률을 나타냈다. 초등특수교사의 경우 2006년에 297명 모집에 1,231명이 응시하여 4.4 대 1의 경쟁률이었으나, 2008년에는 244명 모집에 1,763명이 응시하여 7.2 대 1로, 2009년에는 141명 모집에 2,137명이 응시하여 무려 15.2 대 1로 경쟁률이 높아졌다. 중등특수교사는 2006년에 339명 모집에 801명이 응시하여 2.4 대 1이었고, 2008년에는 441명 모집에 1,585명이 응시하여 3.6 대 1로, 그리고 2009년에는 124명 모집에 1,456명이 지원하여 11.75 대 1로 역시 경쟁률이 높아졌다(교육과학기술부 자료제공, 2009). 아마 해를 거듭할수록 임용 경쟁률은 계속 높아질 것이다.

전체적으로 보면 2006년에 특수교사 전체(유치·초·중등) 임용수요는 801명이었으나, 응시인원(공급수)은 2,273명으로 3.4 대 1이었고, 2008년에는 임용수요 712명에 무려 3,643명이나 응시하여 5.1 대 1의 경쟁을 보였고, 2009년에는 임용수요 275명에 14.1 대 1로 높은 경쟁률을 초래했다. 한편, 일본의 경우 2008년 현재 특별지원학교 교원채용 경쟁률은 3.5 대 1(즉, 응시자 6,827명 중 1,939명을 선발하였음)로 상대적으로 우리나라 보다 안정적이다.[4] 이런 추세라면 우리나라에서 특수

---

3) 「2008 특수교육실태조사」(국립특수교육원, 2008)에 의하면, 우리나라 전체 특수교육요구 학생수는 89,051명(출현율 0.95%)이다. 이들 중 특수교육대상으로 선정·배치된 학생수는 71,484명으로 이는 전체 특수교육요구 학생수의 80.27%를 차지하고 있다.

4) 일본에서 2008년 현재 전체 교원임용 경쟁률은 6.5배이고, 이 중 소학교 교원 경쟁률은 4.3배, 중학교는 9.1배, 고등학교는 10.8배인 반면에 특별지원학

교사 임용수요에 비해 공급은 더욱 빠른 속도로 늘어나 유자격 특수교사의 적체현상이 심각한 사회문제로 대두되어, 소위 청년실업을 더욱 부추기게 될 것이다.

더욱이나 현저한 저출산에 영향을 받아 장기적으로 볼 때 전반적으로 특수교사 공급의 적체현상은 상상을 초월하는 지경에 이를 수 있다. 전반적(일반교육 기준)으로 2006년 우리나라 교사 1인당 학생 수는 OECD 평균과 비교해 초등과 중학교는 1.6배, 고등학교는 1.3배로 나타났으나, 2010년대 중반부터 학생 수 대비 교사 수가 OECD 평균을 웃돌고, 2030년에는 두 배 수준에 이르게 될 것으로 전망했다(한국교직원신문, 09 .4. 13.). 최근 통계청에 따르면 2006년 기준 우리나라 교사 1인당 학생수는 초등학교 26.7명, 중학교 20.8명, 고등학교 15.9명으로 OECD 평균보다 다소 높지만, 최근 5년간 추세대로 교사수가 증가하면 초등학교는 2012년, 중학교 2015년, 고등학교는 2018년에 OECD 수준에 도달할 것으로 내다봤다.

이후 2030년에는 OECD 대비 교사수가 초등학교 189%, 중학교 196%, 고등학교 158%로 '교사정원 초과' 상황이 벌어질 것으로 추정됐다. 이는 2030년 초·중·고교 학령인구가 저출산 탓에 2007년의 60% 이하 수준에 그칠 것으로 예상됐기 때문이다. 즉, 2007년 대비 2030년 학령인구는 초등학교 58.0%, 중학교 54.0%, 고등학교 59.6%로 추정됐다. 이에 따라 특수교육대상도 비슷한 비율로 줄어든다고 봐야겠지만, 일본의 경우 전체 학령기 인구의 감소에도 불구하고 특별지원을 요하는 학생수는 계속 늘어나고 있다. 저출산에 따른 학령인구의 급속한 감소로 2050년에는 178개 대학만 '생존'한다는 예상이 나왔다(교수신문, 09.4.13).

교 교원은 3.5배로서 상대적으로 낮은 편이다. 그리고 전체 경쟁률 6.5배는 전년도에 비해 0.8% 저하되었다고 한다(平成20年度公立學校敎員採用選考試驗の實施狀況, 2009).

이제 대학들은 학령인구 감소에 따른 생존전략이 현안문제로 다가왔고, 이와 함께 특수교사 양성대학의 구조조정도 불가피한 단계에 접어들고 있다. 교수 수도 지금은 교수 1인당 학생수가 국제비교 기준에서 지나치게 많지만, 교수 1인당 학생수를 OECD 평균수준으로 유지할 경우 2010년까지는 6만7천명이 필요해 임용수를 늘려야 한다. 그러나 2018년에는 교수 수가 6만4천명, 2030년에는 4만3천명, 2050년에는 3만5천명으로 그 필요수요가 점차 줄어든다는 것이다.

특수교사 수급 측면에서 볼 때, 그렇지 않아도 현재 추세대로라면 특수교사 수요에 비해 과잉공급 현상은 기하급수적으로 심각해질 것이다. 김삼섭 등(2007)의 특수교사 중장기 수급예측에 의하면, 초등특수교사는 2009년부터 '과잉공급' 폭이 커져 현재 양성체제가 지속될 경우 2020년에는 1만3천명이나 과잉양성 될 것으로 예측하고 있다. 중등특수교사의 경우 2008년부터 매년 1천명 정도 과잉공급이 지속되어, 2020년에는 초등보다 훨씬 큰 폭으로 과잉양성 될 것으로 예상하고 있다. 게다가 원천적으로 저출산에 따른 학령인구의 급속한 감소에 따라 2012년부터는 특수교육 요구학생수가 점차 감소됨으로써 특수교사 수요-공급 간의 불균형은 설상가상으로 심각한 문제로 불거질 위험을 안고 있다. '압축발전'에 따른 특수교사 수급상의 급격한 불균형은 일차적으로 특수교사 양성대학(원)의 질적·양적 구조조정에 심각한 영향을 미칠뿐더러, 장기적으로는 그 존폐의 위기에 당면할 수도 있다.

(2) 국제비교에 따른 주요 쟁점

우리나라 특수교육은 초기에 실천적 측면에서 일본으로부터 적잖은 영향을 받았고, 후에는 주로 미국으로부터 이론적 담론에서 상당한 영향을 받아온 것이 사실이다. 특수교사 양성체제에서도 우리나라는 유럽의 목적형 보다는 미국이나 일본의 개방형에 강한 영향을 받은 가운데 제도운영 조정에 실패한 면이 있어, 양성된 특수교사의 질에 있어서나 그 수급의 양적 조정에서 심각한 문제를 노정하고 있다. 여기서는 주로 미국과 이웃 일본에서 특수교사 양성과 그 수급상의 주요 쟁점을 살펴보고자 한다.

□미국의 특수교사 수급상의 쟁점

미국에서 특수교사 수급에 있어 주요 쟁점은 유능한(highly qualified) 교사를 안정적으로 확보하는 것과 고질적인 교사부족 문제이다. 어쩌면 이것은 교사수급의 질과 양이 맞물려 있는 동전의 양면과 같은 문제이다. 특히, 미국 초·중등교육법으로 NCLB(No Child Left Behind, 2001)가 발효되면서 교과교육을 중심으로 한 고품질의 교사를 확보하는 것에 대한 요구가 일반교육과 특수교육 양쪽 모두에서 더욱 강조되고 있다(Skrtic, Harris, and Shriner, 2005). 이런 요구에 대응하여 교사공급을 원활히 하기 위해 '교수와 미국 미래전국위원회'(National Commission on Teaching and America's Future)에서는 교직 개선책으로 (1) 전문성의 상향, (2) 근무조건의 개선, (3) 멘토링을 통한 유인책 강구, (4) 지식과 기능에 기초한 교사연봉 책정 등을 제안하고 있다.

미국에서 특수교사 부족 문제는 연방 특수교육법(P.L 94-142, 1975) 제정 이후 꾸준히 지적 되어 왔지만 지금도 여전히 현안 문제가 되고 있다. 미국 노동통계국(Bureau of Labor Statistics, 1999)에서는 1998년에서 2008년에 이르기까지 추가적으로 요구되는 특수교사는 무려 135,000명 이상인 34% 정도로 증가 된다고 진작부터 예고했지만, 아직도 대부분의 주에서 특수교사 부족현상은 해소되지 않고 있다. 전반적으로 미국에서 특수교사 부족 현상은 주별, 지역별(도시와 도시주변 및 시골), 장애별에 따라 다양한 편차를 나타내고 있다.[5] 게다가 미국에서

5) 실제로 Wyoming주의 경우 특수교사의 절반 이상이 무자격(uncertified) 교사

특수교사 수급상의 심각한 문제로 작용하는 요인 가운데 하나는 특수교육 요구학생 수는 계속 늘어나는 데 비해 교직 이직률은 특수교육이 일반교육 쪽보다 훨씬 높다는 현실 때문이다.[6] 미국 특수교육 수월성 대통령위원회(Presidents Commission on Excellence in Special Education, 2001)에서는 미국 전역 학구 가운데 98%나 특수교사 부족현상을 겪고 있으며, 심지어 특수교사 수요의 10% 정도(약 39,000명)는 무자격교사로 매워지는 실정이라고 보고했다. 그렇다면 이 같은 특수교사 부족현상은 왜 좀체 해소 되지 않으며, 그 주된 요인은 무엇 때문인가?

이 문제에 대해 Brownell(2005) 등은 교사 자신의 개인적 특성, 근무조건, 교직에 대한 정서적 반응 등의 세 측면에서 그 이유를 설명하고 있다. 즉, 교사의 개인적 특성 가운데 연령, 경력, 자격증 상태 등이 특수교사의 이직률에 상당한 영향을 미치는 주요 변인으로 지적되어 왔다. 연령대가 젊고 경력이 짧을수록 이직현상이 두드러지고, 임시자격증이나 대안자격증 소지자가 정규(종신) 특수교사자격증을 취득한 자에 비해 이직이 높을 수밖에 없다는 것이다. 근무조건으로는 교사급여 상태가 결정적으로 영향을 미치지만, 외적인 조건과 관계없이 교사 자신의 교직에 대한 내면적 보상(intrinsic rewards) 또한 대단히 중요하다. 특수교사는 그의 직무수행과정에서 정서적으로 흔히 적잖은 스트레스를 받게 되어 스스로 소진상태(burn-outing)에 빠지기 쉽다.

결과적으로 미국 특수교사 수급상의 가장 큰 쟁점은 양질의 특수교

이다. 특수교사 부족은 도시의 빈민지역과 시골지역일수록 더욱 심하고, 장애별로는 정서·행동장애아 교사 쪽이 특별히 문제가 되고 있다(USDOE, 2001).

6) 이를테면, 1992년에서 1999년까지 미국에서 만3세에서 12세까지의 아동수가 일반아동은 6.8%가 늘어난 반면, 특수아동은 20.3%나 늘어났다. 교사이직률도 일반교사에 비해 특수교사는 두 배 이상이나 되는 것으로 나타났다(Cook, and Boe, 2007).

사를 안정적으로 확보하는 일이다. 대부분의 지역에서 특수교사 부족 현상을 일종의 응급조처로 메워나가다 보니 아예 무자격 교사로 충당하거나 일반교사로 충당하는 경우가 적지 않다. 결국 미국에서는 특수교사 수요를 공급이 충족시켜주지 못할 뿐만 아니라, 설상가상으로 일반교사에 비해 특수교사의 이직률도 훨씬 높다. 이런 측면에서 미국에서 특수교사 수급상의 고민은 우리나라와는 상반되는 것으로 볼 수 있다.

ㅁ일본의 특수교사 수급상의 주요 쟁점

일본은 최근 아동 한 사람 마다의 개별지원교육을 향한 '특별지원교육'으로의 일대 전환을 서두르고 있으나, 그에 따른 진통과 혼란 역시 만만찮은 것 같다. 일본은 특수교육의 '고비용 저효율'이 하나의 심각한 문제로 지적되기도 한다. 일본의 특수학교(맹학교, 농학교, 양호학교)는 OECD 국가 중 교사 1인당 학생 수가 가장 낮은 나라이고, 양호학교의 경우 교원을 비롯해서 직원 수가 오히려 학생 수를 능가하는 경우도 있다.

2002년 당시 장애종별로 특수학교에서 교사 1인당 학생 수의 비율을 보면 맹학교는 1.1명, 농학교는 1.3명, 양호학교 중 지적장애는 1.8명, 지체부자유는 1.2명, 병약은 1.1명으로 보고되고 있다. 일반학교 내의 특수학급 경우도 교사 1인당 대비 입급학생 수는 소학교 2.6명, 중학교 2.8명으로 나타났다(문부과학성, 2006). 일본에서 특수교사 1인당 대비 학생수의 비율은 최근에 와서 조금 완화되는 추세를 보이긴 하지만, 여전히 특별지원학교(급)의 법적 표준보다 실제 급당 학생수는 훨씬 적다. 게다가 일본은 특수학교 장애종별에 따른 해당 장애종별 교사면허증을 소지한 비율이 그리 높지 않아 특수교사의 전문성 면에서도 부담을 안고 있다.

최근 특별지원학교(종래의 특수학교)에서 특별지원학교 교사면허증

보유상황(2008)을 보면, 시각장애교육 경우 해당 장애영역 교사면허증 보유자가 33.1%에 불과한 반면에, 타장애영역 교사면허증 소지자가 23.7%이고 일반학교 교사면허증만 소지한 교사가 무려 22.0%나 된다. 청각장애교육에서도 해당 장애영역 교사면허증 소지자는 46.1%이고, 타장애영역 교사면허증 소지자가 27.0%, 일반학교 교사면허증 소지자가 26.5%나 된다. 이에 비해 해당 장애영역 교사면허증 소지자 비율에 있어 지적장애는 70.9%, 지체부자유는 69.7%, 병약교육은 71.8%로 비교적 높은 분포를 보이고 있다(문부과학성, 2008). 이처럼 장애별 특수성이 대단히 강함에도 불구하고 소위 특수교육 인구구성 분포에서 소인수(마이너리티)에 해당되는 맹교육과 농교육이 상대적으로 그 전문성 관리 측면에서 심한 불이익을 당하는 결과를 초래하고 있다. 특히, 2007년 현재 신규채용 교사 가운데 해당 장애영역 교사면허증 소지비율을 보면 시각장애교육은 16.4%, 청각장애교육은 39.1%로 더욱 낮은 비율을 보이고 있다.

한편, 일본은 2007년 6월에 '개정교육직원면허법'을 마련하여 2009년 4월부터 교원면허제도 갱신제도(更新制度)를 도입하여 교원들에게 정기적으로 필요한 지식과 기능의 체득을 검증하여 교직의 권위와 신뢰를 더 높이고자 했다. 이 제도에 의해 교원면허증 갱신기한 만료 전 2년 동안에 대학에서 개설하는 30시간의 면허증갱신 강습을 수료하여야 한다. 이 면허증갱신강습의 주요 내용은 교육의 최근 동향에 관한 것 12시간 이상, 교과지도와 학생지도 등에 관해 18시간 이상을 이수토록 하고 있다. 교원자격증 갱신제도는 미국의 경우 진작부터 도입한 제도로서, 주에 따라 최초의 자격증(provisional/initial certification) 취득 후 5년에서 10년 주기로 정규(professional)자격증으로 갱신케 하는 일련의 장치를 마련하고 있다.

또한, 일본은 종래의 특수교육을 '특별지원교육'체제로 바꿈에 따라,

교원면허증도 지금까지의 '맹・농・양호학교 교사면허증'을 2007년 4월 이후부터는 '특별지원학교 교사면허증'으로 바뀌게 된다. 즉, 맹학교 교사면허증은 특별지원학교 교사면허증(시각장애자에 관한 교육영역)으로, 농학교 교사면허증은 특별지원학교 교사면허증(청각장애자에 관한 교육영역), 양호학교 교사면허증은 특별지원학교 교사면허증(지적장애자에 관한 교육영역, 지체부자유자에 관한 교육영역, 병약자에 관한 교육영역) 등으로 명시된다. 이에 따라 '면허법 시행규칙'에서 정한 과목구분도 특별지원교육의 기초이론에 관한 과목으로 특별지원교육원론(필수), 장애아교육의 역사와 전망, 장애자복지론, 장애아교육학연습 등을 포함하고, 특별지원교육영역에 관한 과목은 심신장애아 심리・생리・ 병리에 관한 과목, 심신장애아 교육과정 및 지도법에 관한 과목으로 대별하고 그 속에 장애영역별 해당과목을 포함하게 하고 있다(玉村 외6인, 2007).[7] 특별지원교육 교사양성과정에서 비범주적 종합성과 장애별 특성에 따른 특수성 간의 균형을 어떻게 유지할 것인가가 중요한 과제가 되고 있다. 그리고 특별지원교육에서 새로이 관심을 가지는 학습장애와 경도장애아 지도에 대응한 특수교사 전문성을 어떻게 반영할 것인지도 하나의 과제가 되고 있다.

현재 일본에서 특수교사 양성대학은 모두 100 여개 대학에 이르며, 전술한 것처럼 2008년 특별지원학교 교원임용 시험 경쟁률은 3.5 대 1로 일본의 전체 교원임용 경쟁률 6.5 대 1에 비해 상대적으로 낮은 편이다. 게다가 최근에 와서 특별지원학교 교원임용 합격자 가운데 일반학교 교사자격증 소지자가 늘어나는 추세라고 한다. 필자가 보기에 일본에서 특수교사 수급상의 주요 쟁점은 특별지원학교 교사중심으로 특

---

7) 이 외에도 면허증에 지정한 특별지원영역 외에 관한 과목으로 장애발달과 신경심리학, 언어치료학, 발달장애의 이해와 대응, 중복장애아교육 이론과 실제, 정신의학연습, 그리고 심신장애아 교육실습을 이수하도록 규정하고 있다.

수교사를 양성하면서 일반학교에서 통합교육을 위해 특별지원교육을 어떻게 적절히 수행 하느냐가 중요 관건이 될 것 같다. 현재로서는 특수학교(특별지원학교) 교사가 일반학교 내의 특별지원교육을 지원하도록 하고 있으나, 기존의 분리교육 중심 체제를 유지하면서 동시에 통합교육을 어떻게 효율적으로 지원하느냐가 현실적으로 중대한 과제가 될 것 같다.

이상의 국제비교에서 보는 것처럼 미국은 양질의 특수교사를 확보하기 위해 지속적으로 노력해 왔지만, 여전히 늘어나는 특수교사 수요에 공급이 미치지 못하는 그런 문제를 노정하고 있다. 이에 비해 일본은 최근 특별지원교육체제로의 전환을 통해 이에 상응하는 교사양성과 그 질 관리에 노력하고 있으나, 양성되는 특수교사의 전문성 확립에 역시 한계를 지니고 있다. 특히, 일본의 특수교육은 '고비용'이라는 부담을 안고 있으나, 특수교사 수급면에서는 비교적 안정성을 유지하고 있다. 이에 비해 최근 우리나라 특수교사 양성은 그 질적 전문성 보증(accountability)도 불안정할 뿐만 아니라, 양적 수급면에서도 해를 거듭할수록 과잉공급이 누적되어 가고 있다. 결과적으로 우리나라는 특수교사정책에 관한 한 그 질과 양 모두에 걸쳐 실패하고 있다는 비난을 면하기 어렵게 되어 있다.

(3) 특수교사 수급의 적정화에 따른 주요 쟁점

우리나라는 유럽과 달리 전형적으로 '개방형' 교사양성 체제를 유지하고 있으므로, 소정의 양성과정을 수료하고 교사자격증을 취득했더라도 자유경쟁을 통한 임용절차를 성공적으로 통과해야 교사로서 임용기회를 획득할 수 있다. 일반 초등학교 교사의 경우 '목적형'에 준하는 교사양성을 통해 교사수급의 적정화를 유지하기 위해 국가차원에서 엄격하게 통제하고 있다. 그러나 중등학교 교사양성은 전형적인 개방체제를 유지하면서 사범교육의 목적성이 크게 훼손되는 현상을 되풀이 해오고 있다.

특수교사의 양성은 '90년대까지 비교적 안정성을 유지해 왔으나, 2000년대에 접어들어 해를 거듭할수록 특수교사의 공급과잉이 심각해져 현재 특수교사의 적체현상은 기하급수적으로 늘어나고 있다. 물론 그 일차적 이유는 1990년대 후반부터 2000년대 중반에 이르기까지 약 8년간 특수교사 양성대학이 경쟁적으로 우후죽순처럼 증설된 데에 기인하고 있다. 이 기간 동안에 전체 36개 특수교사 양성대학 중 24개 대학이 신설되어 무려 67%가 갑자기 늘어났다. 더욱이나 이 기간 동안 특수교사 양성과정을 신설한 대학은 모두 사립대학이고 전체의 95% 이상이 지방대학이다. 이것은 결국 특수교사 양성의 급격한 팽창이 전반적으로 질적 저하를 초래할 위험을 다분히 내포하고 있다는 것을 의미한다. 2002년을 기점으로 우리나라 특수교사 양성은 전체적으로 약 2천명을 상회하고 있으나, 최근 8년간 특수교사의 연간 임용 평균 숫자는 630명 정도에 머물고 있다. 이런 상황에서 해를 거듭할수록 특수교사의 과잉공급에 따른 적체현상은 더욱 심각해질 수밖에 없다. 여기서 우리가 간과할 수 없는 것은 장애아동을 위한 특수교육의 질을 체계적으로 근심하기보다 특수교사의 질은 시장원리에 따라 자유경쟁하면 저절로 좋아지기 마련이라는 '신자유주의적' 발상의 극치가 마침내 특수교육을 불모로 삼은 꼴이 되어버렸다는 사실이다.

이런 식으로 특수교사 적체현상이 해를 거듭할수록 엄청나게 늘어나고 있음에도 공립 특수학교(급)의 최근 3년간 특수교사 임용현황을 보면, 2007년 823명, 2008년 712명, 2009년에는 349명으로 대폭 축소되었다. 「장애인 등에 대한 특수교육법」의 시행(2008년)[8]에 따라 특수교사

8) 2008년 5월 26일부터 시행된 「장애인 등에 대한 특수교육법」제27조 및 동법 시행령 제22조의 규정에 따라, 특수교사의 배치기준은 특수교육대상자 4

의 법정정원 기준에 따른 확보율이 64.5% 수준에 머물고 있음에도, 2009년 특수교사 임용수가 직전 연도의 절반이하로 대폭 축소된 것은 단적으로 현 정부의 장애아동 교육지원에 대한 인식수준이 어느 정도인가를 잘 반영해 주고 있다.

교육에서 자유경쟁에 의한 자율화가 거듭 강조되는 동안에 경쟁력 제고에 도움 되지 못하는 장애아동교육은 다시 정책 우선순위에서 뒤로 밀릴 수밖에 없게 되어 있다. 한 나라의 교육이 참으로 품위 있는 교육이기 위해서는 학교교육에서 낙오되기 쉬운 장애아동, 다문화가정아동, 빈민아동 등에 대한 교육복지정책이 우선해서 취해지지 않으면 안 된다[9]. 이런 의미에서 장애아동을 위한 특수교육은 일반교육에 대한 하위 종속개념의 교육이 아니라, 교육정의 실현을 위해 일반교육보다 우선되는 '교육 중의 교육'이어야 한다.

인마다 교사 1인의 비율로 하되, 40% 범위 내에서 가감 하게할 수 있도록 하고 있다. 이렇게 할 때 특수학교의 경우 2008년 현재 기존 교사수에 비해 109명을 감축해야 하지만 특수학급교사는 2,764명 증원되고 일반학급내의 순회교사가 2,557명 증원되어야 함으로 전체적으로 5,216명이 더 증원되어야 한다고 본다(전국장애인교육권연대, 2009).

9) 이런 문제의식에서 우리나라에서 교육부장관을 두 차례나 역임한 안병영은 우리나라 교육실상과 그에 따른 대안을 다음과 같이 제기하고 있다.
"내가 1995년 12월, 처음 교육부장관으로 임명된 후 가까이에서 목도한 한국교육의 실상은 평소에 밖에서 생각했던 것보다 훨씬 어두웠다. 아니 한마디로 참담한 지경이었다. 특히 중·고등학교 교육은 온통 입시경쟁 속에서 교육 본래의 목표를 잃었고, 학교는 한마디로 '창살 없는 감옥'과 다름이 없었다. 그런 가운데 대부분의 학생들은 교육에 당연히 내재해야 할 복지적 요소와는 동떨어진 채, 교육소외의 대상으로 전락하고 있었다. 그래서 나는 스스로 한국교육이 살 길은 교육 내에 복지기능을 높이는 일, 다시 말해 '교육의 복지화'라고 내심 결론지었다."(안병영, 김인회, 2009, p.3).

5.4 한국특수교육 교사론의 정립 과제

우리나라에서 특수교육 교사론 정립의 일차적 문제는 특수교육(학)계 내부에서 스스로 특수교육교직과 교사론을 굴절·왜곡한 데에 중대한 책임이 있다. 이런 관점에서 오늘날 특수교육에서 본말전도(本末顚倒) 현상을 경계하지 않을 수 없다. 특수교육에서 어디까지나 중심은 교육이고 치료는 보조적 지원이다. 물론 현실적으로 특수교사가 하는 일 속에는 치료적 중재나 지원에 관한 활동도 포함되어 있으나, 그것은 어디까지나 정규 교육과정활동을 보조하는 활동(extra-curricular)에 불과하다. 게다가 특수교사가 하는 일은 종종 보육사가 하는 일과 혼돈되고 있다. 아닌 게 아니라 특수교사는 장애아동의 안전관리자로서의 역할과 교과지도자로서의 역할이라는 이중 잣대의 틈바구니에서 심한 자기정체성 혼란을 겪고 있는 것이 사실이다. 현실이 그렇다손 치더라도 특수교육은 보육(caring)이 아니듯 특수교사는 보육사가 아니다. 구체적 현실과 개념의 세계(정립)를 혼동하지 말아야 한다. 이에 대한 문제를 필자는 다음과 같이 지적한 바 있다.

> 특수교육은 보육이 아니다. 따라서 특수교사가 하는 일은 보육사나 보모가 하는 일과 개념적으로 엄격히 구분되어야 한다. 프레이리(Freire)는 보모가 수행하는 보육 혹은 양육과 같은 개념으로 교사가 하는 일을 혼돈함으로써, 교육을 크게 격하시키는 결과를 초래할 수 있음을 경고하였다. ...(중략) 특수교사를 어려운 아이들 데리고 온갖 궂은일을 하는 '천사'로 보려고 하는 의식 속에는 특수교사를 보모나 보육사 정도로 보려는 착각이 숨겨져 있다. 더 심각한 것은 특수교사 스스로도 자신이 하는 일이 궁극적으로 보모가 하는 일과 별반 다를 게 없다고 생각하는데 있다. '천사' 소리를 듣는데 쉽게 순응해 버리는 엄청난 착각을 특수교사 스스로가 하고 있는 동안, 특수학교를 졸업한 장애학생들은 보육의 목적에 따라 다시 '집으로'

돌아가 평생 부모에게 멍에를 지워 준다. 결과적으로 아주 잘못된 특수교육이고 무책임한 특수교사들이라는 비난을 면치 못하게 된 형국이다(김병하, 2005, pp.35-36).

이처럼 특수교육이 요육(療育)으로 왜곡되거나 보육(保育)으로 격하되는 동안, 특수교사가 하는 일의 성격이 '교육'이 아니라 치료나 보육으로 굴절되는 결과를 초래하고 말았다. 게다가 사람들이 동정어린 시선으로 특수교사를 '천사'대접하는 데에 특수교육교사 스스로가 익숙해진 나머지 그런 식으로 자기 정체성을 합리화하는 면도 없지 않았다. 그러나 특수교육교사가 참으로 교사로서 자신의 사명에 투철하기 위해서는 진짜로 '천사'가 하는 일의 성격을 감당할 수 있어야 한다. 원래 '천사'(天使; angel)라는 말에는 "천국에서 인간계에 파견되어 신과 인간과의 중간에서 신의 뜻을 인간에게 전하고 인간의 기원을 신에게 전하는 사자(使者)"(이희승, 1982, p.3593)라는 의미가 들어 있다.

궁극적으로 교육과 종교는 다를 수 없으며, 그런 의미에서 교사가 하는 일과 성직자가 하는 일이 본질적으로 다를 수 없다. 그래서 전통적으로 교직은 성직(聖職)으로 규정되지 않았던가. 오늘날 교직은 전문직으로 세속화되어 있을 뿐만 아니라 노동직으로서 그 성격이 규정되고 있는 현실이지만, 교사가 하는 일의 본질에 비추어 성직자(聖職者)가 하는 일과 구분되어야 할 아무런 이유가 없다. 이런 의미에서 연구자는 어느 시골 농학교를 배경으로 한 「작은 신의 아이들」(Children of a Lesser God)이라는 영화는 내용도 내용이지만 제목 그 자체가 우리들에게 시사해 주는 바가 대단히 크다고 본다.

본질적으로 교육은 하늘의 명령으로 모든 인간에게 품부된 심성(天命之謂性)을 함양하고 회복하는 과정이다. 이 때 심성을 함양하고 회복한다는 것은 없던 것을 새로 만들거나 개발한다는 것이 아니라 원래 있던 것을 닦아 계발(啓發)하거나 다시 회복하는 것을 의미한다. 그래서 교육은 심성함양(心性涵養)이자 본성회복(本性回復)의 과정이다. 특수교육이 교육다워지기 위해서는 이 심성함양과 본성회복에 일차적으로 얼마나 깊숙이 연관되느냐에 달려 있다.

유감스럽게도 오늘의 특수교육은 단순 기능훈련의 반복이나 치료활동에 매료(魅了)된 나머지 본래의 교육과정인 교과활동을 통한 심성함양이나 본성회복은 부차적이거나 일종의 장식(裝飾)으로 전락하고 말았다. 말하자면 몸짓(用)에 현혹된 나머지 그 몸통(體)을 간과한 격이다. 물론 체용(體用)의 논리에서 체(體)를 떠난 용(用)이 없듯이 용(用)을 떠난 체(體)가 따로 없다10). 「대승기신론」에 의하면, 이것은 이문불상리(二門不相離)의 관계이다11). '체'와 '용'은 그것이 드나드는 통로는 분명 다르겠지만 그렇다고 그 문이 별개로 따로 떨어져 있는 것이 아

---

10) 재미 불교철학자 박성배(2007)는 몸(體)과 몸짓(用)의 논리에 대해 다음과 같이 언급하고 있다.
"나는 편의상 체와 용을 '몸'과 '몸짓'이라는 말로 바꾸어 이야기하고자 한다. '체'를 '몸'이라 하고 '용'을 '몸짓'이라고 하자는 것이다. 몸이 움직여 일을 하며 드러나는 것이 몸짓이다. 그러므로 생명 있는 몸이라면 반드시 몸짓이 나온다. 우리가 보는 것은 몸짓뿐이다. 그러나 몸짓이 몸과 별개로 벌어지고 존재할 수는 없다. 몸이 있으면 반드시 몸짓이 있고, 몸짓이 있으면 그것은 반드시 몸으로부터 나온다. 따라서 몸과 몸짓은 일단 구별할 수는 있지만 원래는 하나인 것이다"(박성배, 2007, 서문 p.8). 그러나 오늘의 특수교육은 '장애의 교정'이라는 몸짓(用)에 현혹된 나마지 그 몸(體)인 '사람'을 놓친 격이다.

11) 원래 「대승기신론」에서 二門不相離란 말은 一心法을 논하는 가운데 두 가지 문이 있다고 하면서 그 하나는 眞如門이고 다른 하나는 生滅門이라는 데서 나왔다. 기신론에 의하면, 이 두 가지 문은 모두 각각 일체의 법을 총괄하므로(是二種門皆各總攝一切法), 두 문은 서로 떨어져 있지 않다(二門不相離)고 했다. 여기서 두 문이 서로 떨어져 있지 않다고 한 '不相離'의 개념은 기신론 전체를 통한 알파이자 오메가이다. 이것은 진여와 상념, 깨우침(覺)과 불각(不覺), 정법(淨法)과 염법(染法)이 서로 떨어져 있지 않고 '중층'(重層)으로 서로 맞붙어 있음을 의미한다.

니다.

그런데 오늘의 우리 특수교육은 기법으로서의 몸짓(用)에 현혹된 나머지 마치 달을 가리키는 손가락을 보고 달을 본 것처럼 착각하고 있는 형국이다. 따라서 특수교육에서 장애아동을 볼 때, 덩그렇게 침소봉대된 장애만 남아 있고 사람을 놓쳐버린 결과를 초래하고 말았다. 특수교육에서 교사가 하는 일은 일차적으로 장애아동의 심성을 계발·함양하는 데에 어느 정도로 연관되느냐에 따라 '교육적'인 것이 될 수 있다. 가령 보육사가 '보육'(保育)활동에 종사하는 동안 그것이 아동의 심성함양에 깊숙이 연관되어 있다면, 그(녀)는 이미 교사의 직분을 감당하고 있다. 반대로 특수교육교사가 교육과정활동을 하는 동안에 그(녀)가 가르치는 교과와 더불어 아동·학생의 심성함양에 영향을 미치지 못한다면 그(녀)는 교사의 이름으로 장애아동을 단지 통제·관리하는 사람에 머물고 만다. 현실적으로 장애아동의 통제적 관리와 치료도 간과할 수 없을 만큼 필요하지만, 교사는 궁극적으로 그들의 심성함양에 영향을 미치는 정도(성향)에 비추어 비로소 '교직'에 임한다고 할 수 있다.

일찍이 공자는 '有敎無類'라고 하여 인간교육에는 그 부류가 따로 없다고 했다. 이처럼 그는 모든 인간에 대한 교육가능성을 확신하면서, 공자 스스로도 자신은 '날 때부터 아는 자'(生而知之者)가 아니라 '배워서 아는 자'(學而知之者)라고 했다. 즉, 공자는 인간교육의 무한한 가능성을 확신했지만, 그 가능성이 저절로 실현되는 것이 아니라 누구나 배우지 않으면 실현되지 않는다고 보았다. 그는 '학습하는 존재'로서 인간교육의 가능성과 더불어 그 필연성을 확신했던 것이다. 같은 맥락에서 「대승기신론」(大乘起信論)에서는 이렇게 말하고 있다.

> 나무의 불붙는 성질은 불의 '원인'이다. 만약 사람이 불붙이는 수단을

강구할 줄 모른다면 나무가 혼자서 불붙는다는 것은 있을 수 없다. 중생의 경우도 이와 마찬가지다. 비록 중생에게 훈습(熏習)의 힘이라는 '원인'이 있는 것은 사실이지만, 만약 '깨달은 자'나 수행자 또는 훌륭한 동료 선배(善知識)를 만나서 그것을 '계기'로 활용하지 않는다면 혼자서 번뇌를 끊고 열반에 든다는 것은 있을 수 없다. 그러나 물론, 아무리 외적 계기가 주어져 있다 하더라도 내부의 깨끗한 지혜(淨法)가 훈습의 힘을 발휘하지 않는다면, (이 경우에도) 또한 생사의 괴로움을 영원히 멀리하고 오로지 열반을 희구하는 것은 불가능하다(이홍우, 2006, pp.386-387).12)

기신론의 보배 구슬 비유(摩尼譬喩)에서는 하늘의 명령으로 인간에게 부여된 본성(本性)과 수행(修行)의 관계를 잘 나타내고 있다. 즉, 인간은 누구나 황금덩이 같은 보배 구슬을 지니고 있지만, 그 구슬에 낀 때와 먼지를 걷어내는 일(修行)을 하지 않고는 결코 보배가 보배로서의 빛을 발할 수가 없다. 기신론에서는 위에서 기술한 것처럼 또 다른 비유로 수행과 같은 의미의 외연(外緣)으로서 '방편'(方便)을 논하고 있다. 기신론 전체를 통해 가장 많이 등장하는 개념은 '진여'와 함께 '방편'이라는 개념이다. 연구자가 이해하기로는 기신론에서 '修行'은 교육의 과정이고, '方便'은 학습의 과정이다.

모든 존재와 현상에는 반드시 '내적 원인'(因)과 '외적 계기'(緣)가 있기 마련이다. 이 양자가 서로 만나 모두 갖추어 질 때(具足) 결과가 산출된다. 만남은 교육에 선행한다. 나무가 타는 성질을 가지고 있지만 누군가 불붙이는 계기를 만들어주지 않으면 안 된다. 마찬가지로 모든 인간은 내적 원인으로서 훈습의 힘을 지니고 있지만, 누구인가 먼저 '깨달은 자'(교사)를 만나 자신의 '善知識'을 발동시키는 일(학습)을 하

12) 如木中火性 是火正因 若無人知 不假方便 能自燒木 無有是處 衆生亦爾 雖有正因 熏習之力 若不値遇 諸佛菩薩 善知識等 以之爲緣 能自斷煩惱 入涅槃者 則無是處 若雖有外緣之力 而內淨法 未有熏習力者 亦不能究竟(大乘起信論, 39)

지 않고는 결코 지혜의 길(淨法)로 들어 설 수 없다. 비록 학생에게 '훈습'으로서 학습의 힘이 있는 것은 사실이지만(雖有正因熏習之力), 깨달은 자를 만나서 그것을 '계기'로 활용하지 않으면 그 힘이 제대로 작동되지 않는다.

기신론에 의하면 학생의 편에서 본 학습 가능성은 무한하지만, 교사의 편에서 학생에게 주는 영향 또한 절대적이다. 기신론에서 '진여의 기능에 의한 훈습'(用熏習)은 위에서 인용한 '외적 계기'(外緣)에 해당한다. 이것은 학습자가 깨달음을 얻기 위해서는 외연(外緣)으로서 먼저 '깨달은 자'인 교사를 만남으로써 실현된다. 기신론에서는 훈습의 외적 계기를 크게 차별연(差別緣)과 평등연(平等緣)으로 구분하여 다음과 같이 기술하고 있다.

> 훈습의 외적 계기가 될 수 있는 것은 무수히 많지만, 그것을 크게 '특수적 사태로 파악되는 계기'(差別緣)와 '일반적 의미로 파악되는 계기'(平等緣)의 두 가지로 구분할 수 있다. 특수적 사태로 파악되는 차별연(差別緣)이라는 것은 사람이 처음 뜻을 세워 구도(求道)를 시작한 이후 깨달음을 얻을 때까지 '깨달은 자'와 수행자의 모습을 여러 가지 사태와 관계에서 만나게 된다는 것을 가리킨다. ...(중략) 그 모습이 때로는 '네 가지 교육적 자세'인 4섭(四攝)으로 나타난다. ...(중략) 일반적 의미로 파악되는 평등연(平等緣)이라는 것은 모든 '깨달은 자'와 수행자가 다 같이 모든 중생을 괴로움에서 건지고자 하는 소망을 가지고 있다는 것을 가리킨다. 이 소망을 가지고 있기 때문에 그들은 자신의 존재 양식을 통하여(自然) 중생에게 끊임없는 훈습을 일으킨다. 그들은 중생과 다름없는 한 가지 지혜를 가지고 있으며, 중생은 그들에게서 그 지혜가 발휘되는 것을 보고 듣는다. 그리하여 이른바 '진여에의 몰입'(三昧)에 들어갔을 때 모든 중생이 다 같이 보게 되는 것은 바로 그 한 가지 '깨달은 자'의 모습이다(이홍우, 2006, pp.388-389).[13)]

위에서 특수적 사태로 파악되는 차별연(差別緣)은 인간이 교육을 받는 삶의 과정(즉, 求道의 과정)에서 여러 가지 사태와 관계에서 사람(교사)들을 만나게 되는 데, 그 모습이 대개는 네 가지 교육적 자세인 사섭(四攝)으로 나타난다. 사섭(四攝)은 가르침을 베푸는 포시(布施), 친절한 말로 격려하는 애어(愛語), 올바른 행동으로 이끄는 이행(利行), 그리고 상대방(학생)과 동일한 수준에서 함께 임하는 동사(同事)를 가리킨다. 이 네 가지 교육적 자세 가운데 마지막의 학생과 더불어 동일한 수준에서 소통하는 '동사'(同事)는 특수교육 교사에게 요구되는 교육적 자세를 깎아지른 듯 함축하고 있다. 학생은 교사와 어떤 사태에서 어떤 관계로 만나느냐에 따라 운명이 결정된다.

실증적으로 학생의 학습능력 내지는 학업성취를 결정하는 주요 변수를 밝히기 위한 연구는 지금까지 무수히 수행되어 왔다. 일찍이 Walberg (1984)는 학생들의 학습에 영향을 미치는 가장 강력한 변인들을 확인하기 위하여 수천의 관련연구들을 분석하였다. 이 분석결과를 종합하여 그는 그 변인들을 크게 학생(적성)변인, 교사(수업)변인, 환경(가정)변인들로 대별해서 제시했다. 비슷한 무렵에 Bloom(1984)은 교사의 수업변인에 깊은 관심을 가지고 학생들의 학습능력을 분석해 본 결과, 전통적 수업방식에 비해 완전학습(mastery learning)은 표준편차 1 sigma, 즉 학급에서 50퍼센타일 수준의 학생을 84퍼센타일 수준으로 끌어 올리는 효과가 있었으며, 일 대 일 개별수업(tutorial procedures)에서는 소위 '2-sigma'의 효과로서 98퍼센타일 수준까지 끌어 올리는 놀라운 변화를 가져 온 것으로 보고하고 있다. 여기서 Bloom은 단지 수업방법 중심으

---

13) 如是外緣 有無量義 略說二種 云何爲二 一者差別緣 二者平等緣 差別緣者 此人依於 諸佛菩薩等 從初發意 始求道時 乃至得佛 於中若見若念...(中略)或起四攝 ...(中略)平等緣者 一切諸佛菩薩 皆願度脫 一切衆生 自然熏習 恒常不捨 以同體智力故 隨應見聞 而現作業 所謂衆生 以依三昧 乃得平等 見諸佛故(大乘起信論, 40)

로 학습효과를 논하고 있으나, 더욱 중요한 것은 그 수업을 운영하는 교사변인이다. 학교교육 개혁에서 궁극적 관심사는 결국 교사의 자질 문제(competencies)로 모아지고 있다. 이를테면, 최근 「뉴욕타임지」에서는 "보다 좋은 교사 만들기"(Building a Better Teacher, 「New York Times」, 2010.3.2)라는 제하에 좋은 교사는 단지 탄생하는 것이 아니라 만들어진다는 것을 거듭 강조하고 있다.[14] 그러나 연구자가 보기에 교사는 천성적으로 탄생할 뿐만 아니라 동시에 부단히 만들어지는 존재다.

특수아동을 포함해서 자라나는 학생들의 학습(훈습)의 힘에서 강력한 변수는 뭐니 해도 교사다. 기신론에서는 교사-학생의 만남이 수직적인 것이 아니라 수평적(소통적)이어야 함을 '평등연'(平等緣)의 개념에서 극명하게 드러내고 있다. '평등연'이라는 것은 깨달은 자로서 교사는 모든 중생인 학생을 구도(求道)의 길로 들게 하는 소망을 함께 지니는 운명적인 관계(緣)에 있다는 것이다. 이런 교사의 존재 양식은 자연히 학생에게 끊임없는 학습을 자극하기 마련이다. 교사들에 의해 발휘되는 지혜를 보고 듣는 동안에 학생들은 '진여에 몰입'하게 된다. 그렇게 하는 동안 교사-학생은 '동사'(同事)에 임하게 되고, 바로 그 한 가지 '깨달은 자'의 모습을 띤다. 그들에게는 삶이 곧 수행(自然修行)이고, 그들의 삶은 '진여에 의한 진여의 훈습'(熏習眞如)으로 이어진다. 그러기 위해 무엇보다 교사는 곧 '진여의 화신'(法身)이어야 한다.

학생에게 '진여의 화신(化身)'으로 표상되기 위해 교사는 어떻게 살아야 하는가? 어찌보면 기신론은 결국 '삶의 논술'이고 인간의 삶을 가

---

14) 이 칼럼에서 Elizabeth Green은 자질이 빈약한 교사에게 배운 학생은 뛰어난 교사에게 배우는 학생에 비해 3년 동안 평균해서 50% 뒤지는 것으로 발견되었다고 한다. 교사는 그냥 태어나는 것이 아니라 만들어진다는 주장이 호소력을 얻게 됨에 따라, 최근 오바마 정부는 여기에 희망을 걸고 2011년에 교사훈련 예산을 이전의 2배에 해당하는 2억3천5백 달러를 책정했다고 보고하고 있다(Green, 2010.3.02).

장 근본적인 수준에서 기술하고 있다. 불교의 자리행(自利行)과 이타행(利他行)은 교사의 삶과 연관해서 중요한 시사를 준다. 불교의 수행 방법 중에서 시문(施門)은 이타행의 전형적 형태이며, 지관문(止觀門)[15]은 자리행의 전형적 형태이다. 일상적으로 '이타'(利他)에 대비되는 것은 '이기'(利己)이지만, 불교수행에서는 '利己' 대신에 '自利'로 명명한다. 흔히 '이기'는 다른 사람에게 해를 끼치면서까지 자신을 이롭게 하는 것인 반면에, '자리'는 다른 사람과의 관계를 개입시키지 않고 스스로(혹은 내면적으로) 자신을 이롭게 하는 것이다.

이홍우(2006)는 불교의 지관문(止觀門) 수행은 종교와 교육의 차이를 감안한다면, 그 내용에 있어 학교의 교과 공부와 다름이 없다고 하면서 "불교의 지관문 수행은 교과 공부를 종교적 수행의 형태로 정련한 것에 해당한다."(이홍우, 2006, p.247)고 보았다. 이에 대한 이홍우의 지적은 명쾌하다.

> 지관문 수행과 교과 공부는 다같이 '心性涵養'심성함양- 즉, 학문과 도덕, 예술과 종교에 가능한 한 깊이 입문함으로써 그 이면에 들어 있는 심성을 우리 자신의 것으로 만드는 데에 목적을 두고 있습니다. 그렇기 때문에 자리적(自利的) 삶은 간단하게 말하여 '교과를 공부하면서 사는 삶'- 즉, 교과를 공부하는 것-을 가리킨다고 말할 수 있습니다(이홍우, 2006, p.248).

따라서 교사에게 전형적인 '자리적 삶'(自利行)은 바로 '교과적 삶'이다. 앞에서 진여의 화신(化身)으로서 교사는 무엇보다 교과를 자기 삶

15) 止觀門에서 그침(止)은 '상념의 정지'이고 살핌(觀)은 '진여에의 직관'이다. 이 '상념의 정지'에는 '진여에의 직관'이라는 결과가 예고되어 있기에 '止觀雙修'라고 한다. 이홍우는 止觀門 수행은 흔히 眞善美聖으로 대표되는 학문과 도덕, 예술과 종교에 될 수 있는 한 깊이 입문하는 것을 뜻하는 것으로 풀이하고 있다(이홍우, 2006, pp.196-207).

으로 체화(體化)하고 내면화(內面化)한 사람이어야 함을 의미한다. 그리고 (특수)교사는 교과를 가르치는 동안 (장애)학생과 동사(同事)에 임해야 한다. 교사 자신을 향한 '自利行'은 마침내 학생을 향한 가장 확실한 '利他行'이 된다. 즉, 교사의 '마음 안의 공덕'이 곧 학생을 향한 '바깥의 공덕'과 직교(直交)하면서 겹친다. 그러는 동안 교사-학생의 관계는 평등연(平等緣)으로 끊임없이 이어진다. 이홍우(2006)는 성직자와 교사의 자리적(自利的) 삶에 들어 있는 이타적 측면은 그들이 가능한 한 자리적 삶을 사는 것 이외의 다른 방식으로는 실현될 수 없다면서, "그들이(즉, 성직자와 교사) 자리적 삶을 충실히 살 때 비로소, 그리고 그 정도만큼, 다른 사람(학생)들도 자리적 삶을 살게 될 것"(이홍우, 2006, p.255)이라고 했다. 그래서 우리의 삶은 여래(如來)와 중생이 함께 타고 있는 '큰 수레'(大乘)다.

이홍우(2006)는 기신론통석의 말미에 "교육이론으로서의 대승기신론"(이홍우, 2006, pp.499-539)을 따로(역자 해설로) 논하면서, 사실상 (진여의 세계에서 온) 여래와 교사의 비유는 그다지 황당무계한 것이 아니라고 말한다.

> 학생에게 교사는 거의 중생에게 여래가 나타내는 것에 해당하는 절대적인 권위를 가진 존재로 비친다. 이것을 사실로서 받아들일 수 없는 교사는 교사로서의 자질을 갖추었다고 말하기 어렵다. 그리하여 교사는 '중생을 자신과 동일한 존재로 생각하면서도 그 자신이 중생과 동일한 존재로 되지 않는'(取一切衆生 如己身故 而亦不取衆生相, 大乘起信論 45) 바로 그 여래의 모습을 띤다(이홍우, 2006, pp.537-538).

전통적으로 교직은 성직(聖職)으로 분류되어 왔다. 실제로, 특수교육에서 농교육의 실천적 선구자는 모두 성직자였다(이를테면, 16,7세기에 세계 최초로 농교육을 실천한 스페인의 Ponce de Leon과 Bonet은 모두 당대의 존경 받는 성직자였다). 이런 의미에서 특수교육에서 종교와 교육은 더욱 밀접하다. 그럼에도 연구자는 앞에서 특수교육교사는 은근히 '천사 대접' 받는 유혹에 빠지는 것을 경계해야 한다고 했다. 이것은 특수교육을 보육(caring)으로 격하하는 것을 경계하기 위함이었고, 그런 함정에 특수교육교사가 쉽게 빠지지 말아야 한다는 의미였다. 그러나 특수교육교사가 성직으로서 교직에 임하기 위해서는 하늘의 명령을 지상에 충실히 중재하는 사자(使者)로서 그 사명을 겸허히 수행하는 진짜 '천사'(天使)가 되지 않으면 안 된다.

특수교육교사가 이런 사자로서 교직에 임하기 위해서는 스스로 "내면으로부터의 가르침"(Palmer, 1998)에 자신을 투영하지 않으면 안 된다. Palmer(1998)는 교사들이 당면하는 문제의 어려움으로 가르치는 교과의 복잡성과 가르치는 학생들의 다양성을 들면서, 이 두 가지 문제도 퍽 어렵지만 이보다 더욱 근본적인 어려움은 교사는 부단히 내면으로부터 자신을 가르치는 일에 얼마나 충실 하느냐에 있다고 했다. 그에 의하면 가르침은 기법이 아니라 교사의 '가슴'(heart of a teacher)이다. 따라서 교사론에 대한 그의 관심사는 "교사의 삶이 지닌 내면 풍경을 살펴보는 것"(Palmer, 1998, p.26)이다. 연구자가 보기에 근본적인 의미에서 Palmer의 「가르칠 수 있는 용기」(The Courage of Teach, 1998)에 반영된 교사론은 기신론이 함의하는 교사론과 다르지 않다.

기신론에 의하면, 교사는 학생과 동일한 존재이면서 동시에 동일하지 않은 존재이다. 교과를 가르치는 동안 교사는 학생에 비하여 더 충실히 교과를 구현하는 존재이면서, 동시에 교사는 학생과 마찬가지로 교과를 공부하는 동사(同事)에 임해야 한다. 현실적으로 어떤 특수교육교사도 천사가 아닐 뿐더러 장애아동과 '平等緣'을 완벽하게 유지하지는 못한다. 그러나 특수교육교사는 장애아동과 그런 연기(緣起)의 끈을 놓지 않으려고 끊임없이 자신을 되돌아보는(返照)[16] 사람이어야 한다.

이것이 특수교육에 몸담고 있는 교사의 삶의 모습이자 운명이다. 그래서 특수한 교육적 요구를 지닌 아동을 가르치는 특수교육교사는 '교사 중의 교사'이어야 한다. 특수교육 현장에서 교사에 의한 '몰교과' 현상이 당연한 현실로 통하고 있으나, 특수교육교사는 그가 가르치는 교과를 교과답게 가르칠 때 비로소 '교사' 반열에 든다.

---

16) 여기서 '返照'라는 말은 지눌이 즐겨 쓰던 것으로 "빛을 되돌려서 자기 마음을 비춘다"(廻光返照)는 뜻이다. 지눌에 의하면, 返照란 외적 상(相)과 색(色)에 휘둘리지 말라는 것, 단지 相만을 좇아 외부 세계를 향해 치닫지 말라는 것을 뜻한다(길희성, 2006, p.140).

제6장 장애학과 한국특수교육론

우리나라에서 '장애학'(disability studies) 담론이 제기된 것은 비교적 최근의 일이다. 1990년대에 접어들며 우리나라에서 장애인운동이 본격적으로 전개되고 그기에 영향을 받아 '장애(인)당사자주의'가 제기되면서 장애학이 하나의 담론으로 관심을 끌기 시작했다. 그러나 우리나라 특수교육학계에서는 장애인운동을 일종의 좌파운동과 같은 맥락에서 인식하는 경향이 짙고, 심지어 일각에서는 '장애(인)당사자주의'라는 표현 자체에 심한 거부감을 보이기까지 했다. 이런 현실적 맥락에서 볼 때, 우리나라에서 장애학의 입장에서 본 특수교육 정체성 정립은 아직 하나의 이상이자 꿈이다. 그럼에도 본 장에서는 한국 특수교육의 미래를 위해 이 문제를 본격적인 논의의 주제로 삼는다. 이런 기조에 따라 여기서는 장애학 등장의 역사적 배경, 장애학의 관점에서 본 특수교육의 재구조화 문제, 끝으로 이에 따른 한국 특수교육(학)의 과제를 짚어 보고자 한다.

6.1 장애학의 역사적 배경

여기서는 '장애학'이라는 표현과 '장애(인)당사자주의' 혹은 '장애당사자 중심성'이라는 표현을 내용전개의 맥락에 따라 같은 의미로 사용한다. 원래 '장애학'은 장애인 당사자의 입장에서 본 장애담론을 그 기조로 삼는다. 그러나 일각에서 '당사자주의'라고 했을 때 이 '주의(ism)'가 갖는 이미지가 장애인과 비장애인을 대칭적 대립관계로 설정해서, 장애인 문제는 장애인 당사자에 의해서만 모두 해결해야 한다는 배타적 과격성을 비칠 우려가 있다고 해서 '장애당사자 중심'이라는 표현을 제기했다. 개념적으로 볼 때, '장애학'은 분명 '장애인 당사자주의' 혹은 '장애당사자 중심성'보다는 포괄적인 상위개념으로 볼 수 있어, 이 절의 제목도 '장애학의 역사적 배경'이라 하였다.

인류역사에서 힘 있고 권력의 중심에 있는 자라야 역사의 당사자일 수 있었다. 따라서 역사적 존재로서 정치적 깨우침에 의한 권력에의 참여자가 되지 않은 채, 그 누구도 역사의 당사자일 수 없다. 그러나 진정한 정의(正義)는 소수자들의 깨어난 저항을 통해 성립되고, 그 저항을 뒷받침 하는 대중의 정의감이 함께 결합될 때 정의로운 사회를 기약할 수 있다. 힘 있는 다중의 주류문화에 속해 있는 사람들은 그들 스스로가 의식하지도 못하는 사이에 이미 역사의 당사자로 편안함을 향유하고 있다. 하지만, 우리시대의 소수자들, 즉 장애인이나 가난한 여성들은 기득권의 울타리에서 '쫓겨나 바깥에 선' 아웃사이더(아웃사이더 편집, 2004)로 살아갈 수밖에 없는 존재로 규정지어져 있다. 그 기준은 우리사회에서 '비장애인-서울(강남에) 사는-중산층-성인남성' 중심으로 진작부터 구축되어 있었다.

그러나 거시적으로 보면, 역사는 흐르는 물처럼 낮은 곳을 향한다. 1789년 프랑스 혁명은 유럽의 봉건적 옛 질서에 도전한 사회혁명이자 시민혁명이었다. 하지만, 마르크스와 엥겔스의 '선언'에 의하면, 프랑스 혁명은 "부르주아적 소유를 위해 봉건적 소유를 폐지"했을 뿐, 그들이 바라는 최후의 혁명 - 즉, 프롤레타리아 혁명은 아니었다. '공산주의'라는 하나의 유령이 유럽을 떠돌고 있을 무렵(1848), 신대륙에서 H. Thoreau의 「시민불복종」은 사람들에게 자기 스스로 생각하고, 자기양심에 따라 행동할 것을 '선언'하였다. 이들 선언이 당대에는 "설령 이웃 사람들의 잠을 깨우는 정도에 불과했을지언정, 횃대위에 올라앉은 아침의 수탉처럼 한번 오기 있게 울음으로서"(유강은 옮김, 2005b) 역사적으로 세계를 바뀌게 한 위대한 '선언'으로 기억되고 있다.

D. Boyle(유강은 옮김, 2005a)는 1848년에 이어 역사상 두 번째로 일어난 세계적 혁명의 해인 1968년의 혁명(미국에 맞선 베트남의 구정공세, 프라하의 봄, 서독의 학생봉기, 마틴 루터 킹 목사 암살, 멕시코시티 대학살, 프랑스 학생봉기와 노동자 총파업이 일어난 것 등)을 신좌파로 명명하면서, 신좌파는 구좌파와 달리 '착취'의 개념을 좀 더 넓게 해석해 문화적 착취, 관료적 착취, 성적 착취, 인종적 착취까지 모두를 문제 삼았다고 했다. 신좌파가 제시했던 이상의 여러 의제들은 훗날(20세기에서 21세기로 넘어오면서) 여성운동, 반핵운동, 환경운동, 민권운동, 동성애자운동 등을 통해 다시 꽃을 피웠다. 하지만, 이런 여러 역사적 의제 속에 '장애인' 문제는 여전히 또 하나의 역사적 과제로 남겨진 채, 민권운동의 일환으로 몇몇 나라에서 부분적으로 제기되었을 뿐이다.

따라서, '장애인 운동'은 당대의 마지막 '선언'으로 유보된 채, 이 운동은 최근에 와서 '당사자주의'라는 정치적 의제로, 나아가 '장애학'이라는 학술적 담론으로 발전해가고 있다. 여기서 필자가 굳이 장애인 당사자주의의 표현으로서 포괄적으로 장애학의 '역사성'을 문제 삼는 것은 낮은 곳을 향한 역사의 의제로 이것을 주목하기 때문이다. 넓은 의미에서 '장애인' 문제는 인권에 대한 인류의 보편적 자각과 도전의 일환으로 사회적 관심사의 하나로 간간히 혹은 아주 특별한 의제로 제기되어 왔다.

새로운 민권(civil right) 운동의 출현으로 장애인 문제를 다루고 있는 「No Pity」(1994)의 저자로 널리 알려진 Shapiro는 이 책의 서문에서 "지난 20에서 30년 동안 흑인, 여성, 동성애자 등 소수 집단들의 인권투쟁 언저리에서 거의 알려져 있지 않았던 또 하나의 운동이 서서히 형성되었는데, 그것은 모든 미국인들에게 당연한 권리로 주어져 있는 '기본권'을 장애인들에게도 부여하자는 요구였다."(Shapiro, 1994, p. 11)고 했다. 그에 의하면, 이 운동은 1970년대 후반까지도 존재하지 않았던 집단의식의 새로운 출현과 더불어 장애인문화의 태동을 이끌어 냈다고 평가하고 있다. 여기서 우리가 주목해야 할 두 측면은 최근 미국에서 장애인운동은 인권투쟁의 언저리에서 새로운 의제를 형성하기 시작했다는 점이고, 다른 하나는 새로운 집단의식의 출현으로 '장애인문화'의 태동을 뒤늦게 가져오게 했다는 점이다. Shapiro(1994)의 「No Pity」는 우리나라에서 윤삼호(2010)에 의해서 「동정은 싫다」(한국DPI출판부)라는 서명으로 번역되었다.

장애인 운동이 인권투쟁의 '중심'에 자리 잡지 못하고 여전히 언저리에 머물고 있다는 것은 소수의 소수에 의한 '특별한 요구'로 표출된 인권운동이기에 사회적으로 광범위 하면서도 지속적인 관심을 제기 하는데 한계가 있었음을 시인 할 수밖에 없다. 게다가 장애인 운동은 장애영역별(맹, 농, 지체부자유, 정신지체, 자폐…등)에 따른 특수한 요구에 따라 다양하게 표출되므로 Shapiro(1994)가 지적한 대로 "90년대의 모자이크식 운동"이 될 수밖에 없는 성격과 한계를 지니고 있다. 따라서 장애인 인권운동은 장애영역에 따른 다양성을 존중하는 가운데, 명분과 실리에 따라 여러 갈래로 갈라진 장애인계를 하나로 묶어내는 통합성이 동시에 요구되는 난해한 소수자 운동이다. 이런 의미에서 이익섭(2003)은 '장애인 당사자주의'는 장애인 개개인이 느끼는 '특수성'과 사회적 억압현상으로 장애문제를 인식하는 '보편성'을 함께 지니는 문제로 설정하고 있다. 당사자로서 개인이 느끼는 장애 체험은 내밀하고도 특별한 문제이기도 하지만, 사회적 차별과 억압으로서의 장애인식 접근은 인권운동의 보편성에 맞닿아 있다.

이를테면, 미국에서 장애인 시민법이라 일컬어지는 ADA(American with Disabilities Act, 1990)의 제정은 장애 특수성에 따라 분열된 장애인 단체들을 하나로 묶어, 통일된 힘으로 차별화에 대한 반대투쟁으로 얻어진 '통합적' 결실이다. ADA 통과를 위해 서명한 장애인 단체들은 미국당뇨협회와 같은 대규모 단체에서 국제인공호흡기 사용자 네트워크와 같은 소규모 단체에 이르기까지 무려 180개 단체에 이르고 있다(Shapiro, 1994). 장애인 당사자들과 그 가족들, 정치인들과 장애인 관련 전문가들의 강력한 연대로 ADA는 의회를 통과하여 1990년 7월 26일 부시대통령은 수천명의 장애인들이 환호하는 가운데 ADA에 서명하였다. 이것은 분명 장애인 당사자에게 획기적인 '역사적' 사건이었지만, 결과적으로는 '절반의 성공'으로 평가받고 있다. 왜냐하면, ADA제정은 장애인 당사자들의 노력과 함께 진보적 정치인 그룹과 장애관련 영향력 있는 전문가들의 강력한 연대로 힘을 모았기에 가능했고, ADA가 통과된 이후에도 비장애인들은 장애인들이 "시혜가 아닌 권리를" 요구한다는 것에 대한 이해가 여전히 부족하다는 사실 때문이다.

ADA 통과와 같은 무렵 워싱턴 D.C에서 일어난 Gallaudet 대학 농학생들의 투쟁은 장애인 당사자들에 의한 참여의 권력화(empowerment)의 특수한 사례로 특별한 의미를 갖는다. 1988년 봄에 "이제는 농인 총장"(Deaf President Now) 이라는 피켓을 치켜든 Gallaudet 대학 농학생들의 시위투쟁은 장애인 당사자에 의한 인권운동의 명백한 사례(史例)이다. 세계유일의 농인대학으로 설립(1864)된 Gallaudet 대학은 지금까지 한번도 농인총장을 뽑지 못하였으나, 농학생들의 투쟁에 의해 King Jordan 농인총장이 취임하여 무려 18년 동안이나 Gallaudet 대학 총장으로 탁월한 능력을 보여주었다. 한 보고에 의하면, 갈라뎃 농학생 투쟁 이후 신문에 성공한 슈퍼장애인이나 장애인에 의한 비극적 사건에 관한 기사들이 줄어든 대신에 그 자리에 '장애' 그리고 '권리'라는 단어가 자주 등장하기 시작했을 뿐더러, 당시 전국장애인위원회의 Frieden은 "갈라뎃 투쟁이 사람들의 의식수준을 끌어 올리지 않았더라면, ADA는 통과되지 못했을 수도 있다."고 피력했다.

우리가 장애학의 역사성을 논의할 때, 그것의 이념적 배경으로서 역사성을 문제 삼느냐 아니면 장애인 '당사자주의'가 하나의 '주의'로서 역사적 현실로 등장하게 된 과정을 문제 삼느냐에 따라 그것의 '역사성'에 대한 접근은 달라질 수 있다. 이를테면, 유동철(2003)은 「장애인 운동의 깃발」을 논의하면서 (장애인)당사자주의의 뿌리(그것이 이념적 뿌리인지 역사적 실재로서의 뿌리인지에 대한 개념적 구분이 불분명한 채)는 '미국의 자립생활운동(Independent Living Movement)'과 Oliver (1996)의 '장애의 사회적 모델'에 연관되어 있다고 보고 있다. 비슷한 관점의 맥락에서 곽정란(2004)도 장애인 당사자주의의 사회·역사적 배경으로 ① 사회적 관점으로서의 장애인식, ② 자립생활운동, ③ 장애인의 역량강화 등의 세 측면을 들면서, 「장애인 당사자주의는 장애인의 자기결정권과 의사결정 과정에의 참여를 강조하며, 전문가 중심주의에 대한 비판으로서 차이의 정치학을 지향하므로 장애인의 정치 세력화가 강조된다.」(곽정란, 김병하, 2004, p. 257)고 하여 장애인의 정치세력화를 통한 사회운동적 성격으로서 장애인 당사자주의의 이념을 설정하고자 했다.

이에 반해 이익섭(2003)은 장애인 당사자주의가 역사적으로 주목을 끌게 된 실천적 계기를 다음과 같은 사실(史實)에 기초하여 논의하고 있다.

> 1980년에 국제재활협회(RI)가 캐나다 위니펙에서 세계대회를 했습니다. 이때 5천명 정도 모였는데, 거기에 장애인들이 약2백명 정도 되었습니다. 이때, 장애인들이 어쩌면 당시에 아주 당돌한 제안을 했습니다. 국제재활협회 이사회의 의석수 중에서 50% 이상을 장애인에게 할당하라고 요구한 것이지요. 상당히 당혹스러운 이 제안은 이사회에서 당연히 부결되었습니다. 이러한 부결을 마치 기다리기라도 한 듯이 장애인들이 별도로 모였습니다.
>
> "…(중략) 장애인이 이야기해야 할 부분이 있고, 전문가가 이야기할 부분이 있다. 그러니까 우리가(자체적으로) 새로운 모임을 조직하자"라고 의견이 모아져 전세계 장애인들이 모이게 되었습니다. 그래서 1981년에 장애인 단체 전체가 모여 세계장애인연맹(DPI)이 결성되었습니다. 그 당시에 장애인 당사자들이 주장했던 것이 장애인 운동의 핵심사상인 '동수분할론'입니다. 장애인 문제에 대해 '동수분할론'을 제시한 장애인 당사자주의는 굉장히 획기적인 것입니다(이익섭, 2003, p.23).

소위 장애인과 비장애인에 의한 '동수분할론'(同數分割論)은 국제사회에 장애인 권력형성은 물론, 장애인 문제에 대한 결정과정과 권력구조에서 적어도 그 구성멤버의 절반이상은 장애인에게 할당되어야 한다는 것으로, 장애인 당사자주의를 역사의 현장으로 끌어들이는데 중요한 계기를 마련해 주었다. 내밀하고도 특별한 '장애' 경험의 주체자인 장애인 당사자를 제외하고는 장애 문제를 논의할 수 없다는 '장애인 당사자 배제불가'(Nothing About Us Without Us)는 이제 장애인 당사자 운동의 범세계적 구호가 되었다. 장애인 인권운동을 상징하는 "우리를 제외하고는 우리에게 아무것도 없다”(Charlton, 2000)는 주제는 장애인 인권운동 혹은 장애인 당사자주의 측면에서 다음 몇 가지의 중요한 함의를 지닌다.

첫째, 장애인이나 장애인 인권운동에 대해서 뭔가 제대로 이해하기 위해서, 우리는 당사자 개인과 집단적 주장들을 함께 인식하지 않으면 안 된다. 이제 사람들은 다양한 정치·경제적 및 문화적 맥락에서 당사자를 제외하고 ‘아무런 의미가 없음’(nothing)에 대해 광범위한 시사를 숙고해봐야 한다.

둘째, 장애인의 수적 증가는 ‘장애’에 대한 입장과 개념을 의료적 조건에서 정치적 사회적 조건으로 전환해야 한다는 하나의 의식을 자극했다. 따라서 ‘장애인 당사자 배제불가론’은 장애인들에게 그들의 요구를 조절하고 그들 자신의 삶을 책임질 수 있게 하며, 나아가 정치·경제적 및 문화적 체제에 장애인을 의사결정 과정에 참여시킬 뿐만 아니라, 장애인 당사자의 경험적 지식이 의사결정에 있어 필수적임을 인식해야 한다.

셋째, 이런 인식론적 깨우침에 영향 받은 장애인의 수가 당장에는 상대적으로 적을지 몰라도, 이제 하나의 새로운 운동은 분명히 꿈틀거리기 시작하고 있다. 장애인 인권운동(DRM)은 이제 그 자체의 이념과 정치학으로 발전하고, 전세계의 현실 정책으로 부각되는 자유화 운동이기도 하다. ‘장애당사자 배제불가’ 요구는 자기결정(self-determination)을 위한 요구이자 자유를 위한 필요선행조건이기도 하다.

넷째, 국제장애인 인권운동이 포괄하는 철학과 조직은 자립과 통합, 권력화와 인권, 자조와 자기결정권을 포함한다. ‘장애인 당사자 배제불가’ 요구는 이들 원칙들의 본질을 확인하는 것이다.

끝으로, 장애인 인권운동은 새로운 태도와 세계관을 창출하는데 연관된 떠오르는 여러 운동 가운데 하나이다. 이런 투쟁을 통해 우선권과 자원을 재편하는 하나의 비전을 제시할 수 있다. 따라서 '장애인 당사자 배제불가' 원칙은 장애억압에 맞서 저항하는 하나의 새로운 길을 당사자에게 제시해 준다(Charlton, 2000).

이상에서 우리는 장애인 인권운동으로서 장애인 당사자주의가 '장애인 당사자 배제불가' 원칙에 따라 어떻게 실천으로 반영되어야 하는가를 살펴보았다. 그와 더불어, 장애인 당사자주의가 장애인 인권운동으로 연관되어야 할 당위성을 강조하기도 했다. 이익섭은 장애인 인권운동과 장애인 당사자주의는 동질성과 함께 차별성을 갖는다고 본다. 그에 의하면, 장애인 인권운동은 '운동'의 효율성을 중시하는 기능주의적 관점이 내재해 있을뿐더러, 인권의 보장과 기회의 평등이 반드시 장애인에게 '결정과정에의 참여'를 보장해주지 못하는 한계가 있다면서, 결정과정에의 참여는 단지 인권의 문제가 아닌 정치적 개입이기 때문에 인권운동과 당사주의는 차별성을 가진다는 입장이다(이익섭, 2004). 위의 개념적 분석이 장애인 당사자주의를 이해하는데 한층 도움을 주지만, 필자는 우리나라에서 장애인 인권운동의 적극적 표현으로 장애인 '당사자주의'가 하나의 화두로 떠오른 것으로 이해한다. 이런 일련의 운동과 담론이 결합되어 하나의 학술적 담론으로 제기 된 것이 '장애학'이다.

장애인운동과 더불어 우리나라에서 장애학(disability studies) 담론에 관심을 가지게 된 것은 비교적 최근의 일이다. 장애당사자의 입장에서 자신의 문제를 주체적으로 선택하고 결정하고자 하는 주장이 세력화(politicalized) 되면서 장애학은 기존의 장애인 복지 · 재활 · 교육 패러다임과는 대칭적인 갈등관계를 형성하게 된다. 장애당사자의 '참여에 의한 권력 나눔'(empowerment)으로서 당사자 배제불가원칙(Nothing About Us Without Us)은 기존의 장애인 복지 · 재활서비스의 전문성을 일종의 '대리자주의'로 비판한다. 따라서 장애인 문제에 대한 '당사자주의'는 전통적 '대리자주의'의 극복이다.

장애당사자 중심성에 의하면, 장애를 보는 관점에서 새로운 패러다임적 전환이 전제 되어 있다. '장애' 자체는 극히 내밀한 개인적 경험이자 실존의 문제이지만, 그 장애의 '구성'은 원천적으로 사회적·문화적·정치적·교육적 책임이라고 본다. 일찍이 Oliver(1996)는 기능적 손상에 대한 개인적 제한으로서의 장애관을 탈피하고, 장애를 구성하는 사회·문화적 장벽을 문제 삼는 입장에서 장애 문제에 대한 '개인모델'(individual model)에 대응하여 '사회모델'(social model)을 제기하였다. 그에 의하면, '개인모델'에서는 장애를 개인적 비극으로 환원지우고, 개별적 치료와 교정의 문제로 의료화 하고, 전문가의 권위가 존중되고, 개인별 재활을 위한 정책과 프로그램 개발을 강조한다. 이에 반해 '사회적 모델'에 의하면, 장애는 사회적 억압이론의 기제로서 이해되어야 할 사회적 차별문제이므로, 권리로서 선택되고 정치행위로서 세력화되어야 할 사회·정치적 의제로 인식되고 있다.

우리나라에서 사회운동으로서 '장애운동'이 장애인의 생존권, 노동권, 교육권 확보 운동으로 시작된 주요 계기는 1988년 제 8회 서울 장애인 올림픽이었다. 그해 4월에 장애인들이 주관한 최초의 대중 집회랄 수 있는 '기만적인 장애인 복지정책 규탄 대회'를 개최하여, "장애인 복지정책이 전무한 상태에서 장애인 올림픽을 개최하는 것은 장애인을 우롱하는 처사"라고 주장하며, 장애인 권리운동에 불을 댕겼다. 이듬해 11월에 국회의사당 앞에서 "심신장애자복지법 개정과 장애인고용촉진법 제정을 위한 4백만 장애인 총결의 대회"를 개최하여 전국지체부자유대학생연합회, 전국특수교육학과연합회, 사회복지대학생협의회, 재활협회 등에서 참석한 사람들이 '공동대책위원회'를 구성하여 투쟁한 결과, 그해 12월 국회 본회의에서 심신장애자복지법이 장애인복지법으로 개정되고, 장애인고용촉진법이 제정되기에 이르렀다(곽정란, 2003; 유동철, 2004).

당시 장애인운동은 대정부 투쟁으로 전개되는 가운데, 주로 장애인 권익옹호를 위한 법과 제도를 만드는 것에 집중하였으며, 이시기 장애운동의 핵심 주체는 경증지체장애인과 대학생을 포함한 전문가 그룹이었다. 유동철(2004)은 1990년대 후반부터 현재까지를 '장애운동의 다원화기'로 설정하고, 이때부터 장애조직은 전국 규모의 거대 조직 외에 풀뿌리 조직들이 장애운동의 전면에 나서기 시작했으며, 운동 방식도 소송, 입법 청원, 단식, 점거, 서명운동, 국토순례, 공청회, 국제세미나, 철로 점거, 쇠사슬 시위 등 다양한 방식으로 나타났다고 한다. 운동의 주체들도 경증장애인에서 중증장애인 중심으로 이행하는 경향을 보이고, 운동의 가치도 차별과 당사자주의를 표방하는 쪽으로 기울기 시작했다고 지적한다. 우리나라 장애인 운동사에서 이중장애로 고통 받는 장애여성운동은 또 하나의 소수자운동으로서 특별한 의미를 갖는다. 우리나라에서 여성장애운동은 1994년말 '빗장을 여는 사람들'의 모임이 모태가 되어, 1998년 '장애여성 공감'이 한국 장애여성의 독자적 조직으로 발전해 왔다(김효진, 2005).

21세기에 접어들며 우리나라 장애인운동은 장애인이동권연대가 추진한 '이동권 투쟁'과 장애인차별금지법 제정추진연대가 전개하는 '장애인차별금지법 제정운동'을 통해 당사자주의에 입각한 장애인 인권운동의 뚜렷한 성향을 사회적으로 부각시키기 시작했다. 미국 자립생활 센터 엑서스 리빙(Access Living) 대표인 M. Bristo는 한국의 장애인 이동권연대 동지들에게 보내는 메시지에서 "(한국의) 장애인이동권연대가 장애인의 접근 가능한 이동의 권리를 위해 목숨을 걸고 치열하게 투쟁했던 것들은 미국에 있는 동료 활동가들에게 커다란 감명을 주었다" (장애인이동권연대, 2004)고 격려하고 있다. 유동철(2004)도 장애인이동권연대가 추진해 온 이동권 투쟁은 "무명의 중증장애인들이 중심이 된

운동"으로서 새로운 면모를 보여준 것으로 평가하고 있다.

필자는 우리나라에서 '장애인 등에 대한 특수교육법'(2007)이 제정되는 과정에서 장애당사자 입장과 특수교육(학)계가 첨예하게 맞서는 것을 볼 수 있었다. 특수교육학술대회 자리에서 장애당사자나 그들을 대변하는 발표자에게는 어른이 철없는 아이를 나무라듯이 꾸짖는 모습을 보면서 내심 당황했다. 또, 그에 반해 장애인들이 이동권 투쟁과정에서 목숨을 걸고 들어 눕는 모습을 보면서 참으로 참담했다. 그리고 이 같은 모습을 보고 현장에서 나이든 노신사가 외국 경우를 들먹이면서 장애인들을 꾸짖는 화면을 지켜보면서 우리사회에서 이해집단 간의 갈등은 깊고 두텁다는 것을 다시 한 번 실감했다. 갈등하는 이익집단 간의 소통은 민주주의의 생명줄이다.

6.2 장애학에서 본 특수교육의 재구조화

장애학에서 보는 '장애'(disability)에 대한 기본 관점은 기존의 특수교육(학)계에서 보는 관점과 정면으로 대치된다. 즉, 그것은 장애에 대한 사회적·문화적 모델 대(對) 개인적·의료적 모델로 대칭을 이루고 있다. 기존의 특수교육 전문성은 철저히 장애에 대한 개인모델 내지는 의료모델에 입각해서 구축된 것이기에 장애학 담론과는 기본적으로 긴장관계를 가질 수밖에 없다. 이런 긴장관계로부터 장애문제에 대한 제3의 길로서 최근에 보편주의적(universalistic) 접근(모델)이 제기되고 있다.

이 접근에 의하면, 장애를 불공평한 사회적 결과로 보는 것과 함께, 체계적으로 간과되어온 인간의 보편적인 현상으로 보면서, 장애의 특수성을 '비신화화'하여 특정 소수집단(장애인)을 위한 장애인 정책이 아닌 모든 사람을 '지원'하는 정책적 접근이어야 한다고 본다(박승희,

2004). 소위 '보편적 디자인'의 실현을 직접적 목표로 삼는 보편주의적 접근은 장애를 개인과 사회의 상호적 과정의 관점에서 봄으로써, 장애 문제 접근에서 균형성과 유연성을 지닌다고 하지만, Oliver의 입장(사회모델)이 장애문제를 과도하게 '사회문제화'한 특성이 있다면, 보편주의적 접근(Zola,1993; 박승희, 2004)은 장애문제를 무색투명한 '보편적 무늬'로 가려지게 하는 특성(한계)이 있다.

장애는 개인의 실존적 경험이지만, '장애' 문제에 대한 당사자의 의식은 차별화에 저항하는 정치적 깨우침 이어야 하고, 이때 그 개인(당사자)은 정치적 의식화의 존재로 거듭나야 한다. 한 인간이 정치적 의식화의 존재가 된다함은 자신의 정당한 삶의 권리를 쟁취하기 위해 발언하고 행동하는 자이며, 이를 위해 집단적 연대에 기꺼이 참여하는 자이다. 'Empowerment'는 단지 개인적 '역량강화'라기 보다 주체적 결정권자로 깨우친 참여의 권력이자 사회적 억압과 모순구조에 저항하는 집단적 정치 세력으로서의 권력화이다. 집단적 권력화(collective empowerment)는 일련의 사회이론가들이 지칭하는 신사회 운동(new social movements)일수도 있고, 정치적 목소리의 집합체로서 민권운동(civil right movements)이기도 하다(Oliver, 1996).

Oliver는 신사회 운동이 갖는 네가지의 본질적 특징에 의거하여 장애인 운동의 분석을 시도했다. 일반적으로 신사회 운동은 ① 특정 정치체제의 주변부에서 제기되고, ② 그들은 사회에 비판적 평가를 제공하고, ③ 다양한 가치형성과 편차를 지니는 사회를 수용하며, ④ 그들이 제기하는 쟁점은 특정국가의 경계를 초월하는 특성을 지닌다(Oliver, 1996, p. 157). 우선 장애인 운동은 당대 정치체제의 주변부에 존재하는 소수에 의한 당혹스러운 문제임에 틀림없다. 대부분의 주류집단 기준에 저항하는 '차별화'의 문제로 제기되는 것이 장애인 운동의 중요한 특징이다. 차별금지법 혹은 차별철폐를 위한 입법 활동으로서 장애인

권리운동은 그 좋은 예가 된다.

장애인운동이 공민(citizenship)의 권리와 책임을 성실히 반영하는 집단적 권력화 운동으로 자리 잡아 가기 위해, 그것은 '지성적'(intellectuals)이어야 한다. Oliver(1996)에 의하면, 이때 '지성적'이란 말은 지적 부르주아를 지칭하는 개념이 아니고, 자신의 삶에 대해 비판적으로 숙고하는 지성인으로서의 각성된 개인을 지칭하고 있다. 장애인 당사자주의 입장에서 본 장애인은 정치 지향적이고 지성적 존재로서 끊임없이 자기정체성을 정립해 가야 한다면, 바로 이 때문에 장애인 당사자 중심성은 특수교육 재구조화의 본질적 과제가 된다.

오늘날 학교교육의 전반적인 질적 개혁을 위해 학교 재구조화(school restructuring)가 제기되고, 이 같은 개혁의 연장선상에서 특수교육의 재구조화가 활발히 논의되고 있다. Lipsky와 Gartner(1997)는 '학교개혁의 제3 물결'을 논의하면서 1980년대초 '교육위기 보고서'에 나타난 첫 번째 교육개혁의 물결이래, 최근에 일고 있는 제3 물결로서 교육개혁은 하나의 패러다임적 전환으로서, 재구조화된 학교에서 특수교육 요구학생들이 모든 학생들과 함께 어울려 통합(inclusion) 교육을 받는 것으로의 개혁이다. 교육개혁의 제3 물결은 일반교육과 분리되는 2중구조 체제로서의 특수교육을 부정하고, 특수교육 요구 학생들을 포함해서 모든 학생들이 함께 양질의 품위 있는 교육을 받는 '일원화된' 통합체제(single unitary system)를 지향한다.

이처럼 Lipsky와 Gartner는 특수교육의 재구조화를 "분리교육에서 통합교육에로의 패러다임적 전환"으로 인식하고 있으나, 필자는 좀 더 근본적인 의미에서 특수교육이 그 목적과 기능에서 '교육의 본질'을 드러나게 해야 한다는 의미에서 '재구조화'를 제안한다. 이런 의미에서 특수교육의 재구조화를 위한 Skrtic(1995)의 주장은 훨씬 포괄적이면서 전략적이다. Skrtic은 "포스트모더니티를 향한 (특수)교육의 재구조화”(1995)를 논의하면서 특수교육의 재구조화와 더불어 그 정체성 정립을 위해 우리들에게 주는 시사가 크다. Skrtic(1995)은 「장애와 민주주의」의 서문에서 자신이 ‘특수’를 괄호 안에 묶은 각별한 의미를 다음 세 측면에서 설명하고 있다.

첫째는, 포스트모더니티에 대응하는 ‘학교 재구조화’를 위해 공교육 체제의 실상과 더불어 기존의 특수교육 실상도 필연적으로 해체되어야겠지만, 모든 학생들이 품위 있고 인간적 배려가 넘치는 학교에서 교육받을 수 있게끔 공교육을 재구조화 하지 않은 채, 기존의 특수교육을 단순히(일방적으로) 해체할 수 없다는 것이다.

둘째로, ‘특수’를 괄호로 묶어 놓은 것은 하나의 정치적 의도와 전략으로서 특수교육과 특수교육(학)자가 당대의 가장 역량 있는 집단이라는 것을 다른 모든 교육(학)자들이 간과하지 못하게 하기 위함이라는 것이다.

마지막으로, 그는 푸코 철학이 시사하는 것처럼 우리가 당대 사회를 바로 이해하기 위해 요구되는 가장 통찰력 있는 방법은 그 사회의 어두운 곳에 가려져 있는 관습적 실제나 전문성의 배경을 파악함으로서 가능하다는 것이다. 즉, 특수교육은 오늘날 공교육체제의 어두운 그림자와 같은 것이어서, 이를 간과하거나 업신여기는 폐해로부터 방어하기 위함이라는 것이다. 이상과 같은 Skrtic의 견해에 의하면, 오늘날 특수교육은 학교 재구조화를 향한 교육개혁의 증거이자 목적이다. 그는 현실적 교육실제로서 구체적 실상을 간과하고, 당위적 이상주의로 통합교육을 무작정 도입하는 것을 경계할뿐더러, 특수교육(학)자들이 당대의 교육전문가 집단 내에서 가장 역량 있는 집단으로 남아 진정한 의미에서 ‘교육의 수월성’을 최전선에서 구현해 가야 한다는 것을 강조하고 있다. 더욱이나 그는 푸코철학이 우리에게 시사해 주듯이, 오늘날 공교육이 참으로 품위 있는 교육이라면 장애아동이 대접받고 기를 펴고 사는 세상이어야 한다는 것이다. 교육받은 장애인이 주체적 당사자로 우뚝 서게 하기 위해 특수교육은 학교 재구조화의 마지막 증거로 '재구조화' 되지 않으면 안 된다.

장애인 스스로가 자기 삶과 세상살이의 주체적 당사자로 당당히 서게 하기 위해 프레이리 교육론이 특수교육에 주는 시사는 막중하다. 이런 일련의 문제의식에서 김용욱(2004)은 Paulo Freire 교육론의 특수교육적 접근을 시도하여 프레이리의 인간화 교육, 의식화 교육, 대화로서의 교육이 특수교육에 주는 시사를 논의하였고, 이보다 앞서 유병주(2000)는 프레이리 교육철학이 정신지체인의 성인교육에 주는 의의를 논의하였다. 여기서는 프레이리의 대표적 저술로 두루 알려진 「페다고지」(Pedagogy of the Oppressed, 2000)를 중심으로 장애인 당사자 중심성의 입장에서 본 특수교육의 재구조화가 진정 의미하는 바가 무엇인가를 살펴보고, 그와 같은 교육을 안내하게 될 특수교육 교직을 프레이리의 「교사론」(Freire, 교육문화연구회 옮김, 2000)을 중심으로 논의해 보고자 한다.

프레이리에 의하면, 역사적 맥락에서 "인간화와 비인간화는 둘 다 자신의 미완성을 의식하고 있는 미완의 인간을 위한 가능성"(Freire, 2000, p. 43)이지만, 인간화만이 역사적 소명이다. 피억압자는 인간화의 실현을 위해 적어도 다음과 같은 선택을 결행해야 한다.

> 전적으로 자기 자신이 될 것인가. 분열될 것인가. 내부의 억압자를 거부할 것인가. 거부하지 않을 것인가. 인간적 유대를 택할 것인가. 소외를 택할 것인가. 명령을 따를 것인가. 선택할 것인가. 방관자가 될 것인가. 참여자가 될 것인가. 나서서 행동할 것인가. 억압자의 행동을 통해 자기도 행동하는 듯한 착각에 만족할 것인가. 말할 것인가. 침묵할 것인가. 창조하고 재생산 하는 힘, 세계를 변화시킬 힘을 발휘할 것인가. 포기할 것인가. 이것은 피억압자의 비극적인 딜레마이므로 그들을 교육할 때는 반드시 이러

한 요소를 감안해야만 한다(Freire, 남경태 옮김, 2002, pp. 59-60).

(장애인 당사자 중심성에서) 피억압자로서 장애인은 비인간화(dehumanization)의 현실을 인간화의 역사로 바꾸어 나가는 과정에서 자신의 내부 깊숙이 자리잡은 갈등적 이중성으로 인해 고통을 겪게 된다. 이 고통을 프레이리는 '피억압자의 비극적인 딜레마'로 인식하여, 그들을 교육할 때에 이 비극적 딜레마를 반드시 교육의 '기획'으로 삼아야 한다는 것이다. 따라서 프레이리가 그의 교육론을 굳이 '피억압자의 교육학'이라 명명한 것은 억압기제와 그것의 원인들을 피억압자가 성찰할 과제로 삼기 위함이다. 이 성찰로부터 피억압자가 자신의 해방을 위한 투쟁에 참여해야 할 필연성이 도출되며, 이 투쟁 속에서 프레이리 교육학은 새로운 지평을 열어가게 된다.

이처럼 '피억압자의 교육학'으로서 프레이리의 페다고지는 장애인 당사자 중심성의 입장에서 볼 때, 피억압자로서 장애인이 차별과 억압으로부터 자신의 해방을 위한 성찰과 투쟁에 참여해야 할 필연성을 강조함으로써, 특수교육의 재구조화를 위해 그의 교육론이 우리에게 시사해 주는 바가 비상하다. 자신의 해방을 위한 성찰을 통해 '교육받은' 장애인은 전적으로 자신의 선택적 결정자가 되고, 내부의 억압자를 단호히 거부하고, 인간적 유대를 강화해가고, 참여자로 나서서 말하고 행동함으로써 세계를 변화시킬 힘을 발휘할 수 있다. 프레이리는 피억압자에 대한 잘못된 사회적 규정과 구조를 다음과 같이 비판하고 있다.

피억압자는 건강한 사회의 병리적 존재로 간주되므로 사회는 이 '무기력하고 게으른' 사람들의 심성을 변화시켜 사회에 적응하도록 만들어야 한다. 이 주변인들은 자신들을 '팽개친' 건강한 사회 속으로 '통합'되고 '편입'되어야 하는 것이다. 하지만, 사실 피억압자는 '주변인'도 아니고 사회의 '바깥'에서 살아가는 사람도 아니다. 그들은 언제나 사회 '안'에 즉, 그

> 들을 '타인을 위한 존재'로 전락시킨 구조 안에 있었다. 따라서 해결책은 그들을 억압 구조 안에 '통합'시키는 것이 아니라, 그 구조를 변화시켜 그들이 '자신을 위한 존재'가 될 수 있도록 만드는 것이다(Freire, 남경태 옮김, 2002, p .93).

"피억압자=장애인"이라는 등식관계에서 볼 때, 위의 프레이리 주장은 Oliver(1996)가 제안한 장애의 사회적 모델과 연관된다. 피억압자(장애인)는 건강한 사회의 '병리적 존재'로 규정되므로, 그들을 '주변인'으로 내모는 당대 사회의 구조를 변화시키기 위해 그들 스스로가 당사자로서 '자신을 위한 존재'가 되어야 함을 강조하는 프레이리의 주장은 피억압자를 향한 발언이자 장애인 당사자를 향한 메시지이기도 하다. 또한, 프레이리가 피억압자는 사회의 '바깥'에 내팽개쳐진 '주변인'도 아니고, 건강한 사회로 '통합'되고 '편입' 되어야 할 존재로 대상화 되어서도 안 된다고 한 것은 삶의 언저리에서 기죽어 사는 장애인을 일방적으로 주류사회 쪽으로 편입시키고자 하는 일방적 통합을 특수교육의 입장에서 극히 경계하지 않으면 안 된다는 것을 우리에게 시사해준다. 이런 경계는 이미 Skrtic(1995)에 의해 분명히 지적된바 있으며, 나카무라(中村)교수도 "피억압 소수집단으로서의 장애인=마이너리티론을 취하는 완전통합(full inclusion)이 아이러니컬하게도 그 이념에 반해 내부에 시각장애나 청각장애와 같은 장애마이너리티를 창출시킨 것"에 대해 비판을 가하고 있다(中村, 2004). 그에 의하면, 완전통합(full inclusion)이 지향하는 최종 목표설정의 오류는 여러 장애 범주의 개별성을 충분히 고려하지 않은 채 전체 목표달성을 위한 획일적 수단을 강조하는 가운데 개인의 "달라야 할, 달라져 있을 것에의 권리"가 경시되고 있다는 것이다.

프레이리가 오늘의 교육은 '설명병'(narration sickness)을 앓고 있다고 진단하고, 예금 행위처럼 "교사는 예탁하고, 학생은 보관하는" 은행적금식(banking) 교육을 경계하면서, 세계와의 관계 속에 있는 인간존재의 문제를 끊임없이 제기하는 '문제제기식'(problem-posing) 교육을 주장한 것은 우리에게 익히 잘 알려져 있다. 이 문제제기식 교육을 통해 프레이리의 민중교육론이 정립되었다. 프레이리에 의하면, 피억압자로서 민중은 문제제기식 교육을 통해 자신들의 세계 속에서 존재하는 방식을 비판적으로 인식하게 되며, 세계와 더불어, 세계 속에서 살아가는 자신의 진정한 세계(real world)를 발견하게 된다(Freire, 남경태 옮김, 2002, p. 106). 민중의 역사성을 출발점으로 삼는 문제제기식 교육은 민중에게 그들의 미래를 개척하게 하므로 예지적이며, 희망적이다. 당사자로 입문한 장애민중에게 문제제기식 교육은 교사-학생 간의 '대화'를 통한 희망이자 혁명이다.

프레이리에게 '말하기'는 세상을 바꾸는 일이다. 그에게 '대화'는 세계를 이름 짓는 사람들 간의 만남이기 때문에, 대화는 세계와 인간에 대한 깊은 사랑, 겸손, 신념, 희망으로 성립한다. 특수교육에서 교사는 학생을 교정하는 훈련사(조련사)가 아니고, 상호소통하는 대화의 파트너로 학생과 더불어 삶을 '걸고' 당사자의 삶을 생성하는 역사적 관계의 존재이다. 프레이리에 의하면, 대화적 교사는 문제영역을 처음으로 인식하는 학생으로부터 (문제를) '제시' 받아 그것을 강의가 아닌 문제의 형식으로 '다시 제시' 하는데 있다(Ibid, 2002, p. 141). 특수교육의 상황에서 교사는 장애학생과 대화적 관계 맺음을 통해 학생으로부터 생성된 문제를 '제시' 받아 그것을 '다시' 생성된 문제의 형식으로 제시해 준다. 그러기 위해 교사와 학생은 가르치면서 배우고, 배우면서 가르치기를 되풀이 하게 된다. 이런 교육의 과정에서 교사와 학생사이에 학교 말(school words)이 아닌 삶의 말(reality words)이 통용되기 마련이고, 이때 교사는 비로소 세계를 보는 안목을 갖춘 전문가(empowered teacher)가 된다(김민남, 2004).

프레이리에 의하면, "반대화적이고 지배적인 나는 지배당하고 정복당하는 당신을 단지 사물(it)로 변화시키지만(Buber, 1958에서 재인용), 대화적인 나는 자신의 존재를 불러내는 것이 바로 당신이라는 것을 알며, 또한 당신이 또 다른 나를 구성함으로써, 나와 당신은 변증법적 관계를 통해 두 개의 당신이 되고 또 두 개의 나가 된다"(Freire, 남경태 옮김, 2002, p.216). 위의 프레이리 논지에서 '나'는 교사이고, '당신'은 학생으로 대입된다. (특수)교육에서 반대화적 교사는 학생을 단지 교정의 대상, 즉 사물로 격하시키지만, 대화적 교사는 교사-학생간의 상호침투적 관계 형성을 통해 "두개의 당신이 또 두개의 나가 되는" 상호주관적(intersubjective) 소통관계를 형성한다. Peters(1966)가 교육에서 가르치는 사람과 배우는 사람사이에 있어야 할 성역이라 할 수 있는 '비인칭적 성격'(impersonality)을 강조하는 것도 같은 맥락에서다. 이와 같은 '비인칭적 성격' 으로서 교사-학생 관계의 특이성은 오로지 교육의 본질에 의하여 규정될 뿐이다.

특수교육은 앞서 지적한 것처럼, 교육일반의 전문성과 품격을 앞장서 계도해야 할 지위에 있는 교육이므로 당연히 위에서 논의한 교육의 본질을 잘 드러낼 수 있어야 한다. 지금까지 구조기능주의적 관점에서 특수교육을 모형화 해온 사람들은 여전히 '진단-처방적 교정' 모형(김병하, 1998)으로 특수교육을 정형화(定型化) 하는데 익숙해져 있을뿐더러, 장애의 개인모델 혹은 의료모델에 몰입해온 나머지 교정적 절차로서의 치료와 삶의 방식으로서의 교육을 혼돈 하고 있다. 모든 교사를 상담요원화 함으로써 학생들의 비행을 줄일 수 있다고 믿는 사람들이나, 모든 특수교육 교사를 '치료요원화' 함으로써 특수교육의 전문성을 제고할 수 있다고 믿는 사람들이나 모두 '삶의 방식'으로서 교육의 본질과는 거리가 멀다.

특수교육의 재구조화는 교육본질의 복원이다. 교육의 내재적 목적에 따라 '비인칭적' 상호침투 과정으로 교사-학생 관계를 정립하기 위해, 프레이리가 경고하듯 (특수)교육은 온정주의적 양육의 형태로 격하되어서는 안 된다. 프레이리에 의하면, "가르치는 일은 자유를 위해 투쟁하는 능력"을 요구하기에, "가르침은 특별한 과업, 학생들의 편에 선다는 의미에서 특별한 투쟁정신, 과업수행에 필요한 특별한 자질을 요하는 전문적인 일(이것은 기술적인 의미의 전문화와 구분됨)"이기에 교사가 하는 일은 보모가 하는 양육으로서의 돌봄과는 명백히 구분되어야 한다(Freire, 교육문화연구회, 2000). 프레이리의 이 같은 주장은 특수교육에서 보모가 수행하는 양육과 특수교사가 수행하는 가르침이 어떻게 혼돈되고 있는가에 대한 엄중한 경고이다.

프레이리는 기꺼이 교사가 되고자 하는 사람들에게 보내는 메시지를 편지 형식으로 진술한 그의 교사론에서 "교사의 자유에 대한 두려움은 온정주의적 보살핌으로 학교에서 안정감을 얻고자 하는 허위의식을 낳는다"(Freire, 교육문화연구회, 2000, p. 48)고 하면서, "교사를 보모의 지위로 격하시키려는 의도에는 '순진한' 이데올로기적인 함정이 있음"(Ibid, p. 66)을 경고하고 있다. 따라서 진보적인 교사는 '무장된 사랑'(armed love), 즉 싸우고, 고발하고, 선언할 권리와 의무를 위해 치열한 사랑을 실천할 수 있는 용기를 가진 사람이기에, 교사는 한사람의 교육자이자 정치적 행위자이다. 특수교육 교사론에서 우리는 온정주의적 양육을 목적으로 하는 보모를 길러내는 일과 '무장된 사랑'으로 자유를 실천하고자 하는 교사를 길러내는 일을 엄중히 구분해야 한다. 이런 교사론의 정립에서 특수교육의 재구조화는 시작되고 끝난다.

프레이리는 대부분의 피억압자들(특히, 브라질의 소작농)이 "실존적으로 지치고 역사적으로 마비된 채 살아가는" 현실을 우려하면서, 그들을 길들이는 원조정책과 '원조에 길들게' 하지 않는 정책 사이의 중요한 차이점을 지적하고 있다(Freire, 교육문화연구회, 2003). 전자(길들이는 원조정책)는 억압받는 사람들의 가장 큰 문제가 능력의 부족에 있다고 보는 반면에, 후자는 사회적・경제적・정치적 권력의 중요성을 강조하는데 있다. 여기서 브라질 소작농의 '지치고 역사적으로 마비된' 삶은 오늘의 한국 사회에서 고통 받는 장애인 삶에 대한 경고이기도 하다. 장애인 스스로가 그들을 길들이는 '원조정책'(서비스체제)에 순응할 것인지 그런 원조에 길들여지지 않기 위해 역사적 존재로서 '참여의 권력 나눔'(empowerment)의 당사자(주인공)로 나설 것인가를 결정해야 한다.

프레이리는 "재배되는 것은 식물이며, 길들여지는 것은 동물인 반면, 인간은 스스로를 교육하는 존재"(Freire, 교육문화연구회 옮김, 2003)라고 규정하면서, 우리 인간을 의식적 존재로 만드는 궤적은 유한성으로서의 '비종결성'(inconclusion)으로 특징지워 진다고 본다. 모든 인간은 스스로를 교육하는 존재일뿐더러, 교육만이 희망일 수 있는 근거를 프레이리는 다음과 같이 말한다.

> 우리는 미완의 존재 일뿐만 아니라, 우리자신의 모습을 있는 그대로 인식할 수 있는 존재이기도 하다. 비록 이런 점에서 우리에겐 영원한 탐구에 몰입할 수 있는 기회가 열려있다. 교육을 인간적인 것으로 만드는 뿌리중의 하나는 '비종결성(inconclusion)의 급진성'에 있다. 또한 교육의 영속성은 '탐구의 항구적 특성'에도 있다. 마찬가지로 교육에는 희망이라는 형이상학적 뿌리도 있다. 비종결성을 의식하는 존재가 희망도 없이 항구적인 탐구에 몰입한다는 것은 불가능한 일이다. 나의 희망은, 하나의 계획으로서 나의 본성에서 비롯된다. 내가 희망에 차 있는 것은 단순한 고집 때문이 아니라 바로 이러한 이유 때문이다(Freire, 교육문화연구회, 2003, p. 120).

스스로 유한성을 의식하는 인간에게 '탐구의 항구적 특성'을 지닌 교육만이 희망일 수 있고, 이 희망은 인간본성에서 비롯되고 있다. 이 같은 희망의 형이상학적 뿌리는 특수교육에 맞닿아 있을 수밖에 없다. 혹자는 장애인 당사자 중심성이 지향하는 자기결정권이나 참여의 권력나눔이 발달장애인에게까지 '희망의 교육론'으로 가능한지를 여전히 회의할지 모른다. "교육은 희망이다"는 프레이리 교육론의 형이상학적 뿌리는 당연히 발달장애인의 교육에도 관통하는 명제이어야 한다. 정신지체인으로서 뉴질랜드의 인권운동가인 R. Martin(2003)은 제16차 ACMR(Asian Conference on Mental Retardation) 기조연설에서 "지역사회에서 정신지체인의 권력화와 완전참여"라는 주제로 다음과 같이 말문을 열었다.

> 왜 나의 삶은 여러분들의 삶에 비해 그처럼 달라야 합니까?
>
> 정신지체 혹은 지적장애로 명명되는 우리들을 그처럼 차별하는 게 도대체 무엇입니까?
>
> 왜 우리는 별로 쓸모없는 사람들로 간주됩니까?
>
> 왜 우리들 대부분은 친구도 아닌 낯선 사람들과 침실까지 함께 사용하면서 살아야 합니까?
>
> 왜 우리는 형제자매와 같은 학교에 다니지 못합니까?
>
> 왜 우리는 작업장에서 일자리를 얻는데도 늘 마지막이어야 합니까?
>
> 왜 우리는 빈곤층 가운데도 가장 가난한 사람으로 살아야 합니까?
>
> 왜 우리는 결혼도 하지 못한 채 파트너와 함께 살지 못합니까?
>
> 왜 우리들의 가정은 우리가 그들의 자녀라는 이유 때문에 더욱 가난하게 살아야 합니까?
>
> 왜 정부와 국제연합은 우리들에게 영향을 미칠 법률이나 선언문을 발표할 때조차도 우리를 포함시켜 주지 않습니까?
>
> 이런 질문들이 우리 정신지체인들에게는 대단히 중요한 것이지만 대부분의 사람들은 여전히 그 심각성을 제대로 이해하지 못하고 있습니다 (Robert Martin, 2003, 8. pp. 21-26).

정신지체인 당사자의 자기권리 주장으로서 Martin의 연설은 그 자체가 '참여의 권력 나눔'의 당당한 역사적 간증이다. 정신지체인을 포함한 모든 장애인에게 당사자 중심성은 특수교육 재구조화의 증거이다.

6.3 장애학에서 본 한국특수교육(학)의 과제

앞에서 장애학의 관점에서 특수교육의 재구조화를 논의하였지만, 그것은 '장애'를 보는 관점 내지는 패러다임적 전환을 전제로 성립 가능한 것이다. 주지하는 것처럼 우리나라의 장애모델은 철저히 개인모델 내지는 의료모델에 기초해 있고, 이런 모델에 의거하여 객관-미시적 질서를 존중하는 기능주의로 특수교육 담론과 실천이 구축되어 왔다. 실천문제로서 특수교육은 혁신적으로 단박에 바뀌어 질 수 있는 그런 성질의 것이 아니다. 장애학의 입장에서 볼 때, 장애모델의 패러다임적 전환과 더불어 장애아동을 대상으로 하는 특수교육 실천도 당연히 바뀌어야 한다. 그리고 그 전환은 질적이고 총체적·혁신적이어야 한다. 그러나 실천에는 결코 비약이 없고 응당 일련의 갈등과 조정의 과정을 거치기 마련이다. 그러나 바꾸어지게 하기 위해서는 질적으로 무엇이 어떻게 바뀌어야 하는지를 명쾌하게 제시해 주지 않으면 안 된다. 이런 측면에서 여기서는 장애학의 입장에서 본 한국특수교육의 재편 과제를 논의해 보고자 한다.

이 과제를 논의함에 있어 필자는 이상적인 방향제시와 더불어 현실적 과제를 함께 다루고자한다. 왜냐하면 기존의 패러다임으로부터 새로운 패러다임에로의 대전환을 위해서는 그것을 이론적 수준과 실천적 수준에서 함께 논의하지 않으면 공허하기 때문이다. 필자는 장애학의 입장에서 장애와 장애인을 본다는 것은 '장애보다는 사람'을 먼저 생각하는 입장이고, 이것은 '장애만 보고 사람을 놓쳐버리는 것'을 경계하기 위함이다. 그런 의미에서 오늘의 한국 특수교육은 본말이 전도되어 있다. 우리나라 특수교육에서 본말전도(本末顚倒)를 필자는 다음과 같이 지적한 적이 있다.

> 오늘의 특수교육이 본말(本末)이 전도된 길로 치닫고 있는 것을 당연시하고 있지나 않은지 근심된다. 이런 우려는 특수교육이 교육 본래의 지향성을 망각하고 기법중심으로 '장애'(disabilities)를 진단하고 교정하는 일에 몰두하고 있는 것이 아닌가 하는 데에 기인하고 있다. 이런 우려와 함께 우리를 혼란스럽게 하는 것은 '장애인 등에 대한 특수교육법'(2007) 제정과정에서 '치료교육'활동이 느닷없이 삭제되어버린 사실이다. 특수교육 중의 교육으로 강조되던 '치료교육'이 갑자기 공중분해 된 것에 대해 우리는 당혹감을 가지지 않을 수 없다. 그러나 잠시 되짚어 보면, 마침내 올 것이 왔다는 생각이 든다.
>
> 치료는 치료이고 교육은 교육이다. 그런데 치료교육에서는 교육도 치료적이어야 한다는 생각이 반영되어 있다. 그래서 특수교육은 행동치료, 물리치료, 작업치료, 심지어는 미술치료나 음악치료로 혼동되기도 한다. 물론 이런 치료활동은 개념적으로 특수교육을 지원하거나 보조하는 관련 지원 활동이기는 하다. 특수교육에서 본말전도의 극치는 치료가 우선이고 교육은 부차적이라는 통념이 여전히 존재한다는 사실이다. 특수교육은 '교육'이고, 특수교사는 '교사'다. 말하자면 특수교육은 치료가 아니고 특수교사는 치료사가 아니다(김병하, 2009, 미발표 원고).

이런 현상은 마치 동양철학의 근간을 이루는 체용(體用)의 논리에서 볼 때, 오늘의 한국 특수교육이 지나치게 기법(用)에 현혹된 나머지 막상 사람(體)을 간과한 것과 같다. 마치 달을 가리키는 손가락을 보고 달을 본 것처럼 착각하고 있는 것에 비유된다. 특수교육에서 본말전도는 눈에 보이는 것에만 온통 혼이 빠져 있는 동안 보이지 않는 본질이나 목적을 망각한데서 비롯된다. 장애는 질병처럼 치료가능하고 극복대상으로 인식되는 동안 우리는 장애만 보고 사람을 놓쳐 버렸다. 특수교육이 사람 중심으로 교육다워지기 위해서는 무엇보다 교육본질을 복원하는 일에 천착해야 한다. 특수교육이 교육본질을 복원하기 위해 장애와 장애아동을 보는 관점에 있어 변화(일종의 패러다임적 전환)가 와야 한다. 거시적으로 보면 장애(disability)는 결함이나 무능의 모델이 아니라, '개인차'의 문제이다. 따라서 장애는 국부적이고 상대적인 문제이다. 즉, 한 인간을 규정하는 총체적이고 절대적인 기준은 장애라는 이름으로 결코 존재하지 않는다. 장애를 보는 이런 관점에 기초하여 장애아동도 무한한 교육가능성과 잠재성을 지니고 있음에 주목할 필요가 있다.

교육의 동양적 전통에 의하면, 희망의 교육(학)에 대한 형이상학적 뿌리는 멀리 불교의 인간관에까지 닿아 있다. 불교의 가르침을 포괄적으로 이론화한 경전(經典) 가운데 우리는 「대승기신론」(大乘起信論)에 주목하지 않을 수 없다.[1] '대승기신론'에서 大乘은 '큰 수레'로서, 이것은 '중생의 마음'의 비유적 표현이다.[2] '큰 수레'는 모든 부처와 모든

1) 필자는 개인적으로 한글로 된 「대승기신론통석」(이홍우, 2006)을 읽게 된 것을 일생을 통한 큰 축복으로 삼고 싶다. 그만큼 기신론은 필자에게 다른 어떤 책과도 비길 수 없는 감동을 주었다. 그 감동은 책에서 얻어진 한 때의 느낌으로 흔적을 남기는 정도가 아니라, 나 자신의 삶에 대한 관점과 태도를 근본적으로 뒤흔들어 놓고 있다. 그래서 필자는 삶의 업으로서 특수교육 관점에 대한 형이상학적 뿌리를 기꺼이 기신론에서 찾지 않을 수 없다.

2) '큰 수레'(대승)라는 것은 '중생의 마음을 가리킨다. 이 '마음'은 일체의 경험적 사실과 초경험적 관련을 포괄한다. 대승(마하아야아나)에 관한 일체의 교설은 오로지 이 '마음'과 관련되어 있다.(所言法者 謂衆生心 是心則攝 一切世間法 出世間法 依於此心, 7) 이처럼 '하나인 마음'(一心)이 '실재'(진여)와 '현상'(생멸)이라는 두 개의 측면에서 파악될 수 있다는 것은 기신론의 기본 가정임과 동시에 기신론의 모든 설명(나아가 불교의 모든 수행)이 심어 주려고

수행자(중생)들이 다 같이 탈 수 있을 만큼 큰 수레이다. 모든 부처는 본래 그것을 타고 있으며, 모든 수행자는 그것을 타고 여래(如來)의 땅으로 들어간다. 그런데 수행자가 수레를 타고 '여래의 땅'에 들어가기 위해서는 누군가 또는 뭔가가 그것을 끌어주지 않으면 안 된다. 여래의 땅으로 수레를 움직이게 하는 힘은 방편(方便)이다. 이런 의미에서 방편은 전형적인 '교육적 자세'이다.

기신론에 의하면, 중생이 곧 여래(如來)이다. 물론 중생은 진여(眞如) 그 자체와 한 몸이 된 존재로서의 여래(진여의 세계에서 온 자)는 아니지만, 다소간은 그 여래를 마음 속에 구현하고 있기 때문에 본질적으로 그 여래와 다르지 않다. 여래와 다르지 않기 때문에 우리의 삶은 어떤 수준에서 어떤 형태든 수행(修行)의 여정(旅程)이고, 이 여정은 곧 교육 그 자체이자 교육의 과정이다. 필자가 보기에 기신론은 불교에 대한 포괄적 담론임과 동시에 그 속에 삶의 과정으로서 교육본질을 함축적으로 반영하고 있다. 그리고 인간교육의 무한한 가능성을 시사하고 있다.

기신론에서 '질그릇 비유'(瓦器譬喩), '파도비유'(海波譬喩), 그리고 '보배 구슬 비유'[3](摩尼譬喩)는 모두 진여로서의 인간 본성과 생멸하는 중생의 마음을 특이한 방식으로 대비시켜 놓고 있다. 특히 '보배 구슬 비유'에서는 본성(本性)과 수행(修行)의 관계설정을 통해 인간교육의 가능성을 열어 놓고 있다. 수행은 상념을 떠나 진여의 세계로 돌아가기

하는 궁극적 믿음이라 할 수 있으며, 이런 뜻에서 그것은 기신론의 알파요 오메가에 해당한다(이홍우, 2006, p.507).

3) '마니'라는 큰 구슬은 원래 맑고 깨끗한 성질을 가지고 있지만 흙과 먼지로 때가 끼어 있다. 만약 사람이 그 구슬의 원래 성질만 생각하고 그리워하면서 여러 가지 방편으로 갈고 닦지 않는다면 원래의 그 깨끗한 성질이 나타나지 않을 것이다. 중생의 마음도 이와 마찬가지다(대승기신론 62, 이홍우, 2006, p.165).

위한 노력으로 그 자체가 교육적 행위이다. 이런 의미에서 교육은 심성(心性) 함양의 과정이자 본성회복의 과정이다. 그러나 이런 수준에서 교육행위가 일어나기 위한 중요한 조건으로 무엇보다 진여의 '기능'으로서 교사의 삶이 드러나야 한다. 그런 의미에서 교사는 스스로 진여의 화신(즉, 法身)이어야 한다. 이 때 학생은 각각 자신이 보고 듣는 바에 따라 교사로부터 이익을 얻는다. 이것이 '진여'(眞如)로서 교육의 기능이다.

이런 교육적 기능이 과연 특수교육에서도 가능할까? 이런 의문은 특수교육계 내부에 알게 모르게 똬리를 틀고 있다. 특수아동은 장애(disability)를 지닌 예외적(exceptional) 존재라는 생각과 전통적 특수교육 전문성은 밀접한 관련이 있다. 그래서 인간존재의 천부적(天賦的) 가능성이나 희망마저도 포기하는 가운데, 장애는 질병처럼 치료하고 극복해야 할 개인적 비극으로 환원된다. 특수교육에서 본말전도의 엄청난 오류가 이런 식으로 이어진다.

그러면 실천적 수준에서 이런 특수교육의 본말전도 현상을 바로잡기 위해 누가, 무엇을, 어떻게 해야 하는가? 일차적 책임은 특수교육(학)계 내부를 향해 묻지 않을 수 없다. 즉, 우선 특수교육학인들은 신사회 운동으로서 장애인운동의 역사성을 겸허히 수용할 뿐만 아니라, 장애당사자 중심을 특수교육에서 학습자 중심으로 연관지우는 데에 체계적인 관심을 보여야 한다. 그리고 무엇보다 특수교육(학)자 스스로가 앞장서 장애아동 교육을 '희망과 믿음' 교육(학)으로 정립하지 않으면 안 된다. 이것은 인간교육의 무한한 가능성에 대한 희망과 믿음에 정초하고 있다. 그러기 위해 특수교육학인들은 이 희망과 믿음에 따라 말하고 글쓰기를 해야 하며, 특수교사들은 그런 신념에 따른 그들의 교육실천을 통해 이 희망과 믿음을 구성해 가야 한다. 교육은 객관적으로 쉽게 입증되지 않는 무한한 가능성의 구현이자 신비로움이다.

특수교육은 교육 중에서도 어려운 교육이다. 지금까지 특수교육은 그 '어려움'의 극복을 모두 장애당사자 몫으로 돌리고자 했고, 교육본질 복원을 통해 그 어려움과 맞서고자 하는 내면적 성찰은 턱없이 부족하지 않았나 싶다. 그 교육이 어렵다고 사사로이 이리저리 (특수)교육을 치료나 보육정도로 격하하지는 않았는지 되짚어 봐야 한다. 심지어는 그렇게 하는 것을 당연한 것으로, 아니면 모름지기 그것을 최선의 대안으로 삼았을 수도 있다. 이러는 동안 특수교육에서 본말전도(本末顚倒)는 그것이 본말전도인지도 모르고 당연시 되어 왔다.

특수교육은 교육 중의 교육으로 문짝의 축(軸)과 같은 것이다. '축'은 문짝이 제대로 움직이게 하는 핵심고리이다. 심성함양이라는 교육본질이 특수교육 행위를 통해 구현될 때, 그 교육은 진짜 교육일 수 있다. 누가 내게 전공이 뭐냐고 물어 와 '특수교육'이라고 했더니, 그 사람의 대답이 "진짜 교육을 하는 군요"라면서 칭찬을 해주었다. 그러나 우리가 장애아동에게 '진짜' 교육을 하고 있는지 어떤지 부담스럽기 짝이 없다. 그러나 우리 특수교육인은 그 부담을 평생의 업으로 삼고 살아갈 수밖에 없다. 그것이 특수교육(학)인의 운명이다. 하늘의 명령이 절대적인 만큼 그 운명은 피할 수 없는 것이다.

6.4 장애학에서 본 농학과 농문화

장애학의 입장에서 본 농의 문제를 농학(Deaf Studies)이라고 한다. 일찍이 청각장애(hearing impaired)는 하나의 손상(impairment)으로서 듣고 말하는 기능에 장애(disability)를 수반함으로써, 사회적으로 장애인(the handicapped)이 될 수밖에 없는 것으로 낙인 되었다. 그리고 이 장애는 질병처럼 교정・극복되어야 할 문제이므로 어떻게 하든지 듣고 말하는 능력을 재활하는 데에 관심이 집중되었다. 그래서 농교육계에서는 교육과정 활동에서 현실적으로 여전히 수어(手語)에 의존하고 있으면서도 명시적으로는 구어주의(oralism)를 지향해 왔다. 이 구어주의는 정상화(normalization) 이념을 배경으로 1880년 Miran 농국제회의 이래 20세기 중반에 이르기까지 전 세계의 농교육계를 지배해 왔다.

그러나 구어중심(oral only)에 한계를 느낀 나머지 구소련에서 1950년대 말에 구어와 지문자(指文字, finger spelling)를 결합한 소위 수정구어주의(neo-oralism)가 등장하였고, 미국에서는 이 결합법(combined method)을 진작부터 채택해 왔었다. 그러다가 구어중심주의에 대한 전면적인 반성으로 1970년대에 미국을 중심으로 모든 의사소통 양식들(communication modes)을 당사자의 요구와 편의에 따라 개방적으로 활용하는 것을 강조하는 소위 토털 커뮤니케이션(Total Communication) 접근이 제기되자, 이 접근은 적극적인 호응을 얻어 1980년대에 전 세계적으로 파급되었다.

이 TC접근은 방법이라기보다 하나의 철학으로서 정당성을 지니고 있음에도 실제로 그것을 적용하는 과정에서 TC접근의 변종(變種)이라 할 수 있는 동시법(simultaneous method 혹은 Sim Com)으로 전락하고 말았다. 특히, TC접근에서는 음성언어의 어법에 준하는 일종의 체계적 수어(methodical sign language)를 즐겨 적용함으로써, 농인세계에서 두루 사용되는 소위 자연수어(natural sign language)와는 엄청난 차이를 드러내게 되었다. 이에 대한 반성으로 1990년대에 접어들면서 언어획득 초기에 1차 언어(first language)로 농인세계에서 두루 통용되는 자연수어를 강력하게 투입하는 것을 강조하는 2Bi(Bilingual/Bicultural)접근이 대두되었다. 언어는 문화의 소산이기 때문에 일차적으로 자연수어를 획득하기 위해서는 그 수어로 말하는 농문화에 친숙해지지 않을 수 없다. 농아동이 어릴 때부터 농세계(Deaf world)의 한 구성원으로 참여하는 가운데 1차 언어로서 자연수어를 안정적으로 획득하고, 이것을 강력한 도구로 해서 2차적으로 읽고 쓰는 문자언어(written language)를 획득하게 되면 그렇지 않는 농아동에 비해 학업성취를 비롯해서 전반적인 발달에 긍정적인 영향을 미친다는 것이 농교육계에서 입증되고 있다(Lewis, 최성희 역, 1995).[4] 이런 2Bi 접근 영향은 수어와 농문화에 대한 새로운 인식을 자극하였다.

특히 농문화는 장애학 입장에서 볼 때, 특별한 쟁점을 제기한다. 이를테면, Davis(1997)가 대표 편저자로 펴낸 '장애학'에서는 전체 27개 논문 가운데 7편이 농에 관련된 것이고, 역사적 측면의 장애학 논문 6편 중 4편이 농에 관한 것이다. 농문화는 장애학 담론이 본격적으로 제기되기 이전부터 '농학(Deaf Studies)[5]이라는 이름으로 독자적인 담론을 형성해 왔다. 우리가 청각장애를 교육·재활·복지 대상으로 분류할 때 흔히 청력손실치(dB)를 기준으로 삼는데, 이것은 청각손상을 병리적으로 규정하는 의료모델에 깊숙이 영향 받은 때문이다. 농인은 음성언어 대신에 수어(sign language)로 말하는 사람이다. 한국 농인은 음

4) 덴마크 농학교에서는 이 2Bi 접근에 의한 이중언어지도 프로젝트를 1982년에서 1992년까지 10년간 적용한 결과를 장기 추적해 본 결과 이 프로젝트에 참여한 모든 농학생들은 9학년 이후의 졸업시험에서 또래의 청인학생들의 평균과 같은 성취수준을 보인 것으로 확인 되었다(Lewis, 1995). 일반적으로 농학생들은 고등학교과정을 졸업하고도 일기중심의 기초학력이 초등4학년 이하로 떨어지는 현실에 비추어 놀라운 혁신이라 할 수 있다. 이 보고서의 마지막 제언에서 "농학생들은 듣기를 제외하고는 일반 청인학생들이 할 수 있는 모든 것을 할 수 있다"고 기술하고 있다.

5) 미국에서 농학(Deaf Studies)이라는 용어를 처음 공식적으로 언급한 것은 1971년에 미국 NAD 실행위원장인 Frederick Schreiber가 다음과 같이 기술한 것에서 확인된다.
"농인이 우리 시대에 출세한 사람이라면 그들은 스스로의 이미지와 그들의 잠재가능성을 갱신해 가야한다. 그들은 농인이 이미 그렇게 해왔고 그들 스스로 밝은 미래를 기획할 수 있다는 것을 입증해 보여야 한다. 우리가 흑인학과 유대인학을 가질 수 있듯이 왜 농학을 가지지 못하겠는가?"(Bauman, 2008, p.7에서 재인용)

성언어로서 한국말 대신에 한국수어(KSL)를 말하는 사람일 뿐이다. 수어라는 독자적인 언어권을 향유하는 사람들 간에 형성된 문화가 농문화이고, 이 농문화가 자기 정체성을 정립하면서 농학이 하나의 담론 의제가 되었다.6) 이런 일련의 문제의식에서 최근에 Bauman(2008)이 농학을 주제로 「당신의 눈을 떠라: 농학을 말함」(Open your eyes: Deaf studies talking)을 내놓은 것은 주목할 만하다.

농학의 입장에서 '과연 농인은 장애를 가지는가?'(Do Deaf people have a disability?)라는 질문을 세삼 제기한다(Lane, 2008). 농인에게는 듣지 못하는 것 외에는 아무런 문제가 없다. 따라서 농(deafness)은 장애가 아니다. 농문화의 정체성 정립과 더불어 농학에서는 다음 세 측면에 깊은 관심을 표명한다.

첫째는 농 프라이드(Deaf Pride)를 앞세워 듣지 못함을 긍정적으로 수용하는 자기 정체성 정립을 강조한다. 미국에서 소위 Deaf 프라이드의 한 표현으로 1988년에 Gallaudet University 농학생들이 '이제 농인 총장을'(Deaf President Now)이라는 슬로건을 내걸고 처음으로 농인 총장을 맞이하게 된 것은 그 상징적 의미가 각별하다. 미국 언론에서도 소위 DPN 이후에 전반적으로 농인에 대한 사회적 인식이 훨씬 좋은 쪽으로 바뀌었다고 평가하고 있을 정도이다.

둘째는 농인에 대한 언어권의 하나로 수어(sign language)를 언어학 내지는 언어사회학적인 측면에서 당당히 독립된 언어로 인정해 줄 것을 강조한다. 일찍이 Stokoe 등은 음성언어의 언어학적 자질에 대응하

6) 대학에 '농학'(Deaf Studies)이 정규강좌로 1981년에 Boston University에 개설된 이래, 1983년에는 California State University at Northridge에도 개설 되었다. Gallaudet University는 1994년에 '농학' 프로그램을 전 대학(원)에 걸쳐 개설한 이래 격년제로 '농학'에 대한 학술회의를 개최하고 있다(Bauman, 2008). 최근 Gallaudet 대학은 미국에서 농문화와 농학의 Renaissance 발원지로 명명될 정도로 농 프라이드의 상징성을 부각하는데 박차를 가하고 있다.

여 미국수어(American Sign Language)의 언어학적 특성을 정립하는데 크게 기여하였다. 그 후 Stokoe는 Gallaudet 대학교에 언어학연구소(Linguistics Research Laboratory)를 설립(1971)하고, 이어 「*Sign Language Studies*」라는 저널을 발행하기도 했다. 최근에 와서 언어사회학적인 측면의 언어사용 분포에서 미국수어(ASL)는 미국 내에서 다섯 번째의 지위를 차지하고 있을 정도이다.

끝으로, 농학에서는 농인 스스로의 능동적 참여에 의한 정치적 세력화(political empowerment)를 강조한다. 장애인운동을 '모자이크'식 운동이라 칭하는 것은 소수인 그룹 속에 다시 장애영역별로 그 특수성이 계속 분화되어 가기 때문이다. 이를테면 같은 감각장애의 범주에 들지만 맹인과 농인들 간의 인권적 차원에서 제기되는 권리주장은 아주 특이하게 다르다. 이를테면 수화통역지원, TV 자막지원, 원거리 통신공학지원 등은 농인세계에서만 특별히 요구되는 지원이다. 이런 지원의 확보를 위해 농인들에게 '참여에 의한 권력 나눔'이 의제화(議題化)되어 왔다.

한국 농교육 100주년에 즈음하여 우리나라 농교육의 정체성이 아직도 불투명하듯 농문화와 농학의 경우 더욱 그런 상황이 아닌가 싶다. 이를테면 미국의 경우 1817년에 농교육이 시작된 이래, 주립 농학교는 전형적으로 기숙제 학교로 운영되어 왔기 때문에 농학교 자체가 그들의 역사와 더불어 농문화의 산실이 되어 왔다. 또 미국은 처음 농교육을 시작한 Thomas H. Gallaudet 성(姓)을 따서 지금도 전 세계적으로 유일한 농인을 위한 국립대학으로 1864년에 Gallaudet 대학을 설립하여 오늘에 이르기까지 그 명성을 자랑하고 있다. 전술한 것처럼 1988년부터는 'Deaf President Now'(DPN)의 기치 아래 농인 총장을 임용하는 전통을 창출함으로써, 오늘날 Gallaudet University는 미국의 Deaf Pride를 상징하는 하나의 브랜드 구실을 하고 있다. 미국의 농인계(Deaf-World)

는 진작부터 그들 나름의 전통과 문화를 축적해 왔고 그것을 역사화한 기록(Gannon, 1981)도 비교적 풍부하게 보유하고 있다.

그러나 우리나라의 경우 1913년 제생원(濟生院) 맹아부(盲啞部)로 출범한 이래 가장 오랜 전통을 지니고 있는 서울농학교의 경우 농문화의 산실 혹은 센터로서 얼마나 그 역할을 제대로 해왔는지 의심스럽다. 서울농학교는 88올림픽 때 교명변경에 따른 교육부의 지시를 고지식하게 수용하여 옛 선희궁 터에 학교가 자리 잡았다고 해서 '서울선희학교'로 교명을 바꾼 적이 있었다. 서울농학교 출신으로 미국에서 Gallaudet University 대학원을 졸업하고 영락농아인교회 담임목사를 역임한 강주해 목사는 이에 대한 소회를 다음과 같이 밝히고 있다.

> 스스로 원치 않으면서도 어쩔 수 없이 신체적 장애를 입어 평생 불편하게 살아가는 것만도 서럽고 억울한데 이들 장애인들의 존재까지 인정하기보다 묵살하려 드는 처사는 장애인들의 쓰린 가슴에 더욱 못질하는 것밖에 아무 것도 아니다. 교명에 '농아'라는 단어를 삭제한다고 농아인들이 이 땅 위에 종적도 없이 사라져 버리거나 그들이 전부 건청인으로 변화되는 것은 아닐 것이다. 농아인들의 존재를 인정하는 의미에서 학교 이름에 '농아'라는 단어가 들어간다고 눈에 거슬려 할 이유가 없는 것이다(강주해, 2002, pp.81-82).

교명(校名) 복원을 위해 동창회가 꾸준히 노력한 결과 무려 14년 만에 '서울농학교'라는 교명을 되찾게 되었다. 이것은 단적으로 우리나라에서 농 정체성에 대한 위상과 일반적 인식을 반영하는 일종의 해프닝이었다. 강주해 목사는 「농아인 그는 누구인가?」(1989, 2002)의 저자로 두루 알려져 있으며, 이 책은 농인에 의한 우리나라 대표적 저술이라 할 수 있다. 그는 이 저서에서 '농아인 대 일반인', '농아인 대 농아인', '기독교신앙 대 농아인', 그리고 '농아인 대 편의시설' 등으로 대별해서 집필했는데, 여기서 우리나라 농문화의 일단을 볼 수 있는 것은 2장의 '농아인 대 농아인'이다. 그는 "농아인 구락부 이대로 좋은가?"에서 우리나라의 농아구락부 모습과 외국의 모습을 비교하면서 이렇게 기술하고 있다.

> 첫째로, 전자는 일주일에 이틀간 즉, 직장이 쉬는 주말인 토요일과 일요일에 영업하는데 비해 후자는 연중무휴이다.
>
> 둘째로, 전자는 영업시간을 오후만 제한하는데 비해 후자는 제한이 거의 없다. 그래서 많은 농아인들이 구락부가 제공하는 환락성에 빠져 직장을 떠나게 만들 개연성이 아주 높은 것이다.
>
> 셋째로, 전자는 사교나 교제의 장소라는 성격이 짙은데 비해 후자는 오락이나 환락의 장소라는 성격이 두드러진다.
>
> 넷째로, 전자는 품위 있고 고상한 분위기를 풍기는데 비해 후자는 저속하고 시끄러운 분위기를 풍긴다.
>
> 다섯째로, 전자는 농아인 협회에서 운영되는데 비해 후자는 개인에 의해 운영된다(강주해, 2003, p.141).

위 비교에서 말할 것도 없이 전자는 서양을 중심한 외국의 모습이고 후자는 우리나라의 경우이다. 이처럼 상대적으로 우리나라 농문화는 하나의 문화로서 품위가 떨어진다는 비판을 면하기 어려운 부분이 없지 않다. 만약 현상적으로 이런 성향을 부정할 수 없다면 왜 그런가? 그리고 그 진짜 이유는 무엇일까? 필자는 다음 세 측면에서 그 이유를 짚어 보고자 한다.

첫째는 당사자인 농인 자신들의 품위 있는 문화 구축을 위한 역량과 노력이 상대적으로 부족했다는 점을 들지 않을 수 없다. 장애당사자 중심성에서 강조하는 'Nothing About Us Without Us'가 힘을 받기 위해서는 당사자의 내부적 결속력과 더불어 비장애인들을 향한 장애당사자의 권리주장이 설득력을 발휘해야 한다. 이 부분에서 농인들은 같은 감각장애 집단인 맹인들에 비해 내부적 결속력이 많이 떨어지고 있다. 심지어는 농인들 사회에서 농인들 간에 비인간적 착취행위가 아직도 사라지지 않는 현실을 어떻게 설명해야할지 모르겠다. 농인들 스스로가 농 프라이드를 앞세워 참여에 의한 권력 나눔으로서 엠파워먼트(empowerment)를 길러 가야 한다.

둘째로, 위에서 지적한 문제를 원천적으로 풀어가는 역량을 기르기 위해 특수교육으로서 농학교 교육이 자기 정체성을 분명히 정립해야 한다. 농교육 100주년을 맞아 우리나라 농교육은 구화와 수화의 틈새에서(김칠관, 2006), 그리고 최근에는 통합교육과 분리교육의 틈새에서(김병하, 2007) 심각한 정체성 위기에 당면하고 있다. 농교육은 '말하기' 교육이 아니다. 농인으로서 자기 정체성을 정립하고 자기를 실현하는 과정으로서의 마음공부가 농교육의 본질이자 목적이다. 농교육에서 본말전도(本末顚倒) 현상이 교육의 실패를 끊임없이 재생산한다. 농교육이 바로 서야 미래의 농문화가 품위 있게 정립된다.

끝으로, 청인들의 농인들에 대한 인식전환과 공감적 이해 지평을 늘려가야 한다. 다수의 청인들이 농인에 대한 편협한 편견이나 무관심이 극복되는 정도와 비례해서 이 땅에 농문화가 튼튼히 뿌리 내릴 수 있다. 농인에 대한 잘못된 선입견이 여전히 우리 사회를 지배하고 있다. 최근 출판하자마자 베스트셀러에 오른 공지영(孔枝泳, 2009)의 장편소설 「도가니」에서는 농인의 속성에 대해 농학교생활지도사의 입을 빌려 이렇게 기술하고 있다.

제가 보기에 청각장애인들은 장애인들 중에서 가장 다루기 힘든 사람들입니다. 우리가 흔히 말하듯 남의 말 못 듣는 사람들이지요. 그러니 자기 생각만이 옳다고 여길 뿐 아니라 어떤 사실을 잘못 알아 차렸다 싶어도 전혀 수정할 생각을 하지 않습니다.…(중략) 더군다나 농인들끼리 폐쇄적인 세계를 형성하고 있으므로 위계질서가 대단하지요. 게다가 요즘 아이들은 몸만 성숙해버려서 서슴없이 육체적 관계를 갖고 있습니다.(공지영, 2009, p.245)

위의 진술이 농인세계를 잘 모르는 일반인의 관점이 아니라 농학교 기숙사 생활지도사로서 수화를 잘하는 사람의 농인에 대한 인식이 이런 정도라면 심각한 문제다. 한마디로 교양은 '다른 사람에 대한 상상력'이다. 청인들은 청인세계의 기준으로 그들을 볼 것이 아니라 농인의 입장에 자신을 전치(轉置)해서, 농인들과 상호주관성(inter-subjectivity)이 소통될 수 있어야 한다. 이렇게 될 때에 품위 있는 복지사회가 건설될 수 있다.

우리나라에서 농문화와 농학의 정립을 위해 공식적으로 앞장서야 할 단체는 '한국농아인협회'(Korea Association of the Deaf)이다. 한국농아인협회는 1946년 조선농아인협회로 출범한 이래, 1959년에 세계농아인연맹(WFD)회원 단체로 가입하였으며, 초대 회장에 운보 김기창 화백이 취임하여 4대까지 연임하였다. 1996년 협회 창립 50주년을 맞아 '농아인의 날'을 제정하여 이듬 해 6월 3일 '농아인의 날'을 기념하여 전국농아인대회를 개최하였다. 이어 1998년에는 전국 시 · 도협회에 14개의 수화통역센터를 개소하여 수화통역사 양성을 주도하였으며, 이듬해에 TV 한글자막 방송을 실시하게 하는 데에도 중요한 역할을 하였다. 2004년에는 한국농아방송(DBN)을 개국하였으며, 2005년 현재 전국적으로 자막방송 수신기를 약 2만대 이상 보급하기도 했다. 이어 2007년에는 세계수화통역사협회에 회원국으로 가입하기도 했다. 최근 농아인협회(회장: 변승일)는 농인들이 정보사회에 접근하는 데 차별을 받지 않도록 하기위해 다면적인 노력을 적극 펼치고 있다.

이상에서 보는 것처럼 최근에 와서 한국농아인협회는 농인들의 정보 접근권 보장을 위해 괄목할만한 성과를 보이고 있다. 그러나 필자가 보기에 우리나라에서 '농인에 의해서 농인을 위한' 농문화로서 소위 농 프라이드를 드러낼만한 실질적 내용은 여전히 빈약한 듯하다. 하나의 하위문화로서 농문화가 당당하게 그 정체성을 드러내게 하기 위해서는 우선 농인 세계 내부에서 문화적 응집력과 세력화(politicalized)를 과시할 수 있는 실체(reality)가 분명해야 한다. 그리고 청인 세계에서는 그것을 긍정적으로 수용하고 인정하는 품위와 관용을 발휘해야 한다. 어쩌면 우리나라에서 아직 농문화와 농학이 자기 정체성을 분명하게 드러내지 못하고 있다면, 그것은 바로 우리들 모두의 문화수준 반영이자 교양의 반영이기도 하다.

미국 Gallaudet University에서 농학을 전공하고 현재 나사렛대학 수화통역학과에 농인 교수로 재직하고 있는 장진석 교수는 최근 필자와 메일 교신을 통해 미국에는 농문화의 범주에 해당되는 "농문학(농 유머, 농 수필, 수어 시낭송, 가나다 및 숫자로 표현하는 시와 이야기 등), 재담과 만담, 수어노래와 연극 등을 농인들이 직접 창작하거나 발표하는 사례가 풍부하다"(장진석, 2009.8.21)는 것을 예시하고 있다.[7] 이에 비해 우리나라 농문화의 실상에 대해 그는 다음과 같이 아쉬움을 표하고 있다.

> 우리나라 농문화의 특징을 보면 1990년대에 인천농아인협회에서 개발·시행해 오고 있는 농인을 상대로 한 수화제(청인을 위한 수화제 말고)가 유일한 농문화의 한 단면이라고 할 수 있습니다. 그 밖에 한국에는 농문화라고 내세울만한 것이 없습니다. 따라서 한국의 농문화는 (1) 농문화 자체

7) 미국에서 이와 같은 다양한 사례(史例)들은 장진석 역(2007), 「미국 농사회의 변천사」(A place of their own)에 잘 소개되고 있다.

가 너무 빈약하고, (2) 농인과 청인 공히 농문화 발달을 위한 개인적・집단적 활동과 노력이 부족하고, (3) 대학 및 정부 차원의 농문화 창달을 위한 노력과 지원 또한 부족합니다. 따라서 농인들과 농인단체는 물론 학계, 대학, 정부, 국회, 지방자치단체 모두가 농인들의 생활, 직업, 언어 등 모든 것을 개방하게 하여 발전되도록 공동 노력하여 농문화를 창달시켜 나가야 할 것입니다(장진석, 2009.8.21. 필자에게 보낸 메일 내용 중에서).

이상에서 보는 것처럼 농인 당사자가 보는 우리나라 농문화의 현실은 너무 빈약하고 이를 지원하는 청인세계의 관심 또한 한심한 수준이다. 전술한 것처럼 농문화의 정체성을 자랑스럽게 정립하는 일차적 노력은 농인계 내부로부터 축적되어야겠지만, 그렇게 할 수 있는 힘은 청인들이 얼마나 공감적으로 이해하고 지원하느냐는 것과 맞물려 있다. 위에서 장진석 교수가 농문화 발달을 위한 농인들의 노력이 부족할 뿐만 아니라, 특히 "대학과 정부 차원의 농문화 창달을 위한 노력과 지원의 부족"을 지적한 것에 주목할 필요가 있다. 최근 10년간 장애인의 대학특례입학제도가 도입되면서 농학생들의 고등교육 기회가 과거에 비해 상당히 확대되어 가고 있다. 그럼에도 농대학생 그룹을 중심으로 한 농문화의 형성은 거의 찾아보기 어려운 현실이다. 필자가 확인 한 바에 의하면, 놀랍게도 대학에 진학한 청각장애학생들 가운데는 아예 수어를 기피하거나 스스로 수어를 낯선 언어로 생각하는 경우가 적지 않았다.

그리고 최근에 와서 장애학(disability studies)에 대해 사회복지와 특수교육 일각에서 점차 관심을 보이기 시작하고 있으나, 농학(Deaf studies)에 대한 관심은 아직 많이 부족한 상황이다. 다만 특정 대학 중심으로 농문화에 대해 부분적으로 관심을 보이는 정도에 머물고 있다. 이것은 우리나라에서 농의 문제를 보는 관점의 반영이자 현실이기도 하다.

제 7 장 불교와 성리학의 한국특수교육론적 함의

이 장에서는 한국 특수교육의 정체성 정립을 우리의 역사적 전통 속에서 찾고자 특히 불교와 성리학에 주목하고자 한다. 앞에서 논의한 것처럼 특수교육에서 교육본질의 복원을 위해 불교와 성리학이 한국특수교육론 정립에 시사하는 바가 막중하다. 이런 측면에서 여기서는 불교 가운데 특히 대승기신론을 중심으로 본 한국 특수교육론적 함의와 성리학의 고전적 논지로서 중용에서 본 한국 특수교육론적 함의를 중심으로 논의를 전개하고자 한다.

7.1 불교의 한국 특수교육론적 함의

불교는 1600년 이상이나 우리의 역사와 삶에 녹아 있는 종교이자 삶의 형식이다. 필자가 보기에 불교는 외래종교라는 차원을 넘어 역사 속에 우리 민중들의 삶과 더불어 존재해 왔다. 19세기 말에 개국과 더불어 주로 미국으로부터 유입된 프로테스탄티즘이 오늘날 그처럼 기세를 떨치고 있음에도 실제로 우리나라 종교 분포를 보면, 여전히 전인구의 약 45%가 불교신자로서 불교인구가 가장 많은 비중을 차지하고 있다. 그러나 우리나라에서 근대특수교육의 성립과정에서 프로테스탄트가 미친 영향은 가히 절대적이라 할만하다. 우리나라 종교분포에서 보면 불교가 전술한 것처럼 가장 많은 비중을 차지하고 있으나, 장애인 인구 중 약 75% 이상은 기독교인이며, 불교 쪽은 9%도 되지 않는다. 이것은 장애인들에게 특히 기독교 복음이 절대적인 영향을 미쳤음을 의미한다. 이 문제와 관련해서 박광준(2010)은 불교의 장애인관에 대한 오해를 다음과 같이 지적하고 있다.

> 필자는 오래 전 한 장애소녀 화가가 TV에 출연하였을 때, “어떤 종교를 믿느냐”는 질문에 대하여 “불교에서는 제가 전생에 나쁜 짓을 해서 이렇게 장애를 가지게 되었다고 해서 다른 종교를 믿고 있습니다”라고 대답하던 장면을 기억하고 있다. 그 소녀의 말을 들은 이후 다음과 같은 의문이 뇌리에서 떠난 적이 없었고, 왠지 그 소녀에게 큰 죄를 지은 것 같은 부담을 가져왔다.
>
> 이 소녀가 불교에 대하여 이런 오해를 가지게 된 연유는 무엇인가? 그런 이야기는 불교인으로부터 들었던 것인가? 장애의 원인과 책임을 모두 본인에게 돌리는 이러한 통속적이고 자의적인 해석, 고통 받는 자에게 의지처가 되기는커녕 고통을 가중시키는 세간의 해석과 오해에 대하여 불교는 그것을 해명하는 노력을 얼마만큼 해왔는가? 한국불교는 그 소녀에게 장애가 일어난 원인(결과)를 어떻게 설명해야 할까? (박광준, 2010, p.340)

이런 식으로 우리 사회에서 알게 모르게 불교의 장애인관에 대한 오해는 깊고 오래된 것이다. 그러나 석가의 가르침에 의하면, 인간에게 어떤 신분이나 상태로 출생했다는 사실이 중요한 것이 아니라, 부처가 되고자하는 이상과 믿음을 가지느냐 아니냐에 있다는 점을 누누이 강조하고 있다. 오히려 붓다는 다른 사람이 고통스러워하는 상황에 만약 자신이 놓이게 된다면 마찬가지로 고통스럽다는 사실을 깨닫고, 그들의 처지를 자신의 처지처럼 생각하는 것의 중요성을 가르쳤다(박광준, 2010).

이런 의미에서 박광준(2010)은 불교적 장애인관의 확립을 위해 '대리고'(代理苦)라는 개념을 사용했다. 여기서 '대리고'란 문자 그대로 '고통을 대신 짊어진다'는 뜻으로서, 장애인은 우리사회의 누군가가 져야 할 고통의 짐을 비장애인을 대신해서 지고 있다는 생각이다. 이를테면, 다운증은 1천명당 1명꼴로 발생한다. 어느 한 사람이 다운증에 걸린다고 하면, 나머지 999명은 다운증이 될 가능성은 없어진다. 그렇다면 다운증이라는 장애는 '다른 많은 사람들의 장애가능성을 배제시키고, 많은 사람들의 고통가능성을 대신 짊어진 사람'으로 간주될 수 있기 때문에 다운증이 된 사실 자체가 이타행(利他行)으로 볼 수 있다는 것이다. 때문에 '그는 장애인이다. 고로 그는 보살이다'는 것이 가능하다고 했다. 장애인은 이 세상의 빛이자 구원이다. 장애학에 의하면 장애는 차별의 기준이 아니라 개인의 '개성'으로서, 그 차이가 존중되어야 한다는 입장이다.

불교의 이런 장애인관을 기반으로 하면서, 이하에서는 「대승기신론」을 중심으로 그것의 한국 특수교육론적 함의를 논의해 보고자 한다. 「대승기신론(大乘起信論)」은 원래 산크리스트어로 아슈바고샤(馬鳴)가 쓴 것을 기원 550년 경에 인도의 경전 번역가인 파라마아르타(眞諦)가 한문으로 번역한 것으로 알려져 있다. 이 논문은 대승불교의 핵심을 포괄적으로 요약한 것으로서, 복잡한 내용을 일목요연하게 함축적으로 요약하는 일에 비상한 능력을 지니고 있는 사람이 아니고는 도저히 쓸 수 없는 그런 논문이다.[1)]

---

1) 「대승기신론」은 대정판 대장경으로 불과 아홉 페이지 밖에 안 되는 짧은 논문이다. 기신론의 인연분에서는 이 논문을 쓰게 된 이유와 그 성격을 다음과 같이 기술하고 있다.

"...(중략) 어떤 중생은 여러 논서의 글을 번거롭게 여겨 글의 분량이 적으면 기신론에 관한 주석은 불교 경론서 가운데 가장 많은 주석서를 점한다. 이는 그만큼 기신론의 진가를 입증하는 셈이다. 모든 논서가 그렇지만, 「대승기신론」은 그 제목에 이미 전체 메시지가 녹아 있다. '대승'(大乘; 마하아야아나)은 '큰 수레'로서 '중생의 마음'의 비유이다. '기신'(起信)이란 중생이 믿음을 일으킨다는 뜻이다. 결국 '대승'(大乘)은 논의 종체(宗體)이며, '기신'(起信)은 논의 수승한 기능이다. 이 체용(體用)을 함께 들어서 제목을 '대승기신론'이라 했다(은정희, 2008).

지금까지 대부분의 주석가들은 「대승기신론」을 '대승에 대한 믿음을 일으키는 데 대한 논'이라는 식으로 읽어 왔으나, 박성배(2002)는 원효의 '대승기신론'에 대한 풀이를 인용하면서, '대승기신'이라는 말을 "대승에 대한 믿음을 일으킴"이 아니라 "대승의 믿음을 일으킴"으로 이해해야 한다는 것이다. 즉, "내가 대승에 대해 믿음을 일으킨다"기보다 "대승이 기신한다"로 된다.2) 그래서 이 논을 지은 대의는 중생으로 하여금 의혹을 제거하고 잘못된 집착을 버리게 하여 '대승의 바른 믿음을 일으켜' 부처의 종자(佛種)가 끊어지지 않게 하기 위함(爲欲令衆生

서도 많은 뜻을 가진 총지(總持)를 좋아하여 그런 것을 잘 이해하는 사람도 있다. 이 논은 간단한 글귀로 많은 뜻을 함의한 것을 좋아하는 사람들을 위해 설한 것이니, 여래의 광대하고 깊은 법의 한량없는 뜻을 총괄하고자 하기 때문이다(亦有衆生復以廣論文多爲煩 心樂總持少文而攝多義能 取解者 如是此論 爲欲總攝如來廣大深法無邊義故 應說此論)"(은정희, 2008, p. 51).

2) 박성배(2009)는 '내가 기신하는 경우'와 '대승이 기신하는 경우'를 가상적으로 비교해 보기를 권유하면서 다음과 같이 말한다.
「대승이 대승 노릇하는 것이 대승기신의 뜻이다. 우리들이 항상 생각하기를, 우리들은 어리석고 죄 많은 중생이니까 우리는 대승이 아닐 것이라고 한다. 따라서 대승은 대상화되고 또한 그것은 소신(所信)으로 멀리 떨어져 있게 되고 만다. 그리고 그러한 대승에 대해서 믿음을 일으키는 것이 신앙의 길인 것처럼 생각한다. 그러나 대승기신론은 철두철미 우리들이 바로 대승이라는 입장에 서 있다.」(박성배, 2009, p.168) 이처럼 '내가 대승을 믿는다'는 것과 '내가 곧 대승이다'는 것에서의 나는 어쩌면 하늘과 땅의 차이일수 있다.

除疑捨邪執 起大乘正信 佛種不斷故)이라고 했다(박성배, 2002, p.106). 따라서 내가 곧 부처라는 믿음이 중요하다. 그리고 그 믿음은 결코 물러설 수 없는 불퇴신(不退信)이어야 한다. 이런 믿음에 의한 확연한 깨달음이 돈오(頓悟)이다.

「대승기신론」의 전체 구조는 인연분(因緣分), 입의분(立義分), 해석분(解釋分), 수행신심분(修行信心分), 권수이익분(勸修利益分)의 다섯 부분으로 구성되어 있다. 입의분에서는 기신론의 대의를 일심(一心), 이문(二門), 삼대(三大)로 제시했다. 기신론에서 일심이란 중생심(衆生心)이며, 이문은 중생심의 양면인 심진여문(心眞如門)과 심생멸문(心生滅門)이다. 해석분은 앞의 입의분에서 제시한 일심이문(一心二門)을 구체적으로 논술한 것으로 기신론의 가장 핵심적인 부분이다. 해석분의 첫머리에 '마하아야아나'(大乘) 가르침의 올바른 뜻을 제시하는 절(顯示正義)에서 다음과 같이 기술하고 있다.

> 마음은 하나이지만 그것은 두 개의 상이한 측면에서 파악될 수 있다. 그것을, 각각 '실재의 측면에서 파악되는 마음'(心眞如門)과 '현상의 측면에서 파악되는 마음'(心生滅門)이라고 부를 수 있다. 이 두 측면은 그 각각이 '총체'로서, 각각 일체의 사물과 현상을 포괄한다. 이것은 곧 이 두 측면이 오직 개념상으로만 구분될 뿐, 각각 별도로 존재하는 것은 아니라는 뜻이다(이홍우, 2006, p.54).[3)]

---

3) 이 구절의 기신론 본문은 다음과 같다.
依一心法 有二種門 云何爲二 一者心眞如門 二者心生滅門 是二種門 皆各總攝一切法 此義云何 以是二門 不相離故(大乘起信論,10). 이 구절에 대한 박성배(2009)의 해석은 다음과 같다.
「일심법을 바탕으로 해서 두 가지 문이 있다. 두 가지란 첫째는 마음 자체를 있는 그대로 드러내는 것이고, 둘째는 마음이 생겼다 없어졌다 하는 모습을 드러내는 것이다. (그런데) 이들 두 가지 모습은 (묘하게도) 둘의 각각이 모든 법을 똑같이 다 가지고 있다. 이게 무슨 뜻인고 하면 이들 두 문은 원래 마음은 하나이지만 실재(reality)의 측면에서 파악되는 심진여문(心眞如門)과 현상(appearance)의 측면에서 파악되는 심생멸문(心生滅門)이 있다. 기신론에서는 진여를 규정하는 데에 '본체'(體)라는 용어가 명시적으로 사용되고 있다. 위 문단에서 '실재 측면에서 파악되는 마음'과 '현상의 측면에서 파악되는 마음'을 일단 '본체'와 그 '표현'으로 고쳐 읽을 때, 이 두 가지(二門)가 "오직 개념상으로만 구분될 뿐, 각각 별도로 존재하는 것이 아닌 것"으로 본다. 본체는 '사실적으로 있는' 것이 아니라, '논리적으로 있다'는 것이다(이홍우, 2006, p.60). 여기서 '심진여'(心眞如)는 모든 것의 본체로서 이것이 곧 '마음의 본성'(心性)이며, 이 마음은 일체의 구분이 배제된 절대의 세계인 평등(平等)이다. 따라서 그것은 '하나의 마음'(一心)일 뿐이며, 이런 뜻에서 그것을 참으로 그러한 진여(眞如)로 규정했다.

기신론에서는 진여의 반대편에 있는 것은 '생멸'(生滅)이며, 이 진여의 세계와 대칭적으로 생멸심(生滅心) 혹은 생멸계(生滅界)라는 것이 존재한다. 여기서 우리는 기신론의 기본 틀이 서로 맞붙어 있는 두 개의 층으로 이루어져 있음을 감지할 수 있다. 이홍우(2006)는 이것을 '마음의 중층구조'(重層構造) 또는 '세계의 중층구조'라고 표현했다. 이에 대한 이홍우의 해석을 보자.

> 그(중층구조) 위층에는 마음과 대상의 구분을 포함하여 '일체의 구분이 배제'된 진여가 있고 그 아래층에는 마음과 대상의 구분, 그리고 대상 상호간의 구분이 존재하는 생멸계가 있습니다. 그러므로 '마음의 중층구조'와

서로서로 떨어져 따로 있는 것이 아니기 때문에 그런 것이다.」(박성배, 2009, pp.171-172)

두(이홍우와 박성배) 사람의 번역을 비교해 볼 때, 이홍우(2006)가 본문의 '二門不相離'를 "두 측면이 개념적으로만 구분 될 뿐, 각각 별도로 존재하는 것이 아니다"고 의역한 부분이 돋보인다.

> ‘세계의 중층구조’는 두 개의 (떨어진) 중층구조가 아니라 마음과 세계가 구분되지 않는 위층과 그 양자가 구분되는 아래층으로 된 ‘하나의’ 중층구조입니다. 이런 의미에서 중층구조가 기신론에서 말하는 이문 불상리(二門不相離)- 심진여문과 심생멸문은 개념상으로만 구분될 뿐, 사실상으로 분리되는 것은 아니다-와 관련된다는 것은 말할 필요도 없습니다. 중층구조의 위층과 아래층은 심진여문과 심생멸문에 각각 상응합니다. 말하자면 二門不相離는 중층구조라는 사고의 틀 또는 모형에 비추어서만 비로소 의미를 가지게 됩니다(이홍우, 2006, pp.69-70).

이상에서처럼 마음이 서로 맞붙어 있는 두 개의 층으로 이루어져 있다는 것은 하나의 비유이다. 어쩌면 기신론의 모든 설명은 이 두 층의 관계와 그 사이의 운동을 드러내기 위한 것(이홍우, 2006)이라고 할 수도 있다. 앞의 인용에서 ‘진여’의 언어적 규정에는 “말할 수 없는 것을 말하는 것이며, 말로써 말을 없애려는 것”(謂言說至極 因言遺言)과 같다고 했다. 그래서 진여는 “말의 궁극이면서 언어 스스로를 부정하는 자리”(정화, 2008)이다. 여기서 기신론은 언어 그 자체의 한계를 규정하고 있다.

이를테면, 전술한 중층구조의 아래층에는 언어의 정상적 용법이 적용될 수 있지만, 위층은 기신론에 의하면 ‘일체의 구분이 배제된 절대의 세계’ 또는 ‘아무 것도 아닌 것’이며, 이것은 언어의 정상적 용법이 미치지 못하는 세계이다. 기신론에서 ‘말할 수 없는 세계’는 말로 표현할 수 있는 세계와는 다른 방식으로 의미를 가진다고 볼 수 있다. 이어 ‘말로써 말을 없앤다’(因言遺言)는 것은 우리가 말할 수 없는 세계, 즉 진여에 들어간다는 뜻이다. 그것은 또한 상념을 버리는 것과 같은 의미이다. 기신론에서 ‘상념을 떠나서 진여로 돌아가는 것’이 무엇을 의미하며, 그것이 어떻게 가능한지를 알아보기 위해서는 그 해석분(解釋分)에 좀 더 천착해 보아야 한다.

기신론에 의하면, 생멸심(生滅心)을 버리는 것이 곧 진여에 이르는 것이다. 이 생멸심을 망심(妄心) 혹은 망념(妄念)이라고도 하는데, 보다 중립적인 용어로 '상념'이라고 흔히 표현한다. 상념은 헛되기만 한 것이 아니라, 그 속에 진여에 이르는 힘이나 동력 같은 것을 감추고 있다. 기신론에서 상념의 원인인 '무명에는 시작이 없다'(無明無始; 大乘起信論, 19)고 했다. 그래서 "일체의 상념과 그 대상은 무명(無明)을 원인으로 하여 생기며, 일체의 상념과 그 대상은 모두가 '깨닫지 못함'(不覺相)이라는 것"(大乘起信論, 24)이다. '깨닫지 못함'(不覺)이 상념 속에 사는 상태를 가리킨다면, '깨달음'은 상념을 버린 상태를 가리킨다. 기신론에서는 '깨달음'(覺)을 다시 '깨달음의 본체'(本覺)와 '깨달음의 과정'(始覺)으로 구분하고 있다.

그러나 기신론에서 말하는 본각(本覺)은 우리가 삶을 사는 동안 벗어날 수 없는 상념-즉, 불각(不覺)의 '위에' 맞붙어 있으며[4], 깨달음의 상태에서 본각(本覺)과 시각(始覺)은 본질적으로 다르지 않다. 즉, 본각은 시각이 끝난 후에 도달되는 상태가 아니라, 깨달음의 과정이 진행되는 순간마다 그 과정을 이끄는 기준이 된다. 그래서 불각-시각-본각은 일련의 연속성을 지니며, 시각이 진행되는 과정은 본각의 현재완료형으로 분절된다[5]. 이처럼 생멸심(生滅心)의 불각(不覺)이 곧 시각(始覺)과

---

4) 여기서 우리는 지눌(知訥)의 권수정혜결사문(勸修定慧結社文)에 나오는 첫 문장을 떠 올리게 된다.
"내가 경전에서 배운 바와 같이, 땅에 걸려 넘어진 사람은 땅을 디디고 일어선다. 땅을 떠나서 일어서려고 하는 것은 원칙상 불가능하다"(恭聞 人因地而倒者 因地而起 離地求起 無有施處也) (이홍우, 2006, p.73에서 재인용). 여기서 '땅에 걸려 넘어진다'는 것은 상념에 빠진 불각(不覺)의 상태이며, '땅을 디디고 일어선다'는 것은 그 상념을 딛고 깨달음에 이르는 과정이다.

5) 기신론에서는 이런 측면에서 시각(始覺)의 각 단계적 수행 차원에 이미 본각(本覺)이 그 자리에 무시 이래로 현재 완료형으로 있었다는 것을 말하는 것이 수염본각(隨染本覺)이다. 즉 현상의 무명(無明)으로 물들은 본각이 불각

다르지 않고, 그 시각이 결국 진여심의 본각(本覺)과 다르지 않다는 대승사상은 우리 (특수)교육에 시사하는 바가 대단히 크다. 이런 의미에서 이홍우(2006)는 본각이 불각에 대하여 매 순간 수직으로 교차하는 것으로 볼 수밖에 없다고 하면서, 그것은 깨달음이 상념과 직교(直交)하면서 상념이 진행되는 순간마다 그것을 이끄는 기준이 된다고 했다(이홍우, 2006, p.95). 이처럼 기신론에서는 진여가 상념의 위에서, 상념과 수직으로 교차하면서 상념과 깨달음의 과정을 이끄는 기준이 된다. 그래서 "진여는 결국 상념이 일치해야 할 표준"이다. 이것을 해명하기 위해서는 마음의 두 방향으로서의 운동을 규정하는 '훈습'(熏習)의 개념에 주목하지 않을 수 없다. 훈습은 동일한 경로를 반대되는 방향으로 따르는 마음의 두 가지 운동을 설명하는 것으로, 기신론에서 다음과 같이 기술하고 있다.

> '훈습'이라는 것은 비유컨대 사람의 옷이 그 자체로는 냄새가 없지만 사람이 그 냄새를 오랫동안 배게 하면 냄새를 가지게 되는 것과 같다. 우리 마음에도 이와 유사한 현상이 일어난다. 진여, 그리고 그것이 나타내는 '깨끗한 마음'(眞如淨法)은 원래 물든 것이 아니지만, 무명이 오랫동안 지속적으로 영향을 주면(熏習) '물든 양상'(染相)을 띠게 되며, 무명, 그리고 그것이 나타내는 '물든 마음'(無明染法)은 원래 깨끗한 것이 아니지만, 진여가 오랫동안 지속적으로 영향을 주면 '깨끗한 기능'(淨用)을 나타내게 된다(이홍우, 2006, p.129).[6)]

(不覺)의 더러운 때와 함께 공존해 왔다는 현재 완료형의 존재 방식이 수염본각이라는 의미다. 그러므로 수염본각은 곧 시각(始覺)이다. 그러므로 본각과 시각이 서로 다르지 않은 동시에 같지도 않기에, 두 각(覺)이 공통분모로 공유하는 존재양식 측면을 지녀야 한다(김형효, 2007, p.357).

6) 熏習義者 如世間衣服 實無於香 若人以香 而熏習故 則有香氣 此亦如是 眞如淨法 實無於染 但以無明 而熏習故 則有染相 無明染法 實無淨業 但以眞如 以熏習故 則有淨用(大乘起信論, 36).

기신론 연구자들은 위에서 말한 두 가지 훈습을 상념으로 흐르는 훈습으로서 염법훈습(染法熏習)과 진여로 돌아가는 훈습인 정법훈습(淨法熏習)으로 대별하고 있다. 여기서 상념으로 흐르는 '염법훈습'과 진여로 돌아가는 '정법훈습'을 가르는 갈림 길은 바로 '수행'(修行)이다. 기신론에서 "수행을 통해 상념을 떠나 진여로 돌아간다"는 의미를 파악하기 위해서는 우리가 사는 세상을 되짚어 봐야 한다. 여기서 염법훈습과 정법훈습은 기신론 첫 머리에서 제시한 이문불상리(二門不相離)를 달리 표현한 것에 불과하다. 나아가 기신론에서는 본성과 수행의 관계를 소위 '보배 구슬 비유'(摩尼譬喩)를 통해 다음과 같이 설명하고 있다.

> '마니'라는 큰 구슬은 원래 맑고 깨끗한 성질(體性)을 가지고 있지만 흙과 먼지로 때가 끼어 있다. 만약 사람이 그 구슬의 원래의 성질만을 생각하고 그리워하면서 여러 가지 방편으로 갈고 닦고 하지 않는다면 원래의 그 깨끗한 성질이 나타나지 않을 것이다. 중생의 마음도 이와 마찬가지다. 진여는 원래 맑고 깨끗한 성질을 가지고 있지만 끝없는 번뇌로 물들고 때가 끼어서 여러 가지 방편으로 오랫동안 수행(熏修)하지 않으면 원래의 그 깨끗한 성질이 나타나지 않는다. 그 때가 온 누리에 구석구석 퍼져 있는 만큼, 선행도 온 누리에 걸쳐 이루어져야 그것을 벗길 수 있다. 그리하여 사람이 모든 착한 일을 열심히 행하면 자신도 모르는 사이에(自然) 진여로 돌아가게 된다(이홍우, 2006, p.165).

위의 인용에서 보듯 인간의 본성은 우리의 일상적 지력으로는 해명하기 어려운 신비스러운 의미가 깃들어 있다. 기신론에 의하면, 우리의 삶은 때를 묻히는 일과 때를 벗기는 일을 동시에 해야 하는, 또는 "때를 벗기는 일은 때를 묻히는 동안에 할 수밖에 없는 그런 삶"(이홍우, 2006, p.169)이다. 따라서 우리는 기신론을 통해서 "상념을 일으키는 일

(起)이 어떻게 상념을 없애는 일(滅)로도 될 수 있는가"를 알아내야 한다. 이를 위해서 기신론의 해석분에 이어 거론되는 수행신심분(修行信心分)에 각별히 유의하지 않으면 안 된다. 기신론의 입장에서 교육을 보면, 교육적 삶은 수행(修行)의 과정이다. 기신론에는 수행의 과정으로서 믿음의 단계가 세 가지 발심(發心)으로 나아간다. 즉, 그것은 '믿음을 이루는 발심'(信成就發心), '이해와 실천의 발심(解行發心), 그리고 '증득의 발심'(證發心)이다.

이 세 가지 발심이 단계로 이어지지만, 그 단계는 특별한 의미를 지닌다. 여기서 증득(證得)이 마지막 단계의 완성을 나타낸다는 것은 곧 앞의 두 단계(즉, 信成就發心과 解行發心)가 그것을 '이행되지 않는 약속'(이홍우, 2006)으로 갖추고 있다는 뜻이다. 화엄사상에 의하면, 깨달음에는 해오(解悟)와 증오(證悟)의 두 종류가 있다. 지눌(知訥; 1158-1210)은 이 두 가지의 차이에 대해 "解悟는 性相(즉, 인간 심성의 본래 모습)을 분명히 이해하는 것이고, 證悟는 마음이 신비의 극치를 이룸을 말한다."(一者解悟 謂明瞭性相 二者證悟 謂心操玄極)고했다(길희성, 2006, p.144).[7] 기신론에는 "신심이 성취되어 발심을 얻은 사람은 정정취(正定聚)에 들어 마침내 결코 퇴전하지 않는다"(信心成就得發心者 入正定聚 畢竟不退)고 했다. 즉, 기신론에서 '올바른 믿음'은 결코 뒤로 물러서지 않는 불퇴전(不退轉)의 믿음이다. 그래서 올바른 믿음(信)은 반드시 닦음(行)과 깨침(證)과 떼어 놓을 수 없는(不二) 또 하나의 중층 구조이다.

중생이 곧 부처라는 큰 믿음을 일으키는 기신론에서 이 믿음의 기준

---

7) 지눌에 의하면, 解悟는 수행 이전 혹은 수행 없이도 얻어지는 깨달음이며, 반면에 證悟는 수행 끝에 얻어지는 깨달음이다. 나아가 지눌은 解悟는 현교적(顯敎的) 깨달음, 즉 如實言敎에 의한 것인 반면에 證悟는 화두를 참구하는 看話禪을 통해 도달하는 敎外別傳的 깨달음의 세계이다(길희성, 2006, p.144).

은 불퇴전(不退轉)이다. 그 믿음이 결코 물러설 수 없는 것이라면, 교육은 그것을 입증(소위 證得)해 보여야 한다. 그러기 위해 특수교육은 예외적(exceptional)이거나 일반교육에 대한 하위(sub-track)가 아니라 '교육 중의 교육'이어야 함을 드러내 보여야한다. 교육은 심성함양이자 본성 회복이다. 기신론은 이 심성함양과 본성회복에 대한 불퇴전의 믿음을 전제로 한다. 따라서 기신론의 논지는 우리에게 교육본질의 복원을 극명하게 일러준다.

전술한 것처럼 Freire는 브라질의 가난한 농민들의 삶을 고뇌하는 「억압 받는 자의 교육」(Pedagogy of the Oppressed, 1970)을 낸 이후 이 저술의 정신을 재생(reliving)하는 의미에서 「희망의 교육학」(Pedagogy of Hope, 1996)을 냈다. 그의 교육론을 관통하는 것은 '교육은 희망이다'는 메시지다. 물론 그의 저술에는 명시적으로 장애아동교육이 논의되고 있는 것은 아니지만, 그가 겨냥하는 억눌린 자의 교육과 희망의 교육론에는 함축적으로 특수교육에 대한 막중한 시사가 담겨 있다. Freire에 의하면 희망은 존재론적 요구이자 '검증되지 않은 가능성'(untested feasibility)이다.[8)]

연구자가 보기에는 Freire의 교육론보다 훨씬 깊은 형이상학적 뿌리를 가지고 진작부터 기신론에서는 모든 인간에 대한 '검증되지 않은 가능성'을 확신했다. 그래서 기신론은 종교적·형이상학적 뿌리를 바탕으로 한 '희망의 교육학'이자 그 희망을 결코 포기하지 않는(不退信)

---

8) 프레이리의 「희망의 교육학」에 담긴 주요 개념에 대한 주석을 정리한 그의 부인 아나 마리아 프레이리는 '검증되지 않은 가능성'을 다음과 같이 해설하고 있다.
"이 개념은 프레이리의 개념 범주 중에서 가장 중요한 것이며, 「페다고지」와 「희망의 교육학」에서 깊이 숙고된 개념이다. 이 개념의 범주는 '가능한 꿈에' 대한 확신을 포함하고 있으며, 따라서 스스로 역사를 개척하는 사람들이 소망할 때 찾아올 유토피아에 대한 믿음을 포함하고 있다. 이런 희망들이 바로 프레이리의 독특성이다."(교육문화연구회 옮김, 2002, p.315)

'믿음의 교육학'이다. 즉, 「대승기신론」은 모든 중생이 곧 부처라는 불퇴전의 믿음을 일으키는 '희망과 믿음'의 교육론이다. 일찍이 Illich는 희망이란 '자연의 선량함'에 대한 근원적인 믿음에서 우러나온다고 했다(김종철, 2010). 그래서 희망에는 늘 경이로움이라는 체험이 수반되기 마련이다. 이 희망과 믿음으로 (특수)교육본질은 복원되어야 한다. 따라서 교육은 "인간행동의 계획적 변화"(정범모, 1968)[9]라기보다 경이롭기 짝이 없는(혹은 검증되지 않은) 무한한 가능성의 열림이다.

실제로 석가는 '희망과 믿음'의 특수교육을 우리에게 입증해 보였다. 석가의 제자 중에 출라판타카라(周利槃特)라는 심한 정신지체가 있었는데, 석가는 여러 제자들에게 그의 학습을 당부하였으나, 모두 너무 바보여서 그를 가르칠 수 없다고 포기했다. 이를 본 석가가 그를 불러 "마당을 쓸고 방을 닦는 일을 할 수 있느냐?"고 말하면서, 너는 앞으로 마당을 쓸고 방을 닦으며 "먼지를 털고 때를 닦아라"하고 늘 외거라 했다. 그러나 출라판타카는 이 간단한 글귀도 외지 못했다. 그 후 석가는 제자들을 모아놓고 출라판타카를 만날 때마다 '먼지를 털고 때를 닦아라'라는 말을 해주도록 했다. 그는 매일 먼지를 털고 때를 닦는 일을 하면서 그 말을 외어 마침내 그것을 꿰뚫어 알게 되었다. 이렇게 출라판타카는 매일 청소를 하듯이 마음을 닦아 마침내 깨달음을 얻었다는 것이다(법륜, 2010). 이것은 모두가 포기한 바보 출라판타카까지 석가는 자상하게 깨달음으로 인도 했다는 실화이다. 즉, 이것은 인류의 위대한 교사로서 석가가 우리들에게 중증 정신지체인에 대한 '희망의 특수교육'을 입증해 준 생생한 사례이기도 하다.

일찍이 이홍우(2002)는 "마음의 신비에 입문되지 않은 자 교육을 말

9) 교육이 "인간행동의 계획적 변화"라는 정범모(1968)의 개념 정의는 교육과학화의 학풍에 편승하여, 한국교육의 신화처럼 지배구조를 형성해 왔다. 특수교육은 지금도 이 행동과학적 교육개념을 금과옥조로 삼는다.

하지 말라"[10](이홍우, 2002, p.40)고 단호히 못 박았다. 그에 의하면 마음 그 자체의 신비는 마음에 영향을 주려는 교육의 신비로 곧장 이어지며, 마음 그 자체의 신비를 인정하는 순간 우리는 교육의 신비 또한 인정할 수밖에 없다는 것이다. 교사의 삶에서 내면적 마음 상태를 중시하는 Palmer(1998)는 '인생은 신비로 시작해서 신비로 끝나는 것'이라면서, "교사가 자신의 내밀한 마음을 모른다면 어떻게 남(학생)의 속에 들어 있는 것을 알 수 있겠느냐"(Palmer, p.206)고 되묻는다. 결국, 기신론은 이 마음 닦기의 가르침이고, 교육은 이 마음공부이다. 성철 스님은 이 마음공부를 '본마음 바로 보기'로 표현하면서 다음과 같은 법어를 남겼다.

> 우리는 모두가 깨끗하고 빛나는 넓은 마음을 가지고 있어서 천추만고(千秋萬古)에 변함이 없습니다. 설사 천 개의 해가 일시에 떠올라도 이 빛보다 밝지 못하나니, 이것을 본마음이라고 합니다. ....(중략) 이 마음에는 일체의 지혜와 무한한 덕행이 원만구족하여 있으니, 이것을 자연지(自然智)라고 합니다. 이 자연지는 개개가 구비한 무진장의 보고(寶庫)입니다. 이 보고의 문을 열면 지덕을 완비한 출격대장부(出格大丈夫)가 되나니, 이것이 인간 존엄의 극치입니다. 세상 사람들은 이 보고를 모르고 고인들의 조박(糟粕)인 언어, 문자에서만 찾고 있으니 얼음 속에서 불을 찾음과 같습니다. 이 마음은 거울과 같아서 아무리 오랫동안 때가 묻고 먼지가 앉아 있어도 때만 닦아내면 본거울 그대로 깨끗합니다. 그리고 때가 묻어 있을 때

---

10) 이홍우(2002)는 "마음의 신비와 교육의 신비"라는 글에서 다음과 같이 기술하고 있다.
「교육학을 공부하는 사람에게 이 말은 자신의 공부를 방향짓고 이끌어줄 학문적 좌우명이 되어야 할 것입니다. 만약 우리가 교육학을 공부하는 동안에 온통 신비를 깨트리는 일에만 관심을 기울이고 그것을 통하여 드러날 수 있는 신비 그 자체에는 관심을 기울이지 않는다면 우리는 신비 속에 있으면서도 우리가 신비 속에 있다는 사실을 알지 못할 것입니다.」(이홍우, 이환기, 김광민 편, 2002, P.40)

나 때가 없을 때나 거울 그 자체는 조금도 변함이 없는 것과 같습니다(성철, 2002, p.32).

이 본마음 바로 찾기가 마음공부이고 교육의 본질이다. 이 마음을 바로 보기만하면 장애인을 비롯해서 누구나 '출격대장부'가 되며, 이것이 인간존엄의 극치라고 했다. 거울에 때가 묻어 있을 때나 없을 때나 거울 그 자체는 조금도 변함이 없다는 것에서 우리는 다시 한 번 본질로서 마음의 신비를 확인하게 된다. 그리고 그 마음의 신비는 (특수)교육의 신비로 이어진다. 이상에서 우리는 불교의 경전 중 「대승기신론」을 중심으로 교육본질의 복원을 위해 불교의 가르침이 오늘의 한국 특수교육에 시사하는 바가 무엇인가를 살펴보았다. 이를 통해서 우리의 전통 속에서 혹은 그것을 되살려, 오늘의 한국 특수교육 정체성을 어떻게 정립해야 할 것인가를 체계적으로 성찰할 수 있어야 한다.

이능화(李能和)는 우리나라에서 불교가 미친 영향에 주목하면서 해동조선에서 불교는 "1500년의 노대(老大)한 종교여서 역사도 이와 관련이 있고 문화도 여기에 있으며, 인물도 여기서 나왔고 풍속도 여기서 나온 것"(이능화, 1915)이라고 하면서 우리나라의 근대화 과정에 따른 불교의 정체성 정립을 강조하고 있다. 그는 비교종교학적인 관점에서 「백교회통」(百敎會通, 1912)을 저술하여, 여러 종교 중에서 불교의 우수성을 확인하고자 했다. 이재헌(2007)은 불교를 중심으로 한 우리나라 종교의 회통론(會通論)을 다음과 같이 제기하고 있다.

사실 역사적으로 유불(儒佛)·도불회통론(道佛會通論)이나 삼교합일론(三敎合一論)은 불교의 세력이 강할 때는 나타나지 않았다. 다른 종교의 불교에 대한 공격이 강력하여 불교의 입지가 약화되었을 때 다른 종교에 대한 방어적 수단으로서, 또는 경쟁이 치열할 때 경쟁에서 상대방을 제어하기 위한 이론적 수단으로서 불교측이 만들어 낸 논리가 바로 회통론이었다(이

재헌, 2007, p.148).

위의 주장은 불교를 중심으로 우리나라 종교와 사상의 회통(會通)을 과잉일반화한 면이 없지 않으나, 이능화가 「백교회통」을 통해 새로운 시대를 맞아 불교의 우수성을 전통적인 '회통론'을 빌려 구명하고자 한 것은 주목할 만하다. 특히 이를 통해 한국 근대 불교학의 정립에 그가 미친 영향은 중요한 업적으로 평가된다. 뿐만 아니라 이능화는 한국의 역사 속에서 불교가 다른 종교와 경쟁하면서 어떻게 발전해 왔는가를 추적하였는데, 이 작업의 결정체가 바로 그의 「조선불교통사」(朝鮮佛敎通史, 1918)이다.

7.2 성리학의 한국 특수교육론적 함의

우리의 자생적 역사전통과 이론기반으로부터 '한국특수교육론'을 구축하기 위해 우리는 전술한 불교의 대승기신론(大乘起信論)과 함께 성리학(性理學)에 주목하지 않을 수 없다. 주지하는 것처럼 유학은 사상적으로 불교에 많은 영향을 받았음에도, 특히 우리나라의 경우에는 조선조 이씨왕조의 건국이념을 정당화하기 위한 방편으로 14세기에 척불책(斥佛策)을 의도적으로 펼쳤다. 이를테면, 신유학(neo-confucianism)으로서 성리학은 불교로부터 큰 빚을 지고 있으면서 불교계가 현실적으로 보이는 지엽적 문제를 들고 나와 불교 자체를 배격하는 격이 되었다.

일본의 아라키겐고(荒木見悟)는 성리학을 '유교의 옷을 입은 불교'로 규정하면서 다음과 같이 기술하고 있다.

주희는 불교가 유교와 서로 비슷한 현상을 두고 "상당히 이치에 가까운

듯하면서도 참된 진리를 크게 어지럽힌다"고 단정하였는데, 주자학의 실질을 궁구하기 위해서는 주희가 전개한 노불(老佛) 배척의 언조를 모방하는데 그치지 말고 그 배척의 자각에 이르기까지의 사색과정을 따라가 보지 않으면 안 된다. 그렇게 따라가다 보면 노불을 초극하려 한 주희의 작업이 노불의 영역 밖에서가 아니라 노불을 지탱하는 사상적 토양 위에서 행해진 것이며, 그렇기에 각별히 어려운 조건 속에서도 독자적인 사상을 수립해 낼 수 있었다는 사실을 이해하게 될 것이다. 주희를 정점으로 하는 근세 유교의 사상운동이 가능하였던 것은 유교와 노불을 포함하는 공통의 토양이 있었기 때문일 것이다(심경호 옮김, 1999, p.4).

이처럼 성리학은 불교의 옷을 입은 신유학이라 할 수 있다. 그래서 주희 스스로 "원래 이것(성리학)은 (불교의) 선학(禪學)과 아주 비슷하여 다투는 바가 터럭 끝에 있다"고 술회하기도 했다. 라이용하이(賴永海)는 「불교와 유학」(김진무・류화송 공역, 1999)에서 신유학은 불교와 도교사상을 흡수하고 융합한 '인간불교'로 규정했다.

성리학은 성(性)과 이(理)에 관한 철학적 논술 이상으로 그 자체가 완벽한 교육이론이다. 흔히 우리는 성리학의 교육이론이 시대상황이 전혀 다른 오늘의 교육실제에서도 과연 유효한지 의문을 가질 수 있다. 그 의문은 오늘의 상황에서 어쩌면 당연한 것일 수 있다. 게다가 우리는 유학 내지는 성리학의 교육전통은 극복되어야 할 역사적 유산으로 매도하고 있지 않았는가. 오천석은 「한국신교육사」(1964)에서 물려받은 교육적 유산으로 그것이 개인과 사회에 미친 영향을 (1) 개인영달의 수단으로서의 교육, (2) 중국 의존 교육의 영향, (3) 존고주의적(尊古主義的) 교육, (4) 성리학적 교육사상 등을 들고 있다. 특히, 그는 성리학적 교육사상의 영향을 다음과 같이 평가하고 있다.

성리학에 근거를 둔 교육의 종국적 목표는 도덕적 인격을 함양하여 군자의 자리에 이르게 하는 데 있었다. 이것은 마치 구라파에서 중세의 교육 목적이 기독교적인 인격을 배양하여 신의 모습에 접근하도록 하는데 있었던 것과 비슷하다. 즉, 이것은 '위인지학'(爲人之學)이 아니라 자아의 수양을 일삼는 '위기지학'(爲己之學)이었다. ....(중략) 성리학은 실제로 지나친 공리공담에 흘러 일상생활과는 멀리 유리된 '아카데미즘'에 빠지고 말았다. 성리학은 '주정'(主靜)과 '거경'(居敬)을 수학방법의 기본으로 삼았는데, 정은 동을 부인하는 태도요, 경은 현실에서 이탈할 것을 요구한다. 이 두 가지가 다 같이 활동을 거부하고 실제를 무시하는 태도다. 결과적으로 남는 것은 이론뿐이요, 실보다는 형식을 존중하는 경향에 빠지게 된다(오천석, 1964, p.43).

이상에서 보는 것처럼 오천석 박사의 성리학의 교육사상이 미친 영향에 대한 평가는 일견 당연한 듯이 보이지만 조금만 주의 깊게 짚어보면 아주 편파적인 면이 있다. 오천석 박사가 어떤 분인가. 그는 미국서 듀이의 강의를 듣고 교육철학을 공부한 사람이자 4.19 직후 교육학자로서 당시 문교부장관까지 역임한 분이다. 성리학에서 '위기지학'은 학문과 수양의 출발점이자 종착지이다. 그래서 성리학에서는 요즘 사람들이 '위기지학'도 제대로 감당하지 못하면서 성급하게 '위인지학'을 내세우는 것을 몹시 경계하고 있다. '居敬'만 하더라도 이것은 성리학에서 결코 흐트러지지 않는 삶의 태도이자 학문적 자세이다. 이 '거경'에 대해 활동을 거부하고 실제를 무시하는 것으로 폄하하는 것은 언어도단이다. 어쩌면 오천석 박사는 듀이의 경험주의 교육사상을 '새교육' 운동으로 이 땅에 이식하는 과정에서 자신도 모르는 사이에 성리학을 왜곡 폄하한 것처럼 보인다.

조선조의 교육실제와 오늘의 한국교육 실제가 엄청나게 다르다는 것은 아무도 부정할 수 없다. 그러나 필자가 보기에 그것은 두 교육 사이의 실제적 차이이지 이론의 수준에서 반드시 차이가 있어야 한다는 것을 의미하는 것은 아니라고 본다. 이와 관련하여 이홍우(2000)는 다음과 같이 입장을 밝히고 있다.

> 성리학자들은 그 당시의 시대적 표현을 통하여 교육의 본질과 성격을 이해하였으며, 우리는 오늘의 시대적 표현을 통하여 교육의 본질과 성격을 이해한다. 차이는 이것뿐이다. 사정이 그러하다면, 성리학의 교육이론이 오늘날의 교육 실제에는 적용될 수 없다고 말하는 것은 결국 오늘날 우리가 교육이라는 이름으로 하고 있는 일은 교육이 아니라고 말하는 것과 다름이 없다. 물론, 성리학의 교육이론이 오늘날의 교육에도 그대로 설명력을 지닐 수 있다는 것이 밝혀져야 한다(이홍우, 2000, p.5).

위에서 "성리학의 교육이론이 오늘날의 교육 실제에는 적용될 수 없다고 말하는 것은 결국 오늘날 우리가 교육이라는 이름으로 하고 있는 일은 교육이 아니라고 말하는 것과 다름이 없다."고 한 것은 우리 특수교육(학)계에도 시사하는 바가 크다. 만약 우리가 성리학의 교육이론이 오늘날의 한국특수교육 실제에 적용될 수 없는 것이라고 생각한다면, 지금 우리가 특수교육이라는 이름으로 하고 있는 일이 과연 교육이라고 할 수 있는지를 되짚어 보아야 할 것이다. 이홍우(2000)는 「성리학의 교육이론」에서 성리학의 아이디어를 세계와 마음의 이론으로서 (1) 중층구조(重層構造)의 아이디어: 理와 氣, (2) 내외동형(內外同形)의 아이디어: 性과 情, (3) 천인합일(天人合一)의 아이디어: 誠과 敬 등 세 가지 아이디어로 요약하여 제시하고 있다.

이어 그 이론이 설명하고자 하는 교육의 실제를 (1) 교과: 경전과 의례, (2) 교과의 내면화: 자득(自得)과 자연, (3) 교육받은 인간: 내성(內聖)과 외왕(外王)으로 제시하고 있다. 여기서 그는 교육의 목적은 교과와는 별도로 설정되는 것이 아니라, 현재 우리가 가르치고 있는 교과의 '논리적 가정'으로 그 속에 붙박혀 있는 것으로 보고 있다. 위에서

‘교과의 내면화’에 해당하는 성리학의 용어는 ‘自得’이다. 이 때 ‘자득’은 ‘자연’과 거의 동일한 의미를 가지고 있다. 즉, ‘자득’은 교과가 내면화되는 측면을 가리키는 반면에, ‘자연’은 내면화된 교과가 말과 행동으로 자연히 표현되는 측면을 가리킨다. 맹자(孟子)에서 군자가 도(道)를 따라 깊이 파내려 가는 것은 그것을 자득(自得)하기 위함이라 했다. 그리고 궁극적으로 교육받은 인간은 곧 천인합일(天人合一)의 의인화(擬人化)로서, 그의 마음이 바로 하늘인 그런 사람을 가리킨다(이홍우, 2000). 위에서 ‘內聖外王’이라 함은 삶의 개인적 차원(爲己之學)과 사회적 차원(爲人之學)을 함께 고려한 이상적 인간상을 의미한다. 성리학에서 중요한 문제로 거론되는 수기(修己)와 치인(治人)의 관련은 내성(內聖)과 외왕(外王)의 관련을 활동의 측면에서 상세화한 것이다.

성리학에서 교육의 본질은 한마디로 마음, 즉 심성(心性)을 함양하는 데 있다는 것을 중용(中庸) 첫머리에 다음과 같이 명쾌하게 제시하고 있다.

天命之謂性 率性之謂道 修道之謂教

“性이라는 것은 다른 것이 아니라 하늘이 명령한 것이며, 道라는 것은 다른 것이 아니라 性이 가시화된 형태로 드러난 것이며, 教라는 것은 다른 것이 아니라 道를 제도에 의하여 시행하는 것이다”(이홍우, 2003, p.18). 이 문장은 性과 道와 教의 연쇄적 관련을 통해 교육의 본질을 규정하고 있다. 그러나 이 문장을 교육이 어떤 모습으로 존재해야 하는가를 정상적으로 이해하자면 그것이 진술되어 있는 순서와는 반대 방향으로 읽어야 한다. 즉, 教가 있다는 사실로부터 教의 내용으로 들어와 있는 道가 추론되며, 이것으로부터 다시 道에 의하여 가시화되는 性이 추론된다. 그리고 그 性은 ‘하늘의 명령’이다.

그러나 이 성(性)은 변화가 필요치 않는 온전한 理가 아니라 변할 수 있는 씨앗을 품고 있는 성으로 보아야 한다(김충열, 2007). 이 性을 어떻게 보느냐에 따라 솔성(率性)의 '率'에 대한 해석이 달라진다. 주희는 性을 理로 보았기 때문에 '率'을 이미 있는 길을 따라가기만 하면 된다는 순종의 의미로서 '순'(循)으로 풀이했다. 그러나 공부하는 과정이 오래되어 활연관통(豁然貫通)하는 경지를 인정하지 않을 수 없다면, '率'은 '循'이 아니라 정도(正道)에서 이탈되지 않도록 이끄는 의미로 보아야 할 것이다(김충열, 2007 p.120).

중용 첫 구절에서 '天命之謂性'이라 했을 때의 '天'은 자연천(自然天), 의리천(義理天), 생기천(生氣天)을 합한 도덕천(道德天)이라고 이해해야 한다. 공자는 50세 이후 '지천명'(知天命)을 깨달은 후로는 天을 性命의 天으로, 도덕심성의 궁극 근원으로 자리 지웠다. 공자의 손자인 자사(子思)가 중용 첫 머리에서 '天命之謂性'이라고 커다랗게 내걸 수 있었던 것도 그가 공자의 만년사상을 충실히 계승했기 때문일 것이다. '天'을 이렇게 규정하고 나면 이어서 나오는 '性'은 일반 동물성까지를 포함하는 넓은 의미의 것이라기보다는 인간의 '심성'을 특정한 것으로 볼 수 있다. '性'을 이렇게 볼 때 '솔성지위도'(率性之謂道)에서의 '率'은 그 기능이 자명해진다. 즉 이때 '率'은 계발로서, 성인(聖人)이 제정해 놓은 교육과정에 따라 학습하고 수행하는 것이다. 그리고 뒤이어 나오는 '道'는 천도(天道)나 자연 본래의 도가 아니라, 인간의 도, 특히 성인이 만든 인간교화에의 '道'(길)이다. 이처럼 중용에서 '道'를 '性'과 '敎' 사이의 가교로 본 것은 주목할 만하다.[11)]

여기서 우리가 敎의 근거를 性에서 찾는 것은 인간이 敎를 이리저리 마음대로 바꾸는 불상사를 막는 데에 필요하기 때문이다. 어째서 교육

11) 중용 첫 장에 대한 주목할 만한 해석은 김충열 교수의 「중용대학강의」(2007)에 상세히 기술되고 있다. 특히 여기서 주희의 해석에 대한 비판적 논평은 주목을 끌게 한다(김충열, 2007, pp.113-136).

이 하늘의 명령에 따라 일어나고 있는가? 하늘의 명령이 절대적인 만큼, 교육은 사사로이 이리저리 마음대로 할 수 없는 '엄중함'이라는 게 있기 마련이다. 그 엄중성은 곧 인간의 본성이 하늘의 명령으로 선험적(先驗的)으로 규정되어 있기 때문이다. 여기서 소위 천인합일(天人合一)이 도출된다. 그래서 교육의 본질은 하늘이 명령한 이 인간의 본성인 심성(心性)을 함양하는 데 있다. 이런 맥락에서 오늘날 학교에서 전수되고 있는 교육내용 또한 절대적이다.

교육이 절대적인 만큼 교과내용도 절대적이라면 교사는 자신이 가르칠 내용을 자기 것으로 내면화(內面化)하는 일에 부단히 천착해야 한다. 그래서 교사는 전형적으로 지식인(知識人)이어야 한다. 다른 하나는 교과의 내면화에 자동적으로 따라붙는 것으로 교사는 학생이 알아들을 수 있는 언어로 교과내용을 가르치지 않으면 안 된다. 대승기신론(大乘起信論)에서 '네 가지 교육적 자세'(四攝) 가운데 마지막 '同事'(학생과 같은 일을 하는 것)가 여기에 해당된다. '교과의 내면화'에 해당하는 것을 성리학에서는 위에서 언급한 것처럼 '자득(自得)'이라고 했다.

그러나 위에서 언급한 교과의 내면화니 자득이니 할 때, 현실적으로 이 부분에서 (특수)교사들은 주체하기 어려운 부담을 안고 있는 것이 사실이다. 그러나 그가 (특수)교사인 이유는 이 일을 감당해 낼 수 있다는 전문성이 공인되기 때문이다. 이런 의미에서 특수교사가 교과를 가르치는 일은 행동수정과 같은 '훈련'기법과는 엄격히 구분되어야 한다. 물론 '훈련'이 교육적이 되게 하는 것도 교사의 책임이다. 최소한 교과교육에서 이런 조건이 충족될 때에 (특수)교육은 심성함양(心性涵養)에 연관될 수 있다. 이런 측면에서 불교 수행(修行)의 방편(方便)으로서 교과교육 정립을 논의한 이미종의 「불교수행과 교과교육」(2010) 저술은 주목을 끈다.

이처럼 교육이론으로서 대승기신론(大乘起信論)과 성리학(性理學)이 함의하는 한 가지 두드러진 공통성은 삶과 교육을 모두 '마음 안'의 문제로 파악하고 있다는 점이다. 기신론(起信論)에서는 이 '마음 안'의 功德(즉, 自利行)은 '마음 밖'의 功德(즉, 利他行)에 비하여 한도 끝도 없이 칭송되어야 할 功德이라 했다. 이 '마음 안'의 문제라는 것은 소위 '중층구조(重層構造)'의 위층에 해당되는 것으로서, 이홍우(2003)는 다음과 같이 설명하고 있다.

> 우리의 삶이 전개되는 아래층에는 그것과 정확하게 겹쳐지는 또 하나의 층이 맞붙어 있다는 것, 이 위층은 아래층이 따라야 할 표준이며 아래층에서 전개되는 삶은 위층의 표준을 따를 때 비로소 그 본래의 모습을 띠게 된다는 것, 그리고 교과를 가르치는 것은 마음이 위층의 표준을 따르도록 하는 데에 목적이 있으며 그것으로 이끄는 유일한 길이 된다는 것—이것이 性理學의 교육이론이다(이홍우, 2003, pp.73-74).

모든 것을 '마음 안'의 문제로 파악하는 성리학의 교육이론은 모든 교육이론이 따라야 할 '본질'에 해당된다. 이런 점에서 성리학의 교육이론은 보편성을 지니며, 그 이론은 오늘날 학교교육에서 특수교육을 정당화하는 데에도 생생한 의미를 지닌다. 그렇기 때문에 성리학의 교육이론은 오늘날 우리가 장애아동을 위한 특수교육을 학교교육에서 얼마나 충실히 실천하고 있는가를 되돌아보게 한다. 그리고 우리에게 성리학의 교육이론은 서양의 이론과는 달리, 단지 '이론'이 아니라 우리의 혈관 속을 흐르는 피와 같은 것이기도 하다.

7.3 유·불·도(儒·佛·道) 통합의 한국특수교육론적 함의

신라시대 화랑도(花郎道) 이래로 우리나라는 유·불·도 통습(通習)

의 전통을 지니고 있었다. 그보다 앞서 한국사상의 원류로서 민중문화의 저변을 흐르면서 그 핵을 이루는 무속(巫俗) 혹은 무교(巫敎)에는 종교적 · 문화적 통섭의 전통을 마련해 놓았다. 19세기 서학에 대응한 동학(東學)은 그 통습의 범위에 서학 내지는 서교까지도 포함 했다. 오늘날 한국은 세계 종교의 용광로와 같다. 그래서 우리나라는 종교적 신앙 간(inter-faith)의 하모니를 잘 유지하는 하나의 모델로 국제적으로 주목을 받을 정도이다. 최근 우리나라에서 불교와 기독교 혹은 가톨릭 간의 소통이 늘어나면서 '다른 종교라기보다 이웃종교'라는 개념이 확산되어 가고 있다. 우리 시대에 김수환 추기경과 법정스님은 그런 종교간 친교의 모범적 사례를 남겼다. 이런 종교적 내지 사상적 통섭은 남북 간의 평화통일을 정착시키는 데에도 크게 기여할 것으로 믿는다.

비교사적(比較史的)으로 보더라도 유럽사회가 기독교 성경을 그 중핵의 가치로 삼는 단일가치 사회였음에 비하여, 동아시아 사회는 유교와 불교와 도교가 경쟁하는 다중가치의 사회였다. 동아시아에서는 같은 불교나 성리학이라 하더라도 시대와 공간에 따라 그 안에 다양한 견해가 공존하고 있었다. 근대로 접어들면서 서구우월주의 의식이 오리엔탈리즘과 더불어 우리들 의식 속에 똬리를 틀기 시작했다. 우리도 모르는 사이에 서구적이 아닌 것은 뒤처진 것, 우매한 것, 구태의연한 것이 되어 버리고 말았다. 일찍이 붓다가 지적한 것처럼 "진리도 의심해야 하거늘, 하물며 진리가 아닌 것임에야" 우리 생각의 뿌리조차 우리 스스로가 간과할 수 없는 일이 아닌가.

원래 우리에게 화이부동(和而不同)은 살아남기 위한 몸짓이자 방법론이었다. 그러나 그런 통습의 전통은 이미 동양사상의 전통에 내재해 있다. 아라키겐고(荒木見悟)는 「불교와 유교: 성리학, 유교의 옷을 입은 불교」(심경호 옮김, 1999)에서 유불 양교의 철학적 기저를 다음과 같이 기술하고 있다.

유학의 흥륭은 불학의 쇠퇴를 필연적 전제로 하고 불학의 번창은 유학의 종속화를 초래하지 않을 수 없었다는 식으로, 유불 양교를 완전히 이질적인 별개의 것으로 처리하는 일은 중국 사상사의 해명을 교착에 빠지게 하고 암울하게 한다(심경호 옮김, 1999, p.13).

조선 건국초 유학자들이 그러했듯이 중국의 송명 유학자들은 그들의 순결성을 지키기 위해 스스로 배불론자(排佛論者)이기를 자청했다. 그러나 어찌 보면 유불 양교의 대립은 같은 토양 위에서 육성된 소나무와 잣나무에 지나지 않는다. 이를테면, 불학을 낳았던 토양에서 새로운 유학이 대두할 수 있었으니, 소나무를 길러낼 수 있는 토양이었기에 잣나무도 길러낼 수 있었다. 그래서 편협하게 불학과 유학의 상대적 우월성을 논하는 것은 그 토양의 가치를 올바로 인식할 수 없게 만들 뿐만 아니라, 그 차이를 뿌리로 되돌려 성찰하는 것을 게을리 하는 결과를 초래할 수 있다. 그래서 우리는 "유교의 옷을 입은 불교, 불교의 옷을 입은 성리학"에 주목하지 않을 수 없다.

동양학의 발원지인 중국의 학문적 전통은 대체로 자체의 완결성을 과시하는 경향이 강한 교학(教學)이라는 틀을 지니면서 발전해 왔다. 일찍이 주희(朱熹)는 도교와 불교를 경계하면서도 "서로 다투는 바가 터럭 끝에 있다"(심경호 옮김, 1999)고 하여, 그는 유교와 불교를 포함하는 기반 위에 서서 어떻게 독자적인 사상을 구축할 것인가에 부심하였다고 볼 수 있다. 필자가 보기에 '돈오점수'(頓悟漸修)론은 원래 불교에서 나온 철학이지만, 그 근본은 성리학과 밀접히 연관 되어 있다. '돈오'(頓悟)는 단박에 깨치는 것 혹은 몰록 깨침이다. 이 깨침을 놓치지 않고 갈고 닦기 위해 '점수'(漸修)가 따라 붙어야 한다.

성철(性徹) 스님은 '돈오돈수'(頓悟頓修)를 주장하여 단박에 깨달았으면 수행 역시 옆도 뒤도 보지 말고 불퇴전의 증오(證悟) 경지에 이르려야 한다고 했다. 하지만 그것은 성철 스님이기에 가능하고, 또 그렇게 확언할 수 있다. 교육은 도(道)를 구현하기 위한 '점수'(漸修)의 과정이다. 어린 아이가 성인이 되기 위해서는 오랜 시간이 소요 되듯이 교육은 부단한 점수(漸修)의 과정이다. 고려의 지눌(知訥; 1158-1210)은 "비록 돈오(頓悟)는 부처와 마찬가지나 수많은 생을 거친 습관적 힘이 깊어, 바람은 그치되 물결은 오히려 솟고 진리가 나타나되 생각은 아직도 침노한다"(길희성, 2001, p.174)고 했다. 지눌은 "깨달음이 단박의 깨달음이라면 어찌 차츰 닦을 필요가 있으며, 닦음이 점차의 닦음이라면 왜 단박 깨달음이라 하는가?"라는 물음에 대해 수심결(修心訣)에서 다음과 같이 답하고 있다.

> 단박 깨달음(頓悟)이란 한 생각에 빛을 돌이켜 제 본성을 보면, 번뇌 없는 지혜의 성이 본래부터 스스로 갖추어져 있어, 모든 부처와 털끝만큼도 다르지 않음을 아나니, 그 때문에 단박 깨달음이라 한다. 차츰 닦음(漸修)이란 비록 본래의 성이 부처와 다르지 않음을 깨달았으나, 오랫동안의 습기(習氣)는 갑자기 버리기 어려우므로 깨달음에 의해 닦아 차츰 익혀 공이 이루어져서 성인의 태(胎)를 길러 오랜 동안을 지나 성인이 되는 것이므로, 차츰의 닦음이라 한다(김달진 옮김, 2008, p.79).

여기서 차츰 닦음인 점수(漸修)는 교육의 전형적인 과정이다. 소위 점수(漸修)를 강조한 것이 지눌의 인간 실존에 대한 인식이다. 지눌은 스스로를 '목우자'(牧牛子)라고 일컬어, 소먹이는 행위를 점수(漸修)에 비유하고 있다. 퇴계 선생은 공부는 죽은 후에야 비로소 멈출 수밖에 없는 것이라고 했다. 달리 말하면, 퇴계에게 삶은 '점수'(漸修)의 과정이다.

동학의 '인내천'(人乃天)은 중용 첫 구절의 '천명지위성'(天命之謂性)을 극히 압축한 것이라 할 수 있다. 인간의 본래성(本來性)은 하늘의 명령이므로 절대적이다. 장애가 아무리 무겁고 중복되어 있을지라도 모든 인간은 이 본래성(本來性)을 지니고 있다. 불교에 의하면, 이 성(性)을 바로 보기만 하면 누구나 부처가 된다(見性成佛). (특수)교육은 이 성(性)을 놓치지 않고 함양하는 과정이자, 본래성(本來性)의 회복과정이다. 동학은 유불선의 통합이자 서학의 극복이다. 동학의 문제의식을 통해 한국 특수교육론 정립 가능성을 체계적으로 모색해 보아야 한다(이현희 외, 1984; 김용휘, 2007). 19세기 말 이래 우리나라를 휩쓸었던 서세동점(西勢東漸)의 학풍은 이제 동풍서도(東風西倒)의 역풍으로 반전되어야 한다.

제8장 세계 속의 한국특수교육과 동아시아 모델

지금은 세계화 시대다. 다른 나라와 주고받는 소통에 적극 임하기 위해서 한국특수교육론의 정립은 절실한 과제가 된다. 받기만 하고 주는 것이 없으면 지적 식민 상태를 끝내 벗어나기 어려울 뿐더러 사실상 세계화에서 소외되기 마련이다. 이런 측면에서 이 장에서는 세계 속의 한국특수교육 위상을 짚어보고, 우리에게 과연 한국특수교육 정체성으로 내세울 만한 것이 무엇인지, 나아가 아시아 특수교육 네트워크를 통해 그것이 어떻게 소통되고 영향을 주고 받을 수 있는지 살펴보고자 한다.

8.1 세계 속의 한국특수교육

한 때 우리나라의 경제규모가 세계적으로 12위까지 올라간 적이 있다. 2010년 현재는 15위권으로 밀려나 있지만 통일이 된다면 어떻게 조정될지 궁금하다. 쉽게 말하면 우리나라의 위상이 약 50년 전만해도 농산물원조 대상국으로 분류되어 거의 절대빈곤 상태에 있었으나, 지금은 국민소득 2만불을 넘어서 오히려 제3세계권을 도와줘야할 처지로 바뀌었다. 그만큼 국가 위상이 달라져 우리 스스로가 세계 속에서 소위 국격(國格)이란 것을 고민하지 않을 수 없게끔 되어 있다.

일찍이 우리나라는 동아시아의 문명국으로 나름의 국격을 유지해 왔다. 우리나라는 동아시아에서 한반도라는 공간적 제약성을 지니고 있다. 일반적으로 독립문명권으로서 중국은 동아시아 문명의 블랙홀이었다. 그러나 한반도를 중심으로 우리 민족은 과거 2천여년 동안 중국문명에 깊이 영향을 받으면서도 궁극적으로 자기 정체성을 지켜왔다. 이에 대한 김기협(2008)의 주장은 명쾌하다.

> (한민족) 생존의 길은 중국문명을 거부하지 않으면서 또한 거기에 매몰되지 않는 '화이부동'(和而不同)이었다. 중국의 군사적·경제적·문화적 압력을 견뎌 낼 실력을 기르는 데 필요한 중국의 문명과 기술을 받아들이면서 중국과 다른 고유한 전통을 그에 조화시켜 복합적 문화전통을 창출한 것이 한민족 정체성의 바탕이었다(김기협, 2008, p.52).

이 복합적 문화전통의 가장 두드러진 측면이 언어와 문자다. 역사에서 입증되어 왔듯이 모국어를 지키기 위한 기본 조건은 결국 정치적 독립에 달려 있다. 오늘날 우리나라가 식민지가 아님에도 미국의 영향을 받는 남한사회에서 영어사용 능력에 목을 매고 있지 않는가. 우리 민족의 정치적 독립이 역사적으로 가장 큰 위협을 받은 것은 몽골정복에 의해 100년 가까이 원나라의 지배를 받은 때였다. 이 때 고려 내부에서 원나라의 한 성(省)으로 편입될 것을 청원하는 일부 움직임이 있었음에도 원나라 조정에서는 오히려 고려 합병 청원을 기각한 데는 다음 두 가지 측면이 작용 했다고 한다.

> 첫째는 고려가 중국과 다른 문화전통을 지키면서도 높은 문명수준에 도달해 있었기 때문에 중국문명에 스스로 어울리지 못하는 미개한 나라처럼

병탄할 필요를 느끼지 않았던 것이다. 또 하나는 몽골 지배층 자신이 몽골 전통과 중국문명을 조화시키는 노력을 해왔기 때문에 고려가 가진 자기네와 비슷한 틀의 복합문화에 대한 이해가 쉬웠으리라는 것이다(김기협, 2008, p.53).

그래서 원나라의 간섭을 받는 동안에도 고려는 중국문명을 활발하게 수입해 중국과 대등한 수준의 학술과 기술을 가질 수 있었다. 조선조 초기 세종 때의 문화적 성취는 여기에 기반을 둔 것으로 볼 수 있다. 세종의 한글 창제도 이런 배경 위에서 이루어진 일이었다. 김기협(2008)은 한글과 한자의 뛰어난 호환성에 주목하면서 다음과 같이 지적하고 있다.

알타이어계 언어를 담기 위해 만들어진 문자 중 한글은 한자와의 호환성이 뛰어난 작품이다. 한자 하나하나를 통상 두 글자 이상으로 표기해야 하는 일본문자와 비교하면 한 글자가 한자 하나와 대응하는 한글의 특징이 분명하다.

한글은 한자문명과 고유문화를 융화시켜 한글·한자 복합문화를 키워내는 그릇이 되었다. 20세기에 들어와 중국문명보다 서양문명의 영향력이 커지는 새로운 상황에서도 빼어난 유연성을 가진 한글은 한민족의 고유문화를 지키고 키우는 훌륭한 그릇으로 그 가치를 한껏 발휘했다(김기협, 2008, p.54).

이처럼 한글은 한자문명과 우리 민족의 고유문화를 융화시켜 한민족의 정체성을 지켜내는 그릇이 되었다. 우리에게 화이부동(和而不同) 문화력의 창출은 한글을 통해 오늘에 이어지고 있다. 특수교육에서 한글이 있음으로 해서 박두성에 의한 훈맹정음(訓盲正音)이라는 한글점자의 창안이 가능했고, 농학생을 위한 한글 지문자(指文字)의 도입이 윤백원에 의해 가능했다. 그런 의미에서 세종대왕은 굳이 서운관(書雲觀)에서 행한 맹교육에 대한 업적과 관계없이 한국 특수교육인물사의 원조로 꼽힐만하다.

이런 문화적 전통에도 불구하고 19세기말 근대사의 비극과 더불어 우리는 주체적으로 근대특수교육을 도입해서 펼칠 수 있는 기회를 가지지 못했다. 그래서 초기 우리나라 근대특수교육의 성립은 미국 중심의 프로테스탄티즘과 밀접히 연관되었는가 하면, 일제치하에는 일본식 근대특수교육이 일방적으로 이식(移植)되기에 이르렀다. 광복이후에 우리나라 특수교육은 민간 독지가들에 의해 주도 되어 오는 가운데, 국가 차원에서 공교육의 일환으로 특수교육이 발전해온 것은 특수교육진흥법제정(1977) 이후 1980년대부터라 할 수 있다. 국제 관계 속에서 한국특수교육을 되돌아보면, 1970년대까지는 상대적으로 일본의 특수교육에 많은 영향을 받았는가 하면, 그 이후에는 미국을 중심으로 하면서 구미(歐美) 쪽으로 그 관심이 확대되어 왔다.

근대 한국특수교육의 성립과 전개는 외국 특수교육의 번역 및 이식과 밀접히 관련되어 있다. 김욱동(2010)은 「번역과 한국의 근대」에서 일본과 우리나라가 번역을 발판으로 삼아 서구식 근대화를 이룩해 온 과정에 주목하면서, 그럼에도 우리의 근대는 일본의 근대에 비해 굴절될 수밖에 없었던 이유를 다음과 같이 기술하고 있다.

> 돌이켜 보면 19세기 말엽에서 20세기 초엽 우리의 힘으로 근대화를 이룩하지 못한 것은 참으로 안타깝고도 애석한 일이다. 우리가 주체가 되어 서양을 직접 만나지 못한 사실, 다시 말해서 일본을 통하여 서양을 간접적으로 만난 사실이 한국 근대사가 안고 있는 비극이다. 그것이 우리의 일그러진 모습이요 우리의 슬픈 자화상이다. 그러나 조금 위안이 되는 것은 비록 '중역'(重譯)을 통해서나마 서양의 근대를 받아 들였다는 점이다. 만약 이러한 중역마저 없었다면 우리는 어두운 중세의 터널을 지나는 데 좀 더

많은 시간이 걸렸을 것이다(김욱동, 2010, p.8).

일본이 서구의 근대를 번역한 것을 '이중으로' 번역한 우리의 근대는 더욱 굴절된 근대가 될 수밖에 없는 비극이었다. 그럼에도 김욱동(2010)은 우리가 일본의 번역을 '중역(重譯)한' 근대를 위안으로 삼는 자기모순을 드러내고 있다. 이것이 곧 우리나라 지식인의 혼란된 정체성이자 모순이다.

광복이후 1970년대 초반까지만 해도 우리나라는 일반학교의 과밀학급 해소에 급급한 나머지 장애아동을 위한 특수교육 지원은 소위 '시기상조론'(時機尙早論)에 밀려 정책적 관심 밖의 문제로 머물렀다. 게다가 국방우선주의에 밀려 "특수학교 하나 지을 돈이 있으면 탱크 한 대 더 만들어야 한다"(김동극 회고담)는 것이 당시 정책입안자나 관리들의 철통같은 원칙이었다. 이런 상황에서 특수교육진흥법제정의 필요성을 거론할 수조차 없어 당시 한국사회사업대학 이태영 학장을 중심으로 정부를 설득하여, 외국 특수교육을 시찰하고 건의서를 내주면 그것을 기반으로 특수교육진흥 계획을 입안해 보겠다는 합의를 교육부로부터 얻어 내기에 이르렀다. 이에 이태영 학장을 중심으로 당시 문교부 관리들과 김동극 대구남양학교 교장은 약 15일 동안 일본 특수교육계를 시찰하였다. 당시 김동극 교장은 한국과 일본의 장애인복지와 특수교육을 비교해 "한쪽은 장애인 지옥이요, 한쪽은 천국"이라고 표현한 적이 있다.

이 말은 당시만 해도 일본과 한국의 특수교육 격차는 하늘과 땅 차이라는 뉘앙스가 담겨 있다. 우리나라는 경제개발제일주의, 남북분단에 따른 국방비의 과다지출 등에 영향을 받아 국가차원의 특수교육 지원은 상대적으로 늘 우선순위에서 뒤로 밀려날 수밖에 없었다. 그래서 경제적 측면의 압축발전에 이어, 특수교육도 압축발전의 전형적인 모델을 보여주고 있다. 오늘에 이르기까지 세계 속의 한국특수교육 위상은 다음 세 단계를 거쳐 왔다고 볼 수 있다.

첫째는, 주로 일본으로부터 영향을 받는 가운데, 일본의 모델을 쉽게 우리나라에 이식(移植)하려는 경향이 있었다. 광복이전부터 우리나라의 특수교육은 특히 제생원 맹아부를 중심으로 볼 때, 일본 특수교육의 축소판이었다. 이를테면 농학생들이 사용하는 수화의 경우 일본수화가 그대로 도입되어 결과적으로 "일본수화와 우리나라 수화가 꼭 같더라"(고은애 회고담)고 할 정도였다. 게다가 제생원 맹아부는 광복직후 국립서울맹아학교로 승계되어 오늘의 서울맹학교와 서울농학교로 발전해 오게 되었다. 그래서 특수교육은 광복이후에도 고스란히 일본의 것을 그대로 계승해 왔다고 볼 수 있다. 게다가 당시 우리나라 특수교육은 학문적으로나 실천적으로나 거의 황무지로 버려진 상태에서 선구적으로 경향각지에서 민간독지가들이 특수교육을 실천할 때, 우선 국립서울맹학교와 서울농학교를 모델로 삼았고, 국제적으로는 이웃 일본의 특수교육실천과 학술담론을 가장 손쉽게 받아들일 수밖에 없었다.

이를테면 1960년대 중반에 필자가 대학에서 특수교육을 공부할 때만해도 맹교육과 농교육 중심이었고, 정신지체교육이나 지체부자유교육은 이제 막 관심을 갖기 시작한 단계여서 대학에서 강의할 사람을 구하기가 어려운 정도였다. 그래서 필자의 대학 특수교육과 재학시절에는 정신지체교육과 지체부자유교육 경우 일본으로부터 강사를 초빙하여 특강형식으로 집중적으로 강좌를 개설·운영하였다. 그 때 정신지체교육강좌는 다까하시(高橋) 교수로부터 강의를 들은 기억이 있으며, 지체부자유교육은 쇼오치 박사가 강의를 하였다. 특히, 쇼오치 사부로(昇地三郞) 박사는 당시에 '10대 유사부리원리'를 중심으로 우리나라에 치료교육의 개념을 처음 소개하여 많은 관심을 끌게 했다. 또 농교육 현장에는 일본의 집단보청기와 개인보청기가 기증형식으로 많이 보급되기도 했다. 이처럼 1960년대에서 1970년대 초반까지만 해도 일본 특수교육은 우리나라에 막중한 영향을 미쳤다.

필자도 70년대 초에 어려운 조건 속에 일본에서 특수교육 단기연수를 받은 경험이 있다. 당시 우리나라 특수교육 1세대들은 일본에서의 특수교육 단기연수 기회를 통해 특수교육 현장에 대한 안목을 넓혔을 뿐만 아니라 일본으로부터 특수교육 학술서적을 구입하였다. 1964년부터 한국사회사업대학(오늘의 대구대 전신) 특수교육과 교수로 재직한 김정권 교수는 당시 사정을 다음과 같이 회고하고 있다.

> 대구대학교 이태영 총장의 주선으로 1967년 잠시 동안 일본에 견학할 기회가 있었다. ....(중략) 마루젠(丸善) 서점에 가서 나는 매우 놀랐다. 미국·유럽·일본에서 나온 책들이 빽빽이 꽂혀 있었고 내가 찾는 책들이 거기에 있었다. 나는 정신없이 책을 뽑아 들었다. 아마 20-30권은 족히 뽑았을 것이다. 영문서적은 대체로 5,000엔 정도이고 일본 책은 1,500엔 내지 2,000엔 정도였다. 내 월급이 17,000원이었으니, 내 한 달 봉급으로 책 4권은 살 수 있었다.
>
> 나는 뽑아 놓은 책을 다시 꽂아 두고 4권만 골랐다. 숙소에 돌아온 나는 다시 꽂아 놓고 온 책 때문에 잠을 잘 수가 없었다. 다음 날 다시 가서 또 4권을 사 왔다. 그리고 며칠에 걸쳐 몇 권씩을 더 사서 모았다. 이때 가지고 왔던 책들은 내가 특수교육에 대한 학문적 눈을 뜨게 하는 데에 크게 기여하였다(김정권, 2002, p.171).

당시에 김정권 교수는 일본에서 재일교포에게 돈을 빌려서까지 이 책들을 구입하였다고 한다. 그리고 그것은 특수교육의 학문적 기초를 다지는 데에 아주 요긴하게 활용되었다고 회고하고 있다. 그리고 우리나라 농교육계의 원로인 원영조 교수(대구대 특수교육과 명예교수)는 1960년대에 대구영화학교 교장으로 농교육을 이끌어 오면서 일본에서

출판되는 농교육관련 전문서적은 한 권도 빼놓지 않고 어려운 조건 속에서도 일체 구입하여 개인장서로 활용하였다. 1970년대에 필자가 대학에서 처음으로 청각장애교육 강의를 할 때에 원영조 교수로부터 일련의 도움을 받은 기억이 지금도 생생하다.

일본의 한국특수교육에 대한 영향은 특수교육진흥법이 제정된 1970년 후반까지도 그 기조가 유지되고 있음을 볼 수 있다. 그 대표적인 예로, 1977년 말에 특수교육진흥법이 제정되고 정부에서는 특수교육에 대한 입법정책 자료로 「각국의 특수교육제도」(1978)를 간행하였다. 이것은 국회도서관입법조사국에서 입법참고자료 제206호로 발간했는데, 그 원전은 일본에서 간행된 「歐米と日本の特殊教育」(구미와 일본의 특수교육, 1973)을 번역한 것이다. 이 자료에는 1960년대에서 1970년대 초반의 미국, 영국, 소련, 서독, 프랑스, 북구의 스웨덴, 덴마크, 노르웨이, 핀란드, 그리고 일본의 특수교육을 국제비교의 관점에서 소개하고 있다. 필자는 「특수교육의 역사적 이해」(1977)에서 2차 대전 이후의 특수교육 발달과정(제7장)을 기술하면서 위의 일본자료(1973)를 요긴하게 활용하였다. 그러나 이 책(김병하, 1977)의 제9장 현대 특수교육의 국제적 비교에서는 1970년대 초중반에 유네스코에서 간행한 자료를 두루 활용하면서 약 50쪽에 걸쳐 특수교육 법제도, 행정책임 부서, 의무교육, 재정, 조직, 연구동향 등에 걸쳐 국제비교의 관점에서 비교적 상세히 논의하였다.

둘째는 일본에 이어 미국으로부터의 영향을 들지 않을 수 없다. 우리나라에서 미국 특수교육에 대한 관심과 그 영향은 대학에서 특수교육과를 설립한 것과 밀접히 관련되어 있다. 1950년대 중반 우리나라 최초의 미국 특수교육 유학생인 이기수(李基洙)는 1960년대에 미국의 특수교육을 한국에 소개하고 그 자료들을 공급하는 데에 파이오니어 역할을 했다. 실제로 그는 한국사회사업대학 특수교육과 설치과정에서 교수로 참여하기도 했으며, 1960년대 후반에는 미국의 특수교육계에서 전문가로 활동하면서 농교육과 맹교육 중심으로 많은 전문도서와 학술저널을 대학도서관에 공급해 줌으로써, 미국 특수교육 학술정보를 우리나라에 보급하는 데에 상당한 기여를 하였다. 초기에 미국 특수교육에 대한 지적 관심은 대학 특수교육과에서 원서강독이라는 강좌를 통해서 도입되는 과정을 거쳤다. 1960년대 중반에 대학에서 원서강독 강의를 한 초기의 경험을 김정권 교수는 다음과 같이 회고하고 있다.

> 내가 대학에 부임하던 다음 해(1965)에 정신지체강의가 개설 되었다. 자연 내가 신임교수니 내 과목이 되었으나 (정신지체)학교도 없고 학생도 없는 정신지체 강의를 시작하려니 자료도 없고 정보도 없는 황무지와 같았다. 나는 우선 서울과 대구의 도서관을 뒤졌다. 그러나 나에게 필요한 자료는 찾기 어려웠다. 노력 끝에 찾은 것이 일본에서 간행된 강의록 2권과 Samuel A. Kirk가 저자인 Educating Mental Retardation 등 3권뿐이었다. 정신지체에 대한 지식이 없는 나로서는 무척 부담스러운 강의가 아닐 수 없었다. 그래서 Kirk의 책을 1장부터 5장까지 타자를 치고 인쇄해서 소위 영어강독이라는 것으로 강의를 시작하게 되었다(김정권, 2002, p.170).

당시만 해도 새로운 분야인 정신지체교육 강좌를 처음 맡아 강의를 할 때에 미국 책을 원서강독 형식으로 시작했다는 것은 초창기에 자료빈곤의 탓도 있었겠지만, 이것은 특수교육 학술 담론이 미국으로부터 강한 영향을 받기 시작한 하나의 단서로 볼 수 있다. 1971년에 이화여대에 특수교육과가 설치되면서 우리나라에 미국 특수교육의 영향은 더욱 강화되기에 이르렀다. 학과 설치를 주도한 추국희 교수는 미국에서 맹교육 중심으로 특수교육 석사학위를 취득하였으며, 70년대 중반에 송준만 교수는 미국에서 정신지체전공으로 박사학위를 취득하고 역시 이화대 특수교육과에 부임 하였다. 기존의 국내 특수교육학자들도 이

무렵 미국 특수교육 단기연수 기회를 적극 활용하는 한편, 미국으로부터 특수교육 자료 활용도 훨씬 용이하게 되었다.

필자도 1978년에 6개월간 처음으로 미국특수교육 연수기회를 가지게 되었다. 그 때는 미국에서 소위 전장애아동교육법(Education for All Handicapped Children Act; PL94-142)이 연방특수교육법으로 통과되어 특수교육계에 '조용한 혁명'이 일기 시작한 때였다. 이런 변혁기에 필자는 미국에서 적절한 공교육권 보장, 제한적 환경의 최소화(Least Restrictive Environment), 개별화교육계획(IEP), 공정한 평가(fair testing/nondiscriminatory testing), 합법적 절차(due process) 등의 개념에 대한 공부를 현지에서 직접 할 수 있어 다행이었다. 그 후 1981년에는 1년간 Gallaudet University에서 객원연구교수로 있으면서 세계 속의 미국 농교육을 좀 더 체계적으로 연구하고 체감할 수 있었다. 이런 일련의 과정은 개인적으로 필자가 1970년대 말에서 1980년대 초반에 걸쳐 미국의 특수교육 학술담론에 얼마나 직접적인 영향을 받았는가를 반영한다.

1970년대 말에서 80년대에 넘어 오면서 우리나라 특수교육학계가 미국으로부터 어느 정도로 영향을 받았는가 하는 것은 당시 특수교육개론서를 미국의 특정 개론서 교재를 편역하는 형식으로 출판한 사례들에서 잘 드러나고 있다. 이태영(李泰榮) 선생은 우리나라에서 최초로 「특수교육개론」(1963)을 단독 저술로 간행하였다. 그 후 우리나라에서 특수교육개론서는 줄을 이어 간행되었지만, 모두가 공동편저이거나 번역한 것을 가지고 손쉽게 교재로 활용해 왔다. 이를테면, 김정권 등이 공동집필한 「특수교육학」(1975)은 Kirk(1972)의 「Educating Exceptional Children」을 편역한 것이었고, 이어 김승국 등이 펴낸 「특수아동교육」(1976)은 Dunn(1973)의 「Exceptional Children in the Schools」를 모델로 편역한 것이었다. 이것은 당시 우리나라 특수교육학계 교수들의 저술 정신이 왕성하지 못한 탓도 있었지만, 무엇보다 미국의 특수교육 담론을 그대로 직수입해서 소개하는 것으로 자족하는 경향이 다분히 있었기 때문이다. 이런 경향은 상대적인 차이는 있지만 지금도 크게 다르지 않다. 이런 학풍이 묵시적으로 당연시 되는 동안 한국특수교육론의 정체성 정립은 여전히 요원한 과제로 남는다.

셋째로, 2000년대에 접어들며 미국이나 일본으로부터 일방적 영향에서 벗어나, 우리나라는 아시아권을 중심으로 국제적 쌍방소통의 기회를 늘여 가기 시작했다. 이 무렵에 와서 우리의 필요성에 의해 외국과의 교류를 넓혀가는 한편, 동아시아권을 중심으로 우리나라가 국제적 네트워크에 적극 참여하고 경우에 따라서는 그것을 주도하는 모습을 보여주기도 했다. 전술한 것처럼 우리나라는 정치・경제 분야에서의 압축발전과 더불어 1990년대에서 2000년대에 넘어오면서 특수교육 분야에서도 '압축발전'의 전형적 모습을 보여주기 시작했다. 그것은 국제관계에 있어 일방적 수입위주에서 쌍방적 소통중심으로 전환하기 시작한 것에서 단적으로 드러나고 있다.

이를테면 90년대 말에 정부에서 두뇌한국(BK)21사업을 통해 대학의 국제경쟁력을 강조함으로써, 학문의 국제적 소통과 한국의 위상 제고에 적잖은 영향을 미친 게 사실이다. 이무렵 BK21 대구대 특수교육연구단은 국제저널로 「Journal of Asia-Pacific Special Education」(2001)을 창간하면서 G. Aloia(Florida Atlantic University), J. Lian(University of Hong-Kong) 등을 편집위원으로 참여 시키는 한편, 이들을 통해 국제교류를 활성화 시켜 나갔다. 그리고 국립특수교육원(당시 원장: 김용욱)에서는 통합교육을 중심으로 「The Asia-Pacific Journal of Inclusive Education」(2004)를 창간하였으며, 이듬해에는 "아시아-태평양지역의 통합교육 국제비교"라는 주제로 국제학술대회를 주최하였다. 이 학술대회는 호주, 중국, 홍콩, 대만, 일본 등에서 발표자를 초청하여 이틀간(2005.10.26-27) 진행되었으며, 이 학술대회 성과에 기반하여 강경숙(현재 원광대 교수)은 “아시아-태평양지역의 통합교육 비교분석”(2005)을 보고하였다.

한편, 일본특수교육학회에서는 종래에 구미 중심으로 학자를 초청하여 참여시킨 관행을 탈피하여, 최근에는 한국을 파트너로 하여 국제학술심포지움(2008)과 워크샵(2009)을 실시함으로써, 동아시아 특수교육 네트워크 구축에 특별히 관심을 보이기도 했다. 이에 대한 구체적 내용은 후술하기로 하고, 여기서 주목할 만한 것은 우리나라가 아시아-태평양지역에서 특수교육 동반자로서 적극 참여하고 주목받기 시작했다는 점이다. 따라서 이 시점에서 우리나라가 미국이나 유럽과 차별화되면서도 그들과 어깨를 나란히 하는 동아시아 특수교육 패러다임을 구축하는 데에 중요한 역할을 담당할 수 있어야 한다. 그렇게 할 때 우리는 세계화 시대의 동반자가 될 수 있다.

8.2 한국특수교육(론)의 정체성 정립

여기서는 한국특수교육의 정체성을 세계화 시대에 조응하여 어떻게 정립할 것인가를 중심으로 논의하고자 한다. 원래 자기 정체성은 스스로를 향한 내면적 각성에서 출발한다. 그리고 그것은 밖에서 밀려오는 세계화와 맞물려 동전의 양면과 같은 것이 된다. 그래서 세계화는 지역화와 본질적으로 그 궤를 같이 해야 한다. 필자는 평소에 한국특수교육의 정체성은 과연 실재(reality)하는가에 대하여 회의적이었다. 그것은 달리 말하면, 한국특수교육을 규정하는 일련의 개념 망을 비롯해서 그 실체를 명확히 제시하기가 어렵다는 의미다. 그러나 한국특수교육의 정체성을 규정하는 실체를 찾아내고, 그것을 의도적으로 구성해 가는 것은 일차적으로 우리들 자신의 책임이다.

한국특수교육에서 소위 '압축발전' 모형은 필연적으로 한국특수교육 정체성에 대해 이중적 혹은 중층적 과제를 제기한다. 원래 우리나라에서 '이중과제론'은 이남주 등(2009)에 의해 "근대적응과 근대극복의 이중과제"로 제기 되었다. 우리에게 근대적응은 '서구화'이고, 근대극복은 탈근대로서의 포스트모더니티 이상의 것이다. 거기에는 필연적으로 서구화의 극복을 통한 우리의 주체성 복원을 포함한다. 이런 '이중과제론'의 측면에서 볼 때, 한국특수교육은 외국 특수교육담론을 수용해서 소화하는 일에 지속적으로 노력해야겠지만, 동시에 그것을 극복하고 우리의 주체적인 창의성을 드러내기 위해 화이부동(和而不同)과 실사구시(實事求是)의 전통이 복원되어야 한다. 그렇게 하기 위해 특수교육학계 내부에서부터 단계적·동시적으로 한국특수교육론 정체성 정립을 위해 체계적으로 노력해야 한다. 설명의 편의를 위해 다음과 같이 단계적 과정을 제기한다.

첫째는 세계화의 시대에 우리는 외국의 특수교육학풍과 실천동향에 더욱 민감하게 반응하지 않을 수 없다. 그러기 위해 외국의 권위 있는 학술저널을 적극 독파하고 국제학술대회에도 적극 참여하여 정보를 교류해야 한다. 동시에 지금은 정보홍수 시대라 할 만큼 정보가 넘쳐나기 때문에 정보 선별능력을 가다듬어야 한다. 정보에 끌려가는 것이 아니라 요긴한 고급정보를 취사선택할 수 있는 지적 안목을 끊임없이 정련(精鍊)시켜 가야 한다. 읽고 교류하고 되새김질하지 않고 비판만하면 공허하다.

둘째는 우리의 역사성과 전통에 발을 딛고 '지금 여기'(Here & Now)에서부터의 문제 끈을 놓지 말아야 한다. 공부하는 사람에게 문제는 문제의식이다. 땅에 걸려 넘어진 자 그 땅을 짚고 일어 설 수밖에 없다. 유길준은 개화의 등급에서 외국의 것이면 무엇이나 좋다고 맹목적으로 따라가기만 하는 자들을 '개화의 노예'라 했고, 외국 것을 배타적으로 거부하기를 일삼는 자를 '개화의 적'이라 하면서, '개화의 적'보다는 '개화의 노예' 폐해가 훨씬 심각하다고 했다. 지금은 우리가 '은둔의 나라'로 은둔하려고 해도 그것이 통할 수 없는 시대에 살고 있다. 오히려 보다 심각한 문제는 우리가 근대화와 더불어 구미의 모델에 끌려가기만 하다 보니 결과적으로 우리도 모르는 사이에 우리의 역사성과 전통을 망각하고 말았다는 사실이다. 이홍우(2000)는 '우리의 교육적 유산'을 논의하면서 "조상으로부터 물려받은 유산이 영광스러운 것인가 수치스러운 것인가 하는 것은 그 유산 자체의 특성에 달려 있는 것이 아니라 그것을 물려받는 자손의 태도에 달려 있다"(이홍우, 2000, p.275)고 했다. 우리에게 전통에 대한 외경심을 이홍우는 다음과 같이 강조한다.

> 孔子는 "아버지 돌아가신 뒤 3년 동안 그 道를 바꾸지 않으면 孝라고 할 수 있다"(三年無改於父之道 可謂孝矣)고 말하였다. ....(중략) 공자가 그렇게 말한 것은 '3년만이라도' 그 아버지의 생활방식을 바꾸지 않는 것이 자식으로서 하기 어려운 일이라고 생각했기 때문일 것이다. ....(중략) 공자의 그 말은 우리가 조상을 욕하면서 그 욕이 바로 우리 자신에게로 되돌아오는 줄 모르는 그런 못난 자손이 되어야 하는가를 묻고 있다(이홍우, 2000, p.300).

오늘의 우리나라 특수교육의 후진성이나 문제를 조상 탓이나 앞 세대 탓으로 돌리지 말자. 그것은 오늘의 우리 탓이다.

셋째는 우리의 역사성과 현실에 기반 한 특수교육 담론을 끊임없이 축적해야 한다. 필자는 우리나라 특수교육(학)계의 연구나 담론이 아직도 외국 모델이나 도구를 가져와서 소개하거나 적용하는 것이 그 주종을 이루는 것으로 본다. 상대적으로 우리나라의 역사성과 전통에 천착한 연구나 담론은 여전히 마이너리티에 속한다. 외국 우선이나 선호의 토대주의(foundationalism)가 여전히 득세하는 가운데 우리 스스로도 오리엔탈리즘(orientalism)에 길들어져 있다. 그래서 구미의 것은 쉽게 우리에게 과잉 일반화되는 반면에 우리의 것은 과잉 특수화되는 것을 당연한 것으로 받아들인다. 아주 잘못된 지적 풍토이다.

끝으로, 우리의 특수교육담론이 좁은 국수주의적(國粹主義的) 자폐성에서 벗어나 세계의 보편성과 소통되도록 하기 위해 국제적으로 수출 채널을 적극 활용하거나 직접 참여해야 한다. 그렇게 하기 위해서는 두 가지 일을 동시 다발적으로 실천해야 한다. 우선 한글논문은 아무리 내용이 좋아도 국내에서만 읽힌다. 국제적으로 우리나라의 역사성과 현실에 기반 한 논문이나 글들이 읽혀지게 하기 위해서는 영어논문 쓰기에 적극성을 보여야 한다. 우리 것의 내용이 좋아 외국에서 자발적으로 번역해 준다면 더 좋겠지만, 먼저 우리 스스로가 영어로 쓰고 발표하는 기회를 적극 활용해야 한다. 다른 하나는 외국에서 주목할 만한 글감을 제대로 생산해야 한다. 우리의 역사성과 현실에 기반 한 창발적인 아이디어 없이 결코 학문수출은 불가능하다. 이런 일련의 문제의식에서 필자는 하나의 학술담론으로 '한국특수교육론'을 정립하기 위한 과제로 다음 세 가지를 제안한다.

첫째는 실사구시(實事求是)의 한국특수교륙론 정립이다. 주지하는 것처럼 '실사구시론'은 조선 후기 실학자들의 개혁론이자 학문방법론이다. 개혁을 하되 조선의 실정에 맞게 방법론을 강구해야 한다는 입장이다. 우리나라에서 '실사구시'의 학적 전통은 시대의 폐단을 극복하는 '구시폐'(救時弊)의 실사구시에서 발단하여, 옛 것을 되살리는 '고고'(考古)의 실사구시로, 다시 이치를 궁구하는 '격치'(格致)의 실사구시로 발전해 19세기 말에는 '개화'(開化)의 실사구시로 이어져 왔다(임형택, 2000).

오늘날 한국특수교육론은 탐구내용은 물론이려니와 방법론도 구미의 것을 그대로 수입해 와서 주조(鑄造)해 내는 격이다. 우리 것을 중심으로 우리의 실정에 맞는 담론과 방법론을 축적하고자 하는 문제의식 자체가 희박하다. 왜 그런가? 구미의 학술담론을 텍스트로 삼는 지적 식민성이 우리도 모르는 사이에 몸에 배어 있고, 과학의 이름으로 그들의 방법론을 교조화(敎條化)하는 경향이 짙다. 학문에서 형식은 내용을 규제한다. 오늘날 학술논문에서 글쓰기는 서구의 과학적 형식을 사회학문에서도 그 전범(典範)으로 삼는다. 오죽하면 최근 일부 의식 있는 소장학자들 중심으로 우리말로 학문하기 운동이 제기될 정도인가. 지금은 실사구시적 방법론에 천착한 한국특수교육론 정립에 지적 에너지를 집결 할 때다. 그렇게 해서 한국특수교육론이 구미의 주류 특수교육 담론과 당당히 소통되게 해야 한다.

둘째는 **화이부동**(和而不同)의 한국특수교육론 정립이다. 앞에서 논의한 것처럼 우리는 역사적으로 '화이부동'의 원칙을 나름대로 지혜롭게 견지해 왔다. 그러나 19세기 말 이후 소위 서구중심의 근대화 물결에 휘말리면서 급격하게 우리의 주체성과 중심을 잃게 되었다. 게다가 일제에 의한 가혹한 식민지배의 경험은 광복이후 오늘날까지도 식민적 잔재가 우리에게 남아 있다. 사회학문을 중심으로 학문세계에서도 우리는 여전히 지적 식민 상태를 벗어나지 못하고 있다.

세계화의 시대에 우리는 미국의 특수교육뿐만 아니라, 유럽의 특수교육과 이웃 아시아지역 특수교육과 적극적으로 소통해야 한다. 우리는 주로 미국의 특수교육 담론을 수입하는 것으로 자족하는 지적 종속 상태에서 하루 빨리 벗어나야 한다. 외국과 적극적으로 소통하면서도 그들과 차별화되는 한국특수교육론의 특수성과 독자성을 정립하는 일에 무엇보다 천착하여야 한다. '화이부동'은 세계화 시대에 한국의 생존전략이자 한국특수교육론의 정체성 정립 과제이다. 원효의 회통(會通)이나 조동일의 생극(生克)이 한국 특수교육학인들에게도 재현되어야 한다. 그렇게 함으로써 세계 특수교육의 보편성과 적극 소통하고 상조(相助)하는 길을 열어 가야한다.

셋째는 온고지신(溫故知新)의 한국특수교육론 정립이다. 비유컨대, 자식이 아버지를 살해하는 것은 어느 날 갑자기 일어나는 일이 아니다. 그럴만한 이유가 쌓이고 쌓여 어느 날 그런 불상사가 일어나고 만다. 아버지 돌아가신지 3년 동안 아버지 법을 어기지 않으려고 노력하면 효(孝)라고 했다. 살아 있는 아버지의 법도 잘 지켜지지 않는 터에 죽은 아버지의 법이 무슨 소용에 닿겠는가? 우리에게 조상의 역사적 전통이 살아 있는지 죽어 있는지는 오늘을 사는 우리들의 모습이 말해준다. 근대 한국특수교육의 역사는 1세기 남짓 아직 일천하다.

우리의 근대특수교육은 때로는 일본을 모델로 했고 때로는 미국으로부터 일방적 영향을 받았다. 우리 것이라고 내놓을 만한 것도 없었고 또 그럴 겨를도 없이 따라가기에 급급했다. 황무지 상태에서 앞서 가는 것을 따라 잡기 위해 그것은 불가피했는지 모른다. 그러나 지금은 사정이 다르다. 지금은 이론적으로나 실천적으로나 한국특수교육론이란 것이 하나의 담론을 형성할 수 있어야 한다. 그것은 당대 특수교육학인들의 존재이유이다. 우리에게는 오래전부터 조상들이 내축(內築)해 온 철학이 있고 소위 한국학이라는 실재(reality)가 있다. 그런 전통의 기반 위에 한국특수교육론은 축조(築造)되어야 한다. 최근 한국을 방문한 「정의란 무엇인가」(2010)의 저자 마이클 샌델은 글로벌 리더의 조건으로 "자국의 전통을 배워, 자기 나라의 철학이나 문화적 전통을 잘 알아야 문명을 넘나드는 논의에 참여할 수 있다"고 지적한 것은 주목할 만하다.

필자는 특수교육이 교육다워지기 위해서는 무엇보다 교육본질을 복원하는 데서 가능하다고 본다. 특수교육은 요육(療育)과 같은 의사(擬似)교육이 아니라 '교육 중의 교육'이어야 한다. 그런 의미에서 오늘의 한국특수교육은 본말이 전도되어 있다. 어쩌면 오늘의 한국특수교육은 기법으로서의 몸짓(用)에 현혹된 나머지 막상 그 뿌리가 되는 몸(體)를 망각한지도 모른다. 원칙적으로 몸을 떠난 몸짓은 존재하지 않는다. 소위 체용(體用)의 논리에서 '체'(體)를 굳건히 유지하기 위해 특수교육은 교육본질을 복원해야 한다. 우리의 역사적 전통에 의하면, 교육을 이리저리 함부로 바꿀 수 없는 움쩍할 수 없는 원칙과 철학으로 교육본질의 전통은 면면히 이어져 왔다. 그 본질의 전통은 불교와 성리학의 전통 속에 확연히 내축되어 있다. 다만 우리가 아버지 법(조상의 전통)을 지켜내지 못했을 뿐만 아니라, 급기야는 우리 손으로 그 법을 지워버린지도 모른다. 우리는 견성(見性)과 천인합일(天人合一)의 교육본질 복원을 통해서 21세기 한국특수교육론을 구축하는 법고창신(法古創新)의 지혜를 발휘해야 할 때이다.

8.3 동아시아 특수교육 네트워크와 한국특수교육론

왜 동아시아인가? 21세기 세계의 축은 3분 양상을 띠고 있다. 하나는 미국을 중심으로 한 북미의 축, 다른 하나는 유럽공동체가 형성한 축, 제3의 축은 바로 중국·일본·한국을 중심으로 한 동아시아이다. 동아시아 지역은 19세기 이전에는 위대한 문명 전통을 지니고 있었지만, 서구의 산업화 물결에 휩쓸린 후 한 세기 반 동안 이 전통의 가치를 살려내지 못했다. 동아시아를 하나의 문명권으로 묶어 주는 데에 불교와 한자(漢字)가 미친 영향을 결코 간과할 수 없다. 불교의 중국 전파는 중국을 포함한 동아시아 전체의 변혁을 이끄는 일종의 문화혁명이기도 했다. 동아시아 사람들은 실크로드를 서역(西域)이라고도 불렀는데, 불교의 유입이 계속된 약 천년의 세월, 동아시아 사람들에게 불교는 서역에 대응하는 또 다른 이름에 다름 아니었다(석길암, 2010)[1]. 그로부터 동아시아 세계는 한자, 불교, 유교 등을 공통 키워드로 하지만, 그것들의 역사적 근원과 그 본격적인 확산은 불교의 힘에 크게 의존한 것이었다.

이제 세계사적인 국제관계의 역학에서 볼 때, 근공원교(近攻遠郊)의 시대는 지나고 근교원공(近郊遠攻)의 시대가 도래 하고 있다. 동아시아 네트 구축과 더불어 우리나라는 특별한 선결과제로 탈분단이라는 민족 내부의 과제를 안고 있다. 최원식(2009)은 동아시아 정족(鼎足)의 터전으로서 한반도의 위상을 다음과 같이 기술하고 있다.

> 동아시아론은 미국과 유럽연합에 대한 새 터전을 구한다는 점에서 정족론(鼎足論)이다. 소련이 몰락했지만 '20세기 사회주의' 실험의 경험을 미국식 자본주의와 함께 중요한 평가대상으로 삼으면서 제3의 선택을 모색한다는 점에서도 또한 그러하다. ...(중략) 냉전의 발화점으로서 탈냉전시대에도 여전히 휘발성을 내장한 한반도의 분단을 평화적으로 극복하는 과정을 통해 국가주의와 민족주의를 넘어 세계형성의 새로운 원리를 탐구하는 동아시아론은 평화의 간절한 메시지다. 타자성을 용해하는 도가니(melting pot)가 아니라 주체와 타자의 위계를 해체함으로써 모두가 자기로서 공생하는 샐러드대접(salad bowl)을 동아시아 공동체가 지향하는 문장(紋章)으로 검토할 만하다(최원식, 2009, pp.77-78).

---

1) 이에 대해 석길암은 「불교, 동아시아를 만나다」에서 다음과 같이 기술하고 있다.
「실크로드가 문화교류의 현장임을 주목하는 이들은 많아도, 그 길이 불교와 불교인들이 가꾸었던 세계를 그대로 동아시아에 이식함으로써 동아시아 사람들의 세계를 완전히 바꾸어 낸 불교의 길, '다르마'의 길임은 알지 못한다. '다르마'는 부처님의 가르침이면서, 불교인들이 인식하였던 세계이며, 불교인들이 꿈꾸었던 세계에 다름 아니다. 이후에 동아시아 세계는 그 '다르마로드' 위에서 건설된 또 다른 문화혁명의 결과였다.」(석길암, 2010, pp.26-27)

일찍이 공명의 천재로도 삼분론은 결국 실패했던 역사적 경험이 있다. 그럼에도 먼저 남과 북이 손잡고 여전히 이에 대해 의구심을 감추지 못하는 주변 4강을 달래어 동아시아에 탈냉전을 도모하기 위해서는 수많은 공명이 나와야한다(최원식, 2009). 이런 측면에서 '동아시아론' 정립을 위한 한국 지식인의 책무는 막중하다. 2005년 노무현 대통령이 동북아 균형자론을 제기한 것은 21세기 탈냉전 시대의 동북아 질서에서 한국이 지향해야 할 과제를 제시한 점에서 높이 평가할 만하다. 동북아 균형자론은 냉전이 해체되었지만 아직 탈냉전의 질서가 확립되지 않고 신냉전의 기류가 돌고 있는 동북아에서 대결과 반목이 아니라 평화와 공존의 협력적 질서를 창출하는 데에 한국이 주도적 역할을 자임해야 한다는 적극적 의지의 반영이었다(김근식, 2010). 특히 이것은 한반도 평화정착을 토대로 동북아 평화질서에 기여하겠다는 한국의 자신감 표현이라고 할 수 있다.

위에서 논의한 동아시아 정족론 혹은 동북아 균형자론 입장에서 한국특수교육이 동아시아 네트워크 형성·구축에 어떻게 기여할 수 있는가를 체계적으로 고민해 보아야 한다. 그러기 위해 우리는 두 갈래로 또 다른 이중과제를 수행하지 않으면 안 된다. 즉 그 하나는 한반도 평화통일 기조와 병행하여 남북특수교육의 교류협력과 그 통합을 꾸준히 추진해 가야 한다. 안으로 이 일을 추진함과 동시에 한국이 주도하거나 상호협력하여 밖으로 동아시아 특수교육네트워크 구축에 적극 임해야 한다. 최근 우리나라와 일본 간의 교류 협력과 공동연구는 보다 활기를 띠고 있다. 또 홍콩과 타이완과도 교류의 물꼬가 터여 있으나, 그것이 중국 본토와 연관지어 상호 교류하고 협력할 수 있는 방안을 적극 모색하여야 한다. 한·중·일 동북아 삼국관계에서는 한국이 중간에서 그 역할을 자임하는 적임자로 나서는 것이 온당하다. 그렇게 함으로써 특수교육의 동아시아 정족론 나아가 동북아 균형자론을 한국이 적극 펼쳐 갈 수 있어야 한다. 이제 우리는 특수교육을 매개로 해서 동아시아 속의 화이부동(和而不同)을 세계 속의 화이부동으로 구현할 수 있어야 한다.

이런 일련의 문제의식에서 필자는 구미(歐美) 특수교육과 어깨를 나란히 하면서도 그것과 차별화되는 아시아 특수교육 패러다임 구축을 제안한 적이 있다. 그리고 최근에는 일본과 협력하여 구미와 차별화되는 동아시아 통합교육 모델 창출에 대한 협동연구를 추진 중에 있다. 이 연구를 통해 필자는 동아시아를 비롯해서 우리나라 통합교육의 이론적 기저를 불교의 대승기신론과 성리학으로부터 도출하고자 했으며, 그 실천적 모델은 전통적 마을공동체 문화의 복원을 통해 구축하고자 했다. 이 연구의 말미에서 필자는 결론에 대신해서 다음과 같이 제언하였다.

> 과연 '한국특수교육론'이라는 것이 하나의 학술담론으로서 존재하는지 아직은 그 정체성이 불분명하다. 그래서 '지금 이곳'의 특수교육학인들은 수입학문의 수준에만 머물지 말고 그가 몸담고 있는 사회의 역사성에 기반 한 특수교육론 정립에 기여할 수 있어야 한다. 수입학의 수준을 극복한 하나의 '자립학(自立學)'으로서 韓國特殊敎育論은 동시에 동아시아 특수교육론 정립에 기여하고 소통되어야 한다. 그리고 동아시아 특수교육 모델은 마침내 구미의 특수교육 모델과 경쟁하면서 소통해야 한다. 우리는 그렇게 하기 위해 위로는 元曉의 같으면서 다르고 다르면서 같은(同卽異 異卽同) 和諍會通論에서부터 당대(21세기) 趙東一의 生克論(becoming-overcoming), 그리고 근대적응과 근대극복의 '이중과제론' 등에 입각하여 '한국특수교육론'을 정립하는 일에 천착하여야 한다(김병하, 2009, 일본특수교육학회 발표 원고 중에서).

지금은 제안의 수준이지만 이런 문제의식을 가지고 꾸준히 교류하고 연구를 축적해 가노라면 언제인가는 한국특수교육론과 더불어 동아시아 특수교육 담론이 국제적으로 당당히 소통되는 날이 올 것이다. 최근 필자는 유럽공동체에 상응하는 아시아 공동체 형성의 가능성과 그 희망을 '아시아 리얼리즘'(Realism in Asian Art)이라는 주제의 미술전을 통해 새삼 확인할 수 있었다. 이 프로젝트는 2005년 '아시아 큐비즘(cubism): 경계 없는 대화'에 이어 기획된 것이다. 이 「아시아 리얼리즘」전의 의의를 곽키엔초우(싱가포르국립미술관장)는 다음과 같이 밝히고 있다.

> 미술사는 유사한 발전의 패턴과 미학적 특성을 공유한 지정학적, 문화적 지역 속에서 형성됩니다. 이 전시회에서는 리얼리즘이라는 주제를 개념적이고 경험적인 관점 양자에서 바라보고 아시아를 관통하는 공통점을 살펴 이를 검토하고 논의할 것입니다. 이러한 작업은 다양하고 풍부한 미술 표현들을 성급하게 범주화하는 것이 아니라, 이를 살펴 아시아 리얼리즘의 특성들을 다양한 층위에서 인식하고 검토하여 세계 미술사를 풍부히 하는 작업입니다(아시아 리얼리즘, 2010, 인사말 중에서).

이 미술전에는 한국, 중국, 일본을 비롯하여 인도, 싱가포르, 말레이시아, 인도네시아, 필리핀, 베트남, 타이 등 아시아 전역을 참여시키고 있다. 19세기말부터 20세기 중반에 걸쳐 아시아 대부분 국가들은 식민지가 되고 동시에 서구의 근대성을 접하게 되었다. 우리는 '아시아 리얼리즘'전을 통해 식민과 독제 압박을 겪은 나라들의 공통분모를 눈으로 확인하게 되고, 서구로부터 불어온 바람이 미술을 통해 어떻게 재현되고 있는가를 체감하게 된다. 이러한 아시아 리얼리즘의 특성들이 세계 미술사를 풍부하게 하듯이, 아시아 특수교육의 리얼리티가 세계화의 한 축을 담당할 수 있어야 한다. 그 속에서 그와 더불어 한국특수교육론이 자기 정체성을 정립해 가야 한다.

2011년 새해 벽두에 "동아시아 특수교육 공동체 구축을 위한 한·중·일 특수교육의 역할과 과제"라는 주제로 제4회 창파(滄波)국제학술대회(2011.1.11)가 대구대학교 한국특수교육문제연구소가 주관하여 개최되었다. 이 학술대회에서 일본에서 나카무라(中村) 교수가, 중국에서 쥬우 지아챙(許家成) 교수가, 한국에서 필자(김병하, 2011)가 각각 발표하였다. 주제에서 보듯 '동아시아 특수교육 공동체' 건설이라는 취지가 돋보인다. 이 학술대회를 통해 저자는 동아시아 삼국의 특수교육 공통성과 차이성을 상호 비교하면서 한국특수교육의 위상을 점검해 보고자 한다. 한·중·일 삼국 가운데 일본은 특수교육이 가장 먼저 시작되었고, 따라서 상대적 비교우위에 있는 것이 사실이다. 최근 일본은 종래의 '특수교육'이라는 용어 대신에 '특별지원교육'으로 틀을 바꾸어 통합교육시대에 대응하여 장애아동교육 프레임을 재편하는 개혁의지를 강하게 내보이고 있다. 그러나 현재로서는 이 특별지원교육이 특수학교교육과 통합교육의 절충형식을 띠는 것으로 평가하면서, 나카무라 교수는 일본 특별지원교육의 전문성 신장을 주요 과제로 제기하고 있다.

이에 비해 중국특수교육은 우리와 비슷한 조건에서 근대특수교육이 시작되었고, 그 발전과정도 우리나라와 비슷한 양상을 보이고 있다. 19세기 말에서 20세기 중반까지 중국특수교육은 교회중심의 특수학교(맹, 농학교)가 주류를 이루었고, 문화혁명시기(1966-1976) 중국특수교육은 '정체와 회복'의 과정을 거쳐 1990년대에 접어들며 급속한 발전을 보이기 시작했다. 1990년에 중국에 특수학교가 500여개였으나, 2008년에는 무려 1,650개교로 늘어났고, 같은 기간에 특수학교 재학생 수는 7만여 명에서 40여만 명으로 무려 6배 이상 늘어났다(쥬우 지아챙, 2011). 중국특수교육의 주요 특징은 특수학교 증설과 일반학교에서 통합교육을 동시발전 모형으로 삼아 '우선과 나중, 정(正)과 부(副), 혹은 공동발전'이라는 상보적 병행으로 강력히 추진하고 있다는 점이다.

이상에서 보면, 동아시아 삼국은 특수교육과 일반교육을 '이원적 일원'(二元的 一元) 모델로 설정하고 있는 점에서 공통성을 보인다. 그러는 중에도 일본은 특별지원교육 체제로 전환하면서 일반교육을 축으로 하는 '일원화'를 강력히 추진하고 있으나, 여전히 많은 숙제를 안고 있다. 그에 비해 중국은 아예 특수학교의 지속적인 증설과 통합교육을 동시에 2원적 발전모형으로 추진하면서 두 마리 토끼를 겨냥하고 있다. '이원적 일원' 모델로서 한국특수교육은 일본이나 중국과도 다르면서 그 두 나라의 중간쯤 어디에서 특수교육 정체성 정립을 위해 몸부림치는 형국으로 이해된다. 특수학교의 자기 정체성을 발전적으로 유지하면서 통합교육을 강력히 추진하고자 하는 데서 동아시아 특수교육의 차별화된 모델 정립이 보인다. 이번 국제학술대회에서 중국이 적극적으로 동아시아 특수교육 공동체 건설에 동참하고자 하는 의지를 보인 것은 하나의 중요한 성과로 들지 않을 수 없다. 국가주의를 넘어서는 동아시아 특수교육 공동체 건설은 이번 창파국제학술대회를 통해 이미 작동되고 있다. 특수교육의 동아시아 공동체 출현을 통한 또 하나의 '아시아 리얼리즘'을 고대한다.

마무리 글(後記)

막상 탈고(脫稿)하고 나니 보람보다 아쉬움이 남는다. 「한국특수교육론」을 반듯하게 정립하고픈 뜻에 비해 그 내용이 의도한대로 채워지지 못한 탓이다. 그러나 첫 술에 배부를 수 없다는 말로 자위할 수밖에 없다. 최근 「교수신문」(2010.8.30)에서 '한국 사회학자들의 역할 정체성 혼란'(선내규)이라는 논문을 리뷰한 데서 보면, "한국사회학은 독자적인 이론 및 방법론을 구축하는 것에 실패한 채 학문의 주변성 혹은 지적 식민성을 극복하지 못했다"는 데에 국내 사회학자들(36명)의 75%(이들 중 20%는 '전적으로 동의함')가 동의하는 것으로 나타난 반면에, 동의하지 않는다는 입장은 8.4%에 불과하다. 특수교육학보다 훨씬 전통이 있는 사회학 분야의 상황이 이렇다면, 이 문제는 우리나라 사회학문 전체의 고질적 문제임에 틀림없다. 그렇다고 이런 지적 상황을 합리화 할 생각은 전혀 없다.

솔직히 필자는 우리나라 특수교육학계에서 왜 '한국특수교육론' 혹은 '한국특수교육학'이라는 이름의 저술이 나오지 않는가에 대한 나름의 불만과 아쉬움을 진작부터 가지고 있었다. 더 소박하게 말하면, 우리나라 학부와 대학원에서 '한국특수교육론'이라는 강좌가 왜 하나 쯤 개설되지 못하는가에 대하여 화가 치밀기도 했다. 그러나 다시 되짚어 보니 우선 무엇보다도 내 스스로의 책임이 크다는 생각이 들었다. 그렇다고 이런 책을 개론서 정도로 선보이자니 체면이 서지 않는 일이다. 원래 이 책의 기필(起筆) 동기는 두 가지로 요약된다.

그 하나는 어떻게 하든 남의 나라 담론을 가지고 와서 토를 달 것이 아니라, 우리 이야기를 발굴하여 '한국특수교육론'이라는 우리 담론을 체계적으로 발설해 보자는 것이었다. 이 책이 우리의 역사와 현실 속에서 구성된 특수교육(학) 담론을 중심으로 한 것은 틀림없지만, 그것이 얼마나 체계적인 담론으로 짜여 있는지는 솔직히 자신이 없다. 그러기 위해서는 이것을 하나의 토대 혹은 디딤돌로 삼아 후학들에 의해 청출어람(靑出於藍)이 연출되기를 고대한다. 그래야 함께 살 수 있다.

다른 하나는 이 책이 한국특수교육 정체성 정립을 위해 하나의 가교(架橋) 역할이라도 할 수 있다면 얼마나 다행이겠는가 하는 바람이다. 책이든 논문이든 읽혀지지 않고 소통되지 않으면 비참하다. 그것은 공해일 뿐이기 때문이다. 학문은 독백이 아니다. 설사 비판일지라도 그것은 생산성에 기여한다(물론 비판 나름이지만). 우선 '한국특수교육론' 정립을 고민하는 학문적 동지들 간에 일련의 소통이 있어야 한다. 그 소통은 국내에서부터 남북간 혹은 해외동포사회로 연결되어야 한다. 그리고 동아시아지역에서 구미지역으로 소통이 이어진다면 금상첨화(錦上添花)다. 나라 밖으로 소통되게 하기 위해서는 우리 스스로 번역역량을 길러, 세계화 시대에 학문의 창구를 적극 열어가야 한다.

이런 문제의식에서 제8장에서 '동아시아 특수교육 네트워크와 한국특수교육론'을 다루었다. 필자는 세계 속의 한국특수교육론, 그리고 동아시아 속의 한국특수교육론을 정립하기 위해 (1) 실사구시(實事求是)의 한국특수교육론, (2) 화이부동(和而不同)의 한국특수교육론, (3) 온고지신(溫故知新)의 한국특수교육론을 제기하였다. 아직은 문제제기의 수준이지만, 이렇게라도 함으로써 한국특수교육론의 지향성과 방법론을 함께 고민하고자 했다. 이 책을 집필하는 동안 필자는 "교육본질 복원으로서 한국특수교육론"이 정립되어야겠다는 신념을 좀 더 확실히 가지게 되었고, 그것은 나에게 더 할 나위 없는 소득이자 보람이다.

인간의 심성 혹은 본성은 하늘의 명령으로 부여된 것이며, 그것은 천부적이면서 부단히 닦아야 할 도덕적인 본래성(本來性)이다. 이 심성을 함양하고 본성을 회복하는 것이 교육의 본질이자 궁극목적이다. 그리고 이런 인간관에 입각한 교육본질은 특수교육에서 장애학생이라 해서 결코 예외가 아니다.

이런 관점에서 특수아동을 지칭하는 Exceptional Children이라는 용어는 극히 경계해야 할뿐더러, 사실 사용하지 말아야 할 용어다. (그럼에도 미국 CEC에서 발간하는 「Exceptional Children」이라는 학술지는 세계적으로 가장 많이 읽혀지며 인용되고 있다.) 장애(disabilities)를 중심으로 특수아동을 볼 것인가 하늘의 명령으로 본래성(本來性)을 지닌 사람(human)으로 특수아동을 볼 것인가에 따라 특수교육의 위상은 전혀 달라진다. 지금 우리 특수교육은 달을 가리키는 손가락을 보고 마치 사람을 본 것처럼 착각하고 있다. 말하자면 전형적인 본말전도(本末顚倒) 현상에 빠져 있다. 동양철학의 체용(體用) 논리에서 볼 때, 체(體)를 간과하고 용(用)이 체(體) 노릇을 하고 있는 형국이다. 물론 원래 체용론(體用論)에서 體와 用은 나무의 뿌리와 줄기처럼 뗄래야 뗄 수 없는 관계이다.

특수아동이 지닌 장애가 아무리 무겁고 중복되어 있더라도 그가 지닌 본래의 성(性)은 다른 모든 사람과 똑 같다. 왜냐하면 그것은 하늘의 명령이기 때문이다. 그런 의미에서 장애아동은 다른 모든 아동처럼 무한한 잠재가능성과 교육가능성을 지니고 있다. 특수교육은 그 가능성을 구현하게 하기 위해 특별히 구안된 교육이다. 그래서 특수교육은 '교육 중의 교육'이고, 특수교육교사는 '교사 중의 교사'라는 것이 필자의 믿음이다.

참고문헌

강경숙(2005). 아시아-태평양 지역의 통합교육 비교분석. **국립특수교육원 제12회 특수교육국제세미나.** 313-374.

강신항(1984). 훈민정음연구. 서울: 성균관대학교출판부.

강정인(2004). 서구 중심주의를 넘어서. 서울:아카넷.

강주해(2002). 농아인, 그는 누구인가?(개정증보판). 서울: 농아사회정보원.

강준만(2009). 입시전쟁 잔혹사. 서울: 인물과 사상사.

고영섭 편저(2006). 원효: 한국의 사상가 10인. 서울: 예문서원.

곽정란(2003). 한국 장애인운동의 특수교육학적 고찰. 대구대학교 석사학위 논문.

곽정란, 김병하(2004). 장애담론의 정치적 이해 : 장애인 당사자주의를 중심으로. **특수교육저널 : 이론과 실천**, 5(3), 249-263.

곽정란(2010). 한국 특수학급의 성립과 변용(1970-1974). **특수교육저널: 이론과 실천**. 11(1), 277-305.

교육과학기술부(2008). 특수교육 연차보고서. 서울: 교육과학기술부.

교육문화연구회 옮김 (2002). 희망의 교육학. 서울: 아침이슬.

교육인적자원부(2004). 교원양성체제 개편 종합 방안.

교육인적자원부(2005). **2005년도 특수교육 운영계획**. 서울:교육인적자원부 특수교육정책과.

교육인적자원부(2006). 특수교육연차보고서.

교육인적자원부(2006). 학교교육력 제고를 위한 교원양성 체제 개선 방안.

교육인적자원부(2007). 교사자격 무시험검정 기준강화를 위한 관련법령 개정안 및 교육부고시 신설안 주요내용(홍보자료).

공지영(2009). 도가니. 서울: 창비.

국립현대미술관 주최(2010). 아시아 리얼리즘. 서울: 덕수궁 미술관.
권이혁 외3인(1963). 맹인에 대한 사회의학적 조사연구. **최신의학. 6(11),** 81-86.
권재선(2002). 특수한글을 특수교육에 활용하는 방안. **특수교육저널: 이론과 실천.** 3(4), 171-181.
권재선(2002). 한글의 세계화. 대구: 우골탑.
길희성(2006). 지눌의 선사상. 서울: 소나무.
김기옥(1967). 정신지체아동 교육지도에 대한 연구. 이화여자대학교 대학원 석사학위논문(미간행).
김기협(2008). 밖에서 본 한국사. 서울: 돌베개.
김남순(2008). "한국 특수교육(학)의 학문적 정체성"에 대한 토론. **제1회 창파학술제,** 한국특수교육문제연구소, 25-30.
김달진 옮김(2008). 땅에서 넘어진 자 땅을 짚고 일어나라. 서울: 동광출판사.
김동극(1967). 특수아동 실태조사 보고서(미간행). 대구: 경상북도교육위원회.
김동극(2004). 특수교육진흥법 제정배경에 대한 회고담. 2004. 11. 15.
김민남(2004). 삶과 교육 : 교직과 삶의 방식 변혁. 대구 : 문예미학사.
김민남, 손종현(2006). 한국교육론. 대구: 경북대학교출판부.
김병하 옮김 (1992). 질적연구의 이해와 실천. 서울: 도서출판 특수교육.
김병하(1976). 한국 특수교육교사 양성제도 개선에 관한 연구. 한국사회사업대학 특수교육연구소 정책연구보고서.
김병하(1977). 특수교육의 역사적 이해. 서울: 형설출판사.
김병하(1977). 한국의 청각장애아 교원양성 체제 및 교육과정의 모형연구. 특수교육논총. 1, 35-54.
김병하(1980). 한국 특수교육 교사양성제도 및 양성과정의 모형 연구. 대구대학교 특수교육연구소, 특수교육연구. 제 8집, 101-131.
김병하(1986). 로제타 셔우드 홀(Rosetta Sherwood Hall) 여사에 의한 한국 특수교육의 성립사고. **특수교육학회지.** 7(1). 5-27.
김병하(1992). 교육의 역사·철학적 기초. 경북: 대구대학교출판부.

김병하(1998). 특수교육학의 학문적 성격 정립과 그 과제. **특수교육학연구**. 33(1), 5-23.

김병하(1999, 2006). **특수교육 교사론**. 경북: 대구대학교 출판부.

김병하(2002). 프레이리의 「페다고지」와 「희망의 교육학」: 특수교육(학)에의 시사. **특수교육저널 : 이론과 실천**, 3(3), 133-141.

김병하(2003). "장애인 당사자주의와 장애인 인권운동의 배경과 철학". **장애와 사회**. 2003, vol. 2., 12-31.

김병하(2003). **특수교육의 역사와 철학(개정판)**. 경북: 대구대학교출판부.

김병하(2004). "장애운동의 성과와 과제". **2004한국장애인 리더십포럼**(2004. 12. 12). 한국장애인단체총연합회, 11-41.

김병하(2004). **2004 대구장애인 인권백서**. 대구: 대구DPI.

김병하(2005). "특수(교육)교사는 '교사'다", **삶의 여정**. 대구: 도서출판 해동, 35-45.

김병하(2005). 장애인 당사자주의의 특수교육(학)적 함의. **특수교육학연구**. **40(1)**, 1-22.

김병하(2005). 특수교육진흥법의 제정과 개정과정: 그 역사적 함의와 쟁점. **특수교육저널: 이론과 실천**. 6(1), 449-472.

김병하(2007). **대구특수교육사**. 경북: 대구대학교출판부.

김병하(2007). 대구특수교육사. 경북: 대구대학교출판부.

김병하(2007). 특수교육 교사 직전교육의 문제와 개선방향. **한국특수교육학회 춘계학술대회**, 31-52.

김병하(2008). "한국 특수교육(학)의 학문적 정체성". **제1회 창파(滄波)학술제**(2008. 1. 4.), 3-24.

김병하(2008). 인물중심 한국특수교육의 역사적 고찰. **특수교육저널: 이론과 실천**. **9(3)**, 167-198.

김병하(2008). 한국 특수교육(학)의 학문적 정체성 논쟁. **특수교육저널: 이론과 실천**. 9(1), 303-323.

김병하(2009). 본말전도(本末顚倒)의 특수교육(미발표 원고).

김병하(2009). 우리나라 특수교사 양성과 수급의 쟁점. **2009 한국특수교육**

학회 춘계학술대회, 우석대학교(2009.5.23), 1-25.

김병하(2009). 한국특수교육의 학사적(學史的) 일 연구: 초기(1960-70년대) 연구활동 중심으로. **특수교육학연구, 43(4)**, 1-22.

김병하(2010). 「대승기신론」(大乘起信論)의 특수교육 교사론적 함의. **특수교육학연구, 45(1)**, 1-21.

김병하(2011). 동아시아 특수교육 공동체 구축을 위한 한국 특수교육의 역할과 과제. 제4회 창파국제학술대회(2011.1.11), 49-63.

김병하, 김승국, 김영한, 김원경, 이유훈, 정동영(1997). **특수학교 교사양성체제 개선방안**. 국립특수교육원.

김병하, 박경란(2009). 유길준 「서유견문」의 한국특수교육사적 함의. **특수교육재활과학연구**. 대구대학교, 48(2), 65-87.

김보경(2001). **禪과 파블로프의 개**. 서울: 교육과학사.

김보경(2007) 외 4인. **禪-행동치료**. 서울: 시그마프래스.

김삼섭(2003). **특수교육 교사양성의 현재와 미래**. 한국특수교육학회 춘계학술대회 주제발표.

김삼섭, 전병운, 정해동, 박은영, 고진복, 박은송(2007). 특수교육 교원 중장기 수급방안. **특수교육학연구. 42**(2), 1-28.

김성애(2005). 현상학적 입장에서 본 특수교육교사의 (중증)발달장애아 진단 및 교육적 과제. **특수교육저널 : 이론과 실천**, 6(4), 147-176.

김승곤(1998). "세종시대의 어문정책". **세종문화사대계(1).** 서울: 세종대왕기념사업회, 199-303.

김승국(1979). "특수교육의 진흥방안". **세계아동의 해 기념 심포지움:** 심신장해아(자)의 복지와 교육대책의 방향. 57-84.

김승국(1997). "특수교육 연구의 변천". **한국 장애인복지 변천사**(pp.703-722.). 서울: 양서원.

김승국(1995). **특수교육교사 양성교육과정 표준화 방안**. 국립특수교육원 세미나 보고서.

김승국, 김옥기(1977). "사회성숙도검사 표준화 연구". **단국대학교 논문집**. 11, 155-178.

김승국, 김옥기, 이춘섭, 민은식(1976). **특수아동교육**. 서울: 백록출판사.

김영민(1996). **탈식민성과 우리 인문학의 글쓰기**. 서울: 민음사.

김영욱, 김동연, 김삼섭(2002). 특수교육 교원양성의 표준적 모형 연구. **특수교육학연구**, 37(1), 101-130.

김용욱(2004). Paulo Freire 교육론의 특수교육적 접근. 대구대학교 특수교육대학원 석사학위논문.

김용휘(2007). **우리 학문으로서의 동학**. 서울: 책세상.

김욱동(2010). **번역과 한국의 근대**. 서울: 소명출판.

김원경(2001). **특수교육법 신론**. 서울: 도서출판특수교육.

김윤옥(1997). 특수아동 완전통합교육을 위한 미국의 동향과 한국적 과제. **국립특수교육원 연구자료 제4집.**

김윤옥 외(2009). **질적연구의 실천방법**. 서울: 교육과학사.

김재규, 송준만, 김병하(1991). **특수교육 교사양성 교육과정 표준 연구**. 중앙교육심의회 정책연구과제.

김정권(1968). "정신박약아의 성격특성에 관한 일 연구". **특수교육연구**, 1, 75-100. 한국사회사업대학 특수교육연구소.

김정권(1968). "정신박약아학교 교육과정에 관한 일 연구". **한국사회사업대학 논문집**. **1**, 7-62..

김정권(1969). "정신박약아의 사회적 성숙에 관한 조사연구". **한국사회사업대학 논문집**. 2, 43-77.

김정권(1969). "한국 정신박약아교육의 사적 배경에 관한 일 연구". **특수교육연구**, 2, 61-81. 한국사회사업대학 특수교육연구소.

김정권(1979). 교육가능급 정신박약아 특수학급의 효과적 운영을 위한 조직 모형구성". **특수교육연구**, 7, 59-88, 한국사회사업대학 특수교육연구소.

김정권 외 역(2001). 민주주의와 **[특수]**교육**.** 서울:도서출판 특수교육.

김정권(1994). "한국 특수교육 100년의 역사적 의미". **한국 특수교육 100 주년기념 학술대회**. 대한특수교육학회 연차학술대회, 111-128.

김정권, 김동극, 이춘섭(1971). **정신박약아교육**. 서울: 자행회.

김정권, 김병하(2002). **사진으로 보는 한국 특수교육의 역사**. 서울: 도서출판 특수교육.

김정권, 김승국, 김병하 등(1988). **특수교육 교사양성제도 및 과정의 개선**. 대구대학교 특수교육연구소.

김정권, 여광응(1978). **정신박약아동 판별연구: 1학년생 선별검사**. 사단법인 자행회.

김정권, 여광응(1978). 특수학급교육 발전을 위한 제도·운영체제 연구. **특수교육연구**. 4, 5-29, 한국사회사업대학 특수교육연구소.

김정권, 이태영(1975). **특수교육학**. 서울: 형설출판사.

김정근 엮음(1996). **학술연구에서 글쓰기의 혁신은 가능한가**. 서울: 한울아카데미.

김종철(2010). "일리치의 혹". 녹색평론. 통권 제111호(2010.3-4), 48-77.

김천년(1968). "맹인직업보도에 필요한 신의학과 한의학과의 비교연구". **특수교육연구**, 1, 27-42.한국사회사업대학 특수교육연구소.

김충열(2007). **중용대학강의**. 서울: 예문서원.

김학수(1971). 정신지체아 교육의 심리적 기초. 경북대학교 대학원 박사학위논문.

김형수(2002). **나는 '나쁜'장애인이고 싶다**. 서울 : 삼인.

김형효(2007). **원효의 대승철학**. 서울: 소나무.

김효진(2005). "장애여성운동의 흐름", **우리시대의 소수자운동**. 서울: 이학사, 171-194.

나일성(1991). "서운관". **한국민족문화대백과사전(11)**. 797.

노선옥, 김현진, 김은숙, 박성우, 신재훈, 이정현(2008). **2008 특수교육실태조사**. 경기: 국립특수교육원.

대구대학교 특수교육40년사편찬위원회 (2002). **대구대학교 특수교육40년사**. 경산: 대구대학교 특수교육40년사편찬위원회.

대구장애인연맹(2004). **장애인차별금지법 대구공청회**. 2004. 7. 15, 달구벌 종합복지관.

대한특수교육학회(1995). **한국특수교육100년사**. 서울: 도서출판특수교육.

대한특수교육학회(편)(1986). 특수교육 용어사전. 경북: 대구대학교출판부.
문교부 (1981). 특수교육백서. 서울: 문교부.
박광준(2010). 붓다의 삶과 사회복지. 서울: 한길사.
박당우(1963). 농아자에 대한 사회의학적 조사. 서울대학교 보건대학원 학위논문.
박대식, 최경은(2008). 농촌의 다문화가정 실태와 개선방향. 서울: 한국농촌경제연구원.
박성배(2007). 몸과 몸짓의 논리. 서울: 민음사.
박성배(2009). 한국사상과 불교. 서울: 도서출판 혜안.
박승희(2003). 한국 장애학생 통합교육. 서울: 교육과학사.
박승희(2004). "장애개념화의 진전이 장애인 지원 구축에 지니는 함의". 특수교육학연구. 38(4), 27-65.
박정희(2007). 내 아버지 박두성. 인천: 인천광역시 시각장애인복지관 송암점자도서관.
박준성, 안건모, 이임하, 홍세화, 정태인, 하종강(2007). 왜 **80**이 **20**에게 지배당하는가. 서울: 철수와 영희.
박홍규 옮김(1991, 2004). 오리엔탈리즘. 서울: 교보문고.
백낙준(1973). 한국 개신교사. 서울: 연세대학교출판부.
백낙청(2006). 한반도식통일, 현재진행형. 서울: 창비.
법륜(2010). 인간붓다: 그 위대한 삶과 사상. 서울: 정토출판.
보건사회부 아동복리위원회(1961). 한국 장해아동 조사보고서. 서울: 보건사회부.
석길암(2010). 불교, 동아시아를 만나다. 서울: 불광출판사.
선내규(2010). 한국 사회학 장의 낮은 자율성과 한국 사회학자들의 역할 정체성 혼란. 사회과학연구. 18(1), 126-176.
성래운(1965). 한국교육의 증언. 서울: 배영사.
성열관(2009). "고부담 시험의 교육적 영향". 대학입시 자율화와 교육정상화: 그 의미와 과제. 한국교육학회 춘계학술대회(09. 4. 25.), 25-35.
성철(2002). 자기를 바로 봅시다. 서울: 도서출판 장경각.

세종대왕기념사업회 고전국역편집위원회(1999). 국역 서운관지. 서울: 세종대왕기념사업회.

송준만(1977). "Ecological Consideration in the Definition of Mental Retardation as It Relates to Adaptation". 특수교육논총,1, 25-34.

신상식(1972). 한국 농교육에 대한 고찰: 역사와 현황을 중심으로. 계명대학교 교육대학원 석사학위논문.

신정완 외11인(2006). 우리안의 보편성: 학문 주체화의 새로운 모색. 서울: 한울아카데미.

신창호(2010). 함양과 체찰. 서울: 미다스북스.

심경호 옮김(1999, 2007). 불교와 유교: 성리학, 유교의 옷을 입은 불교. 서울: 예문서원.

안병영, 김인희(2009). 교육복지정책론. 서울: 다산출판사.

안병즙 역(1976). 치료교육원리. 대구: 한국사회사업대학 출판부.

안병즙(1974). 한국 특수교육 발달과정에 관한 일 연구. 한국사회사업대학 대학원 석사학위논문(미간행).

안병즙(1994). "한국특수교육의 회고". 특수교육 100주년 기념 학술대회. 한국특수교육의 회고와 전망. 대한특수교육학회, 129-184.

안병즙, 안태윤, 김정권(1969). 특수학교 교사의 가치관에 관한 조사연구. 특수교육연구. 2, 5-35, 한국사회사업대학 특수교육연구소.

안태윤(1963). "특수교사를 위한 현직교육의 방법과 과정". 특수교육과학. 1, 3-8.

안태윤(1964). "특수학교 교육과정 구성을 위한 기초연구". 특수교육과학. 2, 1-4.

안태윤(1968). "한국특수교육의 발전과정에 대한 연구." 한국사회사업대학 논문집. 1, 75-93.

안태윤(1968). 한국맹인의 고등교육에 관한 일 연구. 특수교육연구, 1, 한국사회사업대학 특수교육연구소, 7-26.

안태윤(1969). 한국인의 심신장해자에 대한 전통적 견해에 관한 일 연구. 한국사회사업대학 논문집. 2, 79-89.

안태윤(1968). 한국 특수교육의 발전과정에 대한 일 연구. **한국사회사업대학논문집**. 제1집, 75-93.

양석성(1965). 난청과 농아에 대한 당면문제. **대한의학협회지**, 8(2), 40-43.

양영자(2007). "한국의 다문화 교육 현황과 과제". 오경석 외 10인(2007). **한국에서의 다문화주의: 현실과 쟁점**. 서울: 한울아카데미.

여광응(1972). 정신박약아의 시지각 훈련 효과에 관한 연구. 경북대학교 교육대학원 석사학위논문.

여광응(2002). **한국 특수교육목록**. 경기: 한국학술정보(주).

영광학원50년사 편찬위원회(1998). **영광학원 50년사**. 영광학원50년사 편찬위원회.

오천석(1964). **한국신교육사**. 서울: 현대교육출판사.

유강은 옮김(2005). 세계를 뒤흔든 **시민불복종**. 서울 : 그린비.

유길준(1895). **서유견문**(영인본). 서울: 경인문화사.

유동철(2003). "장애운동의 깃발 : 당사자주의인가, 인권론인가". **시민과세계**. 4권, 273-293.

유임순 여사 인터뷰자료, 2008. 12. 4.

윤수종 외(2005). **우리 시대의 소수자운동**. 서울 : 이학사.

윤원철 옮김(2002, 2008). **깨침과 깨달음**. 서울: 예문서원.

윤점룡, 김영욱, 원종례, 김주영(2003). **특수학교교사 자격 및 양성체제 개선 방안 연구**. 한국재활복지대학 정책연구과제.

은정희(2008). **대승기신론강의**. 서울: 예문서원.

이규식, 권요한, 김갑림(1979). **언어·청각장애아요육**. 서울: 형설출판사.

이규식, 김창수(1969). 맹아동의 학습과정에 나타난 피로에 대하여. **특수교육연구**, 2, 한국사회사업대학 특수교육연구소, 37-45.

이규식, 김창수(1977). "난청학생의 실태와 그 대책에 관한 연구". **영남특수교육학회지**. 1(1), 5-28.

이규식, 백준기, 권요한(1977). **청각교육: 이론과 실제**. 대구: 배영출판사.

이규식, 이태영, 김두희(1971). "한국 학동기 아동들에 대한 난청실태조사". **경북의대잡지**. 13(1), 425-439.

이기영(1967). **원효사상**. 서울: 도서출판 원음각.
이남주(2009). **이중과제론: 근대적응과 근대극복의 이중과제**. 서울: 창비.
이능화(1918), 윤재영 역(1980). **조선불교통사(상,중,하)**. 서울: 박영사
이달호, 신홍수, 김기복(1961). 한국인 농아에 관한 연구. **대한의학협회지**. 4(8), 89-93.
이문수(1987). 조선 세종조의 복지정책 연구(미간행). 단국대학교 대학원 박사학위논문.
이미종(2010). **불교수행과 교과교육**. 서울: 교육과학사.
이상진(2000). **송암 박두성 전기**. 송암기념사업회.
이석진(2005). 한국 특수교육정책 발전과정에 관한 연구(미간행). 공주대학교 대학원 박사학위논문.
이영식(1998). 고은애 옮김. **사랑, 빛, 자유**. 서울: 도서출판 창파.
이완우(2002). 2002년 4월 문화인물 박두성. 서울: 한국문화예술진흥원.
이익섭(2003). "장애인 당사자주의와 장애인 인권운동". **VOICE**. 가을호 (2003. 10), 20-27.
이재헌(2007). **이능화와 근대불교학**. 서울: 지식산업사.
이종각(1994). **교육학 논쟁**. 서울: 도서출판 하우.
이태영(1963). **특수교육개론-문제아지도**. 대구: 집문사.
이태영(1973). "심신장해아 대책의 기본방향: 특수학급을 중심으로". 제1회 특수학급 설치와 운영에 관한 세미나(pp.3-18), 한국특수교육연구협회 주최, 1973. 9.
이태영(1984). **사회복지와 특수교육**. 경북: 대구대학교출판부.
이태영, 김정권(1975). **특수교육학**. 서울: 형설출판사.
이태영, 김정권(1975). **특수학급의 교육**. 서울: 형설출판사.
이태영, 김정권(1976). **정신박약아교육**. 서울: 형설출판사.
이태영, 김정권(1976). **정신박약아심리**. 서울: 형설출판사.
이태영, 김정권(1976). **정신박약아지도 1**. 서울: 형설출판사.
이태영, 김정권(1976). **정신박약아지도 2**. 서울: 형설출판사.
이태영, 원영조(1963). "농아의 평형능에 관한 연구". **특수교육과학**. 1,

9-13.
이한선(2006). 전문가에 의한 청각장애아교육 교사의 수행능력 평가 분석. 미간행 박사학위논문, 대구대학교 대학원, 대구.
이한우(2006). **세종, 조선의 표준을 세우다**. 서울: 해냄.
이현희 엮음(1984). **동학사상과 동학혁명**. 서울: 청아출판사.
이홍우(1991). **교육의 개념**. 서울: 문음사.
이홍우 (2000). **성리학의 교육이론**. 서울: 성경제.
이홍우(2002). "마음의 신비와 교육의 신비", **마음과 교과**. 서울: 성경제, 1-40.
이홍우(2002). "이십일 세기 학교교육의 과제". 이홍우, 이환기, 김광민 편 (2002). **마음과 교과**. 서울: 성경제.
이홍우(2006). **대승기신론통석**. 서울: 김영사.
이홍우, 이환기, 김광민 편(2002). **마음과 교과**. 서울: 성경제.
이희승(1982). **국어대사전**. 서울: 민중서림.
인천성동학교 (1995). **인천성동학교40년사**. 인천: 인천성동학교.
임성환(편)(2004). **아웃사이더의 말**. 서울 : 아웃사이더.
임안수(1986). 한국 맹인직업사 연구(미간행). 단국대학교 대학원 박사학위 논문.
임안수(2004). 장애아동 통합교육의 실천과제. **한국특수교육학회 춘계학술대회**(주제강연), 3-19.
임안수(2005). 근대 한국 특수교육의 기원 연대에 관한 연구. **특수교육저널: 이론과 실천**. 6(3), 293-309.
임안수(2010). **한국시각장애인의 역사**. 서울: 한국시각장애인연합회.
임형택(2000). **실사구시의 한국학**. 서울: 창작과 비평사.
장경섭(2009). **가족·생애·정치경제: 압축적 근대성의 미시적 접근**. 서울: 창비.
장애인이동권연대(2004). **더 이상 죽을 수 없다**. 서울: 박종철출판사.
장진석(2009). 필자와 한국 농문화의 특징과 과제에 대한 메일 교신(2009. 8.21).

장진석 역(2007). 미국농사회의 변천사. 서울: 교육과학사.
전국장애인교육권연대(2009). 현행 특수교사 수급의 문제점과 개선방안 [안] (미간행자료). 한국교직원신문. 2009. 4. 13.
정범모(1968). 교육과 교육학. 서울: 배영사.
정범모(2006). 학문의 조건: 한국에서 학문이 가능한가. 서울: 나남출판.
정용석(2003). 한국 특수교육학의 지식기초 연구: 역사적 전개과정을 중심으로. 특수교육학연구, **37(4)**. 161-174.
정용석(2008). "한국 특수교육(학)의 학문적 정체성"에 대한 토론. **제1회** 창파학술제, 한국특수교육문제연구소, 31-35.
정정진(2006). 초등특수교사 양성 교육과정의 분석과 개선 방향. 특수교육학연구, 41(1), 307-328.
정화(2009). 대승기신론**1,2**. 서울: 도서출판 법공양.
정희경 외 6인(1963). 특수아교육. 서울: 현대교육총서출판사.
조동일(1997). 인문학문의 사명. 서울: 서울대학교출판부.
조동일(2000). 이 땅에서 학문하기. 서울: 지식산업사.
조동일(2006). 세계, 지방화시대의 한국학. 대구: 계명대학교출판부.
조병수, 문미자, 조정원(1969). "농아동의 기초발음발어지도에 관한 일 연구,. 특수교육연구, 2, 47-59, 한국사회사업대학 특수교육연구소.
조선총독부 제생원 (1922, 1928). 朝鮮盲啞者統計要覽. 조선총독부 제생원.
조원일 역(2009). 장애학에의 초대. 서울: 청목출판사.
조원일 역(2009). 장애학에의 초대. 서울: 청목출판사.
조희연 외 11인(2006). 우리 안의 보편성. 서울: 한울아카데미.
최병문(1970). 구화교육. 서울: 한국구화학교.
최병문(1979). 자폐증아 교육. 서울: 성광문화사.
최원식 (2009). 제국이후의 동아시아. 서울: 창비사.
최현배(1984). 우리말 존중의 근본뜻. 서울: 정음문화사.
최성희 역(2006). 덴마크 농아동의 이중 언어능력 지도. 인천: 인천성동학교.
추국희(1978). 학습지진의 특성과 판별에 관한 연구. 한국문화연구원논총. 32, 481-513, 이화여자대학교.

추국희 교수 정년기념논총간행위원회(1993). 특수교육 연구의 동향과 과제. 죽향 추국희교수 정년기념논총간행위원회.
학술단체협의회 엮음(2003). 우리 학문 속의 미국. 서울: 한울아카데미.
한국농아인협회(1964). 침묵의 벗**(1962-1963)**. 서울: 한국농아인협회.
한국사회사업대학 특수교육연구소(1977). 제**2**회 특수학급교육 세미나 보고서. 한국사회사업대학 특수교육육연구소, 한국특수교육협회 공동주최(1977. 1. 31-2. 2.)
한국정신문화연구원(1991). 한국민족문화대백과사전. 서울: 한국정신문화연구원.
한국특수교육연구협회(1973). 제**1**회 특수학급설치와 운영에 관한 세미나 보고서. 한국특수교육연구협회 주최, 대구수성관광호텔(1973. 9. 20-21).
한국특수교육협회(1994). 한국특수교육협회 **30**년사. 서울: 한국특수교육협회.
한국청각장애교육100주년기념사업회 (2009). 한국청각장애교육**100**년사. 서울: 성광문화사.
한국학술단체협의회 편(조희연 외, 2003). 우리 학문 속의 미국. 서울: 한울아카데미.
한현민(2008). "한국 특수교육(학)의 학문적 정체성"에 대한 토론. 제**1**회 창파학술제, 한국특수교육문제연구소, 37-45.
한형조(2009). 왜 동양철학인가. 서울: 문학동네.
함석헌(1965). 뜻으로 본 한국역사. 서울: 제일출판사.
홍이섭(1971). 세종대왕. 서울: 세종대왕기념사업회.

日本文部科學省 (2008). 特別支援教育の現狀. 東京: 文部科學省.
中村 (2004). 미국의 완전통합론과 장애마이너리티 창출의 제요소. **BK21** 특수교육 교육・연구단 제71회 월요세미나(2004. 11. 22).
玉村, 越野, 鄕間 等 (2007). 特別支援學校教員免許と障害兒教育教員養成カリキュテム. 教育實踐總合セソタ硏究紀要. 奈良教育大學, 第16(2007.3),

271-276.

中村滿紀男·岡典子·조원일(2005). 완전통합교육론과 저출현 장애아교육의 모순-미국 시각장애아교육의 관점에서. **특수교육저널: 이론과 실천**. 6(2). 301-322.

荒川 (1970), 박미혜, 이용우 옮김(2000). 구미 농교육통사. 한국청각언어교육연구회.

ACMR(2001). *Inclusion: From Vision to Reality, Policy and Action.* 15th Asian Conference on Mental Retardation.

Ashman, A. F.(2005). Inclusive education practices in Australia : A commentary. *A comparative seminar of Inclusive Education in the Asia-Pacific Region.* 4-42.

Baker, H. J. (1959). *An Introduction to Exceptional Children.* New York: MacMillian.

Barton, L.(Ed) (2001). *Disability, Politics & The structure for Change.* London: David Fulton Publishers Ltd.

Bauman, H-D. L.(Ed.) (2008). *Open Your Eyes: Deaf Studies Talking.* Minneapolis, MN: University of Minnesota Press.

Bloom, B. (1984). "The 2 sigma problem: The search for methods of group instruction as effective as one-to-one tutoring." *Educational Researcher,* 13(6), 4-16.

Boyle, D.(2004). 세계를 뒤흔든 공산당선언. (유강은 옮김). 서울: 그린비 (2005).

Brownell, M.T., Sindelar, P. T., Bishop, A. G., Langley, L. K., and Seo, S.(2005). "Special education teacher supply and teacher quality". In Skrtic, T. M., Harris, K. R., and Shriner, J. G.(2005). *Special Education Policy and Practice.* Denver, Colorado: Love Publishing Company.

Bruner, J. S. (1978). ***The process of education***. Boston: Harvard University Press.

Byun Hong-Kyoo (1979). An Analysis of Korean teachers' competency for handling learning and behavioral disabilities. The University of Minnesota, Doctoral Dissertation.

Byung Ha Kim 외 3인(2001). The Perception of Korean Special Education Teachers on Full-Inclusion. *Journal of Asia-Pacific Special Education,* 1(2), 111-129.

Charlton, J. I.(1998). *Nothing about us without us.* Berkely, CA: University of California Press.

Charlton, J. I.(2000). *Nothing About Us Without Us :Disability oppression and empowerment.* LA, California : University of California Press.

Chen, Y.(2005). Police and development of inclusive education in China. *A comparative seminar of Inclusive Education in the Asia-Pacific Region.* 46-88.

Cook, L. H., and Boe, E. E.(2007). National Trends in the sources of supply of teachers in special education and general education. *Teachers Education and Special Education.* 30(4), 217-232.

Correa, V. I., Hudson, R. F., and Hayes, M. T.(2004). "Preparing early childhood special educators to serve culturally and linguistically diverse children and families: Can a multi-cultural education course make a difference?". *Teacher Education and Special Education.* 27(4), 323-341.

Council for Exceptional Children. (1998, 2003). ***What every special educator must know.*** VA: The Council for Exceptional Children.

Cruikshank, W., and G. O. Johnson (1958). *Education of Exceptional Children and Youth.* Englewood Cliffs, N. J.: Prentice Hall Inc.

Dunn, L.M.(1973). *Exceptional children in the school.* New York: Holt, Rinehart and Winaton, Inc..

Edward W. Said, 박홍규 역(1999). **오리엔탈리즘.** 서울 : 교보문고.

Freire, P. (1970, 2000). *Pedagogy of the oppressed.* New York: The Continuum International Publishing Group Inc.

Freire, P. (1996). *Pedagogy of hope: Reliving pedagogy of oppressed.* New York: The Continnum Publishing Company.

Freire, P. (1997). ***Teachers as Cultural workers***. 교육문화연구회 옮김(2000). 프레이리의 교사론. 서울: 아침이슬.

Freire, P.(1998). 프레이리의 교사론. 교육문화연구회 옮김. 서울 : 아침이슬(2000).

____(2000). 망고나무 그늘 아래서. 교육문화연구회 옮김. 서울 : 아침이슬(2003).

____(2000). 페다고지(남경태 옮김). 서울 : 그린비(2002).

____(2000). 희망의 교육학. 교육문화연구회 옮김. 서울 : 아침이슬(2002).

____(2000). *Pedagogy of the Oppressed*(30th Anniversary Ed). New York : The Continuum International Publishing Group Inc.

Gallagher, D. J. et al.(2004). *Challenging Orthodoxy in Special Education: Dissenting Voices.* Denver Colorado: Love Publishing Company.

Green, E. (2010). "Building a better teacher." *New York Times.* 2010.3.02.

Hall, R. S.(Ed.)(1902). *The Life of Rev. William James Hall, M.D.,* New York: Press of Eaton Mains.

Hall, S.(1978). W*ith Stethoscope in Asia: Korea,* McLean, VA: MCL Associates.

Heck, A. O. (1953). *Education of Exceptional Children.* New York: MaGraw Hill Company.

Kauffman, J.M.(1989). The regular education initiative as Reagan-Bush education policy : A trickle-down theory of education of the hard-to-teach. *The Journal of Special Education.* 23(1), 256-278.

Kim, B. H., and Kim, Y. W.(2008). Inclusive education practice in Korea: Public commitment, problems, and conflict. *The 3rd Symposium of the Asian-Pacific Professional Network for Inclusive Education.* Hong Kong

University(July, Unpublished Paper).

Kirk, S. A. (1962). *Educating Exceptional Children.* Boston: Houghton Mifflin Company.

Korthagen, F. A. J. et al., (2001). ***Linking practice and theory: The pedagogy of realistic teacher education***. 조덕주 외 공역(2007). 반성적 교사교육**:** 실제와 이론**.** 서울: 학지사.

Lipskey, D. K., and Gartner, A. (1997). *Inclusion and School Reform.* Baltimore, Maryland: Paul H. Brookers Publishing Co.

Martin, R.,(2003). The empowerment and full participation of people with an intellectual disability in their community. *16th Asian Conference on Mental Retardation.* Speech Notes.

Mazurek, K., and Winzer, M. A.(1994). *Comparative Studies in Special Education.* Washington, DC: Gallaudet University Press.

Oliver, M.(1996). *Understanding disability: From theory to practice.* New York: Palgrave.

Paik, L. Geprge(1927) *The History of Protestant Mission in Korea,* 1832~1910. Pyonyang: Union Christian College Press.

Palmer, P, J (1998), *The Courage of Teach.* 이종인, 이은정 (2009). 가르칠 수 있는 용기. 서울: (주)한문화멀티미디어.

Park, S. B. (1983). *Buddhist faith and sudden enlightenment.* New York: The State University of New York Press.

Perry, J.(1914), "Home for Blind Boys and Young Men in Seoul" *The Korea Mission Field.* 10(2).

Peters(1966). *Ethics and Education.* London : George Allen & Unwin Ltd..

Poon-McBrayer, K. F.(2005). Full inclusion for children with severe learning difficulties in Hong Kong : ideology and reality. *Journal of International Special Needs Education.* vol.8, 19-26.

Qualls. (1997). Current teacher preparation practices and policies at the University of Iowa. ***Teacher education and subject matter education***

for the 21st century, Research Center for Subject Matter Education, Korea National University of Education, 17-28.

Shapiro, J. P.(1994). *No Pity : People with disabilities forgoing a new civil right movement.* New York : Three Rivers Press.

Skrtic, T. M. (1991). *Behind Special Education.* Denver, Colorado: Love Publishing Company.

Skrtic, T. M. (1995). *Disability and Democracy : Reconstructing (Special) Education for Postmodernity.* New York : Teachers College Press

Skrtic, T. M., Harris, K. R., and Shriner. J. G. (2005). ***Special education policy and practice***. Denver: Lover Publishing Company.

Skrtic, T.(2004). "Critical disability studies". In Gallagher, D. J., Heshusius, L., and Iano, R. P.(2004). *Challenging orthodoxy in special education.* Denver, Colorado: Love Publishing Company, 353-362.

Skrtic, T.M., Harris, K.R., and Shriner, J.G.(2005). *Special Education Policy and Practice.* Denver, Colorado, Love Publishing Company.

Underwood, H. H.(1926), *Modern Education in Korea.* New York: International Press.

Walberg, H. (1984). "Improving the productivity of America's Schools." *Educatioal Leadership.* 41(8), 19-30.

Winzer, M. A. (1993). *The History of Special Education* : From Isolation to Integration. Washington, D. C. : Gallaudet University Press.

Xu, J.(2001). 중국특수교육의 역사, 현상 및 전망. 제4회 창파국제학술대회 (2011.1.11), 31-48.

찾아보기

(ㅇ)

(ㅈ)

(ㅊ)